中华易学

爱新觉罗·毓峑题签

张涛 主编

第十二卷

文物出版社

图书在版编目（CIP）数据

中华易学．第十二卷／张涛主编．－－北京：文物出版社，2023.12

ISBN 978-7-5010-8258-2

Ⅰ.①中… Ⅱ.①张… Ⅲ.①《周易》－研究 Ⅳ.① B221.5

中国国家版本馆 CIP 数据核字（2023）第 219929 号

中华易学（第十二卷）

主　　编：张　涛

责任编辑：刘永海
责任印制：张道奇

出版发行：文物出版社
社　　址：北京市东城区东直门内北小街 2 号楼
邮　　编：100007
网　　址：http//www.wenwu.com
经　　销：新华书店
制版印刷：北京久佳印刷有限公司
开　　本：710mm×1000mm　1/16
印　　张：25.75
字　　数：394 千字
版　　次：2023 年 12 月第 1 版
印　　次：2023 年 12 月第 1 次印刷
书　　号：ISBN 978-7-5010-8258-2
定　　价：77.00 元

目　录

敦煌写本《易三备》残卷卦象考释

连劭名

摘要：敦煌文书中有唐写本《易三备》残卷。此书始见于《隋书·经籍志》，后亡佚。《周易·系辞上》云："《易》之为书也，广大悉备。""三备"合三才之道。文中用"世应"，属汉京氏《易》。所用卦象，有"得蚁蚓""得大麦""得谷""得砖石"等。《庄子·知北游》论道之所在，云"在蝼蚁""在稊稗""在瓦甓"等。此书是研究中古时代象数易学的重要资料。

关键词：《周易》 卦义 象数 敦煌文书

敦煌藏经洞所出唐写本《易三备》残卷，编号为 S6015、S6349。陈槃《敦煌唐咸通钞本三备残卷解题》（以下简称《解题》）云：

> 《三备》，又作《易三备》，或《周易三备》，亦称《三备经》。文云：经云，《上备》，天也。云云，可知。《三备》著录，始于《隋书·经籍志》，次旧、新《唐书》，次北宋《崇文总目》等。《永乐大典》本《易纬·稽览图》前页注亦提及此书，无疑《大典》纂集时，此书尚存。焦竑《国史经籍志》子部术数易占类亦有其目，然焦氏书不可尽信，其是否曾见及此书，未可知。朱彝尊《经义考》仅据《隋志》著录，则尔时已有目无书矣。

又云：

> 三备者，《易》家习语。《易·系辞》云："《易》之为书，广大悉备，有天道焉，有人道焉，有地道焉，兼三才而两之，故六。六者，非它也，三才之道也。"《乾坤凿度·乾凿度》曰："三，古文天字。今为乾卦重，圣人重三而成立位得，上下人伦王道备矣。"曰天地人为"三"，曰《易》为能具"备"其道，"易三备"云云，是其义。唯然，故《易三备》以天人地为上中下三备矣①。

今按："易"为王道，故称"三备"。《说文》云："王，天下所归往也。董仲舒曰：古之造文者，三画而连其中，谓之王。三者天地人也，而参通之者，王也。孔子曰：一贯三为王。"《周易·说卦》云："昔者圣人之作《易》也，将以顺性命之理，是以立天之道曰阴与阳，立地之道曰柔与刚，立人之道曰仁与义，兼三才而两之，故《易》六画而成卦，分阴分阳，迭用柔刚，故《易》六位而成章。"《周易·系辞上》云："夫《易》广矣大矣，以言乎远则不御，以言乎迩则静而正，以言乎天地之间则备矣。"《鹖冠子·环流》云："无不备之谓道。"《淮南子·要略》云："天地之理究矣，人间之事接矣，帝王之道备矣。"

《庄子·天地》云："循于道之谓备。"《尚书大传》云："备者成也。"《易纬·乾凿度上》云："孔子曰：易者，易也，变易也，不易也。管三成为道德苞籥。"郑玄注："管，统也。德者得也，道者理也，籥者要也。言易道统此三事，故能成天下之道德，故云包道之要籥也。"三成即三备。《礼记·礼器》云："礼器是故大备。大备，盛德也。"

---

① 陈槃：《炖煌唐咸通钞本三备残卷解题》，"中研院历史语言研究所"编：《历史语言研究所集刊》卷十，中华书局，1987年版，第381～382页。

陈槃《解题》又云：

　　《三备》内容："《上备》，天也。《中备》，筮人中宅舍吉凶也。《下备》，筮□盘石□泉深浅吉凶安葬地也。"此本书之言也。《通志》《艺文五行》一《占筮》类，《周易三备》三卷，注："《上备》言天文，《中备》卜筮，《下备》地理。"今按：《中备》当云"筮人"，《通志》微误。然卜、人形近易讹，抑或《志》本作"筮人"，传刻讹作"卜筮"，亦未可知①。

　　今按：《通志》作"《中备》卜筮"，不误。郭店楚简《缁衣》云："子曰：宋人有言曰：人而无恒，不可为卜筮也，其古之遗言与？龟筮犹弗知，而况于人乎？《诗》云：我龟既厌，不我告犹。"《周易·杂卦》云："恒，德之固也。"

　　古者卜筮皆称"易"。《周易·系辞上》云："易与天地准，故能弥纶天地之道，仰以观于天文，俯以察于地理，是故知幽明之故，原始反终，故知死生之说。精气为物，游魂为变，是故知鬼神之情状。与天地相似故不违，知周乎万物而道济天下故不过，旁行而不流，乐天知命故不忧，安土敦乎仁故能爱，范围天地之化而不过，曲成万物而不遗，通乎昼夜之道而知，故神无方而易无体。"又云："是故法象莫大乎天地，变通莫大乎四时，悬象著明莫大乎日月，崇高莫大乎富贵，备物致用，立成器以为天下利，莫大乎圣人。探赜索隐，钩深致远，以定天下之吉凶，成天下之亹亹者，莫大乎蓍龟。"圣人作卜筮，以蓍龟效法天地之道。

　　《易三备》属汉代易学中的京氏《易》。《汉书·儒林传》云："京氏

---

① 陈槃：《炖煌唐咸通钞本三备残卷解题》，"中研院历史语言研究所"编：《历史语言研究所集刊》卷十，中华书局，1987年版，第382页。

受《易》梁人焦延寿，延寿云尝从孟喜问《易》。会喜死，房以为延寿《易》即孟氏。翟牧、白生不肯，皆曰非也。至成帝时，刘向校书，考《易》说，以为诸《易》家说皆祖田何、杨叔、丁将军，大谊略同，唯京氏为异，党焦延寿独得隐士之说，讬之孟氏，不相与同。房以明灾异得幸，为石显所谮诛，自有传。房受东海殷嘉、河东姚平、河南乘弘，皆为郎、博士，繇是《易》有京氏之学。"

写本《易三备》依八宫排列，顺序是乾坤、震巽、坎离、艮兑，共分四组，阴阳相对，本于乾坤六子之说。《周易·说卦》云："乾，天也，故称乎父；坤，地也，故称乎母。震一索而得男，故谓之长男；巽一索而得女，故谓之长女。坎再索而得男，故谓之中男；离再索而得女，故谓之中女。艮三索而得男，故谓之少男；兑三索而得女，故谓之少女。"宋晁公武《京氏易传》后序云："世之所谓，而阴阳之肆者，谓之飞；阴阳肇乎所配，而终不脱乎本，以隐显佐神明者，谓之伏。"朱震《汉上易传》云："伏爻者何也？曰：京房所传飞伏也。乾坤坎离震巽艮兑相伏者也，见者为飞，不见者为伏。飞者来也，伏既往也。《说卦》巽其究为躁卦，例飞伏也。太史公《律书》曰：冬至一阴下藏，一阳上舒。此论复卦初爻之伏巽也。"

飞伏说流行于隋唐时代。唐代诗人王勃《八卦卜大演论》云："故天尊则地卑矣，水湿则火燥矣，山盈则泽虚矣，雷动则风适矣。"此为八宫纯卦，乾天坤地，坎水离火，艮山兑泽。震雷巽风。其文又云："是以天下有风可以姤矣，则地上有雷可以复矣。天下有山可以遁矣，则地上于泽可以临矣。天地不变可以否矣，则天地既交可以泰矣。以风行地上可以观矣，则雷行天上可以大壮矣。"姤为乾宫一世卦，复为坤宫一世卦。遁为乾宫二世卦，临为坤宫二世卦。否为乾宫三世卦，泰为坤宫三世卦。观为乾宫四世卦，大壮为坤宫四世卦。全合阴阳隐显之例。《周易·系辞上》云："显诸仁，藏诸用，鼓万物而不与圣人同忧，盛德大业至矣哉。"又云："圣人以此洗心，退藏于密，吉凶与民同患，神以知来，知以藏往。其孰能与于此哉？古之聪明睿知，神武而不杀者夫。"《老子》第二八章云："知其雌，守其雄，为天下豀；为天下豀，常德不离，复归于婴儿。知其白，守其黑，为天下式；为天下式，常德不忒，复归于无极。知其荣，守其辱，为天下谷；为天下谷，常德乃足，复归于朴。朴散则为器。圣人用之则为官长。大制无割。"

写本《易三备》用"世应"，是京氏易学中的重要内容。"世"，或作身。《淮南子·修务》云："后世无名。"高诱注："世，犹身也。"《吕氏春秋·用兵》云："古者多由布衣定一世者矣。"高诱注："终一人之身为世。"《释名·释天》云："申，身也。物皆成，其身体各申束之，使备成也。"《周易·系辞上》云："鸣鹤在阴，其子和之。我有好爵，吾与尔靡之。子曰：君子居其室，出其言善，则千里之外应之，况其迩者乎？居其室，出其言不善，则千里之外违之，况其迩者乎？言出乎身，加乎民；行发乎迩，见乎远。言行，君子之枢机；枢机之发，荣辱之主也。言行，君子之所以动天地也，可不慎乎？"

"世应"源自"中和"。《礼记·大学》云："自天子以至于庶人，一是皆以修身为本。"世为本，应为末。《礼记·大学》又云："物有本末，事有终始；知所先后，则近道矣。"《礼记·檀弓上》云："文子其中退然如不胜衣。"郑玄注："中，身也。"《国语·楚语》云："余左执鬼中。"韦昭注："中，身也。"《礼记·中庸》云："喜怒哀乐之未发，谓之中；发而皆中节，谓之和。中也者，天下之大本也；和也者，天下之达道也。致中和，天地位焉，万物育焉。"

《说文解字·叙》云："古者庖牺氏之王天下也，仰则观象于天，俯则观法于地，视鸟兽之文与地之宜；近取诸身，远取诸物，于是始作易八卦，以垂宪象。"写本《易三备》用卦象多与《周易》同，如写本《易三备·中备》否卦下坤上乾，"占世爻定，此地深六尺，得金"。《周易·噬嗑》下震上离，九四云："得金矢。"六五云："得黄金。"又如写本《易三备》阴阳相杂时屡言"沙"，《周易·蒙》九二云："需于沙。"

《象》云："需于沙，衍在中也。""衍"通"演"，变化之义。写本《易三备》中有"得聚蚁""有蚁蚓"，又有"得大麦""得粟""得谷"，又有"得砖石""得陶灶"。《庄子·知北游》云："东郭子问于庄子曰：所谓道，恶乎在？庄子曰：无所不在。东郭子曰：期而后可。庄子曰：在蝼蚁。曰：何其下邪？曰：在稊稗。曰：何其愈下邪？曰：在瓦甓。曰：何其愈甚邪？曰：在屎溺。东郭子不应。"成玄英疏："大道无不在而所在皆无，故处处有之，不简秽贱。"庄子之说与方术同，后世学者不明其来历。

《史记·仲尼弟子列传》《正义》引《易三备》云：

> 鲁人商瞿，使向齐国。瞿年四十，今后使行远路，畏虑，恐绝无子。夫子正月与瞿母筮，告曰：后有五丈夫子。子贡曰：何以知？子曰：卦遇大畜，艮之二世。九二甲寅木为世立，五景子，水为应。世外生象，生象来爻，生互内象。艮别子，应有五子，一子短命。颜回云：何以知之？内象是本子，一艮变为二丑三阳爻五，于是五子，一子短命。何以知短命？他以故也。

今按："五丈夫子"即五男子。《周易·大畜》下乾上艮。五行学说，水生木，故曰"世生外象"。六五应九二，自外之内，故曰"生象来爻"。九二动，下互兑变坎水，生上互震木，故曰"生互内象"。上艮为宗庙，故曰"艮别子"，《礼记·大传》云："别子为祖，继别为宗，继祢者为小宗。有百世不迁之宗，有五世则迁之宗。百世不迁者，别子之后也。"下乾为男为六，《周易·说卦》云："兑为毁折。"《尚书·洪范》有六极，其一曰"凶短折"。艮为祖，有乾男六子，其一为兑所毁折，故曰："艮别子，应有五子，一子短命。"他、彼同义，《吕氏春秋·本味》云："道者止彼在己。"高诱注："彼为他人。"《吕氏春秋·先己》云："令困于彼。"高诱注："彼，亦外也。"下互兑六四处外卦，故曰：

"何以知其短命？他以故也。"

《周易·说卦》云："艮东北之卦也，万物之所成终而所成始也。"《荀子·王制》云："始则终，终则始，与天地同理，与万世同久，夫是之谓大本。"艮为本，为天道，故曰"一艮"。《周易·离》上九云："获匪其丑。"虞翻注："丑，类也。"《周易·系辞上》云："方以类聚，物以群分，吉凶生矣。"《周易·系辞下》云："以通神明之德，以类万物之情。"《周易·乾·文言》云："本乎天者亲上，本乎地者亲下，则各从其类也。"天地为二，《说苑·辨物》云："夫占变之道，二而已矣。二者，阴阳之数也。"故曰"二丑"。《老子》第四二章云："道生一，一生二，二生三，三生万物。万物负阴而抱阳，冲气以为和。"《鹖冠子·泰鸿》云："天明三以定一，则万物莫不至。"《易纬·乾凿度上》云："物有始，有壮，有究，故三画而成乾。"故曰"三阳"。爻同交，《说文》云："五，五行。从二，阴阳在天地间交午也。"《风俗通·愆礼》云："天地交，万物通，人道交，功勋成。"故曰"爻五"。

一艮变为二丑、三阳、爻五，比喻由静入动，自无生有。《说苑·辨物》云："是故发于一，成于二，备于三，周于四，行于五。是故悬象著明，莫大于日月。察变之动，莫著于五星。天之五星，运气于五行。其初犹发于阴阳，而化极万一千五百二十。"《左传·昭公三二年》云："物生而有两，有三，有五，有陪二。故天有三辰，地有五行，体有左右。"

《大戴礼记·易本命》云："五主音。"有音则有言，有言则有名。《老子》第一章云："无名，天地之始。有名，万物之母。"河上公注："有名谓天地。天地有形位，阴阳有刚柔，是其有名也。万物母者，天地含气生万物，长大成熟，如母之养子也。"

一

敦煌写本《易三备》残卷①云：

（缺）三备》者，经云：《上备》，天也；《中备》，筮人中宅舍吉凶也；《下备》，筮□盘石□泉深浅吉凶安葬地也。

筮宅吉凶法

凡筮得王相有气之卦：一世，二世，上下相生，富贵万盛；三世，四世次吉；五世，绝世无后，游魂出客死。八纯归魂，其卦有吉有凶。各内卦为宅，外卦为人。□□□为地下，外卦为地上。和合相生为吉，相克为凶。又一法：初□□□，二为麒麟，三为章光，四为玉堂，□□大德，上为青龙。□□□发与世应并者吉。徵姓麒麟，与□并。宫姓、角姓凤皇，与火并。商姓玉堂，与水并。羽姓章光，与金并。皆为吉凶。郭景纯《占宅地下盘石涌泉伏尸法》：世爻金在外，卦中有火，动后有水漂宅，他放此。孔子《备经》云：高其屋，阒其家；窥其户，阒其无人，不觌，三岁，凶。是高大也。丰卦高屋隆隆，居中无人。

纯乾，纯乾四月卦，世在上，应在三。世爻定，此地有金。伏尸在西北。老是男鬼。居德此宅，大凶，出贼男。

遘，巽下乾上，乾家一世。遘，五月卦，世在初，应在四。此地有钱铁及有人骨，深七尺得之。居得此宅，绝世。孔子云：后一百八十年有孙苟仁发之。

遁，艮下乾上，乾家二世。遁，六月卦，世在二，应在五。占世爻定，其地有铜，去卜处七十步，东北有之。无铜，是砖石。

---

① 依陈槃录文。

居得此宅，出二千石，宜子孙，富贵，大吉。

否，坤丁，乾家三世。否，七月卦，世在三，应在上。占世爻定，此地深六尺得金。应乾上爻定，深六尺得钱铁。居得此宅，君子吉，小人自如。孔子云：居得此宅，大吉。后三百四十一年，有刘文度破之，六三、九五发，富贵。

观，坤下巽上，乾家四世。观，八月卦，世在四，应在初。占世爻定，居得此宅，九神援护，十年，当出贵子，大吉。孔子曰：此宅出卿相，九州刺史，宜子孙，吉。又云：其宅下有龙蛇所护，常道其福。十年，位至三公。勿复移动，八百年有孤寡，楚女人破之。

刹，坤下艮上，乾家五世。刹，九月卦，世在五，应在二。占世爻定，穿井深八尺，得蚯蚓，长六寸，似蛇。子夏云：居得此宅，绝灭，凶。孔子云：此宅出孤寡。

晋，坤下离上，乾家游魂。晋，二月卦，世在四，应在初。占世爻定，穿井深七尺，得铜。此地水美。孔子云：居得此宅，君子吉，小人自如，先富后贫。后一百年，有员天破之。

大有，乾下离上，乾家归魂。大有，正月卦，世在三，应在上。占世爻定，此地旧有龙道，不可居，绝嗣。子夏云：此地葬，出三公，大吉，宜子孙。

坤，纯乾，十月卦。世在三，应在三，占世爻定，穿井有金钱。子夏云：居得此宅，出豪贵，损财。后一百八年，有水从南来。

复，震下坤上，坤家一世。复，十一月卦。世在初，应在四。占世爻定，穿井三尺，有锯齿铁。子夏云：居得此宅，贵人。当有伏尸在东北角，鬼姓陆，无坟。其下有金铁，在西北角。后一百年，有崔同破之。

临，兑下坤上，坤家二世。临，十二月卦。世在二，应在五。

颜渊曰：居得此宅吉，而有石。孔子云：不如然，出死人骨在西北，有伏尸，鬼是奴，字双富。后二百年，有王僧居之。

泰，乾下坤上，坤家三世。泰，正月卦。世在三，应在上。占世爻定，孔子云：居得此宅，出三公，宜子孙，大富贵。九二爻发。后一百七十年，有山东人董初居之。

大壮，乾下震上，坤家四世。大壮，二月卦，世在四，应在初。世爻定，子夏云：此地有伏龙，见之灭族。伏尸在东北角，不可居之，大凶。

夬，乾下兑上，坤家五世。夬，三月卦，世在五，应在二，世定。孔子曰：此地有石白，直西有男子鬼，居得此宅，君子吉，小人凶。子夏曰：后一百四十年，庞文居之。

需，乾下坎上，坤家游魂。需，八月卦，世在四，应在初。颜渊曰：居得此宅，鬼神安利。孔子曰：虽吉，宅南有伏尸，大何在下，有玉石。去卜处三百步，南厢下如西，玉在中，不见。居得此宅，大吉。又云：九三爻发，三世卦。云后一百八十年，有许子贤来。

比，坤下坎上，坤家归魂。比，七月卦，世在三，应在上。子夏曰：比地三龙所游，亡人不安，生人不利。孔子云：此地旧有土蜂及蛇穴，不可居之。

纯震。纯震，十月卦。世在上，应在三。世爻（缺）游鬼神索乱，必伤家。

豫，坤下震上，震家一世。豫，五月卦。（缺）云：百年大吉，出二千石，宜子（缺）

解，坎下震上，震家三世。解，十二月（缺）孔子云：居得此宅，宜子孙，大富。

恒，巽下震上，震家三世。恒，正月卦（缺）日思审言之。居得此宅，三世（缺）

升，巽下坤上，震家四世。升，八月卦（缺）凶。孔子曰：东方有女子鬼（缺）

井，巽下坎上，震家五世。井，三月（缺）之凶。孔子云：下有伏尸。

大过，巽下兑上，震家游魂。大过，二月（缺）

【纯兑】，十月卦。世在上，应在三。占世爻（缺）云：北有伏尸，南有提河。

困，坎下兑上。兑家一世。困，五月卦，（缺）吉。孔子曰：九二立，上爻发，后二百（缺）

萃，坤下兑上，兑家二世。萃，六月卦。（缺）云：居得此地，吉。西有伏尸。

咸，艮下兑上，兑家三世。咸，正月（缺）墓。孔子云：西有伏尸，居（缺）

蹇，艮下坎上。兑家四世。蹇，八（缺）孔子云：鬼神欢喜，东有伏尸（缺）

谦，艮下坤上，兑家五世。谦，九月卦，世在□，应在二。穿井深三尺，得小豆；六尺，得白稴。居得此宅，吉。又云：生死安乐富贵微，八百年有奴益得□□。六二爻□□□□。

小过，（缺）世爻定，穿井深六尺，得赤蛇。居得此宅，凶。

归妹，兑下震上。兑家归魂。归妹，七月卦。世在三，应在上。此地有玉，居之大吉。唯伏尸在西南，慎勿动之，吉。三六爻不动，居之，富贵。

《易中备》卷第二。

（一）纯乾。《京房易传》卷上云："乾，纯阳用事，象配天，属金，与坤飞伏。"世爻定。《周易·说卦》云："乾为金。"《周易·系辞上》云："二人同心，其利断金。"虞翻注："乾为金。"《周易·蒙》六三云：

"勿用取女，见金夫。"虞翻注："阳称金。"故曰："此地有金。"《白虎通·考黜》云："金者，精和之至也。"《礼记·仲尼燕居》云："入门而金作，示情也。"郑玄注："金性内明。"

《周易·履》下兑上乾，六三云："履虎尾，咥人凶。"虞翻注："乾为人。"《周易·说卦》云："战乎乾，乾西北之卦也。"《后汉书·隗嚣传》云："战者逆德。"《汉书·晁错传》云："战，危事也。"伏坤为死丧，故曰："伏尸在西北。"《周易·大过》九二云："老夫得其女妻。"虞翻注："乾为老。"乾阳为男，《论衡·言毒》云："鬼者，太阳之妖也。"《论衡·订鬼》云："鬼者，老物之精也。"故曰："老是男鬼。"

《周易·乾》上九云："亢龙有悔。"《文言》云："亢龙有悔，穷之灾也。"故曰："居德此地，大凶。"德、得古同。《周易·乾·文言》云："亢之为言也，知进而不知退，知存而不知亡，知得而不知丧。"故曰："出贼男。"《孟子·告子下》云："古之所谓民贼也。"赵岐注："伤民，故谓之贼。"《国语·鲁语》云："毁则为贼。"《说苑·指武》云："攻礼者为贼。"《孟子·梁惠王下》云："贼仁者谓之贼，贼义者谓之残。残贼之人谓之一夫。""贼男"即独夫民贼。

（二）遘，今本《周易》作姤。巽为钱，《周易·说卦》云："巽为近利市三倍。"下互乾金为铁，《吕氏春秋·怀宠》云："分府库之器。"高诱注："金铁，可以为田器。"《广雅·释器》云："金，铁也。"乾为人，《周易·系辞下》云："上栋下宇。"虞翻注："巽为长木。"巽为风，《管子·四时》云："风生木与骨。"尹知章注："骨亦木之类也。"故曰："此地有钱铁，及有人骨。"

《说文》云："七，阳之正也。"《汉书·律历志上》云："七者，天地四时人之始也。"《周易·系辞上》云："乾知大始。"《春秋繁露·五行相生》云："西方金也。"乾为金，故可为西，九宫之数西为七，故曰："深七尺得之。"《周易·姤》云："女壮，勿用取女。"虞翻注："巽，长女。女壮，伤也。阴伤阳，柔消刚，故女壮也。"又云："阴息剥阳，以柔变刚，故勿用娶女，不可与长也。"故曰："居得此宅，绝世。"

《周易·系辞下》云："百官以治。"虞翻注："乾为百。"《周易·说卦》云："巽为风。"《大戴礼记·易本命》云："八主风。"卢辩注："风之大数尽于八也。"故曰："一百八十年。"巽为顺，《广雅·释亲》云："孙，顺也。"《释名·释亲属》云："孙，逊也，逊遁在后生也。"《周易·蒙》六五《象》云："顺以巽也。"《周易·渐》六四《象》云："顺以巽也。"乾为苟，为仁，《说文》云："苟，自急敕也。"乾为发。故曰："孙苟仁发之。"

（三）遁，今本《周易》作"遯"。世爻定，六二得中，下互巽。《周易·系辞上》云："二人同心，其利断金。"虞翻注："巽为同。"《汉书·律历志上》云："用铜者，名自名也。"颜师古注："取铜之名，以合于同也。"故曰："其地有铜。"卦有三才，人处中，"卜处"指三四爻。艮为七，乾为十，《春秋繁露·官制象天》云："十者，天之数也。"《周易·说卦》云："艮，东北之卦也。万物之所成终而所成始也。"《汉书·律历志上》云："七者，天地四时人之始也。"乾为离为火，下互巽为土，火焚土成砖，艮为石，故曰："去卜处七十步，东北有之。无铜，是砖石。"

《周易·遯·彖》云："遯而亨也，刚当位而应，与时行也。"六二、九五当位有应；乾为尊，艮为子，巽为财，故曰："后得此宅，出二千石，宜子孙，富贵，大吉。"

（四）否。"坤丁"之"丁"读为当，坤当位，则乾亦当位。《周易·系辞上》云："天尊地卑，乾坤定矣。卑高以陈，贵贱位矣。动静有常，刚柔断矣。"《礼记·中庸》云："致中和，天地位焉，万物育焉。"

世爻定，乾为六，为金，故曰："此地深六尺得金。"

六三应上九，故曰："应乾上爻定。"上互巽为钱，乾为金，故曰："深六尺得钱铁。"乾天坤地，尊卑有序，贵贱有位，嘉会合礼之象。《论语·学而》云："礼之用，和为贵，先王之道，斯为美，小大由之。"

上下皆宜，故曰："居得此宅，君子吉，小人自如。"六二、九五当位有应，《周易·否》六二云："苞承，小人吉，大人否亨。"九五云："休否，大人吉。"

乾坤合为中和，为三；《周易·讼》九二云："其邑人三百户。"虞翻注："乾为百。"坤为方为四，乾知大始为一，故曰："后三百四十一年。""刘"通"流"，坤川为流；乾天为文，乾坤为道，《鹖冠子·世兵》云："道有度数，故神明可交也。"故曰："有刘文度破之。"发、动同义，六三、上九相应为动，坤为富，乾为贵，故曰："六三、九五发富贵。"

（五）观。《周易·观·彖》云："大观在上，顺而巽，中正以观天下。观，盥而不荐，有孚颙若，下观而化也。观天之神道，而四时不忒，圣人以神道设教，而天下服也。"世爻定，伏乾为离为九，为龙，故曰："居得此宅，九龙援护。"坤为十，为年，《周易·损》六五云："或益之十朋之龟。弗克违，元吉。"虞翻注："坤数十。"《周易·未济》九四云："三年有赏于大国。"虞翻注："坤为年。"艮为子，九五当天位，故曰："十年，当出贵子，大吉。"《周易·观》九四云："观国之光，利用宾于王。"《仪礼·既夕礼》云："宾赗者将命。"郑玄注："宾，卿大夫士也。"故曰："孔子云：此宅出卿相、九州刺史。"坤为广生，故曰："宜子孙。"

伏乾为龙，《周易·系辞下》云："龙蛇之蛰。"虞翻注："巽为蛇。"巽为礼，艮为时，坤为顺。《周易·坤·象》云："先迷失道，后顺得常。"《文言》云："坤道其顺乎，承天而时行。"坤、巽皆为顺为土，同类之象，《荀子·天论》云："顺其类者，谓之福。"故曰："常道其福。"坤为十年，为臣，《周易·益》六三云："告公用圭。"王弼注："公者，臣之极也。"故曰："十年，位至三公。"《周易·坤》云："安贞吉。"《象》云："安贞之吉，应地无疆。"故曰："勿复移动。"艮为八，伏乾为百，坤为孤寡，故曰："八百年有孤寡。"楚位南方，南为上，巽为长女，九五应六二，故曰："楚女人破之。"《周易·观》六二云："窥观，利女贞。"《象》云："窥观女贞，亦可丑也。"

（六）刹。今本作"剥"。艮为八，坤又作川，为水，为蚯蚓，《释名·释水》云："川，穿也。穿地而流也。"《白虎通·五祀》云："井者，水之主藏，在地中。"肖吉《五行大义》卷五《论禽虫》云："慎子云：腾蛇游雾，与蚯蚓同。黄帝有大蟥如蚓，以应土德。"故云："穿井深八尺，得蚯蚓。"伏乾为六为蛇，《庄子·天运》云："乃至委蛇。"《释文》云："蛇，本作施。"《周易·益·象》云："天施地生。"故曰："长六寸，似蛇。"

艮为鬼门，坤为死丧。《周易·剥》初六云："剥床以足，蔑贞凶。"《象》云："剥床以足，以灭下也。"故曰："子夏云：居得此宅，绝灭，凶。"《周易·剥》六二云："剥床以辨，蔑贞凶。"《象》云："剥床以辨，未有与也。"坤为孤寡，故曰："孔子云：此宅出孤寡。"

（七）晋。世爻定。下互伏兑为七，离为火，火色赤，伏兑为金，《说文》云："铜，赤金也。"故曰："穿井深七尺，得铜。"上互坎为水，《周易·既济》六二云："妇丧其茀。"虞翻注："坎为美。"《周易·节》九五云："甘节吉。"虞翻注："坎为美。"故曰："此地水美。"

《周易·晋》六二云："晋如愁如，贞吉，受兹介福，于其王母。"《象》云："受兹介福，以中正也。"六五云："悔亡，矢得勿恤。往吉，无不利。"《象》云："矢得勿恤，往有庆也。"上下皆宜，故曰："君子吉，小人自如。"坤为富，《周易·泰·象》云："后以财成天地之道。"虞翻注："坤富称财。"离为分，上互坎为少，《说文》云："贫，财分少也。"故云："先富后贫。"离为乾卦，乾为百。《周易·说卦》云："乾为天，为圆。"故曰："后一百年，有员天破之。"

（八）大有。《周易·井》初六《象》云："旧井无禽，时舍也。"虞翻注："乾为旧。"乾为龙。《周易·系辞上》云："君子之道。"虞翻注："乾为道。"故云："此地旧有龙道。"卦与《比》旁通，下文云："子夏曰：比地三龙所游，亡人不安，生人不利。"上互兑，《周易·说卦》云：

"兑为毁折。"《尚书·洪范》云："六极，一曰凶短折。"故曰："不可居，绝嗣。"

《周易·大有·象》云："火在天上，大有，君子以遏恶扬善，顺天休命。"九二、六五上下相应。《彖》云："大有，柔得尊位，大中而上下应之，曰大有，其德刚健而文明，应乎天而时行，是以元亨。"故曰："子夏云：出三公，大吉，宜子孙。"

（九）坤。坤为川，故为穿；为富，故为财；故曰："穿井得金钱。"《周易·坤·象》云："君子以厚德载物。"《鹖冠子·博选》云："德千人者谓之豪。"厚德载物，众必归之。《国语·越语》云："古之贤君，四方之民归之，如水之就下也。"《释名·释言语》云："贵，归也。物所归仰也。汝颖言贵声如归往之归也。"《老子》第三五章云："执大象，天下往，往而不害，安平泰。"故云："子夏曰：居得此宅，出豪贵。"

施财者得众，故曰："损财。"《礼记·大学》云："是故君子先慎乎德，有德此有人，有人此有土，有土此有财，有财此有用。德者本也，财者末也。外本内末，争民施夺，是故财聚则民散，财散则民聚。"伏乾为百，坤为地。《管子·五行》云："地理以八制。"故曰："后一百八年。"坤为水，《古微书》引《春秋元命苞》云："水之为言演也。""演"通"衍"，乾上坤下，南为上，《周易·坤》上六云："龙战于野，其血玄黄。"《文言》云："阴凝于阳必战。"故曰："有水从南方来。"

（十）复。世爻定，坤为穿井，震东方木为三，故曰："穿井三尺。"《周易·系辞上》云："言行，君子之枢机。"荀爽注："震主动，故曰机也。"《释名·释兵》云："弩钩弦者曰牙，似齿牙也。"故曰："有锯齿铁。"

伏乾为贵。《周易·同人·象》云："同人于野。"虞翻注："震为人。"故曰："子夏云：居得此宅，贵人。"复、反同义，坤位西南，其反在东北，《周易·坤》云："利西南得朋，东北丧朋。"艮东北卦，为鬼，故曰："当有伏尸在东北角。"《广雅·释诂三》云："陆，厚也。"坤为厚，《释名·释地》云："高平为陆。"故曰："鬼姓陆，无坟。"

伏乾为金，坤水为玄，乾西北，故曰："其下有金铁，在西北角。"

乾为百，为高，为大，《说文》云："崔，大高也。"《国语·晋语》云："勠力一心。"韦昭注："一，同也。"乾为一，故曰："后一百年，有崔同破之。"

（十一）临。世爻定，下互震春为生，伏艮为石，故曰："居得此宅吉，而有石。"震为人，为木为骨，伏乾西北卦，故曰："出死人骨在西北。"《周易·说卦》云："兑为妾。"《说文》云："妾，有罪女子给事之，得接于君者。"又云："奴，奴婢，古之罪人也。《周礼》曰：其奴，男子入于罪隶，女子入于舂藁。"两坤卦为富，故曰："有伏尸鬼是奴，字双富。"坤为地，《说文》云："二，地之数也。"伏乾为百，为王，故曰："后二百年，有王僧居之。"僧者独身，坤为孤寡。

（十二）泰。世爻定，上互震东方卦为三，坤为臣，乾为老为尊，《周易·大过》九二云："老夫得其女妻。"虞翻注："乾为老。"《汉书·睦宏传》颜师古注："公，长老之称。"《汉书·沟洫之》颜师古注："公，相呼尊老之称。"故曰："居得此宅，出三公。"乾坤为父母，震为生，坤为富，乾为尊，故曰："宜子孙，大富贵。"

《周易·泰·彖》云："泰，小往大来，吉亨。则是天地交而万物通也，上下交而其志同也，内阳而外顺，内君子而外小人。君子道长，小人道消也。"九二云："苞荒，用冯河，不遐遗，朋亡，得尚于中行。"《象》云："苞荒，得尚于中行，以光大也。"六五云："帝乙归妹，以祉元吉。"《象》云："以祉元吉，中以行愿也。"九二应六五，上下交通，故曰："九二爻发。"

乾为百，兑为七，坤为十。震东方卦为山东。《尔雅·释诂》云："董，正也。"初、始同义。《大戴礼记·保付》云："《易》曰：正其本，万物理；失之毫厘，差之千里。故君子慎始也。《春秋》之元，《诗》之

《关雎》，《礼》之昏冠，《易》之乾川，皆慎始敬终云尔。"故曰："后一百七十年，有山东人董初居之。"

（十三）大壮。世爻定，乾在下为伏龙，故曰："子夏云：此地有伏龙。"下互乾为族，《周易·同人·象》云："君子以类族辨物。"虞翻注："乾为族。"兑为刑，九四处外卦，故曰："见之灭族。"上互伏艮为鬼，东北卦；乾为动，震为惊，故曰："伏尸在东北角，不可居，大凶。"

（十四）夬。兑为口，伏艮为石，故曰："孔子曰：此地有石臼。"兑西方卦，乾为男，伏艮为鬼，故曰："直西有男子鬼。"《周易·夬·象》云："君子以施禄及下，居德则忌。"施禄、居德，皆男子之事，故曰："君子吉，小人否。"乾为百，伏坤为方为四，为十，故曰："后一百四十年。"《诗经·车攻》云："四牡庞庞。"毛传："庞庞，充实也。"《孟子·尽心下》云："充实之谓美。"乾为离为美，为天为文，故曰："庞文居之。"

（十五）需。坎为饮，乾为食，《周易·说卦》云："乾为木果。"《周易·需·象》云："君子以饮食宴乐。"九五云："需于酒食，贞吉。"《象》云："需于酒食，以中正也。"得酒食供养，故曰："颜渊曰：居得此宅，鬼神安利。"上互离南方卦，伏坤为死丧，为大川，乾为玉，故曰："宅南有伏尸，大何在下，有玉石。""何"读为"河"。离火坎水为中和、为三，乾为百，故曰："去卜处三百步。"离南兑西，乾为玉在下，下互伏艮为眼，故曰："南厢下如西，玉在中，不见。"

《周易·需·彖》云："需，有孚光亨贞吉，位乎天位，以正中也。利涉大川，往有功也。"故云："居得此宅，大吉。"九三当位有应，爻辞云："需于泥，致寇至。"《象》云："需于泥，灾在外也。自我致寇，敬慎不败也。"故曰："九三爻发。"乾为百，伏艮为八，离日为十，故曰："后一百八十年。"坎为耳，《说文》云："许，听也。"坎位子，《周易·系辞上》云："贤人在下位。"虞翻注："乾为贤人。"故曰："有许子贤来。"

（十六）比。坎为水，伏乾为离为火，水火交融为中和为三，乾为龙，故曰："子夏云：比地三龙所游。"上互艮为鬼户，坤为生门；坤利安贞，为九五所扰，故曰："亡人不安，生人不利。"伏乾为久为旧，坤为土为众，蜂众；坤为蛇，艮为穴，故云："孔子云：此地旧有土蜂及蛇穴。不可居之。"

（十七）震。下互艮为鬼神，九四浮阴爻中，上互坎为险，故曰"游鬼神索乱。"《释名·释天》云："震战也，所击辄破，若攻战也。"又云："辟历，辟，析也，所历皆破析也。"艮为家，为震所破，故曰："必伤家。"

（十八）豫。《周易·豫》云："利建侯行师。"《彖》云："豫，刚应而志行，顺以动豫，豫顺以动，故天地如之，而况建侯行师乎？天地以顺动，故日月不过，而四时不忒，圣人以顺动，则刑罚清而民服，豫之时义大矣哉。"《象》云："雷出地奋，豫，先王以作乐崇德，殷荐之上帝，以配祖考。"伏乾为百，故曰："百年大吉。"震为敬，伏乾为尊，故曰："出二千石。"坤为母，震为生，故曰："宜子【孙】。"

（十九）解。古有承负之说，解除之术，《周易·坤·文言》云："积善之家，必有余庆；积不善之家，必有余殃。"《周易·解·象》云："雷雨作，解，君子以赦过宥罪。"故曰："宜子孙。"《周易·解》云："利西南，无所往，其来复吉。有攸往，夙吉。"《象》云："解利西南，往得众也。"又云："天地解而雷雨作。雷雨作而百果草木皆甲坼，解之时大矣哉。"西南为生门。风调雨顺，收获之象，故曰"大富"。坎为心，震为仁，《孟子·尽心上》云："孟子曰：万物皆备于我矣，反身而诚，乐莫大焉。强恕而行，求仁莫近焉。"《周易·说卦》云："震为反生。"反生即反身，身得万物，故曰："大富。"

（二十）恒。写本残。下互乾为日，巽为土为心。《说文》云："心，人心，土藏，在身之中。"心之官则思。震为警为审，《吕氏春秋·音律》云："审民所终。"高诱注："审，慎也。"上互兑为口，震为言，故曰："日思审言之。"《左传·襄公二五年》云："子大叔问政于子产。子产曰：政如农功，日夜思之。思其始而成其终，朝夕而行之，行无越思，如农之有畔，其过鲜矣。"《周易·系辞上》云："子曰：君子居其室，出其言善，则千里之外应之，况其迩者乎？居其室，出其言不善，则千里之外违之，况其迩者乎？言出乎身，加乎民，行发乎迩，见乎远。言行，君子之枢机，枢机之发，荣辱之主也。言行，君子之所以动天地也，可不慎乎？"

《周易·恒·彖》云："恒，亨，无咎，利贞，久于其道也。天地之道，恒久而不已也。利有攸往，终则有始也。"《周易尚氏学》云："震巽相反覆，乾坤者震巽之终，震巽者乾坤之始，故曰终则有始。"

（二一）升。写本残。上互震为东方，坤为死丧，巽为长女，下互伏艮为鬼，故曰："东方有女子鬼。"

（二二）井。写本残。《周易·井》云："改邑不改井，无丧无得，往来井井，汔至亦未繘，井羸其瓶，凶。"伏震为身，巽为土，下互伏艮为鬼，故曰："下有伏尸。"

（二三）大过。写本残。《周易·大过》云："栋桡，利有攸往，亨。"《彖》云："大过，大者过也。栋桡，本末弱也。刚过而中，巽而说行，利有攸往，乃亨，大过之时大矣哉。"

（二四）兑。伏艮为北，《周易·系辞下》云："服牛乘马，引重致远。"虞翻注："艮为背。"《广雅·释亲》云："背，北也。"下互伏坎为死，故曰："北有伏尸。"离为南，伏坎为河，《周易·泰》九二云："用冯河。"虞翻注："坎为河。"上互巽为土，为堤，离、巽皆为礼，《荀子·儒效》云："行有防表。"《盐铁论·本议》云："以礼义防民。"《后汉书·桓谭传》云："视俗而施教，察失而立防。"故曰："南有提河。"提读为堤，以礼防民，如河有堤。

（二五）困。写本云"九二六"，"六"为立字之误。《周易·困》九二云："困于酒食，朱绂方来，利用亨祀，征凶，无咎。"《象》云：

"困于酒食，中有庆也。"上六云："困于葛藟，于臲卼。曰动悔有悔，征吉。"《象》云："困于葛藟，未当也。动悔有悔，吉行也。"上六宜动，九二宜静，故曰："九二立，上六发。"

坎为水，上互离为火，《素问·天元纪大论》云："水火者，阴阳之征兆也。"《说苑·辨物》云："二者，阴阳之数也。"离为乾卦，乾为百，故曰："后二百年。"

（二六）萃。写本残。《周易·萃》云："王假有庙，利见大人，亨利贞，用大牲吉，利有攸往。"《彖》云："萃，聚也。顺以说，刚中而应，故聚也。王假有庙，致孝享也。利见大人亨，聚以正也。用大牲吉，利有攸往，顺天命也。"坤为顺，兑为常，故曰："居得此地，吉。"兑为西，坤死丧，故曰："西有伏尸。"

（二七）咸。写本残。兑为西，艮为鬼，故曰："西有伏尸。"

（二八）蹇。写本残。艮为庙堂，坎为酒食，上互离为礼，祭祀之象，故曰："鬼神欢喜。"上互离日为东，艮为鬼，坎为死，故曰："东有伏尸。"

（二九）谦。坤为川，下互坎为水，上互震为三，故云："穿井深三尺。"坎为小，艮为实，故曰："得小豆。"伏乾为六，上互伏巽为白，震为禾稼，故曰："六尺，得白穄。"《周易·谦·彖》云："谦亨，天道下济而光明，地道卑而上行。天道亏盈而益谦，地道变盈而流谦，鬼神害盈而福谦，人道恶盈而好谦。谦尊而光，卑而不可逾，君子之终也。"故曰："居得此宅，吉。"

坤为生，艮为死。坤为安，震为乐。坤为富，震为贵，《周易·中孚》下互震，九二云："我有好爵。"《周易尚氏学》云："震为尊为爵为嘉，故曰好爵。"坎为一，为微，故云："生死安乐富贵微。"艮为八，伏乾为百，艮为奴，坤水浮于震上为益，《说文》云："益，饶也。从水皿，皿益之意也。"故曰："八百年有奴益得。"

（三十）小过。艮为终，震为始，《周易·说卦》云："艮东北之卦也，万物之所成终而所成始也。故曰成言乎艮。"天道无言，而人道有言。《管子·五行》云："人道以六制。"震为破，上互兑泽为水，故曰："穿井深六尺。"卦大坎之形，《周易·说卦》云："坎为赤。"《周易·系辞下》云："龙蛇之蛰，以存身也。"虞翻注："巽为蛇。"故曰："得赤蛇。"艮为鬼，震为破，故曰："居得此宅，凶。"

（三一）归妹。兑为西，《尔雅·释山》云："西方之美者，有霍山之多珠玉焉。"离为美，为乾卦，《周易·说卦》云："乾为玉。"故曰："此地有玉，居之大吉。"兑西离南，坎为死，故曰："唯伏尸在西南。"震为慎，坎水为静，故曰："慎勿动之。"

《周易·归妹》六三云："归妹以须，反归以娣。"《象》云："归妹以须，未当也。"上六云："女承筐无实，士刲羊无血，无攸利。"兑为金，震为爵，故曰："三六不动，居之富贵。"

二

敦煌写本《易三备》残卷云：

《周易·下备》占葬日及地下事。

内卦为亡孝，外卦为葬日。外卦阳，葬日吉；纯阳，大吉。世爻俱阳，大吉。凡外卦虽阴，而坤兑艮吉；若得巽为风，坎为雨。六十四卦立成法。

纯乾。四月卦，世在上，应在三。世爻定，穿地深五尺，得金玉。世爻动，穿地深四尺，得砖石。应爻定，穿地深四尺，得孔穴。应爻动，深八尺，得骨炭，吉。世应爻等位又变动者，是名动也。此位无变者，名不动也。

遘。巽下乾上，乾家一变。遘卦月卦。世在初，应在四。占世爻定，穿地深四尺，得沙石。世爻动，深八尺，得砖石。应爻定，深六尺，得人骨。应爻动，深七尺，得砖。应苅葬此地，大吉。

遁。艮下乾上。乾家二变，遁，六月卦。世在二，应在五。世爻定，穿地深三尺，得炭土。世爻动，穿地深九尺，得砖石。葬得此地，大凶。

否。坤下乾上。乾家三变，否，七月卦。世在三，应在上。占，穿地深五尺，得沙石。孔子曰：葬得此地，大凶。

观。坤下巽上。乾家四变。观，八月卦。世在四，应在初。世爻定，穿地深五尺，得石。世爻动，八尺，得小豆。应爻定，深一丈三尺，得黄沙土。应爻动，深一丈，得谷。孔子曰：葬得此地，九神拥护。十年，大吉利。

剥。坤下艮上。乾家五变为剥，九月卦。世在五，应在二。世爻定，穿地六尺，得孔穴。世爻动，五尺，得赤小豆。应爻定，四尺，得蛇孔。应爻动，八尺，得蚯蚓。

益。震下巽上。巽家三变。益，七月卦。世在三，应在上。占世爻定，其下四尺，得孔穴；其下一尺，得水龟。世爻动，其下八尺，得骨。应爻定，其下八尺，有黄墐。应爻动，其下七尺，得死骨。葬得此地，凶。孔子云：北有伏尸。去卜处一百八十步近大蛇头，往掘即得之，令人贫穷。

无妄。震下乾上。巽家四变。无妄，二月卦。世在四，应在初。占世爻定，其下六尺，得大麦。世爻动，其下九尺，得炭灰。凡应爻定，其下五尺，得孔道。下二尺，有虾蟆，似活。应爻动，其下一尺，得聚蚁。葬得此地，吉。孔子曰：葬之，吉。北有伏尸，勿动，大吉利。

噬嗑。震下离上。巽家五变。噬嗑，九月卦，世在五，应在二。占世爻定，其下五尺，得荡沙。世爻动，其下一丈二尺，得墐土。应爻定，其下四尺，得砖。凡应爻动，其下得牛头骨。葬得此地，大吉。孔子云：葬之，合家大吉利。

颐。震下艮上。巽家游魂。颐，八月卦。世在四，应在初。占世爻定，其下六尺，得铜铁；其下有镜。身爻动，其深四尺得铁。应爻定，其下五尺得黑青土。应爻动，其下六尺得湿壥，有水龟，葬得此（缺）

孔子云：合（缺）

（缺）尺，土似有孔穴不成。应爻动，其下（缺）葬之大穷，伏尸其下。

纯坎。十月卦，世在上，应在三。占世爻定，（缺）下一丈六尺，得坟鼠。应爻定，其下三尺（缺）个灶。葬得此地，大凶。南有泉。孔子云：（缺）

节。兑下坎上。坎家一变。节，十一月卦，世在初，应（缺）穴道。世爻动，其下六尺，得谷麦。应爻定，（缺）一丈，得砖，赤壥。葬得此地，大吉。孔子云：有（缺）此地，不过三年，乃大吉利。

屯。震下坎上。坎家二变。屯，六月卦，世在二，应在五。占世爻定，其下四尺，得砖。身爻动，其下八尺，得石肶。应爻定，下六尺，得钱。应爻动，其下一丈二尺，得钱。葬得此地，大吉。

既济。离下坎上。坎家三变。既济，正月卦，世在三，应在上。占世爻定，其下四尺，得砖。世爻动，其下一丈一尺，得穴井。应爻定，其下三尺，得孔穴。应爻动，其下六尺，得荡沙。葬得此地，吉。孔子云：富及子孙，大吉利。

革。离下兑上。坎家四变。革，二月卦。世在四，应在初。占世爻定，其下一丈，泉水。身爻动，其下六尺，得井。应爻定，其下八尺，得苇根。应爻动，其下七尺，得人骨。葬得此地，凶。下有盘石。孔子云：煞师。

丰，离下震上。坎家五变。丰，九月卦。世在五，应在二。

占世爻定，其下五尺，得盘石。身爻动，其下一丈，得故井。应爻定，其下四尺，得砖石。应爻动，其下八尺，得荡沙土石。葬得此地，凶。孔子曰：煞人，不利后。

明夷。离下坤上。坎家游魂。明夷，八月卦。世在四，应在初。占世爻定，其下八尺，得故坑。世爻动，其下四尺，得故井。应爻定，其下六尺，得白沙土。应爻动，其下二尺，得虚土。葬得此地，大凶。孔子云：鬼神不祐。

师。坎下坤上。坎家归魂。师，七月卦。世在三，应在上。占世爻定，其下三尺，得火炭。世爻动，其下七尺，得破几。应爻定，其下四尺，得白石，似人骨。应爻动，其下九尺，得破几。葬得此地，大吉。孔子云：大富贵。

纯离。四月卦。世在上，应在三。占世爻定，其下四尺，得灰炭。世爻动，其下八尺，得几。应爻定，其下六尺，得铁。应爻动，其下一丈，得砖。凡葬得此地，吉。孔子云：其一年，爵禄自来。

旅。艮下离上。离家一变。旅，五月卦，世在初，应在四。占世爻定，其下四尺，得墐土，下有湿沙。世爻动，其下一丈，得木根。应爻定，其下三尺，得犁铒。应爻动，其下九尺，得钓刃。葬得此地，吉。孔子云：先频后富。伏尸在东箱，不有铜铁。

鼎，巽下离上。离家二变。鼎，十二月卦。世在初，应在五。占世爻定，其下一尺，得空坑。世爻动，其下六尺，有孔穴，似有灰。应爻定，其下五，得黄沙。应爻动，其下一丈，得白土。葬得此地，君子吉，小人自如。

未济。坎下离上。离家三变。未济，十月卦。世在三，应在上。占世爻定，其下三尺，得火灰。世爻动，其下六尺，得铁矢。应爻定，其下八尺，得蚯蚓。应爻动，其下二尺，得故井。葬得此地，大凶。

蒙，坎下艮上，离家四变。蒙，八月卦。世在四，应在初。占世爻定，其下四尺，得石肫。世爻动，其下六尺，得沙石。应爻定，其下四尺，得死人。应爻动，其下八尺，得虚土，似坑，有沙。葬得此地，大凶。孔子云：合有伏尸，合家丧亡，大凶。

涣。坎下巽上。离家五变。涣，三月卦。世在五，应在二。占世爻定，其下八尺，得玉石。世爻动，其下四尺，得荡沙，水泉。葬得此地，大凶。孔子云：西有伏尸，葬之，合家丧亡，大凶。

讼。坎下乾上。离家游魂。讼，二月卦。世在四，应在初。占世爻定，其下三尺，得赤沙。世爻动，其下六尺，得聚蚁，有炭。应爻定，其下四尺，得磨石。应爻动，其下八尺，得故井。葬得此地，大凶。孔子云：南有伏尸，西有提，上有玉。葬之，鬼神不安。

同人。离下乾上。离家归魂。同人，三月卦。世在三，应在上。占世爻定，其下三尺，得金玉石。世爻动，其下六尺，得骨牙。应爻动，其下四尺，得清钱。应爻动，其下六尺，得钱，有沙。葬得此地，大吉。孔子云：下有伏尸，勿动之。

（缺）在三，应在上。世爻定，其下五尺，

（缺）应有动，其下二尺，得陶灶。应

（缺）此地，君子吉，小人自如。孔子云：葬

（缺）勿动之，大吉。

（缺）定，其下二尺，得虚坑。世爻动，

（缺）三尺，得破砖几。应爻动，其下一丈。

（缺）云：葬得此地，北有伏死，南有堤。（缺）

（缺）初，应在四。占世爻定，其下八尺。

（缺）爻定，其下六尺，得金玉。应爻动。

（缺）有泉。孔子云：葬得此地，富贵吉利。

（缺）卦。世在二，应在五。世有定，其下八尺，得伏尸。世爻动，其下三尺，得锡。应爻定，其下九尺，得铜钱。应爻动，其下四尺，得花枝，似蛇。葬得此地，大吉。四有伏尸，勿动。

咸。艮下兑上。兑家三变。咸，正月卦。世在三，应在上。世爻定，其下二尺，得骨。世爻动，其下五尺，得湿沙土，有蚯蚓。应爻定，其下四尺，得龟虫。应爻动，其下一丈一尺，得黄沙。葬得此地，吉。孔子云：西有伏尸，勿动之。吉。

蹇。艮下坎上。兑家四变。蹇，八月卦。世在四，应在初。占世爻定，其下五尺，得白墐土，似沙。世爻动，其下一丈三尺，得粟。应爻定，其下四尺，得孔穴。应爻动，其下八尺，得苇根。葬得此地，大吉。孔子云：葬之，鬼神欢喜。东有伏尸，勿动之。吉。

谦。艮下坤上。兑家五变。谦，九月卦。世在五，应在二。占世爻定，其下一尺，得清钱。世爻动，其下六尺，得钱。应爻定，其下三尺，得小豆。应爻动，其下六尺，得白稼。葬得此地，大吉。孔子云：葬之封侯。

小过。艮下震上。兑家游魂。小过，二月卦，世在四，应在初。占世爻定，其下五尺，得火炭。世爻动，其下七尺，得故陶灶。应爻定，其下四尺，得赤蛇。应爻动，其下四尺，得白骨。葬得此地，大吉。

归妹。兑下震上。兑家归魂。归妹，七月卦，世在三应在上。占世爻定，其下四尺，得砖石。世爻动，其下八尺，得玉石。应爻定，其下四尺，得金钱；亦可是银。应爻动，其下六尺，得玉。葬得此地，大吉。孔子云：葬之，鬼神咸欣。西有伏尸，勿动之。吉。

《下备》一卷。

占候验吉凶法。

内卦得乾下，占地时，上丧引车时，必见黑牛，父马，黑色，黑衣，黑字，大吉。内卦得坎下，占地时，上丧引车时，必见逢白马，白衣服人，白鸟来，见之大吉。内卦得艮下，占地时，上丧引车时，必逢见黄牛马。黑衣服人来者，大吉。内卦得巽下，占地时，上丧引车时，必逢见赤牛马，黑牛马，黑衣人，及妇人来者，大吉。内卦得离下，占地时，破地时，上丧引车时，必见青色牛马驴，白衣人，白鸟，白云来见，大吉。内卦得坤，占地时，上丧引车时，必见黄牛马，黄衣人，大吉。内卦得兑，占地时，上丧引车时，逢见黄牛马人；如无，上有风云起，大吉。

内卦得此易六十四卦占时，见来时应有，宜子孙聪达，长寿，荣花，代代大吉。内卦得震下，占地时，上丧引车时，必见黄牛马，黑衣服人，黑鸟兽，黑云来者，大吉。

于时岁次甲申六月丙辰十九日甲戌申时写讫。

（一）乾。世爻定，乾为离为午，《说文》云："五，五行也。从二，阴阳在天地间交午也。"《周易·系辞上》云："天数五，地数五。"《周易·说卦》云："乾为金，为玉。"乾为开，故曰："穿地深五尺，得金玉。"世爻动，伏坤为方为四；乾离为火，伏坤为土，火焚土，故曰："穿地深四尺，得砖石。"

应爻定，坤为方为四，乾为孔，《老子》第二一章云："孔德之容，惟道是从。"河上公注："孔，大也。"《说文》云："孔，通也。"《周易·系辞上》云："往来不穷谓之通。"乾为大，为通，故曰："穿地深四尺，得孔穴。"应爻动，伏坤为地，《管子·五行》云："地理以八制。"乾为天，《楚辞·天问》云："天何所沓，十二焉分？"《仪礼·有司彻》云："亦所谓腊如牲体。"郑玄注："骨即体也。"《说文》云："体，总十二属也。"《孟子·公孙丑上》云："坐于涂炭。"赵岐注："炭，墨也。"《周礼·占人》云："凡卜筮，君占体，大夫占色，史占墨。"郑玄

注："体有吉凶，色忧善恶，墨有大小。"乾离为火，为龟，以火灼龟而成兆，知天命，故曰："深八尺，得骨炭，吉。"

写本云："世应爻等位有变动者，是名动也。此位无变者，名不动也。"今按：《周易·系辞下》云："道有变动，故曰爻。爻有等，故曰物。物相杂，故曰文。"名指卦名。《春秋繁露·深察名号》云："名者，大理之首章也。"又云："鸣而命施谓之名，名之为言鸣与命也。"《周易·说卦》云："昔者圣人之作《易》也，将以顺性命之理。"

（二）遘。世爻定，巽为四，为土，乾为离为散，故曰："穿地四尺，得沙石。"世爻动，巽风为八，为土，初六应九四，乾为离为火，火焚土，故云："深八尺，得砖石。"

应爻定，乾西北卦为六，为人，巽木为骨，故曰："深六尺，得人骨。"应爻动，《汉书·律历志上》云："七者，天地四时人之始也。"《周易·系辞上》云："乾知大始。"乾离为火，巽为土，火焚土，故曰："深七尺得砖。"《周易·姤·彖》云："天地相遇，品物咸章也，刚遇中正，天下大行也。姤之时义大矣哉。"故曰："应苅葬此地，大吉。"

（三）遁。世爻定，当位有应，《京房易传》云："六二得应，与君位遇建焉。臣事君，全身远害。"故曰："世在二，应在五。"《周易·遯》六二云："执之用黄牛之革，莫之胜说。"《象》云："执用黄牛，固志也。"九五云："嘉遯，贞吉。"《象》云："嘉遯贞吉，以正志也。"

《京房易传》云："《易》云：遯世无闷。与艮为飞伏，大夫居世，建辛未为月。"世爻定，下互伏震为三，为木，巽为土，乾离为火，故曰："穿地深三尺，得炭土。"世爻动，乾离为九，为火；巽土，艮石，火焚土，故曰："穿地深九尺，得砖石。"下互巽为躁卦，艮为鬼户，故曰："葬得此地，大凶。"

（四）否。世爻定，坤为五，为土；乾为离为散，下互艮为石，坤为水，故曰："穿地深五尺，得沙石。"《说文》云："沙，水散石也。"《周易·否·彖》云："否之匪人，不利君子正，大往小来，则是天地不

29

交而万物不通也；上下不交而天下无邦也。内柔而外刚，内小人而外君子，小人道长，君子道消也。"故曰："葬得此地，大凶。"

（五）观。世爻定，坤土为五，上互艮为石，故曰："穿地深五尺，得石。"世爻动，巽风为八，艮为实，故云："八者，得小豆。"

应爻定，坤为十，伏震为三，坤为黄为土，故曰："深一丈三尺，得黄沙土。"应爻动，坤为十，伏震为禾稼，《周易·无妄》六二云："不耕获。"虞翻注："震为禾稼。"《周易·益》初九云："利用为大作。"侯果注："震为稼穑。"故曰："深一丈，得谷。"

《周易·观·彖》云："大观在上，顺而巽，中正以观天下。观，盥而不荐，有孚颙若。下官而化也。观天之神道而四时不忒，圣人以神道设教，而天下服矣。"故曰："葬得此地，九神拥护。十年，大吉利。"

（六）剥。写本作"刹"。世爻定，伏乾为六，《国语·周语》云："夫六，中之色也。"艮为穴，《周易·系辞下》云："上古穴居而野处。"虞翻注："艮为穴居。"故曰："穿地深六尺，得孔穴。"世爻动，坤土为五，伏乾为赤，艮为实，故曰："五尺，得赤小豆。"

应爻定，坤为方为四，艮为穴，伏乾为龙蛇，故曰："四尺，得蛇穴。"《周易·系辞下》云："龙蛇之蛰，以存身也。"应爻动，坤为地，《管子·五行》云："地理以八制。"蚯蚓如尺蠖，故曰："八尺，得蚯蚓。"《周易·系辞下》云："尺蠖之屈，以求信也。"

（七）益。世爻定，巽为四，坤、艮为穴，故曰："其下四尺，得孔穴。"坤为水，与北方配，其数一，伏乾为离，《周易·说卦》云："离为龟。"故曰："其下一尺，得水龟。"世爻动，艮为八，震木为骨，故曰："其下八尺，得骨。"

应爻定，坤黄为土，艮为八为壤，故曰："其下八尺，得黄壤。"应爻动，上互伏兑为七，震木为骨；坤死丧，故曰："其下七尺，得死骨。"震为惊，坤为亡，故曰："葬得此地，凶。"艮为北，坤死丧，故曰："北有伏尸。"

《周易·杂卦》云：“损益，盛衰之始也。”物极则反，损为益之始，益为损之始，故曰：“葬得此地，凶。”艮为北，震为身，伏坤土之下，故云：“北有伏尸。”《周易·震》云：“震惊百里。”虞翻注：“震为百。”艮为八，坤为十，故曰：“去卜处一百八十步。”坤为大，巽为蛇，震为始为首，故曰：“近大蛇头。”震为破，巽为财，故曰：“令人贫穷。”

（八）无妄。世爻定，乾为六，伏兑为麦，《说文》云：“麦，金也，金王而生，火王而死。”故曰：“其下六尺，得大麦。”世爻动，乾为离，其数九，离火焚震木，故曰：“其下九尺，得炭灰。”

应爻定，震为音，五主音；震始艮终为天道，艮为穴，故曰：“其下五尺，得孔道。”伏坤为二，《说文》云：“二，地之数也。”震同辰，《孔子家语·执辔》云：“辰为月。”月中有蟾蜍。震为生，故曰：“其下二尺，有虾蟆，似活。”应爻动，帝出乎震，乾知大始，大始即大一，故曰：“其下一尺。”《周易·系辞上》云：“乾道成男。”《周易尚氏学》云：“乾以初爻交坤为震。”坤为众，故云：“得聚蚁。”《周易·无妄·象》云：“先王以茂对时，育万物。”乾为王，震为生，故曰：“葬得此地，吉。”震为身，下互艮为北，故曰：“北有伏尸。”

（九）噬嗑。世爻定，离为午为五，《左传·庄公四年》云：“余心荡。”杜预注：“荡，动散也。”离、散同义；上互坎为水，艮为石，故曰：“其下五尺，得荡沙。”世爻动，震始艮终为天道，为纪，《尚书·毕命》云：“既历三纪。”孔传：“十二年曰纪。”下互艮为堇，艮通堇，故曰：“一丈二尺，得堇土。”

应爻定，伏巽为四，离火焚巽土，故曰：“其下四尺，得砖。”应爻动，离为牛，震为首，为骨，故曰：“其下有牛头骨。”离为王，震为生，故曰：“葬得此地，大吉。”《周易·噬嗑·象》云：“刚柔分，动而明，雷电合而章，柔得中而上行。”故曰：“葬之，合家大吉利。”

（十）颐。世爻定，伏乾为六，铜铁属金，艮为止，《释名·释天》云：“金，禁也，气刚毅能禁止物也。”故曰：“其下六尺，得金铁。”上下互坤为水，为众，《尚书·酒诰》云："古人有言：人无于水监，当于民监。"《国语·晋语》云："是天夺之鉴而益其疾。"韦昭注："鉴，镜也。镜所以自省察。"故曰："其下有镜。"身爻动，伏巽为四，坤水为玄，艮金，故曰："其深四尺，得铁。"《说文》云："铁，黑金也。"

应爻定，坤土为五，震为青，坤水为玄，故曰："其下五尺得黑青土。"应爻动，伏乾为六，坤为水，艮为墰土，为龟，故曰："其下六尺得湿墰，有水龟。"《周易·颐》初九云："舍尔灵龟，观我朵颐。"

（十一）蛊。写本残。巽为土，艮为穴，故云："土似有孔穴。"上互震为始，艮为终，终始相应变动不居，故曰："不成。"《国语·吴语》云："吴晋争长未成。"韦昭注："成，定也。"《周易尚氏学》云："风止山下，气郁不通，故蛊。蛊则不生育，振而作之，所以救蛊而育德也。"故云："葬之大穷。"伏震为身，没于巽土之中，故曰："伏尸其下。"

（十二）纯坎。写本有残损。世爻动，震、艮为天道为十，伏离为乾卦为六，艮为山，坎为水，《论衡·物势》云："鼠，水也。"鼠，故曰："下一丈六尺，得坎鼠。"

应爻定，下互震为三，故曰："其下三尺。"应爻动，《释名·释宫室》云："灶，造也，创造食物也。"震为造，《周易·屯》下震上坎，《象》云："天造草昧。"《公羊传·昭公十七年》云："大辰者何？大火也。"震为木，火焚木，炊烹之象，《白虎通·五祀》云："灶者，火之主，人所以自养也。"

坎为险，震为破，故曰："葬得此地，大凶。"伏离为南，坎为水，故曰："南有泉。"

（十三）节。写本残。世爻定，艮为穴，震艮终始为天道，故曰："穴道。"世爻动，伏离为乾为六，下互震为禾稼，兑金为麦，故曰："其下六尺，得谷麦。"

应爻动，伏离为日为十，为火，伏巽为土；坎为赤，艮为墰，故曰："一丈，得砖，赤墰。"兑金坎水，金生水，故曰："葬得此地，大吉。"震为三，为生，震艮终始为天道，故曰："不过三年，乃大吉利。"

（十四）屯。世爻定，伏巽为四，伏离火，坤土，故曰："其下四尺，得砖。"身爻动，上互艮为八，为石，石肫如权，《淮南子·时则》云："冬为权。"坎为冬，故曰："其下八尺，得石肫。"

应爻定，伏乾为六，坎为泉为钱，故曰："下六尺，得钱。"应爻动，震艮终始为天道，坎为钱，故云："其下一丈二尺，得钱。"《周易·杂卦》云："屯见而不失其居。"故曰："葬得此地，大吉。"

（十五）既济。世爻定，离为维，《淮南子·天文》云："未在巳，曰屠维。"高诱注："维，离也。"《素问·气交变大论》云："土不及四维。"王冰注："维，隅也。"故曰："其下四尺。"坎为心。《洪范五行传》云："厥罚恒风。"郑玄注："思心为土。"离为火，火焚土，故曰："得砖。"世爻动，离日为十，下互坎为一，为圹，故曰："其下一丈一尺，得穴井。"

应爻定，坎终为三，为圹，故曰："其下三尺，得孔穴。"应爻动，离为乾卦，为散，故曰："其下六尺，得荡沙。"离为王，坎为子，故曰："富及子孙，大吉利。"

（十六）革。离为日为十，上互乾为元，《周易·乾·文言》云："元者，善之长也。"《老子》第八章云："上善若水。"《释名·释地》云："广平曰原。原，元也，如元气广大也。"原、泉古同字，故曰："其下一丈，泉水。"身爻动，乾为六，兑为口，伏艮为穴，伏坎为水，故曰："其下六尺，得井。"

应爻定，下互巽风为八，《大戴礼记·易本命》云："八主风。"《周易·离·象》云："百谷草木丽乎地。"虞翻注："巽为草木。"伏艮为根，故曰："其下八尺，得苇根。"应爻动，离为火，《南齐书》卷十一引《月令章句》云："南方有火二、土五，故数七。"巽木为骨，故云："其下七尺，得人骨。"离为戈兵，兑为刑，故曰："葬得此地，凶。"盘读为磐，磐石即大石。应爻动，离为盘，伏艮为山为石，《周易·渐》云：

33

"鸿渐于磐。"王弼注："磐，山石之安者。"《周易·蹇》上六云："往蹇来硕。"虞翻注："艮为硕。"故曰："下有盘石。"《周易·杂卦》云："革，去故也。"《周易·革·彖》云："汤武革命，顺乎天而应乎人。"《孟子·梁惠王下》云："《书》曰：天降下民，作之君，作之师，惟曰其助上帝，宠之四方。有罪无罪，惟我在，天下曷敢有越厥志？一人衡行于天下，武王耻之。此武王之勇也。而武王亦一怒而安天下之民。"离为首，为兑所折，如周武王诛纣，故曰"煞师"；若曰"煞君"，则大逆不道，惊世骇俗。

（十七）丰。世爻定，震为音，《大戴礼记·易本命》云："五主音。"《尚书·五子之歌》云："乃盘游无度。"孔传："盘，乐也。"《春秋繁露·阳尊阴卑》云："乐气象太阳而当夏。"离为夏。《周易·需·象》云："君子以饮食宴乐。"虞翻注："震为乐。"上互伏艮为石，故曰："其下五尺，得盘石。"身爻动，离日为十，兑为口，离为天为古，南方卦为九，《释名·释州国》云："周制九夫为井，其制似井字也。"故曰："其下一丈，得故井。"

应爻定，巽东南为四，离火焚巽土，故曰："其下四尺，得砖石。"应爻动，伏艮为八，离为散，巽为土，兑为石，故曰："其下八尺，得荡沙土石。"离为戈兵，震为惊，《周易·杂卦》云："丰，多故也。"《周礼·大宗伯》云："国有大故。"郑玄注："故，谓之凶灾。"故曰："葬得此地，凶。"离为戈兵，兑为刑，震为人，故曰："煞人，不利后。"

（十八）明夷。世爻定，坤为地，《管子·五行》云："地理以八制。"离为乾卦为古，下互坎为坑，故曰："其下八尺，得故坑。"世爻动，坤方为四，离为古，坎为水，故曰："其下四尺，得故井。"

应爻定，离为乾卦为六，为明为白，为散；坤为土，故曰："其下六尺，得白沙土。"应爻动，离为乾卦，与坤合，为二，《周易·系辞下》云："因二以济民行，以明失得之报。"虞翻注："二谓乾与坤。"离明为虚，《荀子·解蔽》云："虚一而静，谓之大清明。"坤为土，故曰：

"其下二尺，得虚土。"《周易·杂卦》云："明夷，诛也。"故曰："葬得此地，大凶。孔子云：鬼神不祐。"

（十九）师。世爻定，震为三，为木；坎为玄，伏离为火，焚木成炭，故曰："其下三尺，得火炭。"世爻动，震为七，《周易·既济》六二云："七日得。"虞翻注："震为七。"震为破析；坤为厚为安，故为几，《仪礼·觐礼》云："授几。"郑玄注："几者，安宾所以崇优厚也。"故曰："其下七尺，得破几。"

应爻定，坤为方为四；伏巽为白，震为玉；震为人，为骨，故曰："其下四尺，得白石，似人骨。"应爻动，坤为地，《逸周书·周祝》云："地为久。"久通九；震为破，坤为几，故曰："其下九尺，得破几。"《周易·师·象》云："君子以容民畜众。"故曰："葬得此地，大吉。"伏乾为贵，坤为富，故曰："孔子云：大富贵。"坎为一，《周易·系辞下》云："天下之动，贞夫一者也。"《说文》云："富，备也。一曰厚也。"《孟子·尽心下》云："万物皆备于我矣，反身而诚，乐莫大焉。"

（二十）离。世爻定，下互巽为四，离为火，巽为木，故曰："其下四尺，得灰炭。"世爻动，上互伏艮为八，巽地与坤象同，为几，故曰："其下八尺，得几。"

应爻定，离为乾为六，伏坎为玄，兑为金，故曰："其下六尺，得铁。"应爻动，离日为十，巽土为离火所焚，故曰："其下一丈，得砖。"《周易·离·彖》云："离，丽也。日月丽乎天，百谷草木丽乎地，重明以丽乎正，乃化成天下。柔丽乎中正，故亨。"故曰："凡葬得此地，吉。"离为王为贵，巽为土地，兑为金，故曰："孔子曰：其一年，爵禄自来。"

（二一）旅。世爻定，下互巽土为四，艮为堁；离为散，兑为泽，艮为小石，故曰："其下四尺，得堁土；下有湿沙。"世爻动，离日为十，艮为木根，故曰："其下一丈，得木根。"

应爻定，下互伏震为三；犁通离，铒通饵，《老子》第三五章云：

"乐与饵。"河上公注："饵，美也。"离南方卦为美，故曰："其下三尺，得犁铒。"应爻动，离为九，《说文》云："九，阳之变也。象屈曲究尽之形。"九为曲钩之形，《广雅·释器》云："钓，钩也。"离为兵，故曰："其下九尺，得钓刃。"艮为天道，离为王，故曰："葬得此地，吉。"艮为艰，离为乐，故曰："孔子云：先频后富。"频读为贫。艮为鬼，下互伏震为木、离为日，《说文》云："东，动也。从木，官溥说从日在木中。"故曰："伏尸在东厢。"震为木，故云："不有铜铁。"

（二二）鼎。写本误为"世在初"，应为"世在二"。世爻定，下互乾元为一，天道虚无，空坑若谷，《老子》第六章云："谷神不死，是谓玄牝。玄牝之门，是谓天地根。"巽与乾，有天地之象，《说文》云："惟初大始，道立于一，造分天地，化生万物。"故曰："其下一尺，得空坑。"世爻动，乾为六，上互兑为口，伏艮为穴，离为火，巽为木，故曰："其下六尺，有孔穴，似有灰。"

应爻定，离为午为五，兑金为黄，离荡散，巽为土，故曰："其下五，得黄沙。"应爻动，离日为十，巽为白为土，故曰："其下一丈，得白土。"《周易·鼎·象》云："木上有火，鼎，君子以正位凝命。"六五、九二居中有应，上下皆利，故曰："葬得此地，君子吉，小人自如。"

（二三）未济。世爻定，下互离为火，坎为水，水火象征阴阳和合，《楚辞·天问》云："阴阳三合，何本何化？"《老子》第四二章云："道生一，一生二，二生三。三生万物。"《周易·乾·文言》云："水流湿，火就燥，云从龙，风从虎，圣人作而万物睹。"《礼记·中庸》云："致中和，天地位焉，万物育焉。"三主中和，故曰："其下三尺，得火灰。"世爻动，离为乾卦为六，为金，为兵矢；坎为玄，故曰："其下六尺，得铁矢。"

应爻定，离、分同义，《说文》云："八，别也。象分别相背之形。"坎为心，为一，《荀子·劝学》云："蚓无爪牙之利，筋骨之强，上食埃土，下饮黄泉，用心一也。"蚯蚓如尺蠖，离日为诚，坎水为信，《周易·系辞下》云："尺蠖之屈，以求信也。"故曰："其下八尺，得蚯蚓。"应爻动，离火为阳，坎水为阴，《说苑·辨物》云："二者，阴阳之数也。"离为乾为古，坎为水，故曰："其下二尺，得故井。"离为戈兵，坎为险，《周易·杂卦》云："未济，男之穷也。"故曰："葬得此地，大凶。"

（二四）蒙。世爻定，下互伏巽为四，艮为石，故曰："其下四尺，得石肫。"世爻动，上互伏乾为六，伏离为散，坎为水，坤为土，艮为石，故曰："其下六尺，得沙石。"

应爻定，下互伏巽为四，坎为终，坤为死丧，故曰："其下四尺，得死人。"应爻动，艮为八，伏离为虚，坤为土，坎为坑，离为散，故曰："其下八尺，得虚土，似坑，有沙。"艮为鬼，坎为终，故曰："葬得此地，大凶。"震为身，位于坤土之下；艮为家，坎为死，故曰："合有伏尸，合家丧亡。"

（二五）涣。世爻定，上互艮为八，为石，下互震为玉，故曰："其下八尺，得玉石。"世爻动，巽为四，伏离为散，坎为水，巽为土，艮为小石，故曰："其下四尺，得荡沙。"坎为水为一，故曰："水泉。"坎为险，震为惊，艮为鬼，故曰："葬得此地，大凶。"

《周易·说卦》云："巽为白。"西方为白。震为身，伏于巽土之下，坎为死，故曰："西有伏尸。"艮为家，震为破，坎为险，故曰："葬之，合家丧亡，大凶。"

（二六）讼。世爻定，离坎相接为中和，为三，《周易·说卦》云："坎为赤。"离为散，巽为土，故曰："其下三尺，得赤沙。"世爻动，离为乾卦为六，伏坤为众，故曰："其下六尺，得聚蚁。"下互离为火，上互巽为木，故曰："有炭。"

应爻定，巽为四。离为盘，磨石如磐石，故曰："其下四尺，得磨石。"应爻动，巽风为八，离为古，坎为水，故曰："其下八尺，得故井。"《周易·杂卦》云："讼，不亲也。"故曰："葬得此地，大凶。"离为南，坎为死，故曰："孔子云：南有伏尸。"巽为白，为西，为礼，乾为玉，故曰："西有提，上有玉。"提读为堤。《盐铁轮·本议》云："以礼义防民。"《周易·说卦》云："坎，其于人也，为加忧，为心病。"《周易·屯》下震上坎，《象》云："宜建侯而不宁。"不宁即不安，故曰："葬之，鬼神不安。"

（二七）同人。世爻定，乾为火，伏坎为水，水火交融为三，乾为金为玉，故曰："其下三尺，得金石玉。"世爻动，乾为六，下互伏震为木为骨，离为戈兵，《周礼·典瑞》云："牙璋以起军旅。"郑司农注："牙齿，兵象，故以牙璋发兵，若今时以铜虎符发兵。"故曰："其下六尺，得骨牙。"

应爻动，今按："动"字有误，当为定。下互巽为四，乾为清，巽为钱，故曰："其下四尺，得清钱。"应爻动，乾为六，巽为钱，离散巽土为沙，故曰："其下六尺，得钱，有沙。"《周易·同人·象》云："同人，柔得位得中而应乎乾，曰同人。同人曰：同人于野亨。利涉大川，乾行也。文明以正，中正而应，君子正也。唯君子为能通天下之志。"故曰："葬得此地，大吉。"伏坎为死，故曰："下有伏尸，勿动之。"

（二八）困。写本残。世爻定，巽风为八，故曰："其下八尺。"应爻定，离为乾卦为六，为金为玉，故曰："其下六尺，得金玉。"坎为水，故曰："有泉。"《周易·困·象》云："贞大人吉，以刚中也。"故曰："孔子云：葬得此地，富贵吉利。"

（二九）萃。世爻定，下互艮为八为鬼，没于坤土之中，故曰："其下八尺，有伏尸。"世爻动，上互伏震为三，《周易·师》九二《象》云："王三锡命，怀万邦也。"荀爽注："三者，阳德成也。"《周易·讼》上九云："终朝三挖之。"荀爽注："三者，阳功成也。"兑为金，巽为白，故曰："其下三尺，得锡。"《汉书·司马相如传上》云："锡碧金银。"颜师古注："锡，青金也。"

应爻定，兑为金，《管子·幼官》云："用九数。"尹知章注："九，亦金之成数。"巽、坤皆为土，《汉书·律历志上》云："用铜者，名自名也。"颜师古注："取铜之名，以合于同也。"巽为钱，故曰："其下九尺，得铜钱。"应爻动，巽东南卦为四，为草木；巽为绳，似蛇，故曰："其下四尺，得花枝，似蛇。"《周易·萃·彖》云："王假有庙，致孝享也。利见大人亨，聚以正也。用大牲吉，利有攸往，顺天命也。"故曰："葬得此地，大吉。""四有"当为"西有"之误。兑为西，坤死丧，故曰："西有伏尸，勿动之。"

（三十）咸。世爻定，下互巽为地，《说文》云："二，地之数也。"伏震为木为骨，故曰："其下二尺，得骨。"世爻动，上互伏坤为五；乾同离，为散，兑为泽，巽为土，故曰："其下五尺，得湿沙土。"巽为风，为蛇，《孔子家语·执辔》云："风为虫。"《周易·系辞下》云："龙蛇之蛰。"虞翻注："巽为蛇。"故曰："有蚁蚓。"

应爻定，巽为四为虫，乾为离为龟，故曰："其下四尺，得龟虫。"应爻动，乾为十为一，为黄；离为散，巽为土，故曰："其下一丈一尺，得黄沙。"兑为常，艮终而复始，故曰："葬得此地，吉。"兑为西，艮为鬼，故曰："西有伏尸，勿动之，吉。"

（三一）蹇。世爻定，上互离为五，离明为白，坎为水，艮为墁土，离为散，故曰："其下五尺，得白墁土，似沙。"世爻动，离日为十，坎亦为三，《周易·讼》九二云："其邑人三百户。"《周易尚氏学》云："茹敦和曰：坎数三。"《说文》云："粟，嘉谷实也。"离日为实，故曰："其下一丈三尺，得粟。"粟为食，《文选·东京赋》云："卜惟洛食。"薛综注："食谓吉兆。"

应爻定，艮时为四，《周易·蹇》初六云："往蹇来誉。"《象》云："往蹇来誉，宜时也。"艮为居，《说文》云："穴，土室也。"《诗经·大车》云："死则通穴。"郑玄笺："穴谓塚圹中也。"坎为圹，故曰："其下四尺，得孔穴。"应爻动，艮为八，为根，伏巽为草木，故曰："其下八尺，得苇根。"艮为终始，坎为一，《老子》三九章云："昔之得一者，天得一以清，地得一以宁，神得一以灵，谷得一以盈，万物得一以生，侯王得一以为天下正。"故曰："葬得此地，大吉。"《周易·蹇·象》云："山上有水，蹇，君子以反身修德。"鬼神唯德是祐，故云："葬之，鬼神欢喜。"艮东北卦，坎为死，故云："东有伏尸，勿动之，吉。"

（三二）谦。世爻定，坤为虚，《鹖冠子·环流》云："空之谓一。"《荀子·解蔽》云："清明内景。"杨倞注："清谓虚白。"坤同川，《说文》云："泉，水原也，象水流成川形。"钱、泉古同，《颜氏家训·书证》云："《汉书》以货泉为白水真人。"故曰："其下一尺，得清钱。"世爻动，伏乾为六，为金，故曰："其下六尺，得钱。"

应爻定，伏乾为离为火，下互坎为水，水火交融为三；艮为实，《周易·家人》六四云："富家大吉。"虞翻注："艮为笃实。"故曰："其下三尺，得小豆。"应爻动，坎为律，六主律，上互震为木为禾稼，《说文》云："禾，嘉谷也。二月始生，八月而孰，得时之中，故谓之禾。禾，木也。"故曰："其下六尺，得白稯。"白稯即嘉禾。《周易·谦·彖》云："谦亨，天道下济而光明，地道卑而上行。天道亏盈而益谦，地道变盈而流谦，鬼神害盈而福谦，人道恶盈而好谦。谦尊而光，卑而不可踰，君子之终也。"故曰："葬得此地，大吉。"坤为土，艮为时，震为侯，坎为法，故曰："葬之封侯。"《周易·豫》下坤上震，卦辞云："利建侯行师。"《周易·屯》下震上坎，卦辞云："利建侯。"

（三三）小过。"艮上"为"艮下"之误。世爻定，下互巽为土为五，震同辰，《尔雅·释天》云："大火谓之大辰。"巽木为火所焚，故云："其下五尺，得火炭。"世爻动，上互兑为七，震为始，《广雅·释诂一》云："古，始也。"震火巽土成陶，兑口为灶，故曰："其下七尺，得故陶灶。"

应爻定，巽为四，为蛇；卦有大坎之象，坎为赤，故曰："其下四尺，得赤蛇。"应爻动，巽为四，为白，震木为骨，故曰："其下四尺，得白骨。"艮为终，震为始，终而复始，故曰："葬得此地，大吉。"

（三四）归妹。世爻定，伏巽为四，为土，离为火，兑为石，故曰："其下四尺，得砖石。"世爻动，伏巽为八，下互离为乾，为玉，故曰："其下八尺，得玉石。"

伏巽为四，离为乾卦，为金，离明为白，坎为泉，故曰："其下四尺，得金钱，亦可为银。"应爻动，离为乾卦，乾为六，为玉，故曰："其下六尺得玉。"兑为常，震为生，故曰："葬得此地，大吉。"兑为悦，震为乐，故曰："葬之，鬼神咸欣。"兑为西，坎为死，故曰："西有伏尸。"

<h1 style="text-align:center">三</h1>

敦煌写本《易三备》残卷云：

蛊，正月卦。身三，应上。（缺）有蛙蟆。应爻定，六尺。（缺）地，大凶。为有伏尸，大穷。（缺）

泰，正月卦。身三，应（缺）墐土，似沙。应爻定，深四（缺）。

大壮，二月卦。身在四，应（缺）一丈二尺，得竖头墐。爻动，深九尺，得灰。应爻定，（缺）爻动，其下六尺，得坟鼠。凡葬得此地，凶。孔子云：下有伏□□□□，伏尸在东北角。

夬，三月卦。身在五，应在二。身□□□三尺，得石白。爻动，五尺，得穄。应爻定，深八尺，得腐木。爻动，四尺，得砖瓦石。葬得此地，君子吉，小人凶。

需，八月卦。身在四，应在初。身爻定，深一丈二尺，得谷。爻动，其下四尺，得黄沙土。应爻定，深七尺，得穴。爻动，深五尺，得鼠。孔子云：葬得此地，鬼神安，利生人。南有伏尸，大河在下，有玉，去卜处三百步，南相如西，玉在中，不见。葬得此地，大吉。

比，七月卦。身三，应上。身爻定，深七尺，得骨。爻动，三尺，得死木根。应爻定，深五尺，得蜂。爻动，丈二，得聚蚁。葬得此地，凶。有穴。孔子云：三龙所游，亡人不□，凶。

纯震，十月卦。身上，应三。身爻定，其下四尺，得白沙土。爻动，六尺，得砖石。应爻定，深八尺，得谷。爻动，一丈六尺，得苇根。葬得此地，凶。有□。孔子云：□□□□。

豫，五月卦。身在初，应四。身爻定，深其下长，得白黍。爻动，丈二尺，得赤黍。应爻定，深九尺，得黑土，似墐。应爻动，六尺，得小豆。葬得此地，大吉。

解，十二月卦。身二，应五。身爻定，深八尺，得大豆。爻动，一丈，得人骨。应爻定，深六尺，得石。爻动，四尺，得砖井。葬得此地，君子吉，小人自如，而有穴。孔子云：宜子孙。

恒，正月卦。身三，应上。身爻定，深九尺，得石。爻动，六尺，得砖瓦。应爻定，其下五尺，得谷。爻动，一丈，得赤谷。葬得此地，孔子云：三十年，大吉。

升，八月卦。身四，应初。身爻定，四尺，得石。爻动，八尺，砖瓦。应爻定，六尺，得空井。爻动，二尺，得骨。葬得此地，大凶。孔子云：一年，曹大事。

井，三月卦。身五，应二。身爻定，四尺，得竖头墐。爻动，八尺，得白沙土。应爻定，二尺，得钱。爻动，三尺，得墨。葬得此地，大凶，有穴。孔子云：下有伏尸。

大过，二月卦。身在四，应在初。身爻定，六尺，得石。爻动，四尺，得土肿。应爻定，八尺，得麦。爻动，二尺，得沙土。葬得此地，大吉。孔子云：下有金□□。

随，七月卦。身三，应上。身爻定，其下五尺，得苇根。爻动，一丈，□□□□根。应爻定，五尺，得白稼。爻动，□尺，得黄沙土。葬得此地，大吉。孔子云：西有大道，下有伏尸，勿动，□□□得禄。

纯巽，四月卦。身上，应三。身爻定，其下七尺，得木根。身动，八尺，得苇根。应爻定，四尺，得锡。爻（缺）玉石。孔子云：女代□。

小畜，十一月卦。身初，应四。身（缺）应爻定，八尺，得砖石。应动，（缺）孔子云：南有伏龙，去（缺）动之，吉利。

家人，六月卦。身二，应五。（缺）石。应爻定，五尺，得黑土。下有（缺）贵，有利益，圣人安吉，不（缺）。

（中缺）

纯艮，四月卦。身上，应三。身爻定，其下八尺，得沙石。身爻动，四尺，得□土。应爻定，其下五尺，得黑强土。应爻动，一丈，得白沙。此地大凶。孔子云：煞小□。西南三十步，有磨及马骨。

贲，十二月卦。身四，应初。身爻定，八尺，得牛啼骨。应爻定，六尺，得黑沙土。应爻动，一丈，得聚□。此地有盘石。孔子云：葬之百日，禄自来。西有一像骨。深八尺，□钱。

大畜，十二月卦。身二，应五。身爻定，八尺，得牛骨。爻动，四尺，得黄石。应爻动，九尺，得米孔。应爻定，五尺，得孔穴。孔子云：下有青沙，葬之大吉。

损，七月卦。身三，应上。身爻定，一丈，得羊头骨。爻动，五尺，得钱铜。（缺）爻动，八尺，得死土，凶。孔子曰：葬得此地，百年（缺）

（缺）定，七尺，得银铜。身动，九尺，得白铜。

（缺）尺，得蛇孔。此地凶。孔子云：鬼神不安，伏尸在西，勿动之。

（缺）尺，得钱。身动，一丈。得流沙，应爻定。

（缺）青沙土。葬之此地，君子吉，小人自如。

（缺）尺，得灰炭。身动，一丈，得钱铜。应

（缺）得砖瓦，下有强土。此地，孔子云：葬

（缺）死，大凶。

（缺）尺，得蔡子。身动，一丈二尺，得人骨。

（缺）五尺，得黄强。下有□沙。此地吉，君

（缺）伏□□去卜处三百步。一云：下有勿动之。

（缺）二尺，得虚坑。身动，五尺，得□□□

（缺）尺，得沙石。葬此地，大吉。孔□□□□

（缺）石。身动，四尺，得钱。应爻定，

（缺）孔子云：葬后七年外，大富贵，吉。

（缺）世世大吉利。

（缺）骨。身动，五尺，得湿沙土。下□

（缺）□世应爻动，□

（一）蛊。写本残。身爻动，下互兑为月，《淮南子·精神》云："月中有蟾蜍。"高诱注："蟾蜍，虾蟆也。"故曰："有蛙蟆。"

应爻定，上互震为人，故曰："六尺。"《左传·昭公元年》云："赵孟曰：何谓蛊？医和对曰：淫溺惑乱之所生也。"又云："在《周易》，女惑男，风落山，谓之蛊。"故云："（缺）地，大凶。"巽为地，伏震为人，为兑所折，故曰："为有伏尸。"艮为终始，巽为入，《庄子·庚桑楚》云："与物穷者，物入焉。"郭象注："穷谓终始。"故曰："大穷。"

（二）泰。写本残。身爻动，下互伏艮，故曰："墐土。"乾同离，为散，上互伏巽为土，故曰："似沙。"应爻定，坤土为中，《春秋繁露·循天之道》云："四尺者，中央之制也。"

（三）大壮。写本残。身爻定，震同辰，《吕氏春秋·孟春》云："乃择元辰。"高诱注："辰，十二辰，从子到亥。"上互兑为妾，奴婢之属；

上互伏艮为童仆，为墥土，故云："一丈二尺，得竖头墥。"《左传·僖公二四年》云："晋侯之竖头须。"杜预注："竖，左右小吏。"《后汉书·王允传》李贤注："竖者，言贱劣如僮竖。"身爻动，下互乾同离，其数九，震木为离火所焚，故曰："深九尺，得灰。"

应爻动，乾为六，伏艮为山，为鼠，故曰："其下六尺，得坟鼠。"《周易·大壮·象》云："雷在天上，大壮，君子以非礼弗履。"《周易尚氏学》云："震履乾，即卑履尊，非礼甚矣。陆绩曰：君子见卑履尊，终必消除，故以为戒。"故曰："凡葬得此地，凶。"伏坤为人，为死丧，乾西北卦，故曰："伏尸在东北角。"

（四）夬。身爻定，乾为离为火，伏坤为水，水火相交为中和，为三；兑为口，伏艮为石，故曰："三尺，得石臼。"身爻动，乾为五，兑为雨，为稷。《一切经音义》卷十一引《苍颉篇》，云："稷，大黍也。"《说文》云："黍，禾属而粘者也。以大暑而种，故谓之黍，从禾，雨省声。""禾"同"和"，《大戴礼记·曾子天圆》云："和则雨。"故曰："五尺，得稷。"

应爻定，下卦及下互皆为乾，离为乾卦，为槁木；离为分，《说文》云："八，别也。象分别相背之形。"故曰："深八尺，得腐木。"应爻动，兑为金，肖吉《五行大义》卷一《第二论五行及生成数》云："地以四生金于西方，天以九而成之，使其刚利有文章也。"兑刚坚，伏艮为石，伏坤为土，乾为离火，火焚土，故曰："四尺，得砖瓦石。"《周易·杂卦》云："夬者决也，刚决柔也。君子道长，小人道消也。"故云："葬得此地，君子吉，小人凶。"

（五）需。身爻定，上互离为天，十二为天之大数，《楚辞·天问》云："天何所沓？十二焉分？"上互离日为实，故曰："深一丈二尺，得谷。"身爻动，伏坤为方为四，离为黄沙，下互伏艮为小石，故曰："其下四尺，得黄沙土。"

应爻定，兑为七为口，下互伏艮为穴，故曰："深七尺，得穴。"应爻动，乾为离为午，坎为水，《论衡·物势》云："鼠，水也。"故曰："深五尺，得鼠。"《周易·需·象》云："云上于天，需，君子以饮食宴乐。"《周易·序卦》云："需者，饮食之道也。"鬼神与生人同，得饮食则安，故曰："葬得此地，鬼神安，生人利。"离为南，伏坤为人，为死丧，故曰："南有伏尸。"

伏坤为川，乾为玉，故曰："大河在下，有玉。"上互离为火，坎为水，水火交融为中和，为三，乾为百，离为南，兑为西，故曰："去卜处三百步，南相如西。"乾为玉，位坎下，《周易·说卦》云："坎为隐伏。"故曰："玉在中，不见。"鬼神安，生人利，故曰："葬得此地，大吉。"

（六）比。身爻定，上互艮为星，为斗，《周易·贲·象》云："小利有攸往，天文也。"虞翻注："艮为星。"《周易·丰》六二云："日中见斗。"斗七星，《大戴礼记·易本命》云："七主星。"艮为木，为骨，故曰："深七尺，得骨。"《大戴礼记·易本命》云："三主斗。"坎为死，艮为根，故曰："三尺，得死木根。"

应爻定，坤土为五，为众，故曰："深五尺，得蜂。"坤土艮木，《尚书·洪范》云："星有好风。"郑玄注："风土也，为木妃。"应爻动，坎为月，一岁十二月，坤为聚，为众，故曰："丈二，得聚蚁。"坎为死，坤为丧亡，艮为穴，故曰："葬得此地，凶，有穴。"坎为水，伏离为火，水火交融为中和为三，伏乾为龙，故曰："三龙所游，亡人不□，凶。"

（七）纯震。身爻定，伏巽为四，震同辰，《大戴礼记·易本命》云："四主时。"伏巽为白，为土，下互艮为小石，上互坎为水，伏离为散，故曰："其下四尺，得白沙土。"身爻动，震为人，为六，艮为石，伏巽为土，伏离为火，故曰："六尺，得砖石。"

应爻定，艮为八，《周易·离·象》云："百谷草木丽乎地。"虞翻注："震为百谷。"故曰："深八尺，得谷。"应爻动，震为日为十，

《周易·节》六三云：“不节若，则嗟若。”虞翻注：“震为日。”《周易·乾·文言》云：“与日月合其明。”荀爽注：“震为日。”震为人，为六，《周易·说卦》云：“震为萑苇。”艮为根，故曰：“一丈六尺，得苇根。”震为惊为破，故曰：“葬得此地，凶。”

（八）豫。身爻定，坤为十，震为白，为谷，故曰：“其下丈，得白黍。”身爻动，震同辰，十二辰，坎为赤，故曰：“丈二，得赤黍。”

应爻定，上互伏离为九，坎为玄，坤为土，下互艮为墠，故曰：“深九尺，得黑土。似墠。”应爻动，夫乾为六，坎为小，艮为实，故曰：“六尺，得小豆。”《周易·豫·象》云：“豫，刚应而志行，顺以动豫，豫顺以动，故天地如之，而况建侯行师乎。天地以顺动，故日月不过，而四时不忒；圣人以顺动，则刑罚清而民服。豫之时义大矣哉。”故曰：“葬得此地，大吉。”

（九）解。身爻定，下互离为八，为日，为实，故曰：“深八尺，得大豆。”身爻动，离日为十，震为人，为木，为骨，故曰：“一丈，得人骨。”

应爻定，震为人，为六，离为弓矢，《颜氏家训·音辞》云：“以石为射。”故曰：“深六尺，得石。”应爻动，伏巽为四，为土，离为火，火焚土，坎为水，故曰：“四尺，得砖井。”九二、六五居中有应，上下通利，故曰：“君子吉，小人自如，而有穴。”古有承负之说，先人余殃，祸及子孙，《说苑·谈丛》云：“贞良而亡，先人余殃；猖獗而活，先人余烈。”《周易·解·象》云：“君子以赦过宥罪。”故曰：“孔子云：宜子孙。”

（十）恒。身爻定，下互乾为离为九，上互伏艮为石，故曰：“深九尺，得石。”身爻动，乾为六，乾离为火，巽为土，以火焚土，故曰：“六尺，得砖瓦。”

应爻定，震为言，《大戴礼记·易本命》云：“五主音。”震为百谷，故曰：“其下五尺，得谷。”应爻动，伏坤为十，《周易·说卦》云：“乾为大赤。"震为百谷，故曰："一丈，得赤谷。"震为三，伏坤为十，震春兑秋为年，巽风兑雨，故曰："三十年，大吉。"

（十一）升。身爻定，巽为四，下互伏艮为石，故曰："四尺，得石。"身爻动，伏艮为八，震为火，巽为土，火焚土，故曰："八尺，砖瓦。"

应爻定，伏乾为六，坤为虚，兑为口，巽地为井，《周易·系辞下》云："井，德之地也。"故曰："六尺，得空井。"应爻动，巽为地，《说文》云："二，地之数也。"上互震为木为骨，故曰："二尺，得骨。"《周易·说卦》云："巽，其究为躁卦。"《广雅·释诂三》云："躁，扰也。"故曰："葬得此地，大凶。"伏乾为元为一，震春兑秋为年，坤为事，故曰："一年，曹大事。"曹读为遭。

（十二）井。身爻定，《周易·说卦》云："坎为下首。"《大戴礼记·曾子天圆》云："下首之谓方。"方有四面。《周易·说卦》云："坎为盗。"盗为小人。《周易·说卦》云："坎为沟渎。"《国语·齐语》云："陆阜陵墐。"韦昭注："墐，沟上道也。"坎为一，为道，故曰："四尺，得竖头墐。"身爻动，下互伏艮为八，兑为白，离散巽土，故曰："八尺，得白沙土。"

应爻定，巽地为二，下互兑为金，故曰："二尺，得钱。"离火坎水为中和，为三，坎为玄，故曰："三尺，得墨。"兑为金，离为火，《太平御览》卷六零四引《白虎通》云："墨，取法火之金也。金得火亦变而为墨也。"卦多相克之象，自外之内，水克火，火克金，金克木，下互伏艮为穴，故云："葬得此地，大凶，有穴。"坎为死，故曰："下有伏尸。"

（十三）大过。身爻定，乾为六，伏艮为石，故曰："六尺，得石。"身爻动，巽为四，为土。肫读为屯，《庄子·至乐》云："生于陵屯。"《释文》引司马注："屯，阜也。"《国语·晋语》云："厚之至也，故曰屯。"《周易·说卦》云："巽为高。"故曰："四尺，得土肫。"

应爻定，伏艮为八，兑为金，《淮南子·时则》云："食麦与羊。"高诱注："麦，金谷也。"故曰："八尺，得麦。"应爻动，巽为地，为二，下互乾为离，为散，故曰："二尺，得沙土。"《周易·大过·彖》云："刚过而中，巽而说行，利有攸往，乃亨。大过之时大矣哉。"故曰："葬得此地，大吉。"乾为金，巽为财，故曰："下有金□。"

（十四）随。身爻定，震为言，五主音；震为苇，艮为根，故曰："其下五尺，得苇根。"身爻动，震为始，艮为终，终始相应为天道，《后汉书·班彪传上》李贤注："十世、百年，举全数。"故云："一丈。"

应爻定，上互巽为土，居中为五；兑秋为白，震为嘉禾，故曰："五尺，得白稷。"应爻动，兑为金，为黄，巽为土，故曰："得黄沙土。"《周易·随·彖》天运："随，刚来而下柔，动而说。随，大亨贞无咎，而天下随时，随时之义大矣哉。"故云："葬得此地，大吉。"兑为西，震艮为天道，艮为鬼，故曰："西有大道，下有伏尸。"巽为财，故曰："□□□得禄。"

（十五）纯巽。身爻定，下互兑为七，巽为木，伏艮为根，故曰："其下七尺，得木根。"身爻动，巽风为八，伏震为苇，下互伏艮为根，故曰："八尺，得苇根。"

应爻定，巽为四，兑为白，为金，故曰："四尺，得锡。"应爻动，离为美，《白虎通·考黜》云："玉者，德美之至也。"离为乾卦，为玉，下互伏艮为石，故曰："玉石。"巽长女，故曰："孔子云：女代□。"

（十六）小畜。写本残。应爻定，巽为风，为八，上互离火巽土，兑刚坚，故曰："八尺，得砖石。"离为南，乾为龙，故曰："南有伏龙。"

（十七）家人。写本残。伏震为音，五主音，巽为土，下互坎为玄，故曰："五尺，得黑土。"《周易·说卦》云："巽为近利市三倍。"故曰："有利益。"《周易·家人·彖》云："家人女正位乎内，男正位乎外。男女正，天地之大义也。"又云："父父、子子、兄兄、弟弟、夫夫、妇妇，而家道正，正家而天下定矣。"天下太平，故曰："生人安息。"

（十八）纯艮。身爻定，艮为八，为小石，坎为水，下互伏离为散，故曰："其下八尺，得沙石。"身爻动，上互伏巽为四，为土，故曰："四尺，得□土。"

应爻定，上互震为音，五主音，土数五；下互坎为玄，伏兑为刚坚，故曰："其下五尺，得黑强土。"应爻动，震始艮终为天道，为十，伏巽为白，为土，伏离为散，故曰："一丈，得白沙。"艮为鬼户，故曰："此地大凶。"坤西南，伏离为盘，艮为石，震为马，为木，为骨，故曰："西南三十步，有磨及马骨。"

（十九）贲。艮为八，为足，离为牛，震为骨，故曰："八尺，得牛啼骨。"啼读为蹄。应爻定，震为人为六，坎为玄，艮为小石，离为散，故曰："六尺，得黑沙土。"应爻动，震始艮终为天道，为十，故曰："一丈，得聚□"离为盘，艮为石，故曰："此地有盘石。"《周易·震·彖》云："震惊百里。"虞翻注："震为百。"离为日，《周易·贲》六五云："贲于丘园，束帛戋戋。"《象》云："六五之吉，有喜也。"故曰："不出百日，禄自来。"

离为下，日落之象。坎为一。《说文》云："象，长鼻牙，南越大兽，三年一乳。"《尔雅·释地》云："南方之美者，有犀象焉。"离南方卦，故为象，震为骨，故曰："西有一象骨。"艮为八，离为金，故曰："深八尺，□钱。"

（二十）大畜。身爻定，艮为八，乾为离为牛，上互震为骨，故曰："八尺，得牛骨。"身爻动，上互伏巽为四，伏坤为黄，艮为石，故曰："四尺，得黄石。"

应爻动，乾离为九，艮为实，为米，为穴，《说文》云："米，粟食也。"故曰："九尺得米孔。"应爻定，伏坤为五，兑为口，故曰："五尺，得孔穴。"震为青，《说文》云："青，东方色也。"《释名·释采帛》云："青，生也。"乾离为散，伏巽为土，故云："下有青沙，葬之大吉。"

（二一）损。身爻定，下互震为始，艮为终，终始为天道为十；兑为羊，震为首，为骨，故曰："一丈，得羊头骨。"身爻动，上互坤为土，兑为金，故曰："五尺，得钱铜。"应爻动，艮为八，坤死丧，为土，故曰："八尺，得死土。"

作者单位：北京教育学院、北京师范大学

清华简《别卦》"泰卦"卦名臆解*

蔡飞舟

摘要：清华大学藏战国竹简《别卦》所见"泰卦"卦名，可分析为从象大声之字，即"羍"之异体。此种写法存有甲骨、金文早期象形字理，卦名与《归藏》《周易》不同，当有较古老之来源，疑与《连山》有关。

关键词：清华简 《别卦》 泰 羍

清华大学藏战国竹书《别卦》"泰卦"卦名原篆如下①：

此卦卦名马王堆汉墓帛书、今本《周易》、辑本《归藏》作"泰"，秦简《归藏》、帛书《昭力》作"柰"，俱与《别卦》用字不同。整理者曰：

---

* 本文系国家社科基金青年项目"出土文献所见先秦象数易例研究"（项目批准号：20CZS011）之阶段性成果。

① 李学勤主编：《清华大学藏战国竹简（肆）》，中西书局，2013年版，第56页。

清华简《良臣》"文王有闳夭，有泰颠"作"![字形]"。此类写法可视为"![字形]"之繁体。关于它的构形，孟蓬生认为"非'夫'字莫属"（参看《清华简（叁）所谓"泰"字试释》）①。

此说于字形解析已略见眉目，盖其外廓与"![字形]"甚相类，然而其内部构件，甚难分析，故而整理者阙如未释。学者试说其字形者，约有四家。王宁曰：

> 这个字形除去《良臣》的"夫"的部分为"![字形]"，这个字形是把"心"字两边的笔画向上写长呈环状，里面是个"大"形，但这个"大"也可能是"矢"字的简省，因为空间的限制才写成了"大"。这个"大（或矢）"和相当于《良臣》的"夫"的部分应该就是"夫"字的全字，因为"夫"字既可从矢会意，也可从"大"得声（同月部）。除去"大（或矢）"的部分，剩下的显然就是"心"字，所以这个字当分析为从心夫声，隶定当作"愆"，它并非是"夫"的繁体，而当是另外一个字。《别卦》中这个从心夫声的字，很可能就是后来典籍的"忕"字，或作"懘""忕"②。

王宁之说，最大问题在于，楚简中"心"字未尝作"![字形]"形，即以《别卦》中从"心"而作之九卦卦名论之，心符或作![字形]，见![字形]（惡/恒）、![字形]（慼/咸）、![字形]（懿/晋）、![字形]（懯/睽）、![字形]（寏/涣）五卦；或作![字形]，见![字形]（憧/蒙）、![字形]（惑/革）、![字形]（懇/随）、![字形]（澬/未济）四卦，均未见作"![字形]"形者，王说非是。徐在国、李鹏辉曰：

---

① 李学勤主编：《清华大学藏战国竹简（肆）》，中西书局，2013年版，第132页。
② 王宁：《释清华简〈别卦〉中的"泰"》，复旦大学出土文献与古文字研究中心网站 http://www.fdgwz.org.cn/Web/Show/2223。

此字当分析为从⌒、⽕。⌒即夗。⽕，应是"遹"字。⽕所从⽕，从丙声，吕声，乃曷之或体。楚文字中"曷"或从"曷"之字作：遏⽕（上博三·周32）；歇⽕（郭店·缁衣40）、⽕（郭店·语丛四10）、⽕（上博七·凡甲18）、⽕（上博七·凡甲18）、⽕（清华一·耆夜9）、⽕（清华二·系年3）、⽕（清华三·赤鹄13）、⽕（清华三·赤鹄14）；辙⽕（上博一·缁衣20）。⽕是左右结构，上录从"曷"之字是上下结构。众所周知，古文字中的偏旁结构常常变动不居，例不备举。所⽕从"乚"乃止之讹省。战国文字中"止"或讹省作"乚"。总之，"⽕"即"遹"字，与上博三·周32"⽕"构形同，从辵曷声，"彻"字异体。如上所述，"⽕"字当释为彻，加注夗声。上古音彻属透纽月部，夗属影纽元部字，月元对转。彻在简文中读为泰。上古音泰亦属透纽月部①。

徐、李之说别出心裁，将"⽕"分解作上"⌒"下"⽕"。案，⌒与"夗"符略近，⽕则与"遹"不类，细而论之，其疑点有四：简牍所见曷及从曷之字，曷皆为上下结构，未见左右结构者，此其一。曷所从之吕从二口，而⽕之右旁绝非二口之吕，此其二。古文字中"丙"符皆上宽下窄，而⽕之左旁却是上窄下宽，此其三。辵符楚简多作⽕，⽕之左下方显非辵符，最明显者辵所从之"彳"三笔而⽕之左符却是四笔，此其四。以此四事观之，徐、李之说恐不可从。殷文超则曰：

《别卦》作"⽕"者，整理者以为清华简《良臣》"泰颠"中"⽕"字繁体，王宁以为从心彘声，徐在国、李鹏辉认为此字从夗得声，释为"彻"。案，《列子》："主车则造父为御，离硃为右。"孙诒让曰："离《释文》作鬷，云：'鬷音泰，篆作龡。'鬷当作泰，上从大从攵，

---

① 徐在国、李鹏辉：《谈清华简〈别卦〉中的"泰"》，《周易研究》，2015 年第 5 期。

与齐字上半形近，下从水而变为合，则失之远矣。"疑即此字①。

　　此说疑"🜋"为"泰"字讹体，二字乍看轮廓略相近，详较细节似不同，其说盖非。季旭昇则将原篆摹写作"🜋"，此摹本较之原篆，有二处疑失其真。一者，原篆左下四笔"彡"似是依次排开，上二笔与下二笔之间笔墨略相侵，季氏遂将下三笔相连，上笔独立，摹写作"彡"。然细核原篆"彡"，且不论二三笔相侵处，第二笔笔势上包，第三笔笔势下包，盖此四笔，上二笔与下二笔当分开。季氏摹本，疑暗受"𥝢"左下部影响。二者，原篆右下四笔"𢆶"，由"◟"与"◞"组成，二构件各由二笔构成，且运笔甚相近，上笔既出后下折，下笔既出后上折，是其特征；而摹本右下四笔"𢆶"，由"◟"与"◞"组成，"◟"大体得之，而"◞"之上笔，原为折笔，唯折出之笔墨迹较淡，摹本折出之笔略有阙，笔迹遂与"𥝢"右下用笔相仿佛。季氏即以所摹字形为据，进而分析云：

　　　　我们认为此字属于"彘"的部分是"𥝢"，剩下的部分"◞"应该是"即"，为"彘"的迭加声符，彘（直例切，澄纽质部），即（子力切，精纽质部），二字声属舌齿邻近，韵同为质部，因此"即"可以作为"彘"的声符。"即"字中间笔画较为复杂，可能是"即"字左上的繁写；也可能如王宁先生所说，是"彘"字中下方"矢"字的省写。全字隶定可作"𪑴"。它是一个两声字，也可能就是为了"泰"卦而造的一个字②。

---

① 殷文超：《出土文献视角下〈周易〉的卦画与卦名研究》，华东师范大学 2017 年硕士学位论文，第 41 页。

② 季旭昇：《清华肆〈别卦〉"泰卦""涣卦"卦名研究》，载黄德宽主编，清华大学出土文献研究与保护中心编：《清华简研究（第四辑）》，中西书局，2021 年版，第 34～42 页。季说又见季旭昇主编：《清华大学藏战国竹简（肆）读本》，万卷楼图书股份有限公司，2019 年版，第 191～192 页。

季氏之说，毚、即穿插而得一字，颇见巧思。然可疑处亦甚明显。其不合理者有二，《良臣》毚字作🐇，毚足左右对称，若以🐇为毚，则其足多寡不同，此其一。"即"字常见，楚简承甲金而来，多作形🐇，皀中作一横，未见作"大"形，且所从"卩"亦未见作"🐇"形，"🐇"固非"即"字，此其二。总此二端，可知季说亦未得其解。

以上诸说，于"🐇"字字形已作出各种探索，然而均未得其实。平心而论，此字笔画交接甚密，实难切割。且经各种切分，均未能于已知战国楚文字中寻得用笔相同之部件。观察可知，其外廓与"毚（🐇）"却是最相似。其最大不同在于🐇足似泛写前后足，而"🐇"足似乎有四，其造字视角异于🐇，颇疑此字当是"毚"之异体。然战国文字中，此字孤见，结构分析甚难，而"毚"字异体之出现，则为"🐇"字结体之合理释读带来可能。清华简第九辑《祷辞》云："自亓（其）外，则区（驱）亓（其）麋（鹿）、㺉（毚）。"（简一九）[1] 其中"㺉（毚）"字原篆作🐇。整理者注："㺉，字又见《玺汇》〇六四三，可分析为从大，豖声，疑读为同在脂部的毚。"[2] 案，豖多作形符，大常作声符。"从大，豖声"疑误，似当分析为从豖，大声。换言之，"㺉（毚）"亦"豖"属，"大"声以为区别。大、毚同在月部定纽，音近可通。且大、曷、彻、毚之间，亦见典籍相通例证，故将"㺉"读作"毚"，当无疑问。对比🐇、🐇可知，二字同有"大"符，一在字左，一在字中。若将"大"符去除，"㺉"余"🐇（豖）"，而"🐇"余"🐇"，"🐇"不宜再作切分，"🐇"当是一完整字符。由"㺉"之构形，可推得"🐇"字当是某种动物之象形。"🐇"可分析为从🐇，大声之字。

"🐇"与"🐇"二形，乍看似是观察视角之不同。古文字中，动物字取象或侧视，或俯视。如"龟"，侧视象契文作🐢（合二一五六二）、

---

① 黄德宽主编：《清华大学藏战国竹简（玖）》，中西书局，2019年版，第183页。
② 黄德宽主编：《清华大学藏战国竹简（玖）》，中西书局，2019年版，第188页。

（花东四四九）、（合一八三六三）①；俯视象契文作（合三三三二九）、（屯八五九）②，金文作（龟父丙鼎）、（龟父丁爵）、（吊龟作父丙簋）、（吊龟鼎）③。又如"鸟/隹"，侧视象契文作（鸟，合二〇三五四）④，金文作（簋文）⑤；俯视象（或仰视象）契文作（集，合一七八五七正）⑥，金文作（子尊）⑦。由此观之，""大腹、有足、一尾，颇似某种动物之俯视象形字。由上举甲骨、金文同一动物字之侧视、俯视异体可知，此些异体往往头部相同，唯身体变换视角耳。则""是否可读作与其头部形状最近之""字，而认定为"豕"之俯视象形字？然而遍检古文字，似未见甲骨、金文"豕"作俯视图形者。上举龟、鸟，皆体形较小，"豕"形则较大，体形较豕更大者，如"牛"或侧面作（牛方鼎）⑧，或正面作、（鼎文）⑨，"羊"或侧面作（己觚），或正面作（羊鼎）⑩，正面之牛、羊皆写其首，且牛、羊均未见写作俯视象，可见牛、羊之俯视象甚难作，盖俯视时四足俱在身下而不得见，唯有龟、鸟等物，俯视时四足可见，乃得绘之，先民造字写实若此。豕之体形小于牛羊、大于鱼鸟，是否得以俯视作四足状？金文有族徽曰"庚豕"者，或作一豕侧视图，如（庚豕觯），或作二豕之侧视图，如（庚豕父丁鼎）⑪，可见"豕"字恐无写作四足之可能。且观

---

① 刘钊编：《新甲骨文编》，福建人民出版社，2014年版，第755页。

② 刘钊编：《新甲骨文编》，福建人民出版社，2014年版，第755页。

③ 容庚编：《金文编》，中华书局，1985年版，第878、573页。

④ 刘钊编：《新甲骨文编》，福建人民出版社，2014年版，第248页。

⑤ 容庚编：《金文编》，中华书局，1985年版，第1074页。

⑥ 刘钊编：《新甲骨文编》，福建人民出版社，2014年版，248页。

⑦ 容庚编：《金文编》，中华书局，1985年版，1074页。

⑧ 中国社会科学院考古研究所编：《殷周金文集成释文》第二卷"一一〇二"，香港中文大学中国文化研究院，2001年版，第16页。

⑨ 容庚编：《金文编》，中华书局，1985年版，第1079页。

⑩ 容庚编：《金文编》，中华书局，1985年版，第1078、261页。

⑪ 中国社会科学院考古研究所编：《殷周金文集成释文》第四卷"六一八三"、第二卷"一八五五"，香港中文大学中国文化研究院，2001年版，第299页、第120页。

察可知，若将"🐗"腹左右之四"匕"形视作四足亦不甚契合，因左二符同作"ʓ"，右二符同作"ᶑ"，左符"ʓ"上笔为直笔，而右符"ᶑ"上笔为折笔，左右符号并未形成对称，固不可将"🐗"左右四"匕"形径视作某种动物之四足，因此将"🐗"视作"豕"之俯视图，当非。虽然，仍有若干线索似较确定，以"🐗"之结体意味论，此字为某种动物之象形，或较合理，且其造型与"🐖"头部形近，当有某种内在联系。

经仔细推敲，"🐗"当非"豕"之四足俯视图，实与"🐖"字同为"豕"属动物字之侧视图。"🐗"之造型，盖源于甲骨、金文中有鬣豕之写法。甲骨、金文中豕属肖形字，造形有二：一为无鬣之豕，如契文 ʓ（合一〇二三七）[1]、金文 🐖（亚鼎）[2]；一为有鬣之豕，如契文 🐗（花东〇三九）、🐗（合一九三六二）、🐗（屯·附二）、🐗（粹一二〇）[3]、金文 🐗（瓠文）[4]。二符之不同，在于前者无鬣而后者有鬣，此即楚文字"🐖""🐗"之所本。"🐗"之形体，当分析为首、身、足、鬣、尾俱全之字，即契文"🐗"字也。"🐗"字前人多径视作"豕"之异体，陈剑以为"豩"之本字，训作豪猪[5]，说或可从。案契文"🐗"字盖可隶作"象"，则楚简"🐗"字可隶定作"㸡"也。㸡，当分析为从象大声之字。因古文字中部分动物类部首常有通用之习惯，则"㸡"字实为"㺉"之异体，俱当读作"豦"。"🐖"之大符在豕外，而"🐗"之大符在象内。"🐗"之造字思维，可于金文寻求证据。金文中，以有鬣豕"象"为构件之合体字或合文，可将另一字符写入"象"中，如"象癸"金文作

① 刘钊编：《新甲骨文编》，福建人民出版社，2014年版，第552页。

② 容庚编：《金文编》，中华书局，1985年版，第1077页。

③ 刘钊编：《新甲骨文编》，福建人民出版社，2014年版，第967页。

④ 容庚编：《金文编》，中华书局，1985年版，第1082页。

⑤ 参看陈剑：《"遽"字补释》，复旦大学出土文献与古文字研究中心网站 http://www.fdgwz.org.cn/Web/Show/322。

（象癸戈）、、（象癸卣）①，已颇见此种合体构字之思维。"象癸"诸合文之豕即带鬣豕之侧视图，若将癸替换为大，则俨然见""之形貌。

将""视作不可切分之一字，当是目前识读""字构形最为直截痛快之法。论者尝云清华简保留古文字写法，如《五纪》中（主）、（身）、、（左上所从偏旁，即骸、胫、股之共同字形），源于契文而未见金文；《四告》"（元）"字，则保留早期金文痕迹②。此数例，皆鲜见于战国楚简而独远接于商周古文者。由此推之，楚简动物象形字虽渐定型于某种形体，然仍偶存古老写法之痕迹，当属可能。

余尝考校《别卦》所见诸卦名，《别卦》卦名与《归藏》《周易》多相通，然部分卦名与二书颇不同，疑有更古老之来源③。《别卦》泰卦卦名作"㷱（嬔）"，马王堆汉墓帛书、今本《周易》、辑本《归藏》作"泰"，秦简《归藏》、帛书《昭力》作"奈"。诸字音近可通，然""独存早期象形字理，是所宜垂意者。《周礼》太卜所掌"三易"之法曰《连山》《归藏》《周易》，学者素以《连山》《归藏》为夏、商之易，向无大疑。《归藏》有辑本及王家台简，而《连山》则微茫难求，今据""存早期象形字理，可推"㷱（嬔）"卦名来源或在周前。《归藏》与《周易》卦名作"泰"或"奈"，则"㷱（嬔）"者，或是夏易《连山》之卦名也。此卦卦旨，若在《周易》，泰与否对，义取通彻，即《序卦》所谓"泰者，通也"。若在《连山》，则不知如何取义矣，谨付阙如云云。④

---

① 中国社会科学院考古研究所编：《殷周金文集成释文》第七卷"一〇六七九"、第四卷"四八四一"，香港中文大学中国文化研究院，2001年版，第275页、第24页。

② 参看俞绍宏、孙振凯：《读楚简五记》，《汉字汉语研究》，2022年第1期。

③ 蔡飞舟：《清华简〈别卦〉解诂》，《周易研究》，2016年第1期。

④ 高亨尝论《遯》卦"遯字皆借为豚"，说见高亨：《周易古经今注》，开明书局，1947年版，第113页。学者疑其说者或有之，今于古卦名中得"嬔"者，嬔为大豕，而豚为小豕，则"豚"卦之读或可取。盖夏质周文，古卦或以动物名，至姬周渐而转向哲理，则嬔假为通泰之义，而豚遂易为遯逃之字矣。《周易》之前古卦名朔谊，因乏文本语境框定，不可确知，聊记杂想于此，阙如可也。

　　战国文字笔画多省约，将"象"视作有鬣豕"象"之象形，用笔繁复写实，似与战国文字常例不合，今姑于暂不可稽考处求一异想天开之说，不敢必谓其是，亦聊作引玉之砖耳。窃于文末附记私意，伏惟读者知之。

作者单位：福建师范大学

今、帛、竹书《周易·蹇》卦爻辞本义考论*

姜国申

摘要：《蹇》之卦名本义为跛足，可引申为行难。竹书之"訐"具有"直谏"义，此与通行本之"蹇"并不能混为一谈。《蹇》卦辞之"利见大人"当意为利于出现大人，而非利于拜见大人。初六"往蹇来誉"之"誉"即"美誉"，并不能阐释为"车舆"，初六获誉亦与直谏于君之事无关。六二"王臣蹇蹇"即意为王臣处蹇，帛书六二异文"非今之故"仅是帛书作者借以阐述个人观点之媒介，并不比今本"匪躬之故"于义更胜，而廖名春先生以"信"释"躬"亦不恰切。九三"往蹇来反"体现出避险就夷的智慧，《易》学史上的反身修德说、反驳而来说、反复奔走说均不妥当。六四"往蹇来连"即往来皆难，连同济蹇说、直谏说、往来迁徙说皆不符爻辞本义。九五"大蹇朋来"揭示出君臣共同济蹇的情状，高亨的直谏说、邓球柏的友朋帮助迁徙说皆不恰当。上六"往蹇来硕"之"硕"并非"度"或"石"义，"硕"即硕果，可引申为盛大之功业。

关键词：《周易》《蹇》 王臣蹇蹇 往蹇来硕

---

* 本文系江西省社科基金项目"古代临川学人易学思想研究"（项目批准号：21WX27）之阶段性成果。

近年来，随着相关出土文献的问世，诸多学者对《周易·蹇》之卦爻辞进行了新的阐解。但若结合象数规则可知，此类新释多具龃龉扞格之处。本文旨在对此类新观点进行考辨，以尽可能还原《蹇》卦爻辞之本义。《易》学史上，《蹇》卦存在的问题主要有以下几方面：其一，卦名"蹇"，帛书作"訐"，此异文与卦名的关系需要辨析；其二，卦辞"利见大人"与"往蹇来誉"之本义颇多歧义；其三，帛书六二"王僕蹇蹇"与竹书六二"王臣訐訐"两种异文产生了诸多新的阐释，需要进行考论；其四，九三"往蹇来反"与六四"往蹇来连"的主旨亦未趋一致；其五，九五"大蹇朋来"与上六"往蹇来硕"的本义仍需辨诠。下面我们对以上几个问题进行具体辨析。

一、《蹇》卦名之异文"蹇""訐"本义辨析

《蹇》卦之"蹇"字，通行本《周易》、帛书《周易》、汉熹平石经《周易》以及上博楚竹书《周易》并不相同。通行本《周易》作"蹇"，帛书《周易》作"蹇"，汉石经作"謇"，竹书《周易》作"訐"。仔细观察可知，熹平石经之"謇"即"蹇"字之变体，而通行本《周易》之"蹇"与帛书《周易》之"蹇"主要区别在于其下之部首不同。通行本《周易》之"蹇"其下为"足"，而帛书《周易》之"蹇"其下为"走"。那么《蹇》卦之"蹇"字到底该如何理解？

许慎《说文解字》对"蹇""蹇"二字均有所论及，其论述"蹇"字云："蹇，𧾭，跛也。从足，寒省声，九辇切。"①其后又论及"蹇"字云："蹇，𧾭，走儿。从走，蹇省声，九辇切。"②由许慎《说文解字》的阐读可知，通行本《周易》卦名之"蹇"字，应当意为"跛足"，帛

---

① （汉）许慎撰，（宋）徐铉校定：《说文解字》，上海教育出版社，2003 年版，第 55 页。
② （汉）许慎撰，（宋）徐铉校定：《说文解字》，上海教育出版社，2003 年版，第 40 页。

书《周易》卦名之"蹇"字，应当意为"走"。"走"在古代汉语中具有"跑"的意思，这与"蹇"之"跛足"义颇为不同。那么通行本《周易》之"蹇"字与帛书本《周易》之"蹇"字到底何者为本卦卦名之原貌？我们可从《蹇》卦下艮☶上坎☵的卦德中得到启发。艮☶之卦德为止，坎☵之卦德为险，下艮上坎揭示出险前而知止的哲理。无论是艮之卦德止，抑或坎之卦德险，均与帛书《周易》"蹇"之"走"义相距甚远。故而，我们认为帛书《周易》之"蹇"字与通行本《周易》之"蹇"因形近音同而在传抄过程中产生了讹误。《周易·蹇》之卦名当为足字底的"蹇"，其本义与许慎所揭示的"跛足"之义相关。

以上三种《周易》写本中的《蹇》之卦名在字形上都较为近似，与此不同的是，竹书《周易》中的《蹇》之卦名作"訐"。丁四新先生指出，竹书本之"訐"与通行本之"蹇"均属见纽，元月对转，二字声通。[①] 但是从字形来看，"蹇"字从"足"，侧重行难，而"訐"字从"言"，当是侧重言难，二者并不相通。濮茅左先生对本卦的注解颇具启发性，其认为《訐》卦六二爻辞"王臣訐訐"之"訐訐"当意同"謇謇"，乃直言之义。濮氏随后引用《楚辞章句·离骚经》"余固知謇謇之为患兮，忍而不能舍也"[②] 一句的王逸注作为论证依据。王逸《注》曰："謇謇，忠贞貌也。《易》曰：王臣謇謇，匪躬之故。舍，止也，言已知忠言謇謇，刺君之过，必为身患，然中心不能自止而不言也。"[③]

其实，楚竹书《周易》中的"訐"字与王逸注所引用的"謇"字均从"言"，二者当具备一定的联系。如此一来，"訐""謇"二字均与通行本之"蹇"字有所区别，三者并不可通。丁四新先生认为："行难、言难均谓之蹇。'謇'为'蹇'之本字，'蹇'为'謇'之分别字。'訐

---

① 丁四新：《楚竹书与汉帛书〈周易〉校注》，上海古籍出版社，2011 年版，第 278 页。

② （宋）洪兴祖撰，黄灵庚点校：《楚辞补注》，上海古籍出版社，2015 年版，第 10 页。

③ （宋）洪兴祖撰，黄灵庚点校：《楚辞补注》，上海古籍出版社，2015 年版，第 13 页。

讦'读作'蹇蹇'，从俗读作'謇謇'。"① 由我们在上文之分析可知，丁氏的观点并不妥当。《玉篇·言部》曰："謇，难也，吃也。"可见，"謇"字当意为言难，竹书《周易》之"讦"与"謇"之义理相类，本义亦为言难。而根据《说文·足部》可知，通行本之"蹇"意为跛足，可引申为行难。故而，"蹇"与"謇""讦"三字绝对不可混为一谈，这是十分明确的。另外，屈原《离骚》"余固知謇謇之为患兮，忍而不能舍也"一句中的"謇謇"具有直谏之义，王逸注所引之"王臣謇謇，匪躬之故"乃是其所认同的《蹇》卦之义理。王逸认为"蹇蹇"当为"謇謇"，故其有意改动爻辞而作"謇謇"，此与竹书《周易》的《蹇》卦作《讦》卦的情况颇为类似。楚竹书《周易》的作者并未取《蹇》卦的"蹇"字，而是将其个人学术观点融入卦爻辞中，而有意将"蹇"改写为"讦"，这或许与当时楚国"直谏"的政治生态与学术生态有关。换言之，竹书《周易》之"讦"与屈原《离骚》之"謇"以及王逸注引用之"王臣謇謇"，均一定程度上反映出战国时期楚国《易》学流派的一种解《易》观点。楚竹书《周易》的作者所属学派可能与《易传》中的《彖》《象》之作者所属学派迥然有别，故其对于《周易》之《蹇》卦作出了颇具地域文化色彩的解读。其实，《周易》不同写本之间的字体差异应当正视，而不必为了阐释圆融而强行将之解读为通假字。

从《周易》卦爻辞的生成模式来看，卦象才是理解卦爻辞的总纲。因此，《蹇》之卦名主要来自卦象。从卦象来看，《蹇》卦下艮☶上坎☵，艮为山，坎为水，山在水上。坎水本为险难之义，再加山高路陡，更揭示出《蹇》卦所面临的险难处境。另外，从卦德角度审视《蹇》卦，坎☵水之卦德为险，艮☶山之卦德为止，正如《彖传》所云"见险而能止，知矣哉"②，面临蹇难险阻之时若能懂得暂时停止的道理，则可称之

---

① 丁四新：《楚竹书与汉帛书〈周易〉校注》，上海古籍出版社，2011年版，第107页。

② （三国·魏）王弼、（晋）韩康伯注，（唐）孔颖达等正义：《周易正义》卷四，（清）阮元校刻：《十三经注疏》，中华书局，1980年影印本，第51页。

为明智之举。总而言之，"蹇"之本义为"跛足"，引申为"险难"。《蹇》卦爻辞整体揭示出周人面临蹇难险阻之时所采取的方式对策，"蹇"之"险难"义为表面义理，其后还蕴含着济蹇涉难的智慧。

二、《蹇》卦辞"利见大人"与初六"往蹇来誉"本义探论

通行本《蹇》之卦辞云："蹇：利西南，不利东北。利见大人，贞吉。"① 帛书《周易》云："蹇：利西南，不利东北，利见大人，贞吉。"② 竹书《周易》云："訐：利西南，不利东北，利见大人，[贞吉]。"③ "蹇"即险难，足不能行，故而行走艰难。《蹇》卦象征见险而能知止，西南为平易之地，东北为险阻之所。身处蹇难之中，不宜铤而走险。《蹇》卦自《小过》卦而来，《小过》卦之阳爻进入九五之位而处中，退于艮之内而不前进，故其占辞云"利西南"而"不利东北"。在后天八卦之中，"西南"为坤☷方，东北为艮☶方。"西南"为顺，象征平易之地，"东北"为险，象征阻碍之所。当蹇难之时，身处平易之地则有利，居于阻碍之所则不利。"利西南，不利东北"揭示出处顺易之所则蹇难可以纾解，止于蹇难之境地则险难益深的道理，体现出周人避险就夷的智慧。

《蹇》卦辞之"利见大人"被诸多学者阐释为"利于拜见大人"。比如孔颖达云："居难之时，若不守正而行其邪道，虽见大人，亦不得吉。"④ 高亨等学者亦认同此见。其实，"大人"一词在《周易》诸多卦

① （三国·魏）王弼、（晋）韩康伯注，（唐）孔颖达等正义：《周易正义》卷四，（清）阮元校刻：《十三经注疏》，中华书局，1980 年影印本，第 51 页。
② 丁四新：《楚竹书与汉帛书〈周易〉校注》，上海古籍出版社，2011 年版，第 278 页。
③ 丁四新：《楚竹书与汉帛书〈周易〉校注》，上海古籍出版社，2011 年版，第 105 页。
④ （三国·魏）王弼、（晋）韩康伯注，（唐）孔颖达等正义：《周易正义》卷四，（清）阮元校刻：《十三经注疏》，中华书局，1980 年影印本，第 51 页。

爻辞中均有出现。譬如《乾》之九二云"见龙在田，利见大人"①，意为巨龙出现于田间，此时利于出现大人，九五爻辞云"飞龙在天，利见大人"②，意为巨龙高飞入天，利于出现大人。《讼》之卦辞云"利见大人，不利涉大川"③，意为利于出现大人，不利于涉越大川巨流。《否》卦六二爻辞云"包承，小人吉，大人否亨"④，意为六二包容顺承于尊者，小人获吉，大人并不亨通。《萃》之卦辞云"亨，王假有庙，利见大人，亨，利贞"⑤，意为君王以美德感格神灵以保有庙祭，利于出现大人，贞卜结果为亨通有利。《升》之卦辞云"元亨，用见大人"⑥，意为至为亨通，利于出现大人。《困》之卦辞云"亨，贞大人吉"⑦，意为亨通，贞卜的结果为大人吉祥。《革》之九五爻辞云"大人虎变，未占有孚"⑧，意为大人像猛虎一般推行变革，不用占卜便可彰显精诚信实之美德。《巽》之卦辞云"小亨，利有攸往，利见大人"⑨，意为谦柔小心可获亨通，利于有所前往，利于出现大人。

---

① （三国·魏）王弼、（晋）韩康伯注，（唐）孔颖达等正义：《周易正义》卷一，（清）阮元校刻：《十三经注疏》，中华书局，1980年影印本，第13页。
② （三国·魏）王弼、（晋）韩康伯注，（唐）孔颖达等正义：《周易正义》卷一，（清）阮元校刻：《十三经注疏》，中华书局，1980年影印本，第14页。
③ （三国·魏）王弼、（晋）韩康伯注，（唐）孔颖达等正义：《周易正义》卷二，（清）阮元校刻：《十三经注疏》，中华书局，1980年影印本，第24页。
④ （三国·魏）王弼、（晋）韩康伯注，（唐）孔颖达等正义：《周易正义》卷二，（清）阮元校刻：《十三经注疏》，中华书局，1980年影印本，第29页。
⑤ （三国·魏）王弼、（晋）韩康伯注，（唐）孔颖达等正义：《周易正义》卷五，（清）阮元校刻：《十三经注疏》，中华书局，1980年影印本，第58页。
⑥ （三国·魏）王弼、（晋）韩康伯注，（唐）孔颖达等正义：《周易正义》卷五，（清）阮元校刻：《十三经注疏》，中华书局，1980年影印本，第58页。
⑦ （三国·魏）王弼、（晋）韩康伯注，（唐）孔颖达等正义：《周易正义》卷五，（清）阮元校刻：《十三经注疏》，中华书局，1980年影印本，第59页。
⑧ （三国·魏）王弼、（晋）韩康伯注，（唐）孔颖达等正义：《周易正义》卷五，（清）阮元校刻：《十三经注疏》，中华书局，1980年影印本，第61页。
⑨ （三国·魏）王弼、（晋）韩康伯注，（唐）孔颖达等正义：《周易正义》卷六，（清）阮元校刻：《十三经注疏》，中华书局，1980年影印本，第69页。

从以上所举《周易》卦爻辞的例证可看出，"大人"一词在《周易》之中多指身居高位且具备崇高道德修养之人。爻辞"利见大人"之"见"字当通"现"，即"利于出现大人"，言外之意是"对于大人有利"，此与《困》卦辞之"贞大人吉"颇可相通。身处蹇难之时，唯有具备崇高修养与能力的圣贤之人，方可济天下之难，顺利渡过难关。此类圣贤在先秦时期的突出品格之一即"自强不息"。这一品格"通常被诠释成为个人处事坚韧不拔、迎难而上的思想品格"①。反之，如若济蹇之人能力不足且道德水平低下，则只能是举步维艰，更遑论纾险解难了。君王唯有达到"大人"的道德水准，方能无惧艰险，真正做到逢凶化吉。值得注意的是，《清华简·筮法》第八节《见》曰："凡见大人，昭穆，见。"②结合前文"凡见，三女同男，男见"③与"凡见，三男同女，女见"④，《筮法》"见大人"之"见"似当意为"拜见"或"觐见"。然而，《筮法》毕竟属于战国时期的楚国竹简，其产生年代晚于《周易》卦爻辞。"凡见大人"乃是《筮法》作者的一种占筮记录，"见"作为《筮法》"十七命"之一，体现出楚国筮法的地域文化特色。正如《筮法》虽有不少内容与今本《说卦》相关，但相关内容又颇具楚文化自身的特异之处。故我们认为《筮法》之"凡见大人"与《周易》之"利见大人"并不相同，《蹇》卦辞"利见大人"之"见"还是当阐释为"出现"。

通行本《蹇》卦初六爻辞云："往蹇来誉。"⑤帛书《周易》云："初

---

① 张涛：《〈周易〉"自强不息"的历代诠释》，《西北大学学报》（哲学社会科学版），2021年第1期，第46页。

② 李学勤主编：《清华大学藏战国竹简（四）》，中西书局，2013年版，第90页。

③ 李学勤主编：《清华大学藏战国竹简（四）》，中西书局，2013年版，第90页。

④ 李学勤主编：《清华大学藏战国竹简（四）》，中西书局，2013年版，第90页。

⑤ （三国·魏）王弼、（晋）韩康伯注，（唐）孔颖达等正义：《周易正义》卷四，（清）阮元校刻：《十三经注疏》，中华书局，1980年影印本，第51页。

六，往蹇来舆。"① 竹书《周易》云："初六，逞讦娄誉。"② 历代学者对本爻的阐读大致有以下几种观点：

其一，往则遇蹇，来则得誉。王弼云："处难之始，居止之初，独见前识，睹险而止，以待其时，知矣哉！故往则遇蹇，来则得誉。"③ 孔颖达进一步解释说，初六居于下卦艮之始，具有见险而止之卓识，见险而不前往，则可来而得誉④。

其二，直谏于君而获誉。高亨认为"蹇蹇"即"謇謇"，"謇"意为直谏，"往蹇来誉"即"言我直谏于君而人誉我也"⑤。

其三，"誉"通"舆"，指往来迁徙用车。初六爻"往蹇来誉"，帛书《周易》作"往蹇来舆"，邓球柏认为"往蹇来舆"即"往来蹇舆"，"舆"与通行本之"誉"古音相同，"舆"即车也，本句爻辞意为"往来迁徙用车子"⑥。

以上学者对于初六爻辞的分歧主要集中于"蹇"与"誉"二字该如何理解上。今本《周易》之"蹇""誉"，帛书《周易》分别作"蹇""舆"。故邓球柏先生凭此二异体字认为"往蹇来誉"当为"往蹇来舆"，"舆"即车舆。爻辞义理也随之被邓氏阐释为"往来迁徙用车子"，"蹇"被解读为迁徙。但问题在于，"蹇"与通行本之"蹇"音近义同，均具有跛足之义，并不能被阐释为往来迁徙。另外，帛书本的"舆"与通行本之"誉"音近相通，竹书《周易》中的初六爻也作"逞讦，娄誉"，故"往蹇来誉"才是初六爻辞的真貌。邓氏将"往蹇来

---

① 丁四新：《楚竹书与汉帛书〈周易〉校注》，上海古籍出版社，2011 年版，第 278 页。

② 丁四新：《楚竹书与汉帛书〈周易〉校注》，上海古籍出版社，2011 年版，第 105 页。

③ （三国·魏）王弼、（晋）韩康伯注，（唐）孔颖达等正义：《周易正义》卷四，（清）阮元校刻：《十三经注疏》，中华书局，1980 年影印本，第 51 页。

④ （三国·魏）王弼、（晋）韩康伯注，（唐）孔颖达等正义：《周易正义》卷四，（清）阮元校刻：《十三经注疏》，中华书局，1980 年影印本，第 51 页。

⑤ 高亨：《周易古经今注》，中华书局，1987 年版，第 273 页。

⑥ 邓球柏：《帛书周易校释》，湖南出版社，1996 年版，第 160 页。

舆"理解为"往来蹇舆",反而显得过于胶柱鼓瑟,为了阐释而阐释。高亨先生将"蹇"解读为"謇",但是"蹇"与"謇"二者并不可通,"蹇"为足字底,意为行难,而"謇"为言字底,意为言难。况且,初六秉性阴柔,身居初位,正是潜龙勿用之时,此与高亨所阐释的"直谏于君"之义理也颇不相切。(按:关于"蹇""謇"二字以及竹书本之"訐"字的具体差异,我们将在阐释六二爻"王臣蹇蹇"时进行详细论证,此处不过多展开。)

其实,理解初六爻辞还须从卦象入手。从卦变角度看,《蹇》卦由《小过》卦九四与六五换位而变来,在原本的《小过》卦中,初六与九四相应,而九四正处于九三、九四、六五构成的互卦兑☱中,兑为口、为悦,口中讲着悦耳动听之言语则为"誉"。《小过》之九四若与六五换位则变成水山蹇,爻的变动向上为往,向下为来,九四向上则为"往蹇",九四向下则又进入兑中,故爻辞称"来誉"。从《蹇》之本卦来看,《蹇》卦六二、九三、六四三爻可构成互卦坎☵,初六爻临近坎险,且身处蹇难之初,如若此时前往则必然益入于蹇,也可以此来理解爻辞所言之"往蹇"。"往蹇"即"前往遇险",犯难冒进必然行走艰难。蹇难之时,初六阴柔且无外援,爻辞之"来"与"往"相对,"往"指前进,"来"则指"后退",初六若能意识到前方之蹇难并非自身此刻之能力可以纾解,能够做到止而不进,那么便有见几知时之美,归来必获美誉。《小象》曰:"'往蹇,来誉',宜待也。"[1]初六爻处位甚低,并非行动之时,须及时将内心之躁动予以抑止,反身修德,复归原位,此乃济蹇涉难之正道。

---

[1] (三国·魏)王弼、(晋)韩康伯注,(唐)孔颖达等正义:《周易正义》卷四,(清)阮元校刻:《十三经注疏》,中华书局,1980年影印本,第51页。

三、帛书六二"王僕蹇蹇，非今之故"与竹书六二 "王臣讦讦，非今之古"异文辨正

通行本《蹇》卦六二爻辞云："王臣蹇蹇，匪躬之故。"① 帛书《周易》云："六二，王僕蹇蹇，非［今］之故。"② 竹书《周易》云："六二，王臣讦讦，非今之古。"③ 历代学者对于爻辞"王臣蹇蹇"的解读，大致有以下三种说法：

其一，王臣处蹇。《子夏易传》认为，六二当位居正而上应九五，竭尽全力辅佐于上以救蹇④。王弼认为，六二处于蹇难之时，"履当其位"，且不失中，又与九五相应，并不因为九五身处险难之中而私身远害，执意不回，其志在于匡辅王室⑤。孔颖达认为，六二乃九五之臣，六二与九五相应，"志匡王室"，可以涉越蹇难而前往济蹇，故云"王臣蹇蹇"。六二尽忠于君，并不以私身之故而不前往救济君王，故云"匪躬之故"⑥。

其二，奴隶急行。邓球柏先生《帛书周易校释》云："蹇，为行走貌，重言之盖为急行貌。言奴隶为迁徙匆匆忙忙奔走于冰雪之中。"⑦ 邓氏认为，"蹇"为行走之貌，爻辞称"蹇蹇"，意为急行。"王臣"在此

---

① （三国·魏）王弼、（晋）韩康伯注，（唐）孔颖达等正义：《周易正义》卷四，（清）阮元校刻：《十三经注疏》，中华书局，1980年影印本，第51页。

② 丁四新：《楚竹书与汉帛书〈周易〉校注》，上海古籍出版社，2011年版，第278页。

③ 丁四新：《楚竹书与汉帛书〈周易〉校注》，上海古籍出版社，2011年版，第105页。

④ （旧题周）卜子夏：《子夏易传》，《景印文渊阁四库全书》第7册，台湾商务印书馆，1986年版，第57页。

⑤ （三国·魏）王弼、（晋）韩康伯注，（唐）孔颖达等正义：《周易正义》卷四，（清）阮元校刻：《十三经注疏》，中华书局，1980年影印本，第51页。

⑥ （三国·魏）王弼、（晋）韩康伯注，（唐）孔颖达等正义：《周易正义》卷四，（清）阮元校刻：《十三经注疏》，中华书局，1980年影印本，第51页。

⑦ 邓球柏：《帛书周易校释》，湖南出版社，1996年版，第160页。

处应解读为"奴隶"。

其三，直谏不已。高亨先生《周易大传今注》认为，"王臣蹇蹇"之"蹇"当借为"謇"，"王臣蹇蹇"即"王臣謇謇"，意为臣子直谏不已，《謇》卦为进谏之说。王臣屡次直言相谏，并非为自身之事，其出发点在于为国为君①。另外，濮茅左先生根据竹书《周易》之"王臣讦讦"认为，"讦讦"意同"謇謇"，即直言②。郑万耕先生亦持此见，认为据竹书《周易》可知《蹇》卦本义乃讲正言直谏之事③。

邓球柏先生认为六二"王臣蹇蹇"当从帛书本作"王仆蹇蹇"，"王仆"即王家奴隶，而"蹇蹇"乃急行貌，意为"奴隶为迁徙匆匆忙忙奔走于冰雪之中"④。此论似与"蹇"之本义颇有距离。根据许慎《说文解字》可知，"蹇"之本义为跛足，可引申为行走艰难，试问跛足之人正常行走尚且不畅，何以竟能匆忙奔走？况且，邓氏在前文亦指出"蹇"有"謇"义，"謇"即跛足行难，其字从寒，如此一来岂非自相矛盾？另外，从《蹇》之卦象来看，下艮☶上坎☵，水山蹇，具有险前知止之象，而邓氏所论之"急切行走"与"险前知止"之义理并不相契合。可见，邓球柏先生将"蹇蹇"阐释为"急行"并不符合爻辞本义。

高亨先生《周易古经今注》将"謇"视为"蹇"之本字，认为"王臣蹇蹇"意为王臣屡次直言相谏。高氏所凭借之文献材料主要是两类，其一即《一切经音义》所引《蹇》之卦名作《謇》，其二即《楚辞·离骚》王注、《后汉书·杨震传》李注、《三国志·陈群传》裴注、《文选·辨亡论》李注并引《蹇》之六二爻辞"王臣蹇蹇"作"王臣謇謇"。高亨先生的观点与1994年上海博物馆整理收藏的竹书《周易》具有一

---

① 高亨：《周易大传今注》，齐鲁书社，1979年版，第344页。

② 马承源：《上海博物馆藏战国楚竹书（三）》，上海古籍出版社，2003年版，第183~184页。

③ 郑万耕：《周易释读八则——以楚竹书为参照》，《周易研究》，2005年第2期，第13页。

④ 邓球柏：《帛书周易校释》，湖南出版社，1996年版，第160页。

定程度的相通性。今本《周易》之《蹇》卦的所有"蹇"字，竹书《周易》皆作"訐"，竹书本之六二爻辞为"王臣訐訐，非今之古"。"訐"在《说文解字》中被阐释为"面相斥罪，相告訐也，从言，干声，居谒切"①，《玉篇》曰"訐，攻人之阴私也"。竹书《周易》的整理者濮茅左先生据此认为，"訐"与"蹇""謇"相通，"訐訐"即"謇謇"，乃"直言"之义，并引《楚辞章句·离骚经》之王注作证。《离骚》"余固知謇謇之为患兮，忍而不能舍也"一句，王逸注曰："謇謇，忠贞貌也，《易》曰：'王臣謇謇，匪躬之故。'舍，止也，言已知忠言謇謇，刺君之过，必为身患，然中心不能自止而不言也。"②郑万耕先生认同濮茅左之说，并肯定了高亨的创见之功，曰："此'訐'字从言，高说古本'蹇'均作'謇'，也从言，皆与言辞相关，足证此卦本义是讲正言直谏之事。而作'蹇'，也当依高说'借为謇'，不宜训为'险难'。或古本有写作'蹇'者，《易传》作者据以发挥出一番道理，讲论'见险而能止'的智慧。"③

如果按照竹书《周易》的异文"訐"理解六二爻辞，那么高亨先生的观点当然是正确的。但问题在于，竹书《周易》的异文"訐"是否真的揭示出《周易》古经《蹇》卦之真义？这是值得商榷的。竹书《周易》仅仅是战国时期流通于列国之间若干《周易》文本中的一种，可以说在一定程度上反映出当时楚国的《易》学生态与《易》学水平，但其中的不少异文却未必乃周王室原存《周易》古经之原貌。竹书《周易》中的"訐"字从"言"，本义为"攻人之阴私"，《论语·阳货》中子贡有云"恶訐以为直者"④，"訐"即攻击、揭发他人之短处，濮茅左、郑

---

① （汉）许慎撰，（宋）徐铉校定：《说文解字》，上海教育出版社，2003 年版，第 67 页。

② （宋）洪兴祖撰，黄灵庚点校：《楚辞补注》，上海古籍出版社，2015 年版，第 13 页。

③ 郑万耕：《周易释读八则——以楚竹书为参照》，《周易研究》，2005 年第 2 期，第 13 页。

④ （三国·魏）何晏等注，（宋）邢昺疏：《论语注疏》卷十七《阳货》，（清）阮元校刻：《十三经注疏》，中华书局，1980 年影印本，第 5489 页。

万耕先生将之引申为"正言直谏"。但若从《蹇》之卦象来看，无论是下卦之艮☶抑或上卦之坎☵，均无"言语"或者"正谏"之义。可以说，竹书本中的"訐"字与《蹇》之卦象已经没有必然的联系。然而，《周易》卦爻辞均由其作者"观象系辞"而生成，故卦象是解读卦爻辞的纲领之所在。竹书《周易》之《訐》卦可能代表着楚国学者对于《周易》义理的一种理解方式，但"訐"字当非《蹇》卦名之本字。同为出土文献的马王堆帛书《周易》中的《蹇》之卦名作"蹇"，"蹇"应是通行本之"蹇"的异体字，其本义亦为险难，而非直谏。帛书《周易》虽为汉墓出土，但抄写者当是根据其所看到的战国竹简本而用隶书誊写下来的，学界一般认为帛书《周易》所凭依的原版竹简产生年代也在战国时期。由此可见，竹书《周易》之"訐"只能代表简文作者对《蹇》卦的一种解读方式，但断不可以此认定《周易》古经之《蹇》卦义理必与此字相关。高华平、杨瑰瑰先生经过一系列考证后认为，楚简本反映出其创作者或抄写者所面对的可能是以"正言""直言"揭发他人阴谋的艰难，故而才选择与《蹇》之卦名音近的"訐"字来命名①。此论可供参考。另外，高亨先生所引用之文献材料中有《楚辞·离骚》"余固知謇謇之为患兮"一句，王逸注曰："謇謇，忠贞貌也。《易》曰：王臣謇謇，匪躬之故。舍，止也，言已知忠言謇謇，刺君之过，必为身患，然中心不能自止而不言也。"②此种观点亦与"蹇"之本义相龃龉。"言"字底之"謇"与"足"字底之"蹇"并不可通，二者在语义上各有侧重。"蹇"当意为行动艰难，而"謇"则意为言语艰难，二者所指并不相同，不能简单将二者混淆。更何况六二爻以阴柔之姿身处阴位，其本性柔弱至极，亦与高亨所言"直谏不已"的处事方式颇不相合。

　　六二爻辞"匪躬之故"，帛书《二三子》作"非今之故"，战国楚竹

---

① 高华平、杨瑰瑰：《〈周易·蹇卦〉卦名、卦爻辞及卦义的演变——兼论屈原与易学的关系》，《江汉论坛》，2012年第5期，第105~110页。

② （宋）洪兴祖撰，黄灵庚点校：《楚辞补注》，上海古籍出版社，2015年版，第13页。

书作"非今之古"。通行本中的"躬"若为"今"，问题便变得颇为复杂。刘大钧先生认为帛书《二三子》与楚竹书中的"今"字比之"躬"字于义更胜，指出今本之"躬"，可能是抄书者之失误所致①。丁四新先生亦认同刘氏的观点。刘彬先生在《帛书〈易传〉新释暨孔子易学思想研究》一书中翻译爻辞云："此爻意为王和大臣都有危难，这种情况不只是现在才有，在过去也一样存在。"②

欲厘清"匪躬之故"之本义，当与《二三子》相参看。帛书《二三子》云："易曰：'王臣蹇蹇，非今之故。'孔子曰：'王臣蹇蹇'者，言亓难也。夫唯智其难也，故重言之，以戒今也。君子智难而备［之，则］不难矣；见几而务之，□有功矣，故备难□易。务几者，成存亓人，不言吉凶焉。'非今之故'者，非言独今也，古以状也。"③ 从《二三子》原文来看，"今"与"古"相对，"非今之故"被帛书作者赋予了新的意义。"王臣蹇蹇，非今之故"即意为：王臣遭遇蹇难，此种情况并非今日才有，古代也曾出现过。无论爻辞中的"王臣"指王和大臣还是专指臣子，"今""古"之对比才是《二三子》迥异于通行本的地方。那么，《二三子》之"今"是否如刘大钧先生所言较今本之"躬"于义更胜？恐怕亦未尽然。帛书《二三子》所采用的"王臣蹇蹇，非今之故"主要强调了"王臣蹇蹇"的普遍性，仅揭示出王臣所遭遇之艰难，并无太多意蕴可言。而通行本"王臣蹇蹇，匪躬之故"却突出了王臣奔走济蹇并非仅为自身的忠贞品质，此与九五"大蹇朋来"的君王济蹇之义理正可相互对应。另外，"王臣蹇蹇，匪躬之故"与卦象也更为匹配，六二与九五为正应，六二为辅助九五而济蹇正是"匪躬之故"的最佳写

---

① 刘大钧：《今、帛、竹书〈周易〉综考》，上海古籍出版社，2004年版，第60页。
② 刘彬等：《帛书〈易传〉新释暨孔子易学思想研究》，中国社会科学出版社，2016年版，第20~21页。
③ 陈松长、廖名春：《帛书〈二三子问〉〈易之义〉〈要〉释文》，载陈鼓应主编：《道家文化研究》第3辑，上海古籍出版社，1993年版，第425页。

照。《小象》曰："王臣蹇蹇，终无尤也。"①"无尤"即无所怨尤，从《小象》更可看出六二不为己身的高尚品质。故而，我们认为通行本"匪躬之故"比之帛书《二三子》与竹书的"非今之故"于义更胜。《二三子》中的《蹇》卦六二爻辞只不过是帛书《易传》作者借以阐述个人观点的媒介，与本义已然具有一段距离，此种解读只可参考，而不必将之奉为圭臬。

廖名春先生提出新见，其认为通行本《周易》中的"躬"字与楚竹书《周易》中的"今"均非六二爻辞之本字，依照帛书《二三子》之阐释以及《蹇》卦六二爻辞之语境，"躬"的本字当为"信"，六二爻辞即"王臣蹇蹇，非信之故"。廖氏进一步指出《蹇》卦六二爻辞强调的是诚信，六二爻辞是倒装因果句，"非信之故"乃是因，"王臣蹇蹇"乃是果，并翻译爻辞曰"君王的臣仆之所以处境非常艰难，就是因为不讲诚信的缘故"②。但廖名春先生的观点改字过多，似与爻辞本义颇有距离。从帛书《二三子》"今"与"古"的对应情况来看，"非言独今也，古以状也"一句中的"今"即意为今天，"古"即意为古代，这是很明确的，根本无须改字为释。况且，廖氏更改后的《蹇》之六二爻辞变为"王臣蹇蹇，非信之故"，如此一来，王臣不讲"诚信"便成为遇到蹇难的原因。但是，如果六二强调的是"诚信"，那么其与九五爻"大蹇朋来"便无明确的联系了。其实，六二与九五既为正应，其义理也当具备筋骨肌理上的联系，若六二强调诚信，九五也当强调诚信，如此方可互相呼应。另外，"诚信"之义理在卦象中并无所示，这不符合《周易》卦爻辞的生成方式。《周易》卦爻辞乃是由其创作者"观象系辞"而来，故而卦爻象才是理解卦爻辞的总纲，无论何种异体字、通假字，均须从卦象上

---

① （三国·魏）王弼、（晋）韩康伯注，（唐）孔颖达等正义：《周易正义》卷四，（清）阮元校刻：《十三经注疏》，中华书局，1980年影印本，第51页。

② 廖名春：《从帛书〈二三子〉论〈周易·蹇卦〉六二爻辞的本义》，《文献》，2018年第3期，第9页。

找寻到依据方能说通。可见，仅从义理层面改字为释，即便得出的结论颇为新颖，也并无太大说服力。黄人二先生认为"今"与"躳"两说可并存，可看作音近通假①。赵建伟先生也认为"躳""今"二字同为见母字，冬、侵合韵，比如《礼记·表记》引用《诗经·谷风》"我躳不阅"作"我今不阅"，故"躳""今"音近可通假②。黄人二、赵建伟先生的观点颇为有理，"躳""今"二字乃是音近通假，《二三子》的作者所阐述的"今""古"对应之说是其个人对"非今之故"的理解，并不能将之视为爻辞本义。

其实，《子夏易传》、王弼、孔颖达等所秉持的"王臣处蹇"观点才为本爻义理之正解。九五爻身处上卦坎☵中，下艮☶为臣，九五为王，六二与九五相应，故曰"王臣"。六二临近重坎，故爻辞称"王臣蹇蹇"。"蹇蹇"即指"劬劳"，艮又为躳，王臣之所以劬劳若此，原因在于六二竭忠尽智以事其君，不因遇到艰难险阻而惶恐退缩，至于成败利钝，则并非所论也。六二爻辞"王臣蹇蹇，匪躳之故"主要揭示出六二爻旨在奋力济蹇而不计较成败得失的高贵品质。六二之行正与《诗经·邶风·式微》所云"微君之故，胡为乎中露？微君之躳，胡为乎泥中？"③颇为相合，孔颖达疏云"主忧臣劳，主辱臣死，固当不惮淹恤"④，臣子为君王鞠躬尽瘁、不惮劳烦，只想尽心竭力为主上分忧，正是"王臣蹇蹇，匪躳之故"之《易》理的最佳写照。

---

① 黄人二：《上海博物馆藏战国楚竹书（三）研究·上博藏简周易校读（下）》，高文出版社，2005年版，第66页。

② 赵建伟：《出土简帛〈周易〉疏证》，万卷楼图书有限公司，2000年版，第208页。

③ （汉）毛亨传，（汉）郑玄笺，（唐）孔颖达等正义：《毛诗正义》卷二，（清）阮元校刻：《十三经注疏》，中华书局，1980年影印本，第305页。

④ （汉）毛亨传，（汉）郑玄笺，（唐）孔颖达等正义：《毛诗正义》卷二，（清）阮元校刻：《十三经注疏》，中华书局，1980年影印本，第305页。

四、九三"往蹇来反"与六四
"往蹇来连"本义考论

通行本《蹇》卦九三爻辞云："往蹇来反。"① 帛书《周易》云："[九三，往蹇来反。]"② 竹书《周易》云："九晶，遅讦㐅反。"③ "往蹇来反"之"往蹇"意为"往前行走遇到蹇难"，九三爻辞"往蹇来反"之"往蹇"与初六爻辞"往蹇来誉"之"往蹇"具有一致性。历代学者对于本爻解读的歧义在于"来反"，大致有以下几种观点：

其一，反归九三之位。《子夏易传》认为，九三前往则"涉险难中"，归来则具有"内喜"，正是得其反而安④。孔颖达认为，九三与上卦坎☵相邻，前进则入于坎险之中，故而爻辞称"往蹇"，归来则得其位，故而爻辞云"来反"⑤。吴曰慎认为，九三爻刚正，正为下卦艮☶之主，正所谓"见险而能止"，九三看到上卦之坎险不可触碰，便来而能反，止于其所⑥。

其二，反身修德。陈鼓应、赵建伟《周易今注今译》认为，《蹇》卦九三爻辞"往蹇来反"之"反"应与《象传》所云"反身修德"一致，即反省自身。"往蹇来反"与《乾》卦之九三爻辞"君子终日乾乾，夕惕若厉，无咎"颇有相通之处⑦。

---

① （三国·魏）王弼、（晋）韩康伯注，（唐）孔颖达等正义：《周易正义》卷四，（清）阮元校刻：《十三经注疏》，中华书局，1980 年影印本，第 51 页。

② 丁四新：《楚竹书与汉帛书〈周易〉校注》，上海古籍出版社，2011 年版，第 278 页。

③ 丁四新：《楚竹书与汉帛书〈周易〉校注》，上海古籍出版社，2011 年版，第 105 页。

④ （旧题周）卜子夏：《子夏易传》，《景印文渊阁四库全书》第 7 册，台湾商务印书馆，1986 年版，第 57 页。

⑤ （三国·魏）王弼、（晋）韩康伯注，（唐）孔颖达等正义：《周易正义》卷四，（清）阮元校刻：《十三经注疏》，中华书局，1980 年影印本，第 51 页。

⑥ （清）李光地，李一忻等点校：《周易折中》，九州出版社，2002 年版，第 313 页。

⑦ 陈鼓应、赵建伟：《周易今注今译》，商务印书馆，2005 年版，第 352 页。

其三，反驳而来。高亨先生的《周易大传今注》认为，"往蹇来反"之"反"乃是反对之义，爻辞则意为"我以直谏往，人以反驳来"①。高亨先生将"往"与"来"的行为主体视为二类，"往"乃是"我"本人之往，"来"乃是"人"之从外而来。

其四，反复奔走。邓球柏先生的《帛书周易校注》认为，爻辞之"往蹇来反"即"蹇往来反"，指"迁徙反复往来奔走"②。邓球柏先生将"往蹇来反"之"蹇"字解读为为"迁徙"。

邓球柏先生将《蹇》卦之"蹇"理解为迁徙，并以"反复奔走"解读"往蹇来反"，这与"蹇"之本义不合。如前文所述，"蹇"本义为跛足，此处引申为行难，跛足之人又何以能够反复奔走？《蹇》之卦象下艮☶上坎☵，艮为止，坎为水，整体具有险前知止之义。邓球柏先生以"迁徙反复往来奔走"阐释爻旨，很显然与《蹇》卦的象数规则相龃龉。此说过于拘泥于帛书《周易》的异体字，并未从象数与义理相结合的角度审视爻辞，故此说并不妥当。

高亨先生将足字底的"蹇"假借为言字底的"謇"，并将之解释为直谏遭到反驳，此种观点亦不符《蹇》之本义。首先，"蹇"与"謇"并不可通，"蹇"乃行难，"謇"指言难，这在上文阐释六二爻辞时已有详述。其次，高亨"直谏遭到反驳"的观点在卦象上并无依据。况且，"反"在古籍中一般不训为"反驳"。《说文·又部》曰："反，覆也。""反"之本义为反手。古文中之"反"多训"复""还"，其义与"返"字相类。从卦象来看，《蹇》之上卦为坎☵，坎为险，九三前往遇到坎险故而爻辞称"往蹇"。《蹇》之下卦为艮☶，艮为止，"来反"即得位而安止。"反"意为返回，这在《小象》中也有所示。《小象》曰："'往蹇来反'，内喜之也。"③"内"即指下卦艮中的二阴，九三反归正为

---

① 高亨：《周易大传今注》，齐鲁书社，1979 年版，第 345 页。

② 邓球柏：《帛书周易校释》，湖南出版社，1996 年版，第 161 页。

③ （三国·魏）王弼、（晋）韩康伯注，（唐）孔颖达等正义：《周易正义》卷四，（清）阮元校刻：《十三经注疏》，中华书局，1980 年影印本，第 51 页。

二阴所喜,阴爻可视为臣妾,九三反归家中,则臣妾欣喜。此与《遁》卦九三"畜臣妾吉"亦可相互参照。高亨的"直谏遭到反驳"之说既与卦象不合,又与《小象》不合,可见此说并不可取。

其实九三爻之义理与卦辞所述颇可相互参证。《蹇》之卦辞云:"蹇:利西南,不利东北。利见大人,贞吉。"① 卦辞其实为理解爻辞之本义指明了方向。西南本为平易之地,东北则为险难之所。卦辞"利西南,不利东北"主要强调了《蹇》卦"避险就夷"的主旨。九三爻身处下卦艮☶之中,艮为止,故而九三面对上卦之坎险,不可一味莽撞向前,而当适可而止,反归其所。《易传·彖传》有云:"见险而能止,知矣哉!"② 九三见险而能止是一种智慧的体现。《蹇》之卦辞"利见大人"揭示了君子须反身以修德的道理,故而陈鼓应先生所言的"反省自身"之说颇有道理。对于本爻主旨的理解应当将孔颖达所言与陈鼓应先生所言结合起来看,如此在象数与义理层面均可有所观照。

通行本《蹇》卦六四爻辞云:"往蹇来连。"③ 帛书《周易》云:"六四,往蹇来连。"④ 竹书《周易》云:"六四,遅訏婡连。"⑤ 历代学者对于"往蹇来连"之"来连"的解读,大致有以下几种观点:

其一,往来皆难。譬如《周易集解》引虞翻注云:"连、辇、蹇,难也。"⑥ 诸家学者对于"往来皆难"的解读又可分为二类,一种认为六四爻身处坎☵之初爻,六二、九三、六四三爻构成互卦坎,六四又处互卦坎之上,六四前方有坎,后方又有坎,故往来皆坎,往来均难。王

---

① (三国·魏)王弼、(晋)韩康伯注,(唐)孔颖达等正义:《周易正义》卷四,(清)阮元校刻:《十三经注疏》,中华书局,1980 年影印本,第 51 页。

② (三国·魏)王弼、(晋)韩康伯注,(唐)孔颖达等正义:《周易正义》卷四,(清)阮元校刻:《十三经注疏》,中华书局,1980 年影印本,第 51 页。

③ (三国·魏)王弼、(晋)韩康伯注,(唐)孔颖达等正义:《周易正义》卷四,(清)阮元校刻:《十三经注疏》,中华书局,1980 年影印本,第 51 页。

④ 丁四新:《楚竹书与汉帛书〈周易〉校注》,上海古籍出版社,2011 年版,第 278 页。

⑤ 丁四新:《楚竹书与汉帛书〈周易〉校注》,上海古籍出版社,2011 年版,第 105 页。

⑥ (清)李道平撰,潘雨廷点校:《周易集解纂疏》,中华书局,1994 年版,第 365 页。

弼、孔颖达认同此说①。第二种认为六四身处九三之上，与九三构成乘凌关系，而且六四与上六无应，故而往来皆难。虞翻主此说②。

其二，连同济蹇。"连同济蹇"说将"往蹇来连"之"连"解读为"牵连"，认为六四爻为阴爻居于柔位，并无济蹇之能力，但如若与其下三爻相牵系，共同面对蹇难，则具有济蹇之机会。历代学者对于六四爻连同之具体三爻有不同观点，譬如来四承五、来四顺五、来四连三、五等，虽然观点各异，但他们对于六四爻连同诸爻共同济蹇的大方向是相同的。

其三，我以直谏而往，人以抵谰而来。高亨先生认为，"连"当借为"谰"，意为"抵谰"，即今天所言的"抵赖"。爻辞则意为，我以直谏而往，人以抵谰而来③。

其四，迁徙之人往来不绝。邓球柏先生认为，"往蹇来连"即"蹇往来连"，"连"乃不断、不绝之义，"往蹇来连"即意为"迁徙的人往来络绎不绝"④。

高亨先生还是承袭前文以"直谏"阐释爻辞的路径，但如前所述，此说并不妥当。"蹇"并非"直谏"之义，同时，将"连"阐释为"谰"的观点也属于改字解经。邓球柏先生将"蹇"阐释为迁徙，也不符合"蹇"的跛足之义，"迁徙之人往来不绝"的解读方式与卦象并无联系。故高亨、邓球柏先生的观点均不妥当。

六四爻辞之"来连"，《释文》曰："力善反。马云：亦难也。郑如字，迟久之意。"《周易集解》引虞翻曰："连、辇、蹇，难也。"⑤"连"之古音为"辇"，"辇"之义同样为"难"，由此可知"连"与"辇"当

---

① （三国·魏）王弼、（晋）韩康伯注，（唐）孔颖达等正义：《周易正义》卷四，（清）阮元校刻：《十三经注疏》，中华书局，1980年影印本，第51页。

② （清）李道平撰，潘雨廷点校：《周易集解纂疏》，中华书局，1994年版，第365页。

③ 高亨：《周易大传今注》，齐鲁书社，1979年版，第345页。

④ 邓球柏：《帛书周易校释》，湖南出版社，1996年版，第161页。

⑤ （清）李道平撰，潘雨廷点校：《周易集解纂疏》，中华书局，1994年版，第365页。

为古今字，共同训为"难"。"往蹇来连"之"连"犹言"接连蹇难"，六四正当蹇难之时，虽然柔顺得正，但其以阴柔之姿乘凌九三阳爻，其下又与初六无应，外无应援，自身又处于上卦坎险与互卦坎险之中，故而爻辞称之谓"往蹇来连"，意为前进遇到蹇难，后退又遇到蹇难。六四之时位如此，其所遇之艰难不可避免。

至于诸多学者所秉持的"连同济蹇"之说，虽然以本爻来看亦可解释得通，但若从《蹇》卦整体审视本爻，则有所不妥。《蹇》卦九五爻辞云"大蹇，朋来"，意为在行走蹇难之时，友朋纷纷前来相助。九五为《蹇》卦之主爻，自身具备阳刚中正之德，且下与六二相应，故此时友朋纷纷前来相助。九五"大蹇，朋来"之义理与"连同济蹇"说颇为相似，"连同济蹇"说亦揭示出联合下方之力量共同襄助九五济蹇的智慧。但是，《周易》在一卦之中似乎不应出现两句义理相似之爻辞。而且，从卦象来看，九四身处上卦坎中，同时又处六二、九三、六四构成的互卦坎中，可谓接连遇到重重蹇难。故而，我们认为六四爻"往蹇来连"之本义当为前往遇到蹇难，归来又逢蹇难，此与卦象往来皆坎相合。

五、九五"大蹇朋来"与上六 "往蹇来硕"异说辨诠

通行本《蹇》卦九五爻辞云："大蹇朋来。"[1] 帛书《周易》云："九五，大蹇侰来。"[2] 竹书《周易》云："九五，大訐不楼。"[3] 历代学者对本爻之阐读大致有以下几种观点：

---

[1] （三国·魏）王弼、（晋）韩康伯注，（唐）孔颖达等正义：《周易正义》卷四，（清）阮元校刻：《十三经注疏》，中华书局，1980年影印本，第51页。

[2] 丁四新：《楚竹书与汉帛书〈周易〉校注》，上海古籍出版社，2011年版，第278页。

[3] 丁四新：《楚竹书与汉帛书〈周易〉校注》，上海古籍出版社，2011年版，第105页。

其一，处难之时，同志者集而至。王弼云："处难之时，独在险中，难之大者也……然居不失正，履不失中，执德之长，不改其节，如此则同志者集而至矣。"①

其二，"大謇"指极进直谏。高亨认为本爻与《论语·里仁》篇"德不孤，必有邻"②在义理上相通，云："大謇则忠直之节章，而钦服之人至矣。"③

其三，大举迁徙，朋友前来帮忙。九五"大蹇朋来"，帛书《周易》作"大蹇，傰来"。邓球柏认为"傰"借为朋，本爻意为"大举迁徙，朋友都来帮忙"④。

高亨先生将"大謇"阐释为"极进直谏"，如此一来"大蹇朋来"便意为九五犯颜直谏，友朋前来助之。但问题在于，"蹇"并不能被解读为"直谏"，况且即便"蹇"与"謇"相通，九五触犯龙颜的行为也往往面临杀身之祸，甚至会牵连到九族。九五之行为如此激进，是否有友朋会不畏生死而前来襄助？友朋之帮助即是帮助九五指陈君王之过错，此种行为方式在宗法等级制度的周代社会似难以出现。《周易》乃是为君王出谋划策之宝典，其卦爻辞之义理在于维护周王朝的统治，试问《周易》的作者又怎会在九五爻辞中力主大胆讽谏君王？周代社会盛行的乃是"言之者无罪，闻之者足以戒"的委婉劝谏方式，而非"极进直谏"的偏激行为。可见，高亨之说并不符合爻辞主旨。

邓球柏先生认为"大蹇朋来"即大举迁徙之时，朋友前来相助。问题是，朋友前来相助到底具体指相助哪一方面？是搬运行李还是遇山开路、逢水搭桥？这些在爻辞义理中均无法看出。《蹇》卦之九五与

① （三国·魏）王弼、（晋）韩康伯注，（唐）孔颖达等正义：《周易正义》卷四，（清）阮元校刻：《十三经注疏》，中华书局，1980 年影印本，第 51 页。

② （三国·魏）何晏等注，（宋）邢昺疏：《论语注疏》卷四《里仁》，（清）阮元校刻：《十三经注疏》，中华书局，1980 年影印本，第 2472 页。

③ 高亨：《周易古经今注》，中华书局，1987 年版，第 274 页。

④ 邓球柏：《帛书周易校释》，湖南出版社，1996 年版，第 161 页。

六二为正应，九五中的"朋"一般被视为六二，但邓氏将六二爻辞解读为"王家奴隶为了主人迁徙匆忙奔走"。如此一来，六二强调的是奴隶帮助主人迁徙，这与九五中的朋友并无法对应。更何况，"蹇"意为行难，并不意为迁徙。故而，邓球柏先生的观点亦是不妥。

九五"大蹇朋来"，帛书作"大蹇佣来"，竹书作"大讦不椫"。"蹇""讦"二字与"蹇"相通，均为"难"之义。通行本《周易》之"朋"，帛书作"佣"，竹书作"不"，汉石经作"崩"。帛书《周易》中的"佣"字，据何琳仪先生所言当为"佣"字之形伪。竹书之"不"读作"朋"，与通行本声通。如此一来，"佣""崩"均可读为"朋"。故通行本之"朋"乃是《周易》古经之本字。

九五居于君位，又在蹇难之中，正是天下大蹇之时也。九五爻之"大蹇"可从内外两方面审视之，从《蹇》卦爻位本身来看，九五处于上卦坎☵险之正中，面临极大艰难险阻。从九五本身来看，九五至尊正是一国之君王，是一国臣民安危之所系，需要克服诸多艰难险阻。九五爻正是处于《蹇》卦极其严峻的"大蹇"之中。"朋来"揭示出九五爻身处蹇难之时，友朋纷纷前来相助的情状。君王面临天下大蹇，却非孤军奋战，朝中中正之臣纷纷前来相助，此助绝非小助。"朋"之于九五爻正如同诸葛孔明之于刘禅、郭子仪之于唐肃宗、李晟之于唐德宗。即便君王贤明，若无名臣相助，亦绝不能最终济难而成。《蹇》卦之中九五爻与六二爻相应，九五遇到蹇难，六二之臣前来相助以期共同济蹇，使国家蹇难之局面得以安稳。

通行本《蹇》卦上六爻辞云："往蹇来硕，吉，利见大人。"[1] 帛书《周易》云："尚六，往蹇来石，吉，利见大人。"[2] 竹书《周易》云："上

---

① （三国·魏）王弼、（晋）韩康伯注，（唐）孔颖达等正义：《周易正义》卷四，（清）阮元校刻：《十三经注疏》，中华书局，1980年影印本，第52页。

② 丁四新：《楚竹书与汉帛书〈周易〉校注》，上海古籍出版社，2011年版，第278页。

六，逛讦来硕，吉，利见大人。"① 历代学者对本爻的阐读大致有以下几种观点：

其一，往则长难，来则难终。譬如王弼《周易注》云："往则长难，来则难终，难终则众难皆济，志大得矣……险夷难解，大道可兴。"②

其二，"往蹇来硕"即"往蹇来度"，意为我直谏于君，而君咨询于我。高亨认为"蹇"借为"謇"，意为直谏，"硕"当为"度"，意为咨询谋访，云："往蹇来度，言我直谏于君，而君咨询谋访于我也。如是者乃君信其臣。"③

其三，收拾行李往来迁徙，利于拜见大人。帛书《周易》云"往蹇来石"，邓球柏认为"石"借为"拓"，"拓"又作"摭"，意为取也。本爻之义为："收拾行李往来迁徙。问蓍得吉占，且利于拜见大人。"④

高亨先生将"往蹇来硕"之"硕"阐释为"度"，这是明显的改字解经，并不妥当。从"往蹇来硕"的语义来看，"往"与"来"之主语当为同一人，高亨先生的阐释模式是将"往"的主语视为我，而"来"的主语则为君王，这在语义上颇不协调。况且，"利见大人"之本义当为利于出现大人，而非利于拜见大人。故而我们对于高亨先生的观点并不采用。

邓球柏先生将帛书《周易》之"石"阐释为"拓"，这也属于改字解经，帛书本之"石"当读为"硕"，二者之音相通。另外，邓氏将上六爻辞解读为"收拾行李往来迁徙"，也不妥当。"蹇"并非"迁徙"之义，且此种解读相当于无视爻辞中"往"与"来"之语义的对应关系，"往蹇"与"来硕"很明显强调"不当往而当来"的义理。我们认为邓

---

① 丁四新：《楚竹书与汉帛书〈周易〉校注》，上海古籍出版社，2011年版，第105页。

② （三国·魏）王弼、（晋）韩康伯注，（唐）孔颖达等正义：《周易正义》卷四，（清）阮元校刻：《十三经注疏》，中华书局，1980年影印本，第51页。

③ 高亨：《周易古经今注》，中华书局，1987年版，第274页。

④ 邓球柏：《帛书周易校释》，湖南出版社，1996年版，第161页。

氏对爻辞的阐读太过拘泥帛书文本，并未联系象数规则，故亦不取。

其实，《蹇》之上六爻身处卦极，前往必然无所收获，只能更为艰难，故爻辞云"往蹇"。"来硕"，《说文解字》认为"硕"指"头大"，从页，石声。"往蹇来硕"意为前往遇到蹇难，但回归则可获得硕果。上六爻位于《蹇》卦之极，阴柔居于柔位，位于上卦坎险之中。上六本身并无绝对力量，较为弱小，如若此时冒险前往必然无济于事，爻辞称"往蹇"乃是对上六予以警戒。《小象传》云："'往蹇来硕'，志在内也。"[①]虽然上六力量微弱，但是阴居柔位，当位得正，其下又与九三阳爻相应，能够得到九三爻的鼎力相助，下又亲比九五，如果及时返回正道必然能够实现硕大之功业。上六位居卦终，暗含否极泰来、蹇极可济之至理。水山蹇发展到极点，便可转而成为雷水解，《解》卦下坎☵上震☳，可象征纾解蹇难，上六爻因为《蹇》卦之矛盾即将得到纾解而可获硕果，最终结果则为吉祥。

对于上六爻辞"利见大人"的解读，历代很多学者认为"见"意为"拜见"，"利见大人"即利于拜见大人。譬如高亨云："利于见大人，大人将采用吾言。"[②]邓球柏《帛书周易校释》亦云："收拾行李往来迁徙。问著得吉占，且利于拜见大人。"[③]但正如前文所述，此类解读方式与《蹇》卦整体义理不符。《周易》诸多卦爻辞中多次出现"利见大人"之词句，譬如《乾》之九五爻辞云"飞龙在天，利见大人"[④]，然《乾》卦九五爻辞身处君王之位，本身便是大人之代表，根本无需另外拜寻大人，故以拜见大人阐释"利见大人"并不妥当。因此，《周易》中的"利见大人"之"见"应读为"xiàn"，意为利于出现大人。

① （三国·魏）王弼、（晋）韩康伯注，（唐）孔颖达等正义：《周易正义》卷四，（清）阮元校刻：《十三经注疏》，中华书局，1980 年影印本，第 51 页。

② 高亨：《周易大传今注》，齐鲁书社，1979 年版，第 346 页。

③ 邓球柏：《帛书周易校释》，湖南出版社，1996 年版，第 161 页。

④ （三国·魏）王弼、（晋）韩康伯注，（唐）孔颖达等正义：《周易正义》卷一，（清）阮元校刻：《十三经注疏》，中华书局，1980 年影印本，第 14 页。

六、结　语

上文我们结合通行本《周易》、马王堆帛书《周易》以及上博楚竹书《周易》，对《蹇》卦爻辞的诸多异说进行了辨正，得出结论如下：《蹇》之卦名本义为跛足，可引申为行难，帛书之"訐"当是因形近音同而在传抄中产生了讹误。竹书《周易》之"訐"具有"直谏"义，此义或许与战国时期楚国"直谏"的政治生态相关，而"訐"与通行本之"蹇"并不能混为一谈。《蹇》卦辞之"利见大人"当意为利于出现大人，而非利于拜见大人。初六"往蹇来誉"之"誉"即"美誉"，并不能阐释为"车舆"，初六获誉亦与直谏于君之事无关。六二"王臣蹇蹇"即意为王臣处蹇，并不能阐释为奴隶急行或直谏不已。帛书六二异文"非今之故"仅是帛书作者借以阐述个人观点之媒介，并不比今本"匪躬之故"于义更胜，而廖名春先生以"信"释"躬"亦不恰切。九三"往蹇来反"体现出避险就夷的智慧，而《易》学史上的反身修德说、反驳而来说、反复奔走说均不妥当。六四"往蹇来连"即往来皆难，连同济蹇说、直谏说、往来迁徙说皆不符爻辞本义。九五"大蹇朋来"揭示出君臣共同济蹇的情状，高亨的直谏说、邓球柏的友朋帮助迁徙说皆不恰当。上六"往蹇来硕"之"硕"并非"度"或"石"义，"硕"即硕果，可引申为盛大之功业。

作者单位：德州学院、首都师范大学

关于大墩子獐牙钩形器刻画符号的释读*

王先胜

摘要：据《华夏考古》2009 年报道，大墩子大汶口文化一件獐牙钩形器，其柄部 A 面自上而下刻画震（☳）、坤（☷）两卦及⊥、T两个符号，B 面自上而下刻画⊢、⚊、⚋、⚍、☶五个符号。结合文献和大汶口文化出土材料研究，认为 B 面刻画符号主要反映八卦符号的产生过程（得到先天八卦），A 面刻画符号反映大汶口文化使用的历法（用后天八卦表现的火历），并寄托着当时人们对自然和生活的良好愿望。它们对八卦起源、易学起源和中国古代文化研究具有十分重要的意义——从其表现和使用的熟练程度看，它们可能是八卦知识体系成熟之后的产物，而非八卦产生的初期。

关键词：大汶口文化　獐牙钩形器　刻画符号　八卦起源

2009 年，《华夏考古》曾报道一件采集于江苏邳州大墩子的大汶口文化獐牙钩形器，其柄部刻画有震（☳）、坤（☷）两卦及其他可能与八卦相关的符号。报道者对刻画符号作了一定释读，推测其“很可能就是大墩子大汶口文化先民刻画的原始卦形”，“证明八卦起源于五千年前

* 本文系国家社科基金艺术学一般项目“中国古代图案（远古—秦汉）设计思想及其当代价值研究”（项目批准号：18BG106）之阶段性成果。

的大汶口文化时期"，又"证明易学源远流长，其源头在海岱地区的大汶口文化，在漫长的发展过程中逐渐积累完善，最终形成儒家的重要经典《易经》"①。

该期杂志同时还发表了李玉亭《八卦符号起源新说》一文，据獐牙钩形器刻画符号进一步推断八卦符号的起源，认为阳爻▬是代表太阳运行轨迹的符号，阴爻▬▬是太阳与地相交衍变来的代表地的符号，乾卦为日月星运行的轨迹，坤卦☷为乾的一分为二，代表日月星在与地平线相交时的现象②。

我们知道，《周易》（或《易经》）是中国古代哲学和思想文化最重要的原典之一，被儒家视为"群经之首"，儒家所作《易传》是对《周易》本经的阐释和发挥，《周易》本经则以六十四卦为根，相传为周文王和周公所系辞。因此八卦、六十四卦的起源和本原问题向来是《周易》和易学研究的重中之重，也是中国古代思想文化研究最重要和根本的问题之一。可以说自儒家《易传》开始，这个问题就一直存在，两千多年来并没有可信地加以解决。

大墩子大汶口文化獐牙钩形器刻画符号，有明确的阴、阳爻画及八卦符号，可能为我们探讨八卦的起源问题带来重要的启示。故本文在张、李两先生文章的基础上提出进一步的认识，并有所不同以与商榷。

大墩子这件獐牙钩形器其结构与大汶口文化常见獐牙钩形器一致，它由獐牙和鹿角质扁圆柄组成，柄的上部左右嵌入獐牙，柄下端有穿孔，不同的就是柄部两面有刻画符号。其中 A 面自上而下刻画震（☳）、坤（☷）两卦，以及⊥、T两个符号；B 面自上而下刻画⊦、▬、▬▬、☱、☲五个符号（图1—3）。

A 面震（☳）、坤（☷）两卦很明确，⊥、T两个符号按古文即上、

---

① 张学海、李玉：《大汶口文化的新发现》，《华夏考古》，2009 年第 4 期。

② 李玉亭：《八卦符号起源新说》，《华夏考古》，2009 年第 4 期。

图1　大墩子獐牙钩形器A面

图2　大墩子獐牙钩形器B面

图3　大墩子獐牙钩形器柄部刻画
（A面、B面）

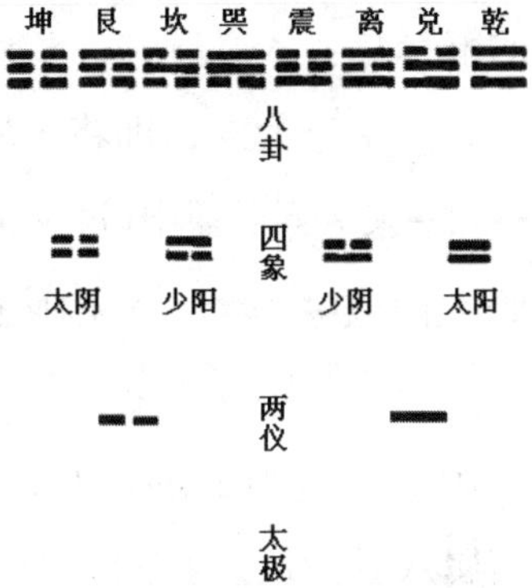

图4　伏羲始画八卦图（邵雍
《皇极经世书》）

下二字，所指很可能与上面的震（☳）、坤（☷）两卦有关。B面的符号怎么读？熟悉《易经》八卦的人应该容易明白：▬即阳爻，▬▬即阴爻，☵即少阴，☵是一个未完成的坎卦（☵），卜则与甲骨文"卜"字形似，均是与八卦或占卜相关的符号。这些刻画为八卦起源研究提供了极其重要的线索和信息。

由于上面这些刻画符号在同一件器物上，有震（☳）、坤（☷）两卦的存在，阴爻▬▬、阳爻▬、少阴☵的确认是没有问题的。

《易传·系辞上》认为八卦的产生是"易有太极，是生两仪，两仪生四象，四象生八卦……"①北宋邵雍在《皇极经世书》里画了一个太

①　（三国·魏）王弼、（晋）韩康伯注，（唐）孔颖达等正义：《周易正义》卷第七《系辞上传》，（清）阮元校刻：《十三经注疏》，中华书局，2009年影印本，第169~170页。

极生两仪四象八卦图，称为"伏羲始画八卦图"①，即伏羲画八卦是先画阴阳两爻（⚋、⚊），据阴阳两爻再分阴分阳得到四象（⚏、⚎、⚍、⚌），据四象又分阴分阳得到八卦（图4）。獐牙钩形器柄部刻画有震（☳）、坤（☷）两卦及阴爻⚋、阳爻⚊、少阴⚍等符号，这些符号的存在意味着八卦的产生过程应该与《易传·系辞上》和邵雍《皇极经世书》所载伏羲始画八卦图所表达的方式完全一致。这是令人吃惊的。

陈久金先生认为八卦起源于历法，他对太极两仪四象八卦的含义给出的解释是：

太极一分为二，即将一岁分为阳阴两个半年，可用一阳一阴两个卦画⚊和⚋来表示。阴阳两仪再分裂为四，即在阳画上分别加上阴阳两个卦画，便成⚍和⚌，在阴画上分别加上阴阳两个卦画，便成⚏和⚎。四象再分裂，分别在上面再加上阴阳两个卦画，便成为八卦。因此，由三条阴阳卦画所组成的八卦，下面一条属两仪，中间一条属四象，上面一条属八卦。从八卦的卦画中即可看出季节的变化：少阳为春，太阳为夏，少阴为秋，太阴为冬。震（☳）为少阳中的阴卦，它必然是阳卦中最为寒冷的月份；离（☲）为少阳中的阳卦，应比震暖和一些；兑（☱）为太阳中的阴卦，应比离更暖一些；乾（☰）为太阳中的阳卦，阳气最盛，也是阳卦中最热的月份；巽（☴）为少阴中的阳卦，应是阴卦中最热的月份；坎（☵）为少阴中的阴卦，应比巽凉一些；艮（☶）为太阴中的阳卦，比坎更凉一些；坤（☷）为太阴中的阴卦，应是阴卦中最为寒冷的月份②。

对比《易传·系辞上》《皇极经世书》伏羲始画八卦图所表达的八卦产生方式，以及獐牙钩形器刻画所反映的八卦符号产生方式，陈久金先生这个理解可能就是八卦符号产生的原因及其本义。

---

① 邵雍：《皇极经世书》，中州古籍出版社，1992年版，正文前插图第1页。

② 陈久金：《阴阳五行八卦起源新说》，《自然科学史研究》，1986年第2期。

由于阴阳爻（--、—）本身即象征阴阳，阴阳二性具有推及万物（哲学普遍性特征的基础）以及变易（辩证法的基础）的特征，也因为原始人类思维方式的特点（布留尔所谓"互渗律"），因此可以说八卦的哲学化自其产生时即已自带。儒家作《易传·系辞下》又说"古者包牺氏之王天下也，仰则观象于天，俯则观法于地，观鸟兽之文，与地之宜，近取诸身，远取诸物，于是始作八卦，以通神明之德，以类万物之情。"① 自然可以视为一种合理的推测。

回头看獐牙钩形器刻画符号的意思表达：

A 面，上刻震（☳）、坤（☷）两卦，下刻⊥、T 两个符号。按古文大篆⊥、T 即上、下二字；按八卦义理，震为雷，在天，在上；坤为地，在下。在獐牙钩形器柄部，震、坤两卦已各自居上下位，故⊥、T 两个符号不是指震、坤在獐牙钩形器柄部的位置，而应当是指其卦义，即"震为雷，在天，为上；坤为地，在下"。按《周易》义理，乾、坤两卦象征天地，为"易之门户"，为什么刻震（☳）、坤（☷），而不是乾（☰）、坤（☷）两卦呢？震卦有什么特别之处吗？这很容易令人想到《说卦传》载后天八卦方位：

> 帝出乎震，齐乎巽，相见乎离，致役乎坤，说言乎兑，战乎乾，劳乎坎，成言乎艮。万物出乎震，震东方也。齐乎巽，巽东南也，齐也者，言万物之洁齐也。离也者，明也，万物皆相见，南方之卦也。圣人南面而听天下，向明而治，盖取诸此也。坤也者地也，万物皆致养焉，故曰致役乎坤。兑，正秋也，万物之所说也，故曰说言乎兑。战乎乾，乾，西北之卦也，言阴阳相薄也。坎者水也，正北方之卦也，劳卦也，万物之所归也，故曰劳乎坎。

---

① （三国·魏）王弼、（晋）韩康伯注，（唐）孔颖达等正义：《周易正义》卷第八《系辞下传》，（清）阮元校刻：《十三经注疏》，中华书局，2009 年影印本，第 179 页。

艮，东北之卦也，万物之所成终而所成始也，故日成言乎艮①。

八卦有先天八卦（图5）、后天八卦（图6）之说，其方位均载于《说卦传》，宋人邵雍分别视为伏羲八卦、文王八卦。司马迁曾说"西伯拘而演《周易》"②（《报任安书》），在《史记》里又说周文王"益《易》之八卦为六十四卦"③，实际上六十四卦并非文王创作，湖北江陵王家台秦简殷易《归藏》的存在已为学界公识。故邵雍说后天八卦为文王发明更不必当真。

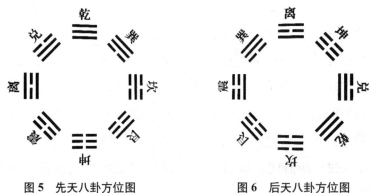

图5　先天八卦方位图　　图6　后天八卦方位图

从《说卦传》对后天八卦方位的解说可知，后天八卦表达的是一年四时八节万物生长收藏的规律，即春生、夏长、秋收、冬藏。一些研究易学的著名专家也都持相同认识④。

邹学熹先生认为："从这段文字可以看出，万物自春天开始活动、

① （三国·魏）王弼、（晋）韩康伯注，（唐）孔颖达等正义：《周易正义》卷第九《说卦传》，（清）阮元校刻：《十三经注疏》，中华书局，2009年影印本，第196～197页。
② （汉）班固撰，（唐）颜师古注：《汉书》卷六十二《司马迁传》，中华书局，1962年版，第2735页。
③ （汉）司马迁撰，（南朝·宋）裴骃集解，（唐）司马贞索隐，（唐）张守节正义：《史记》卷四《周本纪》，中华书局，1982年版，第119页。
④ 邹学熹：《易学十讲》，四川科技出版社，1986年版，第29～30页；唐明邦：《周易评注》，中华书局，1995年版，第251页；陈久金：《阴阳五行八卦起源新说》，《自然科学史研究》，1986年第2期。

生长，至冬天而成终、成始，每周天而三百六十日有奇，八卦用事各主四十五日……"①田合禄、田峰先生更论证后天八卦阵是"古人在观测大火星时绘制成的原始火历图"②。关于火历，庞朴先生有多篇论文阐述③。

证之于大汶口文化，甚为契合：

大汶口文化有两类著名的刻画符号，一类是斗形陶符，一类是所谓"日、火、山"陶符。前者已有冯时等专家论证为北斗崇拜图像④，后者的火纹有庞朴、王震中等专家论证为大火（心宿）崇拜的符号，是大汶口文化以大火授时的证据⑤。而北斗与二十八宿、东西二宫龙虎或参商（心宿）的栓系关系，乃中国古代天文学之一重要传统，远如仰韶文化西水坡45号墓的蚌塑图像⑥，晚如战国曾侯乙墓漆箱盖绘画所示。

山东泰安大汶口遗址出土大汶口文化象牙梳，其主要刻画图案为15个三画线纹构成8形和S形，其中也有⊥、T两个符号，分别指向东西两个方位。15个三画线纹刚好45数，是大火历法一个月的天数，其中⊥、T两个符号所指东西方位正是火历上下两个半年开始的方位（火历以大火昏见于东方地平线即春分为一年之始）。因此象牙梳8形刻画是可以视为火历历书的⑦。

《说卦传》所谓"帝出乎震"、"万物出乎震，震东方也"正是讲火

① 邹学熹：《易学十讲》，四川科技出版社，1986年版，第29页。

② 田合禄、田峰：《中国古代历法解谜》，山西科技出版社，1999年版，第4～8页。

③ 庞朴：《火历初探》，《社会科学战线》，1978年第4期；庞朴：《火历续探》，《当代学者自选文库：庞朴卷》，安徽教育出版社，1999年版，第475～497页；庞朴：《"火历"三探》，《文史哲》，1984年第1期；庞朴：《火历钩沉——一个遗失已久的古历之发现》，《中国文化》，1989年第1期。

④ 冯时：《中国天文考古学》，社会科学文献出版社，2001年版，第102～103、116～117页。

⑤ 庞朴：《"火历"三探》，《文史哲》，1984年第1期；庞朴：《火历钩沉——一个遗失已久的古历之发现》，《中国文化》，1989年第1期；王震中：《试论陶文"&""&"与"大火"星及火正》，《考古与文物》，1999年第6期。

⑥ 冯时：《中国天文考古学》，社会科学文献出版社，2001年版，第279页。

⑦ 王先胜：《中国远古纹饰》，中国社会科学出版社，2021年版，第439～441页。

历一年的开始，即一元复始、万象更新，万物皆自春分、东方震位、大火初升时开始。因此我们认为獐牙钩形器 A 面刻震（☳）、坤（☷）两卦可以理解为：震卦乃象征火历，坤卦即大地，合指以大火授时，大地上万物生长、物茂人康。

B 面，▬、▬▬、☵分别为阳爻、阴爻、少阴，表明八卦产生过程的前两个阶段两仪、四象。☵是一个未完成的坎卦（☵），虽然未完成，但几乎不影响我们对它的认读；阴爻只刻了一半，不应该是误刻，实际上它正好可以说明八卦符号的产生过程。与▬、▬▬、☵三个符号配合，☵表示八卦符号产生的第三个阶段，即由四象产生八卦。

⊦的含义有两个方向和可能：一是与甲骨文卜字及商周占卜龟甲上的卜形钻凿孔一致，因而可能指八卦有占卜之功能；二是八卦的"卦"乃会意字，从圭从卜，圭即土圭，早期测日影所用之土柱，卜为测度，指测量日影。如果是前一个义项，在獐牙钩形器上表示八卦有占卜的功能——马家窑文化马厂类型等已有三爻、六爻数字卦，说明八卦六十四卦在当时已经存在并用于占筮[①]；如果是后一个义项，在獐牙钩形器上表示八卦起源于立杆测影所认识一年中的阴阳变化规律。

易有体用之说，先天八卦为体、后天八卦为用。獐牙钩形器柄部刻画八卦符号等，与此说也非常吻合：其 B 面主要反映八卦符号的产生过程（得到的结果是先天八卦），也相当于一个知识库；A 面反映大汶口文化使用的历法（用后天八卦表现的火历），并寄托着当时人们的愿望。

大汶口文化獐牙钩形器八卦符号及其内涵表达并非孤立的现象。如安徽含山凌家滩新石器时代墓葬出土雕刻玉版（87M4），先后有多位学者研究，认为其刻画与八卦六十四卦、河图洛书及其他天文历法内涵的

---

① 王先胜：《关于八卦符号及史前研究问题——兼与李学勤先生商榷》，《社会科学评论》，2009 年第 3 期。

表达有关①。郑州大河村出土大河村类型白衣彩陶钵，其肩部一周用6个白彩六爻坤卦符号"䷁"编制十月太阳历历数，其他刻画也与古代天文历法有关②。根据大汶口文化各种遗存（彩陶、器物装饰与刻画、墓葬器物组合等）研究，也说明太极八卦六十四卦、河图洛书及其他古天文历法知识为大汶口人所熟练地掌握和运用③。

总之，大墩子大汶口文化獐牙钩形器柄部刻画八卦符号等，从易学的角度能够得到合理解释，并且与大汶口文化的文化特征吻合得非常好。它们对八卦起源、易学起源和中国古代文化研究具有十分重要的意义——从其表现和使用的熟练程度看，它们应该是八卦知识体系成熟之后的产物，而非八卦产生的初期。

作者单位：重庆文理学院

---

① 陈久金、张敬国：《含山出土玉片图形试考》，《文物》，1989年第4期；王先胜：《含山玉版及玉龟甲文化内涵探讨》，载贺云翱主编：《长江文化论丛》（第七辑），内蒙古人民出版社，2011年版，第1～15页。

② 王先胜：《十月太阳历溯源》，《贵州民族研究》，2012年第6期。

③ 王先胜：《大汶口文化遗存与远古天文历法试探》，载王志民主编：《齐鲁文化研究》第七辑，山东文艺出版社，2008年版，第84～90页。

《周易》文化视野下的秦汉遗物

姚草鲜

摘要：《周易》哲学对中国古代文明的深刻影响体现在诸多遗迹、遗物之中。秦汉时期相关遗物的造型和纹饰即与《周易》文化密切相关。秦汉车舆、铜钱和仓廪的方圆设计，均是在时人"天圆地方"认知观念的指导之下产生的，体现了《周易》天人合一观；云梦睡虎地秦墓出土漆盂的鱼鸟纹饰、汉代墓室所绘庖羲、女娲、日月的壁画以及汉代四神纹铜镜和瓦当等，反映了《周易》阴阳观。

关键词：《周易》 秦汉 天人观 阴阳观

一、引　言

秦汉时期的《周易》文化氛围十分浓郁。在秦代，秦始皇焚书不焚《周易》，使得先秦《易》学的传授并未中断。不止秦始皇，秦朝很多朝廷重臣也深受《周易》思想文化的影响。至汉代，《易》学迎来了一个重要的发展阶段。汉代《易》学发展之盛致使后世专称汉代《易》学为"汉《易》"。朱伯崑先生曾这样首肯汉《易》的发展："《易》学在汉代哲学史、思想史和学术史上都占有重要的地位。"[①]汉代象数《易》学发

---

① 朱伯崑：《易学哲学史（第一卷）》，华夏出版社，1995年版，第113页。

展极其繁荣，具体包括孟喜和京房的卦气说、《易纬》之学、郑玄《易》学中的爻辰说、荀爽的乾升坤降说、虞翻的卦变说和魏伯阳的月体纳甲说等。秦汉时期《周易》文化发展之盛着实令人惊叹。其实，除了文献记载，我们还可通过秦汉时期的相关考古发现来了解当时的《周易》文化氛围。彼时很多遗物的造型和纹饰都与《周易》文化密切相关。然而学界对此鲜有论及。鉴于此，本文拟从《周易》天人观和阴阳观两个方面，初步探讨秦汉时期相关遗物的《周易》文化内涵。

二、秦汉遗物与《周易》天人观

天人观是《周易》哲学的灵魂。虽然"天人合一"一词迟至北宋始被张载提出，但是"天人合一"思想其实早已有之，并且最早体现于《周易》之中。《周易》"天人合一"思想与"天人感应"有别，有着独特、深刻的内涵。《周易》天人合一观的思想内涵是：人道与天道是和谐统一的，人应当遵循和效法自然规律。人作为认知主体，顺应天道、应天时而动，是人们正确处理天人关系的关键①。《易传》对天人观的表述较为具体。《周易·乾卦·文言传》云："夫大人者，与天地合其德，与日月合其明，与四时合其序，与鬼神合其吉凶，先天而天弗违，后天而奉天时。"②此言"大人"的德性与天地的功德、日月的光明、四季的时序、鬼神的吉凶等皆相契合，"大人"能够奉行自然法则，遵从天道的变化运行。这段文字很好地诠释了《周易》天人合一观，强调人的行为应当顺应天时，人应当遵循大自然发展变化的规律。其中"与天地合其德"更是淋漓尽致地表达出人这一认知主体与自然这一客体的高度和谐统一。《周易·系辞下》对天人观也有所表述："古者包牺氏之王天下

---

① 康学伟：《论〈周易〉的"天人合一"思想》，《社会科学战线》，2008 年第 4 期，第 29 页。
② （三国·魏）王弼、（晋）韩康伯注，（唐）孔颖达等正义：《周易正义》卷一《乾》，（清）阮元校刻：《十三经注疏》，中华书局，1980 年影印本，第 17 页。

也，仰则观象于天，俯则观法于地，观鸟兽之文，与地之宜，近取诸身，远取诸物，于是始作八卦，以通神明之德，以类万物之情"①，又曰"易之为书也，广大悉备，有天道焉，有人道焉，有地道焉"②。其中所载包羲"象天法地"创立八卦的过程，亦是天人合一观的体现。《系辞传》提及的《周易》三才之道的重要内涵是：人道与天道、地道是并行不悖的，人作为独立的个体，是与天、地并存于世的，是浩瀚自然的一部分。这便构成了《周易》天人合一思想的基础。其实，《周易》天人观最直观的体现是：《易》学本身即是"推天道以明人事"的天人之学，六十四卦的大象辞堪称六十四条天人启示录③。

《周易》天人观对秦汉遗物的设计也有较大影响。具体而言，秦汉时期相关遗物的造型设计体现了时人"天圆地方"的观念认知，具有象天法地的意味，这种观念在《周易》文化体系之中具体指天人合一观。秦汉时期车舆、铜钱以及汉代仓廪的象天法地的方圆设计，即体现了《周易》天人合一观。

（一）秦汉车舆设计与《周易》天人观

"秦始皇陵3号兵马俑坑出土的一辆木质战车，从其残存状况可看出车舆形制为方形并且车顶华盖为圆形。"④"1980年出土于秦始皇陵现存封土西侧铜车马陪葬坑的一号铜车马，车顶华盖为圆形，车舆形制为方形。"⑤

---

① （三国·魏）王弼、（晋）韩康伯注，（唐）孔颖达等正义：《周易正义》卷八《系辞下》，（清）阮元校刻：《十三经注疏》，中华书局，1980年影印本，第86页。

② （三国·魏）王弼、（晋）韩康伯注，（唐）孔颖达等正义：《周易正义》卷八《系辞下》，（清）阮元校刻：《十三经注疏》，中华书局，1980年影印本，第90页。

③ 姚草鲜、杨效雷：《〈周易〉文化视野下的秦汉都城遗址》，载张涛主编：《周易文化研究》（第七辑），社会科学文献出版社，2015年版，第25页。

④ 中国社会科学院考古研究所：《中国考古学·秦汉卷》，中国社会科学出版社，2010年版，第102页。

⑤ 秦始皇兵马俑博物馆、陕西省考古研究所：《秦始皇陵铜车马发掘报告》，文物出版社，1998年版，第15页。

《周易·说卦》曰："乾为天，为圆。"① 又曰："坤为地……为大舆。"② 秦始皇陵陪葬车的车舆为方形，象征地；车顶华盖为圆形，象征天。这不只是时人"天圆地方"观念的反映，这种象天法地的建造设计也是《周易》天人观的具体体现。

同秦朝一样，汉代的车舆设计也采用方形车身，圆形华盖。汉代车舆的圆和方也分别象征天与地，具有象天法地的意味。东汉李尤的《小车铭》对此有形象的描述："员盖象天，方舆则地。轮法阴阳，动不相离。"③ 这两句描述汉代车舆设计的话，很好地体现了其时车舆设计的要义所在，即所谓"象天""则地"。对此，范松华也曾说："汉代的车舆设计包含着汉代人对天、地、人三界的全方位关照。"④ 因而，我们说汉代车舆形制的方圆设计也是《周易》天人观的具体体现。

（二）秦汉铜钱与《周易》天人观

秦汉时期铜钱形制的方圆设计也是对《周易》天人合一观的具体反映。秦汉时期铜钱外圆内方的形制设计，虽在后世看来再普通不过，但在其设计之初却蕴含着独特的意味，是时人受天人合一的认知思想影响所致。对此，范松华也说："汉代的一些器物（如，五铢钱）的构成样式也受到宏观的天人合一模式的影响。"⑤ 诸如秦半两、汉五铢这种外廓为圆形而内廓为方形的铜钱，是根据时人"天圆地方"的认知观念设计的。秦汉时期，人们日常频繁使用、广泛流通的铜钱被设计成外圆内方的形制固然与制作工艺有关，但通过这种形制的确也反映了《周易》天

---

① （三国·魏）王弼、（晋）韩康伯注，（唐）孔颖达等正义：《周易正义》卷九《说卦》，（清）阮元校刻：《十三经注疏》，中华书局，1980 年影印本，第 94 页。

② （三国·魏）王弼、（晋）韩康伯注，（唐）孔颖达等正义：《周易正义》卷九《说卦》，（清）阮元校刻：《十三经注疏》，中华书局，1980 年影印本，第 95 页。

③ （唐）欧阳询辑：《艺文类聚》卷七十一《舟车部》，《景印文渊阁四库全书》第 888 册，台湾商务印书馆，1986 年版，第 518 页。

④ 范松华：《秦汉时期器物设计的文化考量》，《文艺争鸣》，2010 年第 10 期，第 89~90 页。

⑤ 范松华：《秦汉时期器物设计的文化考量》，《文艺争鸣》，2010 年第 10 期，第 89 页。

人合一观。

（三）汉代仓廪设计与《周易》天人观

汉代仓廪形制的方圆设计也体现了《周易》天人合一观。"陕西临潼上焦村 7 号墓出土的一件陶囷，呈圆屋形，攒尖式顶，腹部有一长方形小仓门，囷顶有一只立鸟。"① 与之相似，"湖北江陵凤凰山 167 号汉墓出土随葬品中的一件圆形陶囷，其顶部被设计成圆形攒尖状，并且在囷顶上也设计有一只站立振翅的小鸟。"② 这些仓廪的方、圆形设计并非偶然。江陵凤凰山 167 号汉墓所出陶囷将整个仓身设计成圆筒形，将仓身上部的一个小窗设计成方形，另外，还在仓身的底部设计两个对称的方形缺口。这些设计都是在天圆地方的观念认知之下进行的，具有象天法地的意味。

三、秦汉遗物与《周易》阴阳观

阴阳观是《周易》的重要哲学思想之一。庄子云："《易》以道阴阳。"③《周易》经、传均蕴含阴阳观念。《周易》卦爻符号由阴、阳爻组成；《易经》六十四别卦中，一些相连的两个卦名具有阴阳对立关系，例如，《坤》与《乾》，《否》与《泰》，《未济》与《既济》等。《易传》对阴阳观念的阐发有很多。如，《周易·系辞上》曰："一阴一阳之谓道。"④又曰："夫《易》广矣大矣，以言乎远则不御，以言乎迩则静而正，以

---

① 中国社会科学院考古研究所：《中国考古学·秦汉卷》，中国社会科学出版社，2010 年版，第 587 页。

② 中国社会科学院考古研究所：《中国考古学·秦汉卷》，中国社会科学出版社，2010 年版，第 587 页。

③ （清）郭庆藩撰，王孝鱼点校：《庄子集释》卷十下《天下第三十三》，中华书局，1961 年版，第 1067 页。

④ （三国·魏）王弼、（晋）韩康伯注，（唐）孔颖达等正义：《周易正义》卷七《系辞上》，（清）阮元校刻：《十三经注疏》，中华书局，1980 年影印本，第 78 页。

言乎天地之间则备矣。夫乾，其静也专，其动也直，是以大生焉；夫坤，其静也翕，其动也辟，是以广生焉。广大配天地，变通配四时，阴阳之义配日月，易简之善配至德。"① 其中，"一阴一阳""阴阳之义"均谓《周易》阴阳观。"一阴一阳之谓道"明确提出世间万物皆由分阴分阳的道所支配的哲学思想。

《周易》阴阳观可具体分为阴阳分判观、阴阳交易观和尊阳抑阴观（尚阳观）②。《周易》阴阳分判观即"阴阳各归其类"③，《周易·系辞上》云："乾道成男，坤道成女"④，又云"方以类聚，物以群分"⑤。诸如此类记载均体现了阴阳分判观。《周易》阴阳交易观是指阴阳的交易感通。阴阳交易是万事万物产生和发展的动因。这一点在《周易》中有许多体现。譬如，《周易·序卦》："有天地然后万物生焉。"⑥《周易·咸卦·象传》："天地感而万物化生。"⑦ 又如，《周易·系辞下》曰："天地氤氲，万物化醇。"⑧ 又曰："男女构精，万物化生。"⑨《周易》尊阳抑阴观（尚阳

---

① （三国·魏）王弼、（晋）韩康伯注，（唐）孔颖达等正义：《周易正义》卷七《系辞上》，（清）阮元校刻：《十三经注疏》，中华书局，1980 年影印本，第 78~79 页。

② 杨效雷、徐婵菲、张金平：《〈周易〉阴阳观与洛阳汉代画像》，《天津师范大学学报（社会科学版）》，2015 年第 2 期，第 41 页；杨效雷：《中国古代〈周易〉诠释史纲要》，中州古籍出版社，2017 年版，第 423~431 页。

③ 张金平：《考古发现与易学溯源研究》，中国社会科学文献出版社，2015 年版，第 55 页。

④ （三国·魏）王弼、（晋）韩康伯注，（唐）孔颖达等正义：《周易正义》卷七《系辞上》，（清）阮元校刻：《十三经注疏》，中华书局，1980 年影印本，第 76 页。

⑤ （三国·魏）王弼、（晋）韩康伯注，（唐）孔颖达等正义：《周易正义》卷七《系辞上》，（清）阮元校刻：《十三经注疏》，中华书局，1980 年影印本，第 76 页。

⑥ （三国·魏）王弼、（晋）韩康伯注，（唐）孔颖达等正义：《周易正义》卷九《序卦》，（清）阮元校刻：《十三经注疏》，中华书局，1980 年影印本，第 95 页。

⑦ （三国·魏）王弼、（晋）韩康伯注，（唐）孔颖达等正义：《周易正义》卷四《咸》，（清）阮元校刻：《十三经注疏》，中华书局，1980 年影印本，第 46 页。

⑧ （三国·魏）王弼、（晋）韩康伯注，（唐）孔颖达等正义：《周易正义》卷八《系辞下》，（清）阮元校刻：《十三经注疏》，中华书局，1980 年影印本，第 88 页。

⑨ （三国·魏）王弼、（晋）韩康伯注，（唐）孔颖达等正义：《周易正义》卷八《系辞下》，（清）阮元校刻：《十三经注疏》，中华书局，1980 年影印本，第 88 页。

观）是指《易传》虽肯定阴、阳缺一不可，但以阳刚一方为主①。譬如，《周易·系辞上》："天尊地卑，乾坤定矣。"②《周易·乾卦·彖传》："大哉乾元，万物资始，乃统天"③，《周易·坤卦·彖传》："至哉坤元，万物资生，乃顺承天。"④ 又如，《周易·泰卦·彖传》："内阳而外阴，内健而外顺，内君子而外小人。君子道长，小人道消也。"⑤《周易·否卦·彖传》："内阴而外阳，内柔而外刚，内小人而外君子。小人道长，君子道消也。"⑥《周易》以尊、刚、健、君子形容"阳"，以卑、柔、顺、小人形容"阴"。其尊阳抑阴观（尚阳观）由此可见一斑。

其实，《周易》阴阳观在秦汉遗物的设计方面也有较多体现。具体来说，睡虎地秦墓出土漆盂的鱼鸟纹、汉代墓室所绘庖羲女娲与日月的壁画以及汉代四神纹铜镜和瓦当等，都反映了《周易》阴阳观。

（一）秦墓漆器纹饰与《周易》阴阳观

于 1975 年底发现和发掘的湖北云梦睡虎地秦墓，其中出土了一件漆盂，纹饰非常独特，有着深层的文化内涵。该漆盂的口沿纹饰由环绕整个器物的流线型波浪线段和黑色小圆点交错而成。连接口沿和器物内底的中间部分则被填充为整圈纯黑色纹饰。器物内底则为纯白色，在纯白底色之上绘有两条鲜活的游动着的鱼，在两条鱼的一个首尾相接处绘

---

① 张金平：《考古发现与易学溯源研究》，中国社会科学文献出版社，2015 年版，第 55 页。

② （三国·魏）王弼、（晋）韩康伯注，（唐）孔颖达等正义：《周易正义》卷七《系辞上》，（清）阮元校刻：《十三经注疏》，中华书局，1980 年影印本，第 75 页。

③ （三国·魏）王弼、（晋）韩康伯注，（唐）孔颖达等正义：《周易正义》卷一《乾》，（清）阮元校刻：《十三经注疏》，中华书局，1980 年影印本，第 14 页。

④ （三国·魏）王弼、（晋）韩康伯注，（唐）孔颖达等正义：《周易正义》卷一《坤》，（清）阮元校刻：《十三经注疏》，中华书局，1980 年影印本，第 18 页。

⑤ （三国·魏）王弼、（晋）韩康伯注，（唐）孔颖达等正义：《周易正义》卷二《泰》，（清）阮元校刻：《十三经注疏》，中华书局，1980 年影印本，第 28 页。

⑥ （三国·魏）王弼、（晋）韩康伯注，（唐）孔颖达等正义：《周易正义》卷二《否》，（清）阮元校刻：《十三经注疏》，中华书局，1980 年影印本，第 29 页。

有一只站立的鸟。另外，值得我们注意的是，整个漆盂的装饰颜色仅有黑白两色组成，并且黑白两色的运用或交错或分明。那么，如此独具特色的漆器纹饰究竟蕴含着什么文化内涵？如此设计的原因是什么？

关于鱼类的属性，《史记·秦始皇本纪》载："河鱼大上，轻车重马东就食。"① 这是《史记》对秦王弟成蟜率军攻赵时在屯留造反一事的描述。《汉书·五行志》对此解释说："鱼阴类，民之象，逆流而上者，民将不从君令为逆行也。"② 鱼为阴类，时人认为阴类逆行是兵变的征兆。鱼类的属性之所以为阴，是因为鱼为水生动物，据五行方位，水属北方，据四时、四方的阴阳属性，北方属阴，且为老阴。

关于鸟的属性，文献记载颇多。《山海经·大荒东经》记载："汤谷上有扶木，一日方至，一日方出，皆载于乌。"③ 郭璞注："中有三足乌。"④《初学记》卷三十引《春秋元命苞》："日中有三足乌者，阳精。"⑤《淮南子·精神训》："日中有踆乌，而月中有蟾蜍。"高诱注："踆，犹蹲也，谓三足乌。"⑥ 由上述文献记载可知，先民将"踆乌"（三足乌）与太阳相联系，并将其视为太阳的象征，三足乌被视为太阳的化身。由此可见，鸟与太阳有着密切的关联，鸟的属性当为阳。

睡虎地秦墓出土漆盂的独具特色的纹饰生动地反映了《周易》阴阳观。具体原因有四。其一，就阴阳属性而言，鱼属阴，鸟属阳，漆盂内底绘有鱼、鸟以表阴阳；其二，漆盂内底所绘鱼、鸟的数量也表阴阳，其内底绘有两条鱼、一只鸟，偶数属阴，奇数属阳，漆盂内底所绘鱼、

---

① （汉）司马迁撰，（南朝·宋）裴骃集解，（唐）司马贞索隐，（唐）张守节正义：《史记》卷六《秦始皇本纪》，中华书局，2014 年版，第 291 页。

② （汉）班固撰，（唐）颜师古注：《汉书》卷二十七《五行志》，中华书局，1962 年版，第1430 页。

③ 袁珂校注：《山海经校注》卷十四《大荒东经》，上海古籍出版社，1980 年版，第 354 页。

④ 袁珂校注：《山海经校注》卷十四《大荒东经》，上海古籍出版社，1980 年版，第 355 页。

⑤ （唐）徐坚等：《初学记》卷三十《鸟第五》，中华书局，1962 年版，第 732 页。

⑥ （汉）刘安编，刘文典撰，冯逸、乔华点校：《淮南鸿烈集解》卷七《精神训》，中华书局，2013 年版，第 266 页。

鸟的数量分别与阴、阳相对应；其三，整个漆盂纹饰只用黑白两色，黑属阴，白属阳，漆盂仅以黑白两色装饰，意以表阴阳；其四，漆盂纹饰不止于以黑白两色表阴阳，还以黑白两色的分布特点言阴阳，黑白两色的分布或黑白分明或黑白交替，分别体现了《周易》阴阳分判观、阴阳交易观。

（二）汉代墓室壁画与《周易》阴阳观

汉代墓室壁画中常见的庖羲举日、女娲捧月图，庖羲捧月、女娲举日图，都是对《周易》阴阳观的反映。"庖羲举日、女娲捧月图反映了《周易》阴阳分判观，庖羲捧月、女娲举日图则反映了《周易》阴阳交易观。"[①] 关于汉代墓室壁画对《周易》阴阳观的反映，兹举一例说明。

1976 年发现并发掘的洛阳西汉中晚期卜千秋壁画墓，其墓室壁画气势恢宏，尤以主墓室的墓顶壁画为甚，整幅墓顶壁画共计有二十幅小图组成。"墓顶脊砖是按照自西向东的编号顺序排砌的，最靠西一块砖编号为第一，依次往东编号至廿号。但从壁画内容看，其顺序是自东向西展开的。"[②] 按编号的先后顺序，该墓顶壁画依次绘有彩云、女娲、月亮、仙翁、双龙、两羊、朱雀、白虎、仙女、墓主乘凤升仙、庖羲、太阳、黄蛇（洛阳西汉卜千秋墓壁画摹本）。整幅壁画中值得注意的是其上所绘的庖羲、女娲和日、月图，我们可以看出壁画中绘有两个球体，究竟哪个为太阳，哪个为月亮呢？《淮南子·精神训》记载："日中有踆乌，而月中有蟾蜍。"[③] 壁画中球体内部绘有疾飞的踆乌的球体代表太

---

① 杨效雷、徐婵菲、张金平：《〈周易〉阴阳观与洛阳汉代画像》，《天津师范大学学报（社会科学版）》，2015 年第 2 期，第 41 页。

② 洛阳博物馆：《洛阳西汉卜千秋壁画墓发掘简报》，《文物》，1977 年第 6 期，第 8 页。

③ （汉）刘安编，刘文典撰，冯逸、乔华点校：《淮南鸿烈集解》卷七《精神训》，中华书局，2013 年版，第 266 页。

阳，内部绘有蟾蜍和桂树的球体代表月亮。该幅壁画不同于以往庖羲、女娲互相交尾的考古发现，而是将庖羲、女娲分别画在两端，并且绘成庖羲面对太阳、女娲面对月亮的布局，这种独特安排体现了《周易》阴阳分判观。

此外，一些汉墓壁画的日、月图也是对《周易》阴阳观的反映。譬如，西安交大附小一座西汉墓，"该墓的主室顶部和正壁均绘有壁画，日、月图分列于墓顶南北。"① 日为阳，月为阴，南方为阳，北方为阴，日、南皆属阳，月、北皆属阴，该汉墓壁画的日、月图分列于墓顶南、北，即日、月分别与方位南、北相对应，体现了《周易》阴阳分判观。

（三）汉代四神纹遗物与《周易》阴阳观

汉代有许多绘有四神纹的遗物，譬如，四神纹铜镜和四神纹瓦当。这些装饰四神纹的遗物反映了《周易》阴阳观。关于四神，较早的传世文献《礼记·曲礼上》如是记载："行。前朱鸟而后玄武。左青龙而右白虎。招摇在上。"② 其中的青龙、朱鸟（朱雀）、白虎、玄武是四象（四神）名。四神与东、南、西、北四方相联系。《史记·天官书》载："东宫苍龙"③ "南宫朱鸟"④ "西宫咸池……参为白虎"⑤ "北宫玄武"⑥。《三

---

① 中国社会科学院考古研究所：《中国考古学·秦汉卷》，中国社会科学出版社，2010 年版，第 523 页。

② （汉）郑玄注，（唐）孔颖达等正义：《礼记正义》卷三《曲礼上》，（清）阮元校刻：《十三经注疏》，中华书局，1980 年影印本，第 1250 页。

③ （汉）司马迁撰，（南朝·宋）裴骃集解，（唐）司马贞索隐，（唐）张守节正义：《史记》卷六《秦始皇本纪》，中华书局，2014 年版，第 1546 页。

④ （汉）司马迁撰，（南朝·宋）裴骃集解，（唐）司马贞索隐，（唐）张守节正义：《史记》卷六《秦始皇本纪》，中华书局，2014 年版，第 1550 页。

⑤ （汉）司马迁撰，（南朝·宋）裴骃集解，（唐）司马贞索隐，（唐）张守节正义：《史记》卷六《秦始皇本纪》，中华书局，2014 年版，第 1557～1559 页。

⑥ （汉）司马迁撰，（南朝·宋）裴骃集解，（唐）司马贞索隐，（唐）张守节正义：《史记》卷六《秦始皇本纪》，中华书局，2014 年版，第 1561 页。

辅黄图·未央宫》载："苍龙，白虎，朱雀，玄武，天之四灵，以正四方，王者制宫阙殿阁取法焉。"① 意即在西汉的王室宫阙建筑中分别以苍龙、白虎、朱雀、玄武代表东、西、南、北四方。

由上述文献记载可知，汉代所谓"四神"是指青龙、白虎、朱雀、玄武四种吉祥且有灵性的动物神，四神与东、西、南、北四方相联系。其实，四神不仅与四方相对应，还与春、夏、秋、冬四时相对应。四神的起源和星宿崇拜密切相关。早在 1978 年，随着湖北随州战国早期曾侯乙墓绘有青龙、白虎的漆箱盖的出土，星宿崇拜和四神的关联可以追溯得更为久远。"曾侯乙墓出土的这件漆箱盖不仅绘有青龙、白虎图案，围绕北斗，在相应位置还标有二十八星宿的名称。"② 二十八星宿的每七宿组成一种动物形象，形成"四宫"（四神）（即东宫青龙、南宫朱雀、西宫白虎、北宫玄武）。由于东、南、西、北四方分别与春、夏、秋、冬四时相对应，青龙、朱雀、白虎、玄武四神自然也分别与春、夏、秋、冬四时相对应。在《周易》文化体系中，春、夏、秋、冬四时分别对应少阳、老阳、少阴、老阴。因此，可以说汉代铜镜和瓦当的四神纹饰也体现了《周易》阴阳观。对此，范松华也说："汉代规矩镜的纹样造型（四神纹）是按照阴阳五行观念进行布局设计的……四神配属的二十八星宿图纹构成完整的宇宙图式。"③

四 、 结 语

"一部秦汉思想史，可以视为适应时代需要，以《易传》为内在灵魂和重要源头，以易学研究和运用为重要载体，以易学思想为主潮、主

---

① 何清谷：《三辅黄图校注》，三秦出版社，1998 年版，第 150 页。

② 随县擂鼓墩一号墓考古发掘队：《湖北随县曾侯乙墓发掘简报》，《文物》，1979 年第 7 期，第 10 页。

③ 范松华：《秦汉时期器物设计的文化考量》，《文艺争鸣》，2010 年第 10 期，第 90 页。

旋律的思想发展史。"① 秦汉遗物所反映的《周易》天人观、阴阳观，亦是秦汉易学思想的重要组成部分。因此，我们也可透过一些形象生动的考古遗物来增进对秦汉易学思想的了解。《周易》哲学对秦汉遗物的影响体现在诸多方面。具体而言，秦汉车舆、铜钱以及汉代仓廪的方圆设计都是在时人"天圆地方"的认知观念指导之下产生的，均体现了《周易》天人观；睡虎地秦墓出土的漆盂鱼鸟纹饰、汉代墓室所绘庖羲、女娲、日月的壁画以及汉代四神纹铜镜、瓦当等都反映了《周易》阴阳观。本文将秦汉遗物纳入《易》学考古视野之下，尚属初步探讨，不当之处敬祈方家不吝赐教。

作者单位：天津师范大学、南开大学滨海学院

---

① 张涛：《秦汉易学思想研究》，中华书局，2005 年版，前言第 4 页。

孟子良心论的意象诠释

——中国哲学基本原理的探寻

李煌明

摘要：立场选择与方法自觉是哲学诠释的提前预设。道德哲学、教化儒学、价值哲学、政治哲学等，是时下《孟子》诠释的几种主要视角。与此不同，本文则"以易观孟"——从《周易》切入，以意象为观照，去摄贯《孟子》，故名"意象诠释"。此"意象"不只形象，而是"意—象—言"这一结构脉络，以形容、指代和象征易道，藉以表达中国哲学的基本原理。"良心"是孟子对易道的概括与言说，"大道—易象—良心"三者层层开显，一以贯之。理一而分殊，基本原理只是一个，具体表达各自不同。在《周易》其为"意—象—言"；在《孟子》其为"仁—义—事""志—气—体"，此即本文之脉络架构。如果基本原理是大处着眼，是先立其大，那么孟子良心则是小处落笔，合之便是一源无间，巨细相涵，旨在探索以意象为特征的研究范式与话语体系。

关键词：良心本体　基本原理　意象诠释

时至今日，孟子哲学的研究，可谓"极广大而尽精微"。从性善到仁政，从集义到尽心，从义利到民本，乃至各章各句，古注今译，详哉备矣！然则，藉以诠释的系统不同，立场观念不一，视角方法各异，故而在许多问题上，还有讨论的余地，也有商榷的价值。在具体问题上，如四端之心、浩然之气、知言养气、践形尽性、义利之辨等都还有待深入研究；在总体贯通上，如何整体地观照《孟子》全书，以一根线索将其融会，逻辑而历史地彰显其理论的系统性；在诠释方法上，如何以孟子固有之思维，诠释其本然之思想，找出其精神特质、脉络架构；在现代转化上，如何借鉴孟子的思想方法，重构中国哲学的话语体系与研究范式。本文以意象为视角方法，良心为核心线索，试图对孟子哲学作一番新的诠释，探索中国哲学的基本原理，彰显其意象的底蕴与标识。

一、观水有术，必观其澜

孟子曰："孔子登东山而小鲁，登太山而小天下。故观于海者难为水，游于圣人之门者难为言。观水有术，必观其澜。日月有明，容光必照焉。流水之为物也，不盈科不行；君子之志于道也，不成章不达。"① 山水与日月，都是意象——大道的象征。登山比喻工夫——境界，由低到高，自小而大。道之大若汪洋，故游学于圣门，犹如置身浩淼而茫然若失。流水之盈科而进，以喻工夫之拾级而上，暗合大道之自然流行。小天下者，大境界；大之至者，与天同，与道一。圣人者大人也，圣学者大学也，与天地合德，与日月合明。日月有明，以喻明德本心，一如天有懿德，民有良心，指大本言；容光必照，犹无微不至，就达道说。就天道说，"日月有明，容光必照"；于君子言，心志于道，虽远必达。简之，明德之功，容光必照；良心之用，溢乎四海。

然则，同天圣域，难如登天，何以致之？由本体开出工夫，工夫合

---

① （清）焦循撰，沈文倬点校：《孟子正义》卷二十七《尽心章句上》，中华书局，1987 年版，第 913 页。

着本体。易理六位成章，大道循序渐进，故工夫便似流水，依大道易理层层推进，故说不盈科不行，不成章不达。如灌溉田地，上一渠满了，方灌下一渠。圣人即大道，易简至善而高深莫测，人不见其迹，莫知其然，故颜子喟然叹曰："仰之弥高，钻之弥坚；瞻之在前，忽焉在后。"① 大道微妙，微则无形，无形体故难识；妙则无方，无方所故难言。此所以"神无方而易无体"② 易道者摄贯一切而变化莫测，故观之亦难，言之亦难；理解亦难，表达亦难。故曰观于海者难为水，游于圣门难为言③。

观者在外，游者在内。犹如围城，外者欲入而内者欲出。观者旨在得意，言者旨在出意。难为水者，悟道艰难；难为言者，论道不易。合之，对大道的理解和表达，都是一大难事。正因为难，所以才接着讲方法——观水有术，必观其澜。澜者水之波，易者道之象。以道为意则易即为象，故曰："易者象也"④，是谓"易象"。波浪起伏，方见其气象；百折不回，更著其精神。故观澜而知水，观易而知道，立象而尽意。何以如此？静无而动有，流动才能生象，变化才能显象。如脉搏跳动，才有脉象。惟其如此，方可观其象而察其变。当然，易象不是卦象、具象，而是大通之象，是大道的象征。

然则，易象如何？易象即易理，如同玉石的纹理。就整体而论，易象便是大道的脉络、万物的通理，也是思维的模式、文本的架构。何以

---

① （清）刘宝楠撰，高流水点校：《论语正义》卷十《子罕第九》，中华书局，1990 年版，第338 页。

② （三国·魏）王弼、（晋）韩康伯注，（唐）孔颖达疏，于天宝点校：《宋本周易注疏》卷第十《周易系辞上》，中华书局，2018 年版，第 392 页。

③ "难为"一词，此处取其本义，指不易做好。学界通常解为：不易动心，犹五岳归来不看山，黄山归来不看岳。与"曾经沧海难为水，除却巫山不是云"一句相通。其意为：见过沧海之壮阔，便难为他水所动；见过巫山之云霞，余者简直不可称云。本文以为"难为言"，如《公孙丑上》曰浩然之气，难言也。

④ （三国·魏）王弼、（晋）韩康伯注，（唐）孔颖达疏，于天宝点校：《宋本周易注疏》卷第十二《周易系辞下》，中华书局，2018 年版，第 444 页。

如此？因为易是"冒天下之道"①。"冒"便是覆，如天覆地载，括尽一切，无出其外。然则，易道的脉络架构如何？"意—象—言"而已。通观六十四卦，莫不有"卦名—卦画—卦辞"，这便是"意—象—言"。而六十四卦是古人对天地万物象征性的概括与表达，思维与言说。简之，"卦名—卦画—卦辞"是《周易》的文本架构，思维模式蕴含其中，最终依据却是易道通理。此即"易道—思维—文本"三者的相通一贯，同构同源。由此，"意—象—言"便是六十四卦的共通结构范式，亦是天地万物的公理通则，从而成为中国哲学的基本原理。

易道摄贯一切，孟子自在其中。故以意象释孟子，便是以易观孟、以源察流，毕竟《周易》是中国传统思维观念的源头。"良心"之于孟子，只是易道的符号象征、言说方式、个性表达。易象是对大道的解释，良心是对易道的言说。故孟子在理论建构上，便体现为"大道—易象—良心"的逻辑演进。以"意—象—言"这一符号系统，去观照、摄贯大道，故称其为"意象之道"。然则，大道之观照，为何舍概念而取意象？言不尽意，立象尽之。在传统看来，大道真意的表达，与概念言辞相比，意象才是最佳选择。

综上，易象之于道，犹波澜之于水，其关键在于变化流转，如贞元终始，周流不息，故说是圆圜。为此，圆圜便是易道的象征，故曰"圜道"②。然则，易道便是中国哲学与文化核心，故圆圜便成了中国哲学与文化的核心意象。易道之变有三：一变而成象，二变而成形，三变而归意。故曰："见乃谓之象，形乃谓之器。"③ 以其圜转，故表达为"意—象—言—象—意"。由任一切入，都回归起始：意始则意终，象始则象

① （三国·魏）王弼、（晋）韩康伯注，（唐）孔颖达疏，于天宝点校：《宋本周易注疏》卷第十一《周易系辞上》，中华书局，2018 年版，第 419 页。

② 许维遹集释，梁运华整理：《吕氏春秋集释》卷第三《季春纪》，中华书局，2009 年版，第 78 页。

③ （三国·魏）王弼、（晋）韩康伯注，（唐）孔颖达疏，于天宝点校：《宋本周易注疏》卷第十一《周易系辞上》，中华书局，2018 年版，第 420 页。

终，言始则言终。如以象切入，其为："象—意—象—言—象"。

然则，所谓"意—象—言"不过易道的符号象征、模式系统，只是空灵之理的表达，而不是内涵外延固定不变的概念。例如，以体用观之，意即是体，象即是用；以源流观之，意即是源，象即是流；以显微观之，意即是微，象即是显；以有无观之，意即是无，象即是有。以意象空灵，所以无穷无定；以意象圆融，所以一体浑沦。大道至简，故规则越简单，应变越灵活。此所以《老子》说"执大象，天下往"[1]，所以"为天下蹊""为天下式"[2]。"意—象—言"即是易道之"洪范"、老子之"大象"、孟子之"道揆"、佛家之"心印"。总之，道也者，无不通，无不由，故"意—象—言"便是中国哲学的大通范式、诠释架构、基本原理。

或不无疑问：《孟子》全书，无一字及易，为何以易释孟？虽不言易而理在其中，虽然无一字，处处无不是。关于孟子与《周易》，程颐说："知《易》者，莫如孟子矣。"[3]邵雍说老氏得《易》之体，孟子得《易》之用[4]。对此，朱熹批评说："老子自有老子之体用，孟子自有孟子之体用……存心养性，充广其四端，此孟子之体用也。"[5]显然，孟子亦全易之体用：心性为体，四端为用。所以疑惑不解，或有汉学与宋学的不同，或有立场与视角的差异，或有观念与方法的疏离。但是，哲学

---

[1] （三国·魏）王弼著，楼宇烈校释：《老子道德经注·上篇·三十五章》，《王弼集校释》，中华书局，1980年版，第87页。

[2] （三国·魏）王弼著，楼宇烈校释：《老子道德经注·上篇·二十八章》，《王弼集校释》，中华书局，1980年版，第74页。

[3] （宋）程颢、程颐著，王孝鱼点校：《河南程氏粹言》卷二，《二程集》，中华书局，1981年版，第1237页。

[4] 邵雍说："老子知阴而不知阳，得《易》之体而已，不如孟轲得《易》之用。"参见（宋）邵雍著，郭彧、于天宝点校：《皇极经世观物外篇衍义》，《邵雍全集》第3册，上海古籍出版社，2015年版，第1427页。

[5] 郑明等校点，庄辉明审读：《朱子语类》卷第一二五《老氏》，朱杰人等编：《朱子全书》第18册，上海古籍出版社、安徽教育出版社，2010年版，第3898页。

诠释毕竟不是历史的考据，不是文献的整理，不是字面的训诂，而是主体观念与文本思想的融合，是主客物我的贯通。真正的诠释是本体与方法的贯通，必有方法的自觉与选择，必有道理的致诘与阐发，并以此贯通古今而自圆其说，所谓"通古今之变，成一家之言"。

二、先立其大，小者不夺

孟子曰："先立乎其大者，则其小者弗能夺也。此为大人而已矣。"① "大"之一字，实乃孟子哲学一贯之精神与特质。孟子之学，大学也，学以成大人。大者头脑与总纲，小者细节与详目。大者既立，小者不能遮迷，故曰"弗能夺也"；规矩诚定，不可欺以方圆。故先立其大者，虽不中亦不远。头脑者，主宰也，道揆也，极则也，良心也，仁而已矣；总纲者，易象也，脉络也，架构也，理路也，义而已矣。故孟子曰："居仁由义，大人之事备矣。"② 又说："夫志，气之帅也；气，体之充也。"③ 可见，"仁—义—事""志—气—体"，正是孟子哲学的总纲，也是时下诠释的理路。以此为诠释的下手切入处，便是大处着眼、先立其大。

于本体，"其大者"，仁德天性，生生而已。在《周易》其为"乾元"，故曰"大哉乾元"④"乾知大始"⑤；在《孟子》其为"源泉"，故曰：

---

① （清）焦循撰，沈文倬点校：《孟子正义》卷二十三《告子章句上》，中华书局，1987 年版，第 792 页。

② （清）焦循撰，沈文倬点校：《孟子正义》卷二十七《尽心章句上》，中华书局，1987 年版，第 927 页。

③ （清）焦循撰，沈文倬点校：《孟子正义》卷六《公孙丑章句上》，中华书局，1987 年版，第 196 页。

④ （三国·魏）王弼、（晋）韩康伯注，（唐）孔颖达疏，于天宝点校：《宋本周易注疏》卷第一《乾》，中华书局，2018 年版，第 10 页。

⑤ （三国·魏）王弼、（晋）韩康伯注，（唐）孔颖达疏，于天宝点校：《宋本周易注疏》卷第十《周易系辞上》，中华书局，2018 年版，第 379 页。

"源泉混混，不舍昼夜。"① 乾元者，万物资始；混混者，纯朴未散。于流行，"其大者"，浩然之气，阴阳之道。故曰："其为气也，至大至刚，以直养而无害，则塞于天地之间。"② 于工夫，"其大者"，扩而充之，盈科而进，达乎四海。于境界，"其大者"，海纳百川，有容乃大，天覆地载，万物生生，故坤象曰："地势坤，君子以厚德载物。"③ 而孟子曰："万物皆备于我。"④ 通而论之，整个过程便由乾而坤。乾坤，上下两极，首尾终始，所以乾坤定位。终始两极确定之后，中间的变化便乾坤推衍开去，所以说乾坤是易之门户。由乾而坤整个变化过程，可以结构地表达为："本体—流行（工夫）—事物（境界）"，亦即"仁—义—事""心—气—物""志—气—体"等等。

《中庸》说："中也者，天下之大本也；和也者，天下之达道也。致中和，天地位焉，万物育焉。"⑤ "中"者本体也，"和"者流行也；"致中和"工夫也，"万物育"境界也。显然，孟子是沿着《周易》的理路，对《学》《庸》作进一步阐发，"意—象—言"乃其共通的诠释系统、一贯的基本原理。以意象观之，源泉混混便是乾元大始的象征；浩然之气便是大德流行的象征，生生不息而已，所谓"逝者如斯乎，不舍昼夜"；盈科而进便是工夫的象征，亦如拾级而上，只是循序渐进；无物非我便是厚德载物的描述，犹如大地母亲之怀抱，万物并育。以"三"观之，德性发现而为气象，气象落实而为境界，这便是"德性—气象（工夫）—境界"。此所以说，本体开出工夫，工夫指向境界，亦即"本体—

① （清）焦循撰，沈文倬点校：《孟子正义》卷十六《离娄章句下》，中华书局，1987 年版，第 563 页。
② （清）焦循撰，沈文倬点校：《孟子正义》卷六《公孙丑章句上》，中华书局，1987 年版，第 200 页。
③ （三国·魏）王弼、（晋）韩康伯注，（唐）孔颖达疏，于天宝点校：《宋本周易注疏》卷第二《坤》，中华书局，2018 年版，第 42 页。
④ （清）焦循撰，沈文倬点校：《孟子正义》卷二十六《尽心章句上》，中华书局，1987 年版，第 882 页。
⑤ （汉）郑玄注，王锷点校：《礼记注》卷第十六《中庸》，中华书局，2021 年版，第 674 页。

工夫—境界"。

大道流行即易象开显,依"同构相推,时位相配"原理推开去,故孟子良心论展开为:"仁—义—事",亦即"心—气—物""中—和—物""德—道—事"等等,无有穷时,不可尽数,不过随缘感应,不可执定。仁者心性也,大德大本,形而上者,故以德配天;事者大业也,事物形色,形而下者,故以形配地;义者达道也,大经也,阴阳四时,故孟子说:"其为气也,配义与道。"① 此处道义乃就"气象"这个层次而言。以类似而象通,所以此道义,便如同阴阳,道生之,义裁之,如炎上润下,水火相济。以乾坤为纵,离坎为横,便构成了"离坎框廓"图,是谓乾坤定中间,离坎列两边。道理总是相通的,不外意象之道,体现为中国哲学的一贯性与普遍性。

所谓"仁—义—事",以意象加以诠释:仁是安宅,既是终归也是起始;义是道路,既是做事的原则也是程序的正义;由仁义行去,便如水之就下。直至尽头,再无去处,便是德盛仁熟,仁至义尽;便是富有大业,万物化生。对于易象流行的脉络架构,孟子作了个形象的比喻:"天油然作云,沛然下雨,则苗浡然兴之矣。"② 油然而生,本体也,天德也;沛然而下,流行也,工夫也,道义也;浡然而兴,境界也,事物也,仁政也。通而言之,不外三然(三象):油然—沛然—浡然,亦即"德—道—政"。此良心之"三然",亦即大道的自然流行,故称其为"流行三态"。其实,三然皆从"水",暗含以水象道:自然升起,是油然;顺流而下,是沛然;生机盎然,是浡然。

如果观澜知水是悬空、抽象地讲诠释原理、方法,那么先立其大则是具体、落实地讲诠释架构、纲脉。理一而分殊,于易道,其普遍原

---

① (清)焦循撰,沈文倬点校:《孟子正义》卷六《公孙丑章句上》,中华书局,1987年版,第200页。

② (清)焦循撰,沈文倬点校:《孟子正义》卷三《梁惠王章句上·六章》,中华书局,1987年版,第72页。

理为"意—象—言"；于孟子，其理论纲脉为"仁—义—事"或"心—气—物"，亦即德性—道义—仁政（政法）。德性以心言，道义就气论，仁政指事说。此即良心易道的流行三态，不过是差异地同一。以其一贯故，体用不离，非心非仁，无以主宰；非礼非义，无以制度；非政非法，无以行事。故孟子说："徒善不足以为政，徒法不能以自行。"① "不信仁贤，则国空虚；无礼义，则上下乱；无政事，则财用不足。"② 由此可见，"仁—义—事"或"心—气—物"，便是孟子良心论展开的内在逻辑，也是本文阐述的脉络架构，都不外乎"意—象—言"。

三、本然之心，源泉混混

在孟子，"良心"一词，有全体说，指全体大用；有本体说，指未发之中。所谓"本然之心""良心本体"，皆尚未涉及流行发用。以形上之道，故曰"道心"；以本然固有，故称"本心"；以天然至善，故称"良心"；以自然恻隐，故称"仁心"；以始然初发，故称"初心"，所谓"进取不忘其初"③。以上诸说，异名同指而各有其用。甚至，同在《告子上》中，孟子有时说"放其良心"，有时说"失其本心"，皆就形上未发说，良心即本心。其实，这正是中国哲学"概念"的灵动性与多相性，结构性与意象性。为了区别于确定、单相而抽象的"概念"，或称其为"象概念"，我们直接称这种灵动而多相的"概念"（或观念）为"意象"，以利于中国哲学民族性的揭示，主体性的确立。此中道理，一

---

① （清）焦循撰，沈文倬点校：《孟子正义》卷十四《离娄章句上》，中华书局，1987 年版，第 484 页。

② （清）焦循撰，沈文倬点校：《孟子正义》卷二十八《尽心章句下》，中华书局，1987 年版，第 972 页。

③ （清）焦循撰，沈文倬点校：《孟子正义》卷二十九《尽心章句下》，中华书局，1987 年版，第 1025 页。

如《老子》说："道可以道非常道，名可名非常名。"① 作为常道、常名、强名，它难以概念言辞来确定和指称，因为"言不尽意"。虽都可谓"名"，然却有分别。

展开说，良心本体实为"一三三一"。合之则一，以心言，乃心为太极；分之则三，以性言，即本体三性。简之，本心者，太极也，道心也，天参之谓，故张载说："吾儒以参为性"②。何谓"天参"？以图示之，其可为△，以表良心即易，以合方圆之德。故曰："蓍之德圆而神，卦之德方以知。"③ 以至善之性即"天性"为中枢，牵合两端。两端者，有超然与同然，有寂然与自然，有良知与良能。将此三组融摄起来，便形成一心三性架构：超然—寂然—自然，或良知—性善—良能，或藏往—恒常—知来。此三性圆融一体，便是本心之"同然"，亦即浑沦整个的形上本体。以易理观之，此便是"易之三义"：简易（知、空）—不易（性、理）—变易（能、灵）。④《系辞》曰："易，无思也，无为也；寂然不动，感而遂通天下之故。"故此本心三性，亦即："无思无为（无、入化）—寂然不动（寂、主宰）—感而遂通（妙、出神）"。由同构而相推，在佛家便是"空—寂—知"，在道家便是"无—常—有"，在儒家便是"知—仁—勇"。

由本体与工夫一贯，本体的开显，既是流行也是工夫。反过来，流

① （三国·魏）王弼著，楼宇烈校释：《老子道德经注·上篇·一章》，《王弼集校释》，中华书局，1980年版，第1页。

② （宋）张载著，章锡琛点校：《横渠易说·说卦》，《张载集》，中华书局，1978年版，第234页。

③ （三国·魏）王弼、（晋）韩康伯注，（唐）孔颖达疏，于天宝点校：《宋本周易注疏》卷第十一《周易系辞上》，中华书局，2018年版，第419页。

④ 易之三义具体内涵，随结构时位变化而变化。在《易纬·乾凿度》中，三义指流行三态，易简以言其德，变易以言其时，不易以言其位，故可表达为：德（易简）—时（变易）—位（不易）。但当流行卷藏为一，而转化成本体时，易之三义便成本体三性：简易（超越性）—不易（主宰性）—变易（灵动性）。简而言之，易者象也，所以易之三义是一种开放而流动的"象"，故易之三义便是易之三象。其实，本体结构再加分析，似有三式：偏正式（自性体用）、对待式（分列左右）、混合式（混而为一）。

行与工夫，便是本体之彰显与验证。简之，本体仁心即"出神入化"之所以然者。出则神，神则有象；入则化，化则无形。入而化，言其知；出而神，言其能。知，化于心，故心理为一；能，尽于形，故显微不二。穷神者，尽于形；知化者，极乎微。故曰："操则存，舍则亡；出入无时，莫知其乡"，此"惟心之谓与"①。操舍，工夫之有无；存亡，本心之迷悟。迷则逐物于外，悟则主宰于内。出入无时，所以神妙不测；神妙不测，所以无方无体；无方无体，所以莫知位向②。关于工夫，孟子有二段话最为集中。其一，"君子深造之以道，欲其自得之也。自得之，则居之安；居之安，则资之深；资之深，则取之左右逢其原。故君子欲其自得之也"③。其二，"尽其心者，知其性也；知其性，则知天矣。存其心，养其性，所以事天也。夭寿不贰，修身以俟之，所以立命也"④。

自下而上，超然自得，层层剥落，层层深入，故曰"深造"。其工夫便是"尽心知性"，己之心即天之性，心道为一、心性不二，故曰"自得"。自得者，安其心而乐其性，故曰"居之安"，亦即"人生而静，天之性"。其工夫便是"存心养性"，积蓄深厚，所以根深蒂固，故曰"资之深"。以其深信不疑，所以寂然不动。自上而下，便是自然流行，盈科而进，故曰"所以立命"。其工夫便是"扩而充之"，顺心率性。唯

---

① （清）焦循撰，沈文倬点校：《孟子正义》卷二十三《告子章句上》，中华书局，1987年版，第778页。

② 通常把"出入"与"存亡""操舍"，都一一对应着理解：操—存—入，舍—亡—出。此实将"出入无时，莫知其乡"，当"人心惟危"解。然则，本文却以"道心惟微"释。操舍存亡，指工夫—本体，操即存养，舍即失养，皆就"人心"上说，此无异议。而所以操舍存亡，是因其道心天性（仁义良心），灵明自在，出神入化。毕竟，本体上做不得工夫，工夫必落在人心上。最后一句说"惟心之谓与"，便是统合"道心"与"人心"一起说。

③ （清）焦循撰，沈文倬点校：《孟子正义》卷十六《离娄章句下》，中华书局，1987年版，第558页。

④ （清）焦循撰，沈文倬点校：《孟子正义》卷二十六《尽心章句上》，中华书局，1987年版，第877～878页。

仁是听，从心所欲，唯命是从，与道为一，矢志不渝，故曰"不贰"。修身者，明德也。此"德"便是"根"，明德即是"立根"。据《说文解字》，"俟"者，大也，取其本义，有"弘"之义，非待于天。人能弘道，为仁由己，岂待天乎？为而不成，时也，命也，天也。"俟之"者，扩充之谓也，道彰而德明，继善而成性，达乎四海，润泽万物，明明德于天下也。合而论之，孟子工夫只是一"诚"字：自下而上，反身而诚，自明而诚；自上而下，至诚而动，自诚而明。

《系辞》曰："乾坤，其易之蕴邪！乾坤成列，而易立乎其中。乾坤毁，则无以见易。易不可见，则乾坤或几乎息矣。"此"易"有心性、分合两义：一是本心，包乾坤为一；二是天性，待乾坤成三。乾坤之德，本心固有，蕴乎其中，故曰"易之蕴"。立乎其中者，至善之性、生生之德。分列左右者，乾健坤顺，易知简能。天性天德，是"自性体"；乾坤知能，是"自性用"。故乾坤知能，皆至善之用，所以说"左右逢源"，犹哼哈两将；以天性观之，便是乾坤并建，合称二元。由同构相推，孟子"良知良能"，或源于此。其左者，良知也，自下而上（形而上），化入无形，故曰"乾知大始""知以藏往"；其右者，良能也，自上而下（形而下），神出有象，故曰"坤作成物""神以知来"。由天人合一故，天道即人心，本体即大我，故本体三性，以工夫论，便是"三自我"：自我超越、自我主宰、自我实现，这便是"为仁由己"。

以其超然，故道心之于人心，圣人之于常人，"出于其类，拔乎其萃"①，有如"麒麟之于走兽，凤凰之于飞鸟，泰山之于丘垤，河海之于行潦"②。显而易见，这些都是意象的言说方式，以阐述圣凡不同。就"类"而言，本体良心，"非独贤者有是心也，人皆有之，贤者能勿丧

① （清）焦循撰，沈文倬点校：《孟子正义》卷六《公孙丑章句上》，中华书局，1987年版，第218页。
② （清）焦循撰，沈文倬点校：《孟子正义》卷六《公孙丑章句上》，中华书局，1987年版，第218页。

耳"①。以其同然，故人皆有之；人皆有之，故"人皆可以为尧舜"②。心之同然，实即良心本体的普遍性。这一普遍性，贯彻体用：在心为德，在气为道（义），在物为理。故孟子说："心之所同然者，何也？谓理也，义也。圣人先得我心之所同然耳。"③ 德者，公而中，仁之体；义者，正且和，仁之用；理者，平且直，仁之实。统而言之，良心即是仁，中和、公正、平直。

既曰超然又曰同然，此即孟子圆融处。一如阳明说："乐是心之本体，虽不同于七情之乐，而亦不外于七情之乐；虽则圣贤别有真乐，而亦常人之所同有。"④ 不同不二，不离不外。合此"四不"，便是"圆融"。同然就理想说，故说"人皆可以为尧舜"；差异从现实讲，故说"夫物之不齐，物之情也"⑤。这种理想与现实的差距或张力，恰恰是修养工夫的空间。圣人如一骑绝尘，自向上达去。庸常如飞鸟走兽，如丘垤行潦。"钧是人也，或为大人，或为小人，何也？"⑥ 思与不思而已，操舍存亡而已，养大养小而已。此所以物之不齐，形形色色。孟子以"牛山之木"为例解说，区别只在存养与砍伐，而不在性之有无、质之

---

① （清）焦循撰，沈文倬点校：《孟子正义》卷二十三《告子章句上》，中华书局，1987 年版，第 784 页。

② （清）焦循撰，沈文倬点校：《孟子正义》卷二十四《告子章句下》，中华书局，1987 年版，第 810 页。

③ （清）焦循撰，沈文倬点校：《孟子正义》卷二十二《告子章句上》，中华书局，1987 年版，第 765 页。

④ （明）王守仁撰，吴光等编校：《王阳明全集》卷二《语录二》，上海古籍出版社，1992 年版，第 70 页。

⑤ （清）焦循撰，沈文倬点校：《孟子正义》卷十一《滕文公章句上》，中华书局，1987 年版，第 399 页。"物之不齐"一句，或有正反两解。从正面解便是万物并育，各异自足，此所以大道生生，无所不容。万物所以是万物，从来就不是一个框架、一个模子，个性之多彩便是道体之生命；个性之消亡便是道体之枯萎。个体之丰富是大道生命力与创造性的实现。从反面解，人性参差，人心各异，形形色色，所以世间险恶，人心难测。

⑥ （清）焦循撰，沈文倬点校：《孟子正义》卷二十三《告子章句上》，中华书局，1987 年版，第 792 页。

美丑。

以本心寂然，故曰"居之安"，又曰"不动心"①。所以不动心者，见大忘小也。君子以仁为居，自足自乐，心安理得，所以不动心。孟子说："无以小害大，无以贱害贵。养其小者为小人，养其大者为大人。"②所以不动心者，《乐记》曰："人生而静，天之性。"③故孟子曰："君子所性，虽大行不加焉，虽穷居不损焉。"④天性至善，完满自足，不加不损，故寂然不动，所以"富贵不能淫，贫贱不能移，威武不能屈。此之谓大丈夫。"⑤此"不能"非"不为"也，乃心之本然，性之固然，道之天然。故富贵不足以乱其性，贫贱不足以移其心，威武不足以屈其志。

然则，寂然不动，感而遂通。孟子曰："至诚而不动者，未之有也。"⑥此或有两解。一则诚与动，都是我心，为己之学；二则诚在我，动在人，人我对待。寂感不二，诚动合一。至诚之动，是我心自然自动，乃行其所无事，一如上善若水，此所以孟子说"油然""沛然"。油然、沛然，如行云，似流水，大道自然。臻乎此境，惟在于"熟"，德盛仁熟，水到渠成。故曰："五谷者，种之美者也；苟为不熟，不如荑

---

① 或说："不动心"之"心"是指经验心，不是道德本心。如此理解，有其道理，毕竟"心"不可执定一处说。但是，这与"居之安""天之性"即"君子所性"，便成形上与形下两个层次。而且，这种理解便难以区分孟子"不动心之道"的三个层次，难以体现如何"更守约"。

② （清）焦循撰，沈文倬点校：《孟子正义》卷二十三《告子章句上》，中华书局，1987 年版，第 789 页。

③ （汉）郑玄注，王锷点校：《礼记注》卷第十一《乐记第十九》，中华书局，2021 年版，第 485 页。

④ （清）焦循撰，沈文倬点校：《孟子正义》卷二十六《尽心章句上》，中华书局，1987 年版，第 906 页。

⑤ （清）焦循撰，沈文倬点校：《孟子正义》卷十二《滕文公章句下》，中华书局，1987 年版，第 419 页。

⑥ （清）焦循撰，沈文倬点校：《孟子正义》卷十五《离娄章句上》，中华书局，1987 年版，第 509 页。

稗。夫仁亦在乎熟之而已矣。"① 又曰："所恶于智者，为其凿也。如智者若禹之行水也，则无恶于智矣。禹之行水也，行其所无事也。如智者亦行其所无事，则智亦大矣。"② 禹之行水、五谷之熟，都是大道之象，仁德之方，无非意象的言说方式。

四、浩然之气，配义与道

一如冯友兰先生指出："孟子浩然之气章，前人亦多不得其解。"确实如此，关于孟子"浩然之气"，历来众说纷纭：或说是创生，或说是固有；或说是德气，或说是血气，或说是境界。与此相关，人们对"集义所生"的理解也大相径庭：或说是心之凝聚，或说是善之积淀，或说是理之贯通③。以意象诠释观之，浩然之气的理解，不能脱离孟子文本的架构、思维的模式——这也正是我们的理解模式与诠释系统——中国哲学的基本原理。这便是："志—气—体""心—气—物"，亦即"仁—义—事""德—道—形"，无非"意—象—言"。若将中间之象取出，便可得三种说法，或与"象"相配者有三：气、义、道。由相推相配，故而对于浩然之气，孟子解释说："其为气也，配义与道。"④ 此"道"不是形上之道，而是指义气说，此所以说个"配"字。仁—义—事，不过良心之仁，一以贯之。心之德性即是仁，心之流行即是气，心之形体即是事（物）。与此相应，孟子工夫论则为：养心—养气—践形。

---

① （清）焦循撰，沈文倬点校：《孟子正义》卷二十三《告子章句上》，中华书局，1987 年版，第 801 页。

② （清）焦循撰，沈文倬点校：《孟子正义》卷十七《离娄章句下》，中华书局，1987 年版，第 586～587 页。

③ 梁涛注译：《孟子》，中州古籍出版社，2018 年版，第 66～67 页；李景林：《浩然之气的创生性与先天性》，《社会科学战线》，2007 年第 5 期。冯友兰：《中国哲学史》，重庆出版社，2009 年版，上册第 110 页、下册第 449 页。

④ （清）焦循撰，沈文倬点校：《孟子正义》卷六《公孙丑章句上》，中华书局，1987 年版，第 200 页。

在《公孙丑上》，孟子以"养勇"为例，论"不动心"之道有三：北宫黝之守形，不如孟施舍之守约；孟施舍之守气，不如曾子之守约。"约"者，根本。尚力者，守之在形，虽"不肤挠，不目逃"，然却是固执己见，意必私我。勇则勇矣，暴虎冯河。尚智者，守之在气，以和为量，与时俱化，故"量敌而后进，虑胜而后会"。重在随机应变，不以成败为念①。尊德者，守之在理，故道理在我，虽与千万人为敌，亦勇往直前。北宫与曾子，貌相似而实两端——公与私，大与小。匹夫之勇，从其小体，崇形尚力，行"霸道"；曾子大勇，从其大体，循理尚德，行"王道"。

此三勇三守，实蕴含了"言（形、力）—气（义、智）—心（仁、德）"的递进关系：守形限于个体之私，守气止于三军之危，守德志在天下之公。此中架构模式，便是"志—气—体"。守形（言）不如守气（象），守气不如守心（理），勇武不如勇气，勇气不如勇志。故孟子说："夫志，气之帅也；气，体之充也。夫志至焉，气次焉。"②"意—象—言"之"言"，自然也包括了语言在内的一切形下事物，甚至语言是形下典型的代表。而且意象思维，恰恰就包含了以具体指代普遍，此便是以"言"指代形下。所以"知言—养气—存心"，三者可以联系在一起并一以贯之，这正是同构相推的结果。

---

① 此句与朱子解有所不同。朱子说："舍自言其战虽不胜，亦无所惧。若量敌虑胜而后进战，则是无勇而畏三军矣。舍盖力战之士，以无惧为主，而不动心者也。"（[宋] 朱熹：《四书章句集注·孟子章句集注卷第三·公孙丑章句上》，朱杰人等编：《朱子全书》第6册，上海古籍出版社、安徽教育出版社，2010年版，第280页。）而且，在朱子看来，北宫黝与孟施舍，二人都是"守气"（郑明等校点，庄辉明审读：《朱子语类》卷第五十三《孟子》，朱杰人等编：《朱子全书》第15册，上海古籍出版社、安徽教育出版社，2010年版，第1700页），但孟施舍何以更"守约"？却不得而知，似全无理会。毕竟，孟子原意却是三勇之间有明确的递进关系：志—气—体。再者，孟施舍之养勇在于"视不胜，犹胜也"，此又作何解？亦不见朱子作相应之解释。

② （清）焦循撰，沈文倬点校：《孟子正义》卷六《公孙丑章句上》，中华书局，1987年版，第196页。

　　孟子所以说"善养浩然之气"，实因其更"守约"而已。"守约"即是抓住大本——义理、心性、道德，故说"以直养而无害。"[1]"持其志，无暴其气"[2]。直者，义理也，德性也。或正由此，"直"便成为诠释的一个重要原则，求个直截了当；若曲折迂回，便落下乘庸浅。故理直而气壮，义正而辞严，"理—气—辞"三者一贯也。害与暴，残与损也，伐与梏也，所以失其养，所以消与馁。故"善养"者，仁德以润之，夜气以息之，阴阳以和之，四时以顺之。若此，则扩而充之，达乎四海，塞乎天地。简要地说，此工夫只是中道圆融而已：既"有事"又"无事"；既"勿忘"亦"勿助"，耘苗而不拔苗。有正心者，凿也，意必固我也。"必有事焉而勿正心"[3]，则自然而然，上善若水，故如"禹之行水也，行其所无事也"[4]。

　　由于"意—象—言"三者的圆融一贯，故其理解便当分而不离，合而不混，这便是理一分殊，一源无间。故浩然之气，可以融贯意象言三者而分别说。就意上说，浩然之气便是本心之发，本心即仁德，亦即仁志，故称其为德气、志气；就象上说，浩然之气便是集义所生，故称其为义气、正气；就言上说，浩然之气便是血气、形气，是理之所聚，善之所积。孟子所谓"形色"，便是形气色泽。简而言之，以气观照、摄贯大道，大道便体现为：德气（志气）—义气（正气）—形气（血气）。良心即大道，分开说，则可以是三，也可以是四。例如以仁论良心，它便可以是：仁—仁义—仁义礼智—天地万物。这便如同太极—两仪—四

---

① （清）焦循撰，沈文倬点校：《孟子正义》卷六《公孙丑章句上》，中华书局，1987 年版，第 200 页。

② （清）焦循撰，沈文倬点校：《孟子正义》卷六《公孙丑章句上》，中华书局，1987 年版，第 197 页。

③ （清）焦循撰，沈文倬点校：《孟子正义》卷六《公孙丑章句上》，中华书局，1987 年版，第 203 页。

④ （清）焦循撰，沈文倬点校：《孟子正义》卷十七《离娄章句下》，中华书局，1987 年版，第 587 页。

象—八卦一般。

五、王道仁政，依乎中庸

由"意—象—言"三态流行一贯故，有生生之德便有仁义之道，有仁义之道便有保民之政，此即"天德—王道—仁政"。以仁义贯之，便是"仁义之德—仁义之道—仁义之实"。如果本心即天德，流行即王道，那么仁政即举措，旨在泽民润物。孟子说："形色，天性也。惟圣人然后可以践形。"① 事业者形色也，天性者本心也，践形者尽性也。践形尽性者，明明德于天下者也，惟圣人能之②。良心即大道，蕴之为心志，发之为气魄，行之为事业。为此，朱子说：（浩然之气）"不是说气禀。只因说不动心，衮说到这处，似今人说气魄相似。有这气魄，便做得这事；无气魄，便做不得。"③ 这便是"本心—气魄—事业"，只是一滚地下来，所以一源无间，所以虽三而一。

若就分别说，"政"多指具体举措，"道"多指思想路线。霸道虐政，利诱于前，威逼在后，上下交征，是相害模式；王道仁政，崇德重义，先义后利，是相养模式。二者之结果，亦完全不同：王道仁政，同心同德，民与之偕乐，故相得益彰；霸道虐政，离心离德，民与之偕亡，故相攻日残。孟子仁政思想最大特色，便是发政施仁，依乎中庸。"中庸"者，既为"中之用"亦为"用之中"，前者是流行说，后者是对待说。"中之用"合体用说，犹"中—和"，仁政是中心仁德之发用与落

① （清）焦循撰，沈文倬点校：《孟子正义》卷二十七《尽心章句上》，中华书局，1987年版，第937～938页。

② 生生之德，大化流行。于天道，其为流形；于人道，其为践形。流形者，天道无心，自然流转，万物自化；践形者，圣人有意，不豫不立，自强不息。故曰："天地无心而成化，圣人有心而无为。""鼓万物而不与圣人同忧。"

③ 郑明校点，庄辉明审读：《朱子语类》卷第五十二，朱杰人等编：《朱子全书》第15册，上海古籍出版社、安徽教育出版社，2010年版，第1711页。

实；"用之中"仅就形下之用论，就"和"之两端说，中道而行，不堕一边，发而中节，无过不及。《中庸》曰："执其两端，用其中于民。"用其中于民，即依中道而行政，明明德于天下。孟子仁政之"中"，最根本的便是"时中"与"位中"，所谓"时措之宜"和"以德配位"。具体展开，其两端则有：劳心与劳力、理想与现实、革命与改良、道德与功利、君主与民本等等。

孟子曰："或劳心，或劳力。劳心者治人，劳力者治于人，治于人者食人，治人者食于人。天下之通义也。"① 治国理政，首先要明白社会的"两端"：劳心者治人，是社会精英，统治阶层；劳力者治于人，是社会大众，被统治阶层。显然，这种划分，既是阶层也是分工：有大人之事，有小人之事，各行其是，各尽其责。就结构上说，这便是"心—力"，亦即"上—下""大—小"，只是同构相推。孟子认为，这是所有社会（制度、秩序）共通模式、基本原理——分工协作，互通有无，互补短长，故说是"天下之通义"。

讲完分别，便要讲和合，这才是"用中"，才是"圆融"。大众是劳力者、养生者，是小人；仁贤是劳心者、送死者，是大人，故说"养生者不足以当大事，惟送死可以当大事"②。普遍民众无恒产则无恒心，仁人志士虽无恒产而仍有恒心。所谓"送死者"，便是指"志士不忘在沟壑，勇士不忘丧其元"③，即仁人志士，抛头颅，洒热血，救民于水火，解民于倒悬。显然，这种分别不是为了引发嫌隙矛盾，激起仇恨攻伐，而是为了同心协力，各司其职，旨在构建一个和谐有序、生机盎然、充满希望的社会。为此，孟子说："中也养不中，才也养不才，故人乐有

① （清）焦循撰，沈文倬点校：《孟子正义》卷十一《滕文公章句上》，中华书局，1987年版，第373页。
② （清）焦循撰，沈文倬点校：《孟子正义》卷十六《离娄章句下》，中华书局，1987年版，第558页。
③ （清）焦循撰，沈文倬点校：《孟子正义》卷十二《滕文公章句下》，中华书局，1987年版，第410页。

贤父兄也。如中也弃不中，才也弃不才，则贤不肖之相去，其间不能以寸。"① 上层精英与下层大众，实乃交相养而不相弃。

由德位相配出发，孟子提出："惟仁者宜在高位；不仁而在高位，是播其恶于众也。"② 一如《中庸》"四必得"："大德必得其位，必得其禄，必得其名，必得其寿。"③ 就理想看，天子当为圣人，国君当为仁贤。君为一国之宰，万民之主；民为一国之本，富强之源。国君如头脑，民众如身躯；国君是精华，民众是根基。这便是"仁贤君主制"，也是"民本君主制"。简之，民是本不是主，君是主不是本。以意象表达，若民众是草根，仁贤便是鲜花。从建设出发，孟子提出治国理政三个层次或要素，曰："不信仁贤，则国空虚；无礼义，则上下乱；无政事，则财用不足。"④ 仁贤，有德有能；礼义，制度规范；政事，刑政财用。人才、制度、财富，此三者缺一不可。

首先，广纳贤良，尊贤使能。治国理政，仁贤为急，故曰"不信仁贤，则国空虚"⑤"贵德而尊士，贤者在位，能者在职"⑥"尊贤使能，俊杰在位"⑦ 等等。其次，是制度保障。德者道之体，道者德之用。仁德生生只是理想，须制度以保障；一切制度建构，须以生生为宗旨。生生是最高原则、核心价值，是宇宙之本体与宪法，一切制度、规范、行

---

① （清）焦循撰，沈文倬点校：《孟子正义》卷十六《离娄章句下》，中华书局，1987年版，第551～552页。

② （清）焦循撰，沈文倬点校：《孟子正义》卷十四《离娄章句上》，中华书局，1987年版，第486页。

③ （宋）朱熹：《四书章句集注·中庸章句》，中华书局，1983年版，第25页。

④ （清）焦循撰，沈文倬点校：《孟子正义》卷二十八《尽心章句下》，中华书局，1987年版，第953页。

⑤ （清）焦循撰，沈文倬点校：《孟子正义》卷二十八《尽心章句下》，中华书局，1987年版，第972页。

⑥ （清）焦循撰，沈文倬点校：《孟子正义》卷七《公孙丑章句上》，中华书局，1987年版，第223页。

⑦ （清）焦循撰，沈文倬点校：《孟子正义》卷七《公孙丑章句上》，中华书局，1987年版，第226页。

政，都不过是大德的彰显与实现。如何保障大德昌盛？和之顺之，中道以行之。其上不得罪于巨室，其下不失乎丘民。显然，这是孟子的现实主义与改良主义，是上下调和路线。这是和缓的方式，渐进的过程。

最后，是行政举措。王道仁政的理想，最终必须落实在事事物物中，所谓"举而措诸天下"。丘民是养生者，故而是小人，是现实利益者。此治民之方，顺民之道。孟子说："民之为道也，有恒产者有恒心，无恒产者无恒心。"① 正是这些劳力大众、养生小民才是国家根基与主体。为此，孟子提出：保之养之，富之教之，这也正是上位者的天职、天命。故说："保民而王，莫之能御也。"② 此所以"仁者无敌"③。要解决生民保民，根本就要解决土地问题，所以说："夫仁政，必自经界始。"④ "经界"即井田制。此外，孟子还提出：省刑罚，薄税敛，深耕易耨，不夺农时，行什一税，甚至饲养种植等具体举措。简之，这便是"诸侯三宝"：土地、人民、政事。

然则，天下大势"一治一乱"，这是社会变化的规律。故行政全在"识时"，讲究"时措之宜"。孟子于此，非常清醒：高位者往往不仁不贤，无才无德，君不君而臣不臣，横征暴敛，憔悴其民。于是，便有孟子"民贵君轻"的革命思想：不履天职，德不配位，失却天命，为民唾弃。贼仁残义者，独夫民贼也，人人得而诛之。孟子说："民为贵，社稷次之，君为轻。是故得乎丘民而为天子；得乎天子为诸侯；得乎诸侯为大夫。诸侯危社稷，则变置；牺牲既成，粢盛既洁，祭祀以时，然而

---

① （清）焦循撰，沈文倬点校：《孟子正义》卷十《滕文公章句上》，中华书局，1987年版，第315页。

② （清）焦循撰，沈文倬点校：《孟子正义》卷三《梁惠王章句上》，中华书局，1987年版，第79页。

③ （清）焦循撰，沈文倬点校：《孟子正义》卷二《梁惠王章句上》，中华书局，1987年版，第68页。

④ （清）焦循撰，沈文倬点校：《孟子正义》卷十《滕文公章句上》，中华书局，1987年版，第348页。

旱干水溢，则变置社稷。"①此即变革次序"诸侯—社稷—丘民"，丘民大众是国之根本，不可动摇。诸侯（国君）不仁，则变置诸侯；社稷（制度）不义，则变置社稷。一个国家，什么都可以变置更换，唯独养生小民是不无法变置更换的，而只能教之养之，保之富之。这便是孟子"民贵君轻""民本君主"的中庸思想。

六、余 论

通过孟子良心论的意象诠释，可见中国哲学的基本原理，或有以下三个特质：义理的圆融性、思维的同构性、形态的意象性，此三者互摄互化，举一含三。以特质观之，特质即大道，大道即诠释，大道特质的彰显即哲学个性的诠释。任何哲学都是"我"的体现，都具有个体性、时代性、民族性，这便是哲学的主体性。为此，中国哲学的诠释当以此三性为原则去展开，如此，或能彰显中国哲学的主体性。基本原理与具体诠释，不过理一分殊，本自圆融浑沦，所谓"巨细相涵""一多相摄"。当然，这是以意象诠释为视角所得之结论，应不会将其误解为唯一结论。

通常将"意象"理解为形象——四状之一。其实，传统之意象，远非如此简单。要之，意象即是"意—象—言"。意与象，本自圆融，既不同亦不二，既不离亦不外。以不二论，意即是象，象即是意；以不外论，意中有象，象中有意。以不同论，象主要包括二义：一是式，二是状。因其为式，故而是思维推理；因其为状，故而是言说方式。"式"即模型、范式，大道之范即是"洪范"，大道之式方为"常式"。意—象—言，便是大道之洪范与常式。意象有"三式"：公式—常式—通式；

---

① （清）焦循撰，沈文倬点校：《孟子正义》卷二十八《尽心章句下》，中华书局，1987年版，第973～974页。

"状"即象状、形容，意象有"三然"：油然—沛然—淳然。其实，"象状"却有四义：全体之象、意中之象（意象）、感通之象（气象）以及形体之象（形象）。意象为幽微，形象为显明，气象为感通。幽微者，意也，赜也；感通者，象也，动也；显明者，辞也，断也。例如，以乾坤之道论之，健顺为意象，天地（日月）为形象，阴阳为气象。故通而论之，象者知幽明之故，通昼夜之道。

中国哲学的核心便是"大道"，哲学诠释的不同，只是以什么去观照、摄贯而已。以意象去观照、摄贯大道，便是意象之道。分别而论，其形上为意象哲学，形下为意象诠释，沟通上下为意象思维。意象二字，一以贯之，既是本体观念，也是研究范式，还是话语体系。由此而推，或可得出如下结论：中国哲学的形上本体或核心观念（如易道），不是确定的概念，而是空灵的意象。如果"意—象—言"中的"意"可指代本体观念，且意中有象，那么便可逻辑地得出：中国哲学本体的意象性。从"言"与"象"推来，亦如是。语言（文字）是意象的；思维也是意象的；且"体用一源，显微无间"。根据以上三个条件，我们也应该逻辑地推出：本体之意、形上观念，同样不外乎意象。简之，话语体系如同意象之树，开出的是意象思维之花，结出的是意象观念之果。这是本体与思维的一贯，对象与方法的一致，文化与哲学的统一，也是"话语—思维—观念"的内在同一。

作者单位：云南大学

先秦至西汉中期以前《周易》传播析论

刘保贞

摘要：随着周王室的衰微，《周易》作为"王室秘籍"逐渐流布到各诸侯国。正是由于孔子的尊崇和创造性解读，《周易》才有了质的飞跃，由巫术之书转而为弘扬德性的儒家经典。秦祚短暂，钳制文化，但《周易》作为筮卜之书流传不绝。西汉中期以前，宽松的政治环境使《周易》得以广泛传播，儒家《易》与术数"易"并行发展，相互吸收。

关键词：《周易》《易传》 传播

一、先秦易学传播概略

《易》本是主要服务于周王室的卜筮之书（卦爻辞中"利建侯""利御寇""征邑国"等事项一般大众是用不上的），随着周王室势力的衰微，掌握"易"术的人也像其他"技术人才"那样"跳槽"到其他诸侯国寻求更好的待遇，"太师挚适齐，亚饭干适楚，三饭缭适蔡，四饭缺适秦，鼓方叔入于河，播鼗武入于汉，少师阳、击磬襄入于海"①。《周

---

① （三国·魏）何晏等注，（宋）邢昺疏：《论语注疏》卷第十八《微子》，（清）阮元校刻：《十三经注疏》，中华书局，2009年影印本，第5497页。前人注疏多以此为鲁国事，尤多以为是鲁哀公时事，恐非。宋代戴溪《石鼓论语答问》卷下云："按注家云：鲁哀公时，

易》向诸侯国传播的最早记载是《左传》庄公二十二年（前 672）记载的周史以《周易》见陈侯，并为其筮了一卦的事。据统计，整部《左传》共记载了十七件与《易》有关的事件（这里指记录中涉及了八卦、"易"及卦爻辞），涉及陈、晋、秦、郑、鲁、卫、齐等诸侯国。这些事例既有运用《周易》卦爻辞进行卜筮者，如庄公二十二年、僖公十五年（晋献公筮，辞稍异）、二十五年、襄公二十五、二十八年、昭公七年、哀公九年等；也有运用卦象分析吉凶的，如闵公元年、宣公六年、昭公五年等；还有引用卦爻辞进行义理发挥的，如宣公十二年、襄公九年、昭公元年、十二年等；另有引用不同于《周易》卦爻辞者，如闵公二年、僖公十五年（卜徒父筮）、成公十六年等（或即"三易"中的其他二"易"）。另外，《国语》中有两条涉及《周易》的记载，都是晋国人的筮占记录。

再从历代出土的先秦涉《易》资料看，最有名的当数晋代出土的战国时期的魏国汲冢古书，内有：《易经》二篇，"与《周易》上下经同"；《易繇阴阳卦》二篇"与《周易》略同，繇辞则异"；《卦下易经》一篇，"似《说卦》而异"；《公孙段》二篇，记"公孙段与邵陟论《易》"之语；《师春》一篇，"书《左传》诸卜筮"[1]。

近年出土的有：上海博物馆藏楚竹书《周易》，内容与今本《易经》同（有通假字），因系购自盗墓所获，打乱了原书顺序，卦序不明。清华大学藏战国竹简，内有《筮法》《别卦》两篇涉"易"文献（也是购自盗墓所获，据文字型态判断当亦出自古属楚国的湖北省）。《筮法》的内容是根据两组六画卦中四个三画卦的卦象占

礼乐废，乐人皆去。盖不应鲁哀公时所有乐人同时皆去。哀公虽削弱，国事亦不应如此谬。前辈说师挚自是周厉王时人。由此一事观之，周衰乐废，乐官逃散乎四方，圣人惜之，故弟子追记于此耳。"参见（宋）戴溪：《石鼓论语答问》，《景印文渊阁四库全书》第199 册，台湾商务印书馆，1986 年版，第 102 页。

[1]　（唐）房玄龄等：《晋书》卷五十一《列传第二十一·束皙传》，中华书局，1974 年版，第1432～1433 页。

筮"死生""得""享""变""至""娶妻""雠""见""咎""瘳""雨旱""男女""行""贞丈夫女子""小得""战""成""志事""军旅"等行事的吉凶，其间还有干支配卦、数字配卦等方术①。《别卦》"内容为卦象和卦名。每简顶头书写，自上而下，依次是卦象、卦名。每只简上卦象相同……每简书七个卦名，加上简首卦象隐含的卦名，共八个，通篇恰为六十四卦。其排列顺序与马王堆帛书《周易》一致，应是出于同一系统"②。包山、望山等地出土的战国楚地卜筮简，其筮法或与清华简同。据此可以看出，在秦统一以前，《周易》已在周文化影响所及的广大地域内广泛流传，且以其卜筮功能而闻名。

值得注意的是，作为儒家学派的创始人，孔子晚年开始喜欢上了《周易》③，"居则在席，行则在橐"④，并把它教授给弟子。孔子"有教无类"⑤，广收门徒，所谓弟子三千，贤者七十二⑥。孔子去世后，弟子散居

---

① 参见李学勤主编：《清华大学藏战国竹简（肆）》，中西书局，2013 年版。

② 李学勤主编：《清华大学藏战国竹简（肆）》，中西书局，2013 年版，第 128 页。

③ 司马迁《史记·孔子世家》："孔子晚而喜《易》，序《彖》《系》《象》《说卦》《文言》。读《易》，韦编三绝。曰：'假我数年，若是，我于《易》则彬彬矣。'"参见（汉）司马迁撰，（南朝·宋）裴骃集解，（唐）司马贞索隐，（唐）张守节正义：《史记》卷四十七《孔子世家》，中华书局，1982 年版，第 1937 页。班固《汉书·儒林传序》："（孔子）盖晚而好《易》，读之韦编三绝，而为之传。"参见（汉）班固撰，（唐）颜师古注：《汉书》卷八十八《儒林传》，中华书局，1962 年版，第 3589 页。

④ 郭沂校注：《孔子集语校注·补录十二种·帛书易传·要》，中华书局，2017 年版，第 860 页。至于为什么孔子晚年才喜欢《周易》，猜测可能是：鲁是周公封国，可享受天子礼乐，再加周公是《周易》作者之一，鲁国很早就有《周易》是可能的。但作为一种专门之学，一般是"世袭其官"，在家族内部传承，轻易不示外人。孔子晚年做过鲁司寇，地位高了，名气也大了，又十分好学，所以才有机会接触到《周易》。

⑤ （三国·魏）何晏等注，（宋）邢昺疏：《论语注疏》卷第十五《卫灵公》，（清）阮元校刻：《十三经注疏》，中华书局，2009 年影印本，第 5471 页。

⑥ 《史记·孔子世家》："孔子以《诗》《书》《礼》《乐》教，弟子盖三千焉，身通六艺者七十有二人。"参见（汉）司马迁撰，（南朝·宋）裴骃集解，（唐）司马贞索隐，（唐）张守节正义：《史记》卷四十七《孔子世家》，中华书局，1982 年版，第 1938 页。

各地，也授徒讲学，传播六艺①。《史记·仲尼弟子列传》记述了自孔子至汉初的易学传授系统："商瞿，鲁人，字子木。少孔子二十九岁。孔子传《易》于瞿，瞿传楚人馯臂子弘，弘传江东人矫子庸疵，疵传燕人周子家竖，竖传淳于人光子乘羽，羽传齐人田子庄何，何传东武人王子中同，同传菑川人杨何。何元朔中以治《易》为汉中大夫。"②《汉书·儒林传》中也有相似的记载："自鲁商瞿子木受《易》孔子，以授鲁桥庇子庸。子庸授江东馯臂子弓。子弓授燕周丑子家。子家授东武孙虞子乘。子乘授齐田何子装。及秦禁学，《易》为筮卜之书，独不禁，故传受者不绝也。汉兴，田何以齐田徙杜陵，号杜田生，授东武王同子中、雒阳周王孙、丁宽、齐服生，皆著易传数篇。"③

孔子对待《周易》的态度与史巫不同，孔子说："《尚书》多于矣，《周易》未失也，且有古之遗言焉。予非安其用也，予乐〔其〕辞也。"④又说："《易》，我后其祝卜矣！我观其德义耳也。幽赞而达乎数，明数而达乎德，又〔□〕□者而义行之耳。赞而不达于数，则其为之巫；数而不达于德，则其为之史。史巫之筮，向之而未也，始（恃）之而非也。后世之士疑丘者，或以易乎！吾求其德而已，吾与史巫同途而殊归者也。君子德行焉求福，故祭祀而寡也；仁义焉求吉，故卜筮而希

---

① 《韩非子·显学》："自孔子之死也，有子张之儒，有子思之儒，有颜氏之儒，有孟氏之儒，有漆雕氏之儒，有仲良氏之儒，有孙氏之儒，有乐正氏之儒。"参见（清）王先慎撰，中哲点校：《韩非子集解》卷十九《显学》，中华书局，1998年版，第456页。《汉书·儒林传》："仲尼既没，七十子之徒散游诸侯，大者为卿相师傅，小者友教士大夫，或隐而不见。故子张居陈，澹台子羽居楚，子夏居西河，子贡终于齐。如田子方、段干木、吴起、禽滑氂之属，皆受业于子夏之伦，为王者师。"参见（汉）班固撰，（唐）颜师古注：《汉书》卷八十八《儒林传》，中华书局，1962年版，第3591页。
② （汉）司马迁撰，（南朝·宋）裴骃集解，（唐）司马贞索隐，（唐）张守节正义：《史记》卷六十七《仲尼弟子列传》，中华书局，1982年版，第2211页。
③ （汉）班固撰，（唐）颜师古注：《汉书》卷八十八《儒林传》，中华书局，1962年版，第3597页。
④ 郭沂校注：《孔子集语校注·补录十二种·帛书易传·要》，中华书局，2017年版，第860页。

也。祝巫卜筮其后乎！"①孔子这种观德义的用《易》方法与《左传》中对卦爻辞的引申发挥相似，并被儒门后学所继承，成为汉代儒家易学的主流。正是由于孔子的赞赏与尊崇，《周易》才避免了像其他二"易"（《连山》《归藏》）那样逐渐湮没于历史的长河中。也正是孔子引申发挥式的德性解读，《周易》才由原始宗教性的巫术之书跃升为弘扬德性的儒家经典。

术数《易》与儒家《易》并行流传，这是先秦易学流传的主基调，也规定了西汉易学传播的大方向。

二、西汉前期"百家争鸣"时期的易学传播

秦统一六国，促进了各地的文化交流与融合，但秦"燔诗书，杀术士，六学从此缺矣"②。所幸秦祚短暂，六艺之学并没断绝，"及高皇帝诛项籍，引兵围鲁，鲁中诸儒尚讲诵习礼，弦歌之音不绝……汉兴，言《易》自淄川田生，言《书》自济南伏生，言《诗》于鲁则申培公，于齐则辕固生，燕则韩太傅，言《礼》则鲁高堂生，言《春秋》于齐则胡母生，于赵则董仲舒"③。更幸运的是，"及秦禁学，《易》为筮卜之书，独不禁，故传受者不绝也"④。甚至出现了"天下唯有《易》卜，未有它书"⑤的情况。但刘邦出身草莽，对儒术并不感兴趣，虽说后来在刘交、

---

① 郭沂校注：《孔子集语校注·补录十二种·帛书易传·要》，中华书局，2017年版，第863页。

② （汉）班固撰，（唐）颜师古注：《汉书》卷八十八《儒林传》，中华书局，1962年版，第3592页。

③ （汉）班固撰，（唐）颜师古注：《汉书》卷八十八《儒林传》，中华书局，1962年版，第3592页。

④ （汉）班固撰，（唐）颜师古注：《汉书》卷八十八《儒林传》，中华书局，1962年版，第3597页。

⑤ （汉）班固撰，（唐）颜师古注：《汉书》卷三十六《楚元王传第六·刘歆》，中华书局，1962年版，第1968页。

陆贾、叔孙通的影响下，态度稍有改变，"然尚有干戈，平定四海，亦未暇遑庠序之事也。孝惠、吕后时，公卿皆武力有功之臣。孝文时颇徵用，然孝文帝本好刑名之言。及至孝景，不任儒者，而窦太后又好黄老之术，故诸博士具官待问，未有进者"①。这时的易学仍按其既有的节奏在传播。

司马迁于《史记·儒林列传》记述了自孔子至汉武帝时的易学传授线索：

> 自鲁商瞿受《易》孔子，孔子卒，商瞿传《易》，六世至齐人田何，字子庄，而汉兴。田何传东武人王同子仲，子仲传菑川人杨何。何以《易》元光元年徵，官至中大夫。齐人即墨成以《易》至城阳相。广川人孟但以《易》为太子门大夫。鲁人周霸，莒人衡胡，临菑人主父偃，皆以《易》至二千石。然要言《易》者本于杨何之家②。

班固也有近似的说法。从现有材料看，司马迁和班固所言易学传授系统，仅是当时社会上比较显耀的一支（甚至不能排除司马迁有自我标榜的成分，司马谈曾"受《易》于杨何"③），这一派后来被立于学官，弟子也有多人作了大官。社会上真实的易学传授情况要比这丰富多彩得多。正如张涛先生所言，"当时朝野还有许多人致力于易学研究。他们虽无明确的授受和师承关系，但同样推动了易学的发展"④，陆贾、贾

---

① （汉）司马迁撰，（南朝·宋）裴骃集解，（唐）司马贞索隐，（唐）张守节正义：《史记》卷一百二十一《儒林列传》，中华书局，1982 年版，第 3117 页。

② （汉）司马迁撰，（南朝·宋）裴骃集解，（唐）司马贞索隐，（唐）张守节正义：《史记》卷一百二十一《儒林列传》，中华书局，1982 年版，第 3127 页。

③ （汉）司马迁撰，（南朝·宋）裴骃集解，（唐）司马贞索隐，（唐）张守节正义：《史记》卷一百三十《太史公自序》，中华书局，1982 年版，第 3288 页。

④ 张涛：《汉初易学的发展》，《文史哲》，1998 年第 2 期，第 67 页。

谊、韩婴等是这时期易学传授的代表人物。陆贾、贾谊的著作中，他们都引用、化用《周易》的卦爻辞以说理，其方式也如同今本《易传》、帛书《易传》那样，对卦爻辞进行引申发挥。"韩婴于《诗》《易》皆精，在创立'韩诗'的同时，'亦以《易》授人，推《易》意而为之传'①。惜韩氏《易传》今已亡佚，《韩诗外传》中引《易》说《易》的内容，当为其片断。"②从他们征引《周易》的文句看，虽然都是儒家系统，明显是出自不同的流派。《新语·明诚》：

> 《易》曰："天垂象，见吉凶，圣人则之；天出善道，圣人得之。"言御占图历之变，下衰风化之失，以匡盛衰，纪物定世，后无不可行之政，无不可治之民，故曰："则天之明，因地之利。"③

"圣人则之"，今本做"圣人象之"，"天出善道，圣人得之"则不见于今本及帛书本。而《韩诗外传》卷八：

> 孔子曰："犹以周公为天下赏，则以同族为众，而异族为寡也。"故德行宽容而守之以恭者荣，土地广大而守之以俭者安，位尊禄重而守之以卑者贵，人众兵强而守之以畏者胜，聪明睿智而守之以愚者哲，博闻强记而守之以浅者不溢。此六者，皆谦德也。《易》曰：谦，亨，君子有终，吉。能以此终吉者，君子之道也。

---

① 汉初的学术氛围还是十分宽松自由的，颇有战国百家争鸣的气象。兼学多家、兼通多经的人大有人在。司马谈"学天官于唐都，受《易》于杨何，习道论于黄子"（《史记·太史公自序》）。贾谊"颇通诸子百家之书，文帝召以为博士"（《史记·屈原贾生列传》）。马王堆汉墓帛书既有两种《老子》本，也有属儒门易学的《易传》，还有《战国纵横家书》、医书等。按照当时的习俗，这些书籍都是墓主生前所读之书，可见其是多么好学与博学。

② 张涛：《汉初易学的发展》，《文史哲》，1998年第2期，第71页。

③ （汉）陆贾撰，王利器撰：《新语校注》前言《明诚第十一》，中华书局，2012年版，第157页。

贵为天子，富有四海，而德不谦，以亡其身者，桀纣是也，而况众庶乎？夫《易》有一道焉，大足以治天下，中足以安家国，近足以守其身者，其惟谦德乎①。

其所言卦序与今本正同，所释《谦》卦卦义也与今本《系辞》所说类同。

现代出土的易学材料更可见西汉前期易学传授的百家争鸣状态，义理《易》与术数《易》各呈异彩。

1973~1974 年发掘湖南长沙马王堆汉墓是西汉初期长沙国丞相、轪侯利苍的家族墓地，其中的三号墓是利苍之子，下葬年代是西汉文帝前元十二年（前 168），墓中出土了大量帛书文献，其中就有《周易》。这部帛书《周易》由《经》（即六十四卦）和 6 篇传（《二三子问》《系辞》《易之义》《要》《缪和》《昭力》②）组成，其卦爻辞与今本大体相同，文字大多可由通假字识读，其最大特点是六十四卦的卦序与我们原先所知的今本、先天、后天、八宫、卦气等卦序完全不同。其卦序是按照内卦乾（父）、坤（母）、艮（少男）、兑（少女）、坎（中男）、离（中女）、震（长男）、巽（长女）与外卦乾、艮、坎、震、坤、兑、离、巽（父带男，母带女）依次相重而得出的。内卦不动，外卦轮流依序与之相重，并把八纯卦居首③。类似八宫卦说，但又与之不同。学者为之做

① （汉）韩婴撰，朱英华整理，朱维铮审阅：《韩诗外传》，上海书店出版社，2012 年版，第 101 页。
② 帛书《易传》中的篇名与篇数，学者们有不同的观点。
③ 帛书《周易》卦序是：键（乾）、妇（否）、掾（遁）、礼（履）、讼、同人、无孟（无妄）、狗（姤）、根（艮）、泰蓄（大畜）、剥、损、蒙、繁（贲）、颐、箇（蛊）、习赣（坎）、襦（需）、比、（蹇）、节、既济、屯、井，辰（震）、泰壮（大壮）、余（豫）、少过（小过）、归妹、解、丰、恒，川（坤）、奈（泰）、嗛（谦）、林（临）、师、明夷、复、登（升）、夺（兑）、（夬）、卒（萃）、钦（咸）、困、勒（革）、隋（随）、泰过（大过），罗（离）、大有、潘（晋）、旅、乖（睽）、未济、噬嗑、鼎、筭（巽）、少（小畜）、观、渐、中复（中孚）、涣、家人、益。

过多种解读，但对这种卦序的含义仍未得出令人信服的结论。从 6 篇《易传》的内容看，帛书《系辞》包括今本《系辞》与《说卦》上半篇的绝大部分（无"大衍之数"章），显示孔门易学的传授当有相对固定的基础版本。由于当时书籍的传播以口耳相授和抄写为主，所以现在看当时的文献通假字很多①。《二三子问》《易之义》《要》三篇记述孔子与门弟子关于《易》的问答②，《缪和》《昭力》则是记述后世经师与弟子的问答。从内容上看，前几篇中的"孔子曰"与今、帛本《系辞》中的"子曰"相似，应该是孔子的《易传》，是"师法"，只是各家所记不同，互有详略。后两篇《缪和》《昭力》则是马王堆这一派的《易传》，是"家法"。不管如何，帛书《周易》属于义理《易》则是明确的③。

　　1977 年在阜阳县双古堆 1 号汉墓中发掘出土。墓主夏侯灶，为西汉第二代汝阴侯，是西汉开国功臣夏侯婴之子，卒于文帝十五年（前 165）④。墓中出土大量竹简。由于墓葬自身保存较差，再加发掘时文物保存、处理技术不理想，竹简大多残破不堪。经文物工作者的艰苦努力，整理出了《苍颉篇》《诗经》《周易》《万物》《吕氏春秋》等古籍，其中《周易》有近 600 片竹简。存有《周易》六十四卦中的四十多卦，其卦画、卦爻辞与今本差别不大（通假字）。其最大特色是在每条卦爻

---

① "孝文帝时，欲求能治《尚书》者，天下无有。乃闻伏生能治，欲召之。是时伏生年九十余，老，不能行。于是乃诏太常使掌故朝错往受之。"参见（汉）司马迁撰，（南朝·宋）裴骃集解，（唐）司马贞索隐，（唐）张守节正义：《史记》卷一百二十一《儒林列传》，中华书局，第 3124 页。或传说伏生年老齿脱，再加方言俗语，晁错听不明白，就由伏生之女居间翻译。

② 三篇中或称"孔子曰"，或称"夫子曰"，或称"子曰"，多数学者认为都指孔子。

③ 对于帛书《易传》的性质，学者曾有属于道家学派或儒家学派的争论。就其文中的"子曰"部分看，虽不敢确定其为孔子的原话，但其体现的思想还是与儒家思想一致的。其实，在先秦至汉初，各家思想之间并无明显的界沟。孔子尊崇《诗》《书》，墨子也是《诗》《书》不离身；老子讲"无为"，孔子也赞赏舜的无为而治。生活在同一天空下，各家之间肯定有些共识性的认知。有些概念，道家会用，儒家也会用。

④ 对于墓主的身份及下葬年代，学者们尚有不同意见。参见常泽宇：《淮河流域汉代考古研究的重要成果——〈阜阳双古堆汉墓〉读后》，"文博中国"公众号，2023 年 5 月 5 日。

辞后又另拟了些卜事之辞，内容涉及晴雨、田渔、征战、事君、求官、居家、行旅、嫁娶、疾病、出亡、举事等。如：

> 《蒙》九二：苞蒙，吉，纳妇吉，子克家。利嫁……人不吉。
>
> 《同人》六二：同人于宗，吝。卜子产不孝，弗……
>
> 《同人》九三：伏戎于莽，升其高陵，三岁不兴。卜有罪者凶……
>
> 《无妄》初九：无妄，往，吉。卜田鱼得而……
>
> 《大过》九二：枯杨生稊，老夫得其女妻，无不利。卜病者不死……
>
> 《遁》九五：嘉遁，贞吉。卜病不死，行作之……①

可惜竹简散乱，其卦序已无从可考。

《汉书·艺文志》记录了西汉前期的几家《易传》：

> 周氏二篇（字王孙也），服氏二篇（师古曰：刘向《别录》云：服氏，齐人，号服光），杨氏二篇（名何，字叔元，菑川人），蔡公二篇（卫人，事周王孙），韩氏二篇（名婴），王氏二篇（名同），丁氏八篇（名宽，字子襄，梁人也），古五子十八篇（自甲子至壬子，说《易》阴阳），淮南道训二篇（淮南王安聘明《易》者九人，号九师〔说〕）②。

丁宽之前的这些人，都是田何的弟子或再传弟子，他们所做的《易传》当如帛书《缪和》《昭力》一样，是他们与其师的学《易》问答，

---

① 韩自强：《阜阳汉简〈周易〉研究》，上海古籍出版社，2004 年版，第 97~99 页。

② （汉）班固撰，（唐）颜师古注：《汉书》卷三十《艺文志》，中华书局，1962 年版，第 1703 页。

或是自家体会出的易学精义，内容或互有异同。比如周王孙的《易传》就号称"古义"，吸引了"读《易》精敏"的丁宽专门来学习。《汉书·儒林传》：

> 丁宽字子襄，梁人也。初梁项生从田何受《易》，时宽为项生从者，读《易》精敏，材过项生，遂事何。学成，何谢宽，宽东归。何谓门人曰："《易》以东矣。"宽至雒阳，复从周王孙受古义，号《周氏传》。景帝时宽为梁孝王将军，距吴楚，号丁将军，作《易说》三万言，训故举大谊而已，今小章句是也。宽授同郡砀田王孙，王孙授施雠、孟喜、梁丘贺，繇是《易》有施、孟、梁丘之学[①]。

丁宽多投名师，学《易》精熟，理解透彻，所以他的《易传》篇数最多。丁宽后来又做了《易说》三万言，是对《周易》卦爻辞的简短解说，至西汉末、东汉初仍在流传，称作《小章句》。"至成帝时刘向校书，考易说，以为诸易家说皆祖田何、杨叔〔元〕、丁将军，大谊略同，唯京氏为异"[②]，可见丁宽的《易说》也是渊源有自，谨守师说，未有太多的个人发挥。

《古五子》十八篇，注云："自甲子至壬子，说《易》阴阳。"《初学记》引刘向《别录》曰："所校雠中《易传古五子书》，除复重，定著十八篇，分六十四卦，著之日辰，自甲子至于壬子，凡五子，故号曰'五子'。"[③]六十甲子以天干为序则有六甲（甲子、甲戌、甲申、甲

---

① （汉）班固撰，（唐）颜师古注：《汉书》卷八十八《儒林传》，中华书局，1962 年版，第 3597~3598 页。

② （汉）班固撰，（唐）颜师古注：《汉书》卷八十八《儒林传》，中华书局，1962 年版，第 3601 页。

③ （唐）徐坚等：《初学记》卷第二十一文部《经典第一》，中华书局，2004 年版，第 499 页。

午、甲辰、甲寅），以地支为序则有五子（甲子、丙子、戊子、庚子、壬子）《汉书·律历志》曰："日有六甲，辰有五子。"①注云："孟康曰：六甲之中唯甲寅无子，故曰五子。"②有学者指出它和《管子·五行》《淮南子·天文训》等书中的说法有相通之处，并称其属于古"卦气说"的一种③。其实，按照刘向的说法，"分六十四卦，著之日辰"，六十四卦与干支相配，这样的干支配卦和后期卦气说的以卦当日的配卦是两种性质不同的配卦方式。卦气配卦的卦和日期是固定的，今年的晋卦解卦对应二月（孟、京卦气说卦爻值日方式不同），明年还是对应二月。干支配卦则不同，比如纳甲筮法今年（2023）的五月初八甲寅日可配下乾卦第二爻，明年的五月初八就是戊申日，应与上坎卦第三爻相配了。

还有一种可能，古历疏阔，他们把甲子日冬至的日子作为历法推算的元点，四时八节之间相隔四十三日，终而复始。四时八节与干支都有固定的搭配。如《淮南子·天文训》所依据的颛顼历曰：

> 日冬至子午，夏至卯酉，冬至加三日，则夏至之日也。岁迁六日，终而复始。壬午冬至，甲子受制，木用事，火烟青。七十二日丙子受制，火用事，火烟赤。七十二日戊子受制，土用事，火烟黄。七十二日庚子受制，金用事，火烟白。七十二日壬子受制，水用事，火烟黑。七十二日而岁终，庚子受制。岁迁六日，以数推之，七十岁而复至甲子。（〇王引之云：上文言"壬午冬至，甲子受制"，由甲子受制，以岁迁六日推之，一日乙丑，二日丙寅，三日丁卯，四日戊辰，五日己巳，六日庚午，则当作

---

① （汉）班固撰，（唐）颜师古注：《汉书》卷二十一《律历志》，中华书局，1962 年版，第 981 页。

② （汉）班固撰，（唐）颜师古注：《汉书》卷二十一《律历志》，中华书局，1962 年版，第 982 页。

③ 刘彬：《早期阴阳家与"卦气"说考索》，《管子学刊》，2004 年第 2 期，第 69 页。

"庚午受制"。今本作庚子，涉上文庚子而误也。由甲子受制每岁以迁六日推之，至十岁而六十甲子终而复始，则当作"十岁而复至甲子"。今本十上有七字，涉上文"七十二日"而衍也。)①

所谓"日冬至子午，夏至卯酉"，即冬至的日辰必是子日或午日。冬至日确定后，也是以数推算，夏至日的日辰也就确定了，必是子日后推三个日辰的卯或午日后推三个日辰的酉。所谓"岁迁六日"，即今年冬至是子日，以数推算，明年冬至必是午日。下文的"壬午冬至，甲子受制，木用事，火烟青。七十二日，丙子受制，火用事，火烟赤"等，把一年划分为五个时段，属于五行的划分法，与《古五子》正同。如此，则干支与日期有了固定的搭配关系，干支再与卦搭配，则与卦气说性质相类了。可惜文献失传，《古五子》的配卦细则难以详考了。

与《古五子》这种配卦方式类似的干支配卦法，除我们熟知的纳甲筮法外，近年出土的海昏侯《易占》也有类似的配卦方式，有学者已对此方法进行了深入探讨②。王先谦《汉书补注》引齐召南曰："《易》有'先甲后甲''先庚后庚''巳日'之文，然古人说《易》，未有以甲子配卦爻者，至汉始有。《律历志》曰：日有六甲，辰有五子。注云：六甲之中，惟甲寅无子。然则后世占易以六辰定六爻，亦不自京房始也。"③

关于《古五子》中"易阴阳"的内容，司马谈在《论六家要旨》中说："尝窃观阴阳之术，大祥而众忌讳，使人拘而多所畏，然其序四时

---

① 刘文典：《淮南鸿烈集解》卷三《天文训》，中华书局，2013年版，第105页。

② 谷继明：《海昏竹书〈易占〉初探》，《周易研究》，2021年第3期；张克宾：《海昏竹书〈易占〉六十四卦时月吉凶与方位问题管窥》，《中国哲学史》2021年第4期；张克宾：《海昏竹书〈易占〉干支配卦探微》，《哲学研究》2021年第8期；易萧：《海昏汉简〈易占〉考述》，《出土文献》，2022年第2期。

③ （汉）班固撰，（唐）颜师古注，王先谦补注：《汉书补注·艺文志第十》，商务印书馆，1959年版，第3090页。

之大顺，不可失也。"① 又曰："夫阴阳，四时、八位、十二度、二十四节各有教令，顺之者昌，逆之者不死则亡，未必然也，故曰'使人拘而多畏'。夫春生夏长，秋收冬藏，此天道之大经也，弗顺则无以为天下纲纪，故曰'四时之大顺，不可失也'。"② 《淮南子·天文训》和魏相的奏疏中我们也可以考见其大概，总则即是要顺时日以行政，逆之则有灾殃。《淮南子·天文训》曰：

　　甲子气燥浊，丙子气燥阳，戊子气泾浊，庚子气燥寒，壬子气清寒。丙子干甲子，蛰虫早出，故雷早行。戊子干甲子，胎夭卵毈，鸟虫多伤。庚子干甲子，有兵。壬子干甲子，春有霜。戊子干丙子，霆。庚子干丙子，夷。壬子干丙子，雹。甲子干丙子，地动。庚子干戊子，五谷有殃。壬子干戊子，夏寒雨霜。甲子干戊子，介虫不为。丙子干戊子，大旱，苽封熯。壬子干庚子，大刚，鱼不为。甲子干庚子，草木再死再生。丙子干庚子，草木复荣。戊子干庚子，岁或存或亡。甲子干壬子，冬乃不藏。地气发也。丙子干壬子，星队。戊子干壬子，蛰虫冬出其乡。庚子干壬子，冬雷其乡③。

《汉书·魏相传》曰：

　　又数表采易阴阳及明堂月令奏之，曰："臣相幸得备员，奉职不修，不能宣广教化。阴阳未和，灾害未息，咎在臣等。臣闻易

---

① （汉）司马迁撰，（南朝·宋）裴骃集解，（唐）司马贞索隐，（唐）张守节正义：《史记》卷一百三十《太史公自序》，中华书局，1982 年版，第 3289 页。

② （汉）司马迁撰，（南朝·宋）裴骃集解，（唐）司马贞索隐，（唐）张守节正义：《史记》卷一百三十《太史公自序》，中华书局，1982 年版，第 3290 页。

③ 刘文典：《淮南鸿烈集解》卷三《天文训》，中华书局，2013 年版，第 106 页。

日：'天地以顺动，故日月不过，四时不忒；圣王以顺动，故刑罚清而民服。'天地变化，必繇阴阳，阴阳之分，以日为纪。日冬夏至，则八风之序立，万物之性成，各有常职，不得相干。东方之神太昊，乘震执规司春；南方之神炎帝，乘离执衡司夏；西方之神少昊，乘兑执矩司秋；北方之神颛顼，乘坎执权司冬；中央之神黄帝，乘坤艮执绳司下土。兹五帝所司，各有时也。东方之卦不可以治西方，南方之卦不可以治北方。春兴兑治则饥，秋兴震治则华，冬兴离治则泄，夏兴坎治则雹。明王谨于尊天，慎于养人，故立羲和之官以乘四时，节授民事。君动静以道，奉顺阴阳，则日月光明，风雨时节，寒暑调和。三者得叙，则灾害不生，五谷熟，丝麻遂，屮木茂，鸟兽蕃，民不夭疾，衣食有余。若是，则君尊民说，上下亡怨，政教不违，礼让可兴。夫风雨不时，则伤农桑；农桑伤，则民饥寒；饥寒在身，则亡廉耻，寇贼奸宄所繇生也。臣愚以为阴阳者，王事之本，群生之命，自古贤圣未有不繇者也。天子之义，必纯取法天地，而观于先圣……"①

刘向父子及班固都把《古五子》归入儒家的六艺类，其内容自当与诸子中的阴阳家与五行类的阴阳说有所区别。或者《古五子》以宣扬儒家大道为主，而其他则以"大祥而众忌讳"为主欤？

另可注意的是，"阴阳"与"五行"原本不是一个体系内的概念。阴阳属四时八节系统，把一年分为四季十二个月；五行则是五时系统，把一年分为五个时段，今人或称为十月太阳历。由于二者探讨的都是"年"这个时间段，至迟在西汉前期二者已逐渐混同了，说阴阳里面包含着五行，说五行里面也包含着阴阳。纵观《汉书·艺文志》全文，六

① （汉）班固撰，（唐）颜师古注：《汉书》卷七十四《魏相丙吉传》，中华书局，1962年版，第3139页。

艺类中与"阴阳"相关的，除《易》类《古五子》外，只有礼类《明堂阴阳》三十三篇（古明堂之遗事）和《明堂阴阳说》五篇。其他门类，诸子类有阴阳二十一家，三百六十九篇。兵家类有兵阴阳十六家，二百四十九篇，图十卷。这两类里面都没有以"阴阳"或"五行"命名的。而五行类有"《泰一阴阳》二十三卷。《黄帝阴阳》二十五卷。《黄帝诸子论阴阳》二十五卷。《诸王子论阴阳》二十五卷。《太元阴阳》二十六卷。《三典阴阳谈论》二十七卷。《神农大幽五行》二十七卷。《四时五行经》二十六卷。《猛子闰昭》二十五卷。《阴阳五行时令》十九卷……"①等三十一家，六百五十二卷。书名"阴阳"与"五行"并用。

《淮南道训》二篇，徐坚《初学记》载：刘向《别录》曰："所校雠中《易传淮南九师道训》，除复重，定著十②二篇。淮南王聘善为易者九人，从之采获，署曰《淮南九师》。"③《汉书》说刘安曰：

> 淮南王安为人好书，鼓琴，不喜弋猎狗马驰骋，亦欲以行阴德拊循百姓，流名誉。招致宾客方术之士数千人，作为《内书》二十一篇，《外书》甚众，又有《中篇》八卷，言神仙黄白之术，亦二十余万言。时武帝方好艺文，以安属为诸父，辩博善为文辞，甚尊重之。每为报书及赐，常召司马相如等视草乃遣。初，安入朝，献所作《内篇》，新出，上爱秘之。使为《离骚传》，旦受诏，日食时上。又献《颂德》及《长安都国颂》。每宴见，谈说得失及

---

① （汉）班固撰，（唐）颜师古注：《汉书》卷三十《艺文志》，中华书局，1962年版，第1767页。

② 计《易》类总篇数，"十"字当衍。

③ （唐）徐坚等：《初学记》卷第二十一文部《经典第一》，中华书局，2004年版，第499页。《太平御览》也载："刘向《别传》曰：'所校雠中《易传淮南九师道训》，除复重，定著十二篇。淮南王聘善为者九人，从之采获，故中书署曰《淮南九师书》。'"参见（宋）李昉辑：《太平御览》卷六〇九《学部三》，中华书局，1960年版，第2739页下栏。

方技赋颂，昏莫然后罢①。

宫中所藏的两篇《淮南道训》，亦应是刘安觐见时所献。刘向父子及班固将其归类在六艺类，其性质自然也是宣扬儒家之道的。其实，授徒讲学一直是儒家的强项，刘安招聘的这些术士当中，一定有大批的儒生。《淮南道训》虽早佚，但从现存的《淮南子》中仍可看出刘安的易学思想倾向。《淮南子》中有十几处引《易》用《易》的文字，其用法也多是发挥《易》理，如《人间训》篇：

> 孔子读《易》至《损》《益》，未尝不愤然而叹曰："益损者，其王者之事与！事或欲以利之，适足以害之，或欲害之，乃反以利之。利害之反，祸福之门户，不可不察也。"②

孔子读《易》《损》《益》的故事在汉代可谓人尽皆知，帛书《易传·要》篇和刘向《说苑》中都使用过这个典故。帛书《要》篇说：

> 孔子籀易，至于损益一卦，未尝不废书而叹。戒门弟子曰："二三子！夫损益之道，不可不审察也，吉凶之□也。益之为卦也，春以授夏之时也〔四〕，万物之所出也，长日之所至也，产（生）之室也，故曰益。授〈损〉者，秋以授冬之时也，万物之所老衰也，长夜之所至也，故曰损。产（生）道穷焉，而产（生）道产（生）焉。益之始也吉，其终也凶。损之始凶，其终也吉。损益之道，足以观天地之变，而君者之事已。是以察于损益之变者，不可动以忧喜。故明君不时不宿，不日不月，不卜不筮，而

---

① （汉）班固撰，（唐）颜师古注：《汉书》卷四十四《淮南衡山济北王传》，中华书局，1962年版，第2145页。

② 刘文典：《淮南鸿烈集解》卷十八《人间训》，中华书局，2013年版，第591页。

知吉与凶，顺于天地之心。此谓易道……损益之道，足以观得
失矣。"①

刘向《说苑·敬慎》曰：

孔子读《易》，至于"损益"，则喟然而叹。子夏避席而问曰：
"夫子何为叹？"孔子曰："夫自损者益，自益者缺，吾是以叹也。"
子夏曰："然则学者不可以益乎？"孔子曰："否，天之道，成者
未尝得久也。夫学者以虚受之，故曰得。苟不知持满，则天下之
善言不得入其耳矣。昔尧履天子之位，犹允恭以持之，虚静以待
下，故百载以逾盛，迄今而益章。昆吾自臧而满意，穷高而不衰，
故当时而亏败，迄今而逾恶。是非损益之征与？吾故曰：'谦也
者，致恭以存其位者也。'夫丰明而动，故能大；苟大，则亏矣。
吾戒之，故曰：'天下之善言不得入其耳矣。'日中则昃，月盈则
食，天地盈虚，与时消息。是以圣人不敢当盛，升舆而遇三人则
下，二人则轼，调其盈虚，故能长久也。"子夏曰："善！请终身
诵之。"②

这三者使用同一个典故，宣扬的道理也基本一致，但细节却大不相
同，反映了当时的经师竞相标榜，纷纷引孔子以注我，各骋文采，丰富
了易学的内容。元狩元年（前122），刘安因谋反而自杀，家人及门客
都受到牵连，"吏因捕太子、王后，围王宫，尽捕王宾客在国中者，索
得反具以闻。上下公卿治，所连引与淮南王谋反列侯、二千石、豪桀

---

① 郭沂校注：《孔子集语校注·补录十二种·帛书易传·要》，中华书局，2017年版，第
864～865页。

② （汉）刘向撰，向宗鲁校证：《说苑校证》卷第十《敬慎》，中华书局，1987年版，第
241～242页。

数千人，皆以罪轻重受诛"①。前有修学好古的河间献王刘德因受武帝猜疑而郁闷而死②，今有刘安自杀，诸侯王中两个最有学问的人饮恨离世，极大地打击了诸侯王的养士之风。自此以后，汉武帝倡导儒学，"独尊儒术"，易学也被西汉儒学发展的大潮裹挟前行，形成了著名的"卦气"说。

西汉前期，自朝廷至于平民，都迷信术数，卜筮"易"也有新进展。《汉书·艺文志》载有"术数"类的文献书目，其中："《蓍书》二十八卷，《周易》三十八卷，《周易明堂》二十六卷，《周易随曲射匿》五十卷，《大筮衍易》二十八卷，《大次杂易》三十卷，《鼠序卜黄》二十五卷，《于陵钦易吉凶》二十三卷，《任良易旗》七十一卷，易卦八具。"③ 这些书不著撰者姓名，也难考其具体成书年代，其中有些书是在汉初成书或在汉初之书的基础上逐渐累积而成的则是可以肯定的，由此我们也可窥见义理《易》与术数"易"并行发展、相互吸收的景况。

作者单位：山东大学

---

① （汉）班固撰，（唐）颜师古注：《汉书》卷四十四《淮南衡山济北王传》，中华书局，1962年版，第2152页。

② 《汉名臣奏》杜业奏曰："河间献王经术通明，积德累行，天下雄俊众儒皆归之。孝武帝时，献王朝，被服造次必于仁义。问以五策，献王辄对无穷。孝武艴然难之，谓献王曰：'汤以七十里，文王百里，王其勉之。'王知其意，归即纵酒听乐，因以终。"参见《史记·五宗世家》南朝宋裴骃集解引，中华书局，1962年版，第2094页。

③ （汉）班固撰，（唐）颜师古注：《汉书》卷三十《艺文志》，中华书局，1962年版，第1770~1771页。

道家思想视域中的《淮南子》引《易》探析

梁馨儿

摘要：《淮南子》是淮南王刘安及其门客共同编纂而成，在延续道家思想的基础上，融汇儒、墨、阴阳诸家思想。因《淮南子》得众人之力，汇诸家之说，因此《淮南子》引《易》论《易》之文字亦不出于一人。《淮南子》旨近道家，《淮南子》以义理治《易》，亦基于道家。《淮南子》用《易》或取意于《易传》，或因上下文意别发新解，往往意在佐证"无为而治"等道家理念。《淮南子》将道家思想与易学融会贯通，是今存西汉时期涉及道家易学最早也是最成熟、完整的一部作品。

关键词：《淮南子》《周易》 道家《易》 阴阳观念 政治观念

《汉书·艺文志》易类载："《淮南道训》二篇。"班固自注曰："淮南王安。聘明《易》者九人。号九师法。"①《淮南道训》一书已亡佚，清人马国翰《玉函山房辑佚书》曾辑《淮南道训》一卷，内容尽数出于《淮南子》。九师亦不知何人。高诱《淮南鸿烈解叙》曰："于是遂与

---

① （汉）班固撰，（唐）颜师古注：《汉书》卷十《艺文志》，中华书局，1962年版，第1703页。

苏飞、李尚、左吴、田由、雷被、毛被、伍被、晋昌等八人，及诸儒大山、小山之徒，共讲论道德，总统仁义，而著此书。"① 故后人或以此八人并刘安为九师，但无其他史料佐证，并不可考。《汉书·艺文志》杂家类载："《淮南内》二十一篇，王安。""《淮南外》三十三篇。"颜师古注："《内篇》论道，《外篇》杂说。"② 《淮南》内、外篇共存二十一篇，即今《淮南子》。《汉书·艺文志》虽然将《淮南子》归为杂家类，但《淮南子》仍是以道家思想为主。高诱《淮南鸿烈解叙》称此书："其旨近老子，淡泊无为，蹈虚守静，出入经道。"③ 西汉初年历任统治者一直奉行黄老无为之道，武帝初年实际掌权者窦太后，仍"好黄老之言"。淮南王刘安于建元二年入朝时将《淮南子》一书进献武帝，刘安献书同年，窦太后还将"隆推儒术"的赵绾、王臧等人罢官。直到窦太后去世，武安侯田蚡为相，"绌黄老、刑名百家之言，延文学儒者数百人"，儒学才逐渐兴起。因此，在这种背景下，基于道家思想分析《淮南子》诸篇引《易》论《易》之文字是合乎客观实际的。

一、阴阳观念：援《易》以论万物的生成与转化

《天文训》探讨的是天地万物本原、生成、演化的问题，其中有这么两段文字：

> 天地未形，冯冯翼翼，洞洞灟灟，故曰太昭。道始于虚廓，虚廓生宇宙，宇宙生气，气有涯垠，清阳者薄靡而为天，重浊者凝滞而为地。清妙之合专易，重浊之凝竭难。故天先成而地后定。

---

① 何宁：《淮南子集释》叙目，中华书局，1998 年版，第 5 页。
② （汉）班固撰，（唐）颜师古注：《汉书》卷三十《艺文志》，中华书局，1962 年版，第 1741 页。
③ 何宁：《淮南子集释》叙目，中华书局，1998 年版，第 5 页。

天地之袭精为阴阳，阴阳之专精为四时，四时之散精为万物。

道曰规始于一，一而不生，故分而为阴阳，阴阳合和而万物生，故曰："一生二，二生三，三生万物。"①

以上可知《淮南子》中天地万物的生成始于虚廓，虚廓生宇宙，宇宙生元气，元气生天地，天地精气分化为阴阳二气，阴阳二气和合交融产生四季，四季精气产生万物。在这个过程中，天地并不直接形成万物，而是通过天地聚合先生成阴阳之气，然后万物在阴阳二气和合交融中产生，即阴中抱阳，阳中抱阴，而不能单独由阳气或阴气构成。万物都具有相互感应的基础，即"阴阳二气"。诚如《天文训》所云："明者吐气者也，是故火曰外景；幽者含气者也，是故水曰内景。吐气者施，含气者化，是故阳施阴化。""火上荨，水下流，故鸟飞而高，鱼动而下。"②"阳施阴化"指阳气向外散气，发扬生长；阴气则向内蕴含，内在演化繁育。火和日向外散发光耀，属于阳类，飞鸟翔于天，亦属阳类；水和月在内蕴含光泽，属于阴类，鱼游于水，亦属于阴类。由此可知，在"天地——阴阳二气——万物"生成模式中，虽然"万物之生而各异类"③，但基于阴阳二气可以相互感应，即"物类相动，本标相应"④则是相通的。虽然阴阳观念不专属于易学范畴，但"《易》以道阴阳"已经是早期人们的共识，易学无疑是诠释阴阳之道殊为典型的代表，《淮南子》在探析万物生成演化时，对其就有明确的征引，例如《泰族训》曰：

故天之且风，草木未动而鸟已翔矣，其且雨也，阴曀未集而鱼已噬矣，以阴阳之气相动也。故寒暑燥湿，以类相从；声响疾

---

① 何宁：《淮南子集释》卷三《天文训》，中华书局，1998年版，第165~167页；第244页。
② 何宁：《淮南子集释》卷三《天文训》，中华书局，1998年版，第172页。
③ 何宁：《淮南子集释》卷四《地形训》，中华书局，1998年版，第347页。
④ 何宁：《淮南子集释》卷三《天文训》，中华书局，1998年版，第172页。

徐，以音相应也。故《易》曰："鸣鹤在阴，其子和之。"①

天要起风，草木尚未动之时，鸟儿已能感知会飞翔归去；天要下雨，乌云还未聚之时，鱼儿已能感知并发生呼吸变化，天地间的这些自然变化，是阴阳之气相互作用的一种表现。"鸣鹤在阴，其子和之"出自《中孚》卦九二爻辞："鸣鹤在阴，其子和之。我有好爵，吾与尔靡之。"②《淮南子》此处引《易》本于"同声相应，同气相求"，"寒暑燥湿，以类相从；声响疾除，以音相应"者，与《易传》"水流湿，火就燥；云从龙，风从虎"③同，即"各从其类"之意也。

《人间训》云：

> 今霜降而树谷，冰泮而求获，欲其食则难矣。故《易》曰："潜龙勿用"者，言时之不可以行也。故"君子终日乾乾，夕惕若厉，无咎"。终日乾乾，以阳动也；夕惕若厉，以阴息也。因日以动，因夜以息，唯有道者能行之④。

树谷求获宜顺应时令变化，遵循自然规律。释"潜龙勿用"为趋时之说，亦基于自然界的阴阳二气相感推移之理。继引《乾》初九爻辞"潜龙勿用"之后，《人间训》又引《乾》卦九三爻辞，曰"终日乾乾，以阳动也；夕惕若厉，以阴息也"，"因日以动，因夜以息"，顺应阴阳二气，懂得"昼动夜息"之理，是动止和顺乎阴阳，方是有道者的体现。

---

① 刘文典：《淮南鸿烈集解》卷二十《泰族训》，中华书局，1988 年版，第 663 页。
② （三国·魏）王弼、（晋）韩康伯注，（唐）孔颖达等正义：《周易正义》卷六《中孚卦》，（清）阮元校刻：《十三经注疏》，中华书局，2009 年影印本，第 71 页。
③ （三国·魏）王弼、（晋）韩康伯注，（唐）孔颖达等正义：《周易正义》卷一《乾卦·文言传》，（清）阮元校刻：《十三经注疏》，中华书局，2009 年影印本，第 15 页。
④ 何宁：《淮南子集释》卷十八《人间训》，中华书局，1998 年版，第 1296 页。

《淮南子》认为万物由阴阳二气产生，意味阴阳二气作为对立双方是共存的，其中一方不能克服、消灭另一方，对立双方是相互依存、相互促进的关系。《天文训》曰："阴阳相薄，感而为雷，激而为霆，乱而为雾，阳气胜则散而为雨露，阴气胜则凝而为霜雪。"[①] 言指阴阳二气相互作用，能化育生成各种物态。此外，对立双方可以相互转化。《天文训》曰："日冬至则斗北中绳，阴气极，阳气萌，故曰冬至为德。日夏至则斗南中绳，阳气极，阴气萌，故曰夏至为刑。"[②] 阳德和生气相系，刑杀和肃杀之气相系，冬至阴气达到极致，阳气萌发，故冬至予万物以阳德；夏至阳气达到极致，阴气萌发，故夏至予万物以刑杀。《淮南子》深谙对立双方互用互化之理，并多次援《易》以明之。

其一，《淮南子》注重对立双方转化的"渐积"之理。《缪称训》曰："动而有益，则损随之。故《易》曰：'剥之不可遂尽也。故受之以复。'"[③] 引《易》出自《序卦传》："损而不已必益，故受之以《益》……《剥》者，剥也。物不可以终尽，剥，穷上反下，故受之以《复》。"[④]《缪称训》所言损益剥复转化之道，实际用意在后文"积薄为厚，积卑为高，故君子日孳孳以成辉，小人日怏怏以至辱。文王闻善如不及，宿不善如不祥。非为日不足也，其忧寻推之也"[⑤]。言君子敬慎不懈，德行自重；小人怨恨不已，终至困辱。文王向善犹恐不及，并非苛求毫末之误，而是忧患积小成大，以至于小错酿成大患。《缪称训》又称："君子不谓小善不足为也而舍之，小善积而为大善；不谓小不善为无伤也而为之，小不善积而为大不善。"[⑥] 此处数语皆言《易传》"由来者渐"之理。

---

① 何宁：《淮南子集释》卷三《天文训》，中华书局，1998 年版，第 170 页。

② 何宁：《淮南子集释》卷三《天文训》，中华书局，1998 年版，第 208 页。

③ 何宁：《淮南子集释》卷十《缪称训》，中华书局，1998 年版，第 725 页。

④ （三国·魏）王弼、（晋）韩康伯注，（唐）孔颖达等正义：《周易正义》卷九《序卦传》，（清）阮元校刻：《十三经注疏》，中华书局，2009 年影印本，第 96 页。

⑤ 何宁：《淮南子集释》卷十《缪称训》，中华书局，1998 年版，第 725 页。

⑥ 何宁：《淮南子集释》卷十《缪称训》，中华书局，1998 年版，第 754 页。

"由来者渐"，是言小善渐积而成大善，小祸渐积而成大祸，由渐积之理，延申至忧患之道。

《齐俗训》亦彰"渐积"之理：

> 昔太公望、周公旦受封而相见，太公问周公曰："何以治鲁？"周公曰："尊尊亲亲。"太公曰："鲁从此弱矣！"周公问太公曰："何以治齐？"太公曰："举贤而上功。"周公曰："后世必有劫杀之君！"其后齐日以大，至于霸，二十四世而田氏代之；鲁日以削，至三十二世而亡。故《易》曰："履霜，坚冰至。"圣人之见终始微言①。

从"尊尊亲亲"推知"鲁从此弱矣"，从"举贤而上功"推知"后世必有劫杀之君"，是从不同的施政方略判断出将来要发生的结果，具有一定预言性质。此处引《易》出自《坤》卦初六爻辞："履霜，坚冰至。"《象传》曰："履霜坚冰，阴始凝也。驯致其道，至坚冰也。"《坤·文言》："《易》曰：'履霜坚冰至。'盖言顺也。"②是从循序渐进角度对爻辞所作的阐释。关于这条爻辞，西汉前期的《春秋繁露》也有称引，《春秋繁露·基义》称："天之气徐，乍寒乍暑。故寒不冻，暑不暍，以其有余徐来，不暴卒也。《易》曰：'履霜坚冰，盖言逊也。'然则上坚不踰等，果是天之所为，弗作而成也。人之所为，亦当弗作而极也。"③《说文解字》曰："徐，安行也。"④"天之气徐"，指天地之间阴阳

---

① 何宁：《淮南子集释》卷十一《齐俗训》，中华书局，1998 年版，第 765 页。

② （三国·魏）王弼、（晋）韩康伯注，（唐）孔颖达等正义：《周易正义》卷一《坤卦》，（清）阮元校刻：《十三经注疏》，中华书局，2009 年影印本，第 18、19 页。

③ （汉）董仲舒著，（清）苏舆撰，钟哲点校：《春秋繁露义证》，中华书局，1992 年版，第 352 页。

④ （汉）许慎撰，（清）段玉裁注：《说文解字注》卷二下，上海古籍出版社，1988 年版，第 76 页。

二气徐缓从容也，故寒不急至伤于冻，热不急至伤于暑，"履霜"亦渐至于"坚冰"，是顺自然发展，渐积之理。《春秋繁露》与《淮南子》释"履霜坚冰"之意，本于《易传》而一脉相承。

其二，《淮南子》强调对立双方转化往往取决于人事。《人间训》云："夫祸之来也，人自生之；福之来也，人自成之。祸与福同门，利与害为邻，非神圣人，莫之能分。"① 可知祸福并非天地或鬼神施降，而由个人招引。《人间训》记载了在人世间如何处理各种关系的道理，其曰：

> 孔子读《易》，至《损》《益》，未尝不愤然而叹，曰："益损者，其王者之事与！"事或欲与利之，适足以害之；或欲害之，乃反以利之。利害之反，祸福之门户，不可不察也②。

《人间训》转述孔子读《易》的故实，《损》《益》两卦是《周易》接连编排的一组对卦，意义指向相反，又相反相成。世间之事，往往欲得利反而受害，本有害却反而受利，利害祸福相互转化之理，应当明辨。例如《人间训》所载晋楚鄢陵之战中，楚将司马子反渴求饮，侍从阳谷奉酒进之。子反嗜酒，醉酒懈战，楚恭王怒而斩之。阳谷奉酒本欲利子反，但两国交战期间献酒并不是合适的时机，而且又忽视子反嗜酒的个性，以至子反醉酒误事，引来杀身之祸。在阳谷奉酒，欲利反害这一事件中，转害的关键在于阳谷见识浅薄，对奉酒的时机和后果都没有清楚的认知。"夫祸福之转而相生，其变难见也"③，祸福同门，利害相邻，二者之差难以分辨，只有圣明之人才能区分。因此，孔子将损益之道也称为王者之道。圣人把握祸福利害的方式，就是谨慎忧惧。《人间训》曰："敬小慎微，动不失时。百射重戒，祸乃不滋。计福勿及，虑

---

① 何宁：《淮南子集释》卷十八《人间训》，中华书局，1998年版，第1242页。

② 何宁：《淮南子集释》卷十八《人间训》，中华书局，1998年版，第1246～1247页。

③ 何宁：《淮南子集释》卷十一《人间训》，中华书局，1998年版，第1256页。

祸过之。"① 审慎谋虑之外，圣人"盛而不衰，盈而不亏"②的另一种方式是积极变革。《泰族训》亦曰：

> 天地之道，极则反，盈则损。五色虽朗，有时而渝；茂木丰草，有时而落；物有隆杀，不得自若。故圣人事穷而更为，法弊而改制，非乐变古易常也，将以救败扶衰，黜淫济非，以调天地之气，顺万物之宜也③。

天地万物都有自己的兴衰，发展到极点就会走向反面。因此圣人事穷受阻时往往积极寻求变化，革除谬误，振兴衰落，顺应阴阳，此即《系辞》所称"易穷则变，变则通，通则久"的"通变"之理。《淮南子》中万物转化的思想抑或根植于《易》"通变"思想。

无论是审慎谋虑还是积极变革，目的都是避免不利。这种趋吉避凶的"转化"思想也体现在《淮南子》对《易》卜筮功能的认定中。《本经训》曰：

> 太清之始也，和顺以寂漠……是以不择时日，不占卦兆，不谋所始，不议所终，安则止，激则行；通体于天地，同精于阴阳；一和于四时，明照于日月，与造化者相雌雄。是以天覆以德，地载以乐，四时不失其叙，风雨不降其虐，日月淑清而扬光，五星循轨而不失其行。当此之时，玄玄至砀而运照。凤麟至，著龟兆，甘露下，竹实满，流黄出而朱草生，机械诈伪，莫藏于心④。

---

① 何宁：《淮南子集释》卷十一《人间训》，中华书局，1998 年版，第 1279 页。
② 何宁：《淮南子集释》卷二十《泰族训》，中华书局，1998 年版，第 1389 页。
③ 何宁：《淮南子集释》卷二十《泰族训》，中华书局，1998 年版，第 1246～1247 页。
④ 何宁：《淮南子集释》卷八《本经训》，中华书局，1998 年版，第 556～557 页。

《淮南子》肯定《易》的卜筮作用。类似的记载还见于他处，如《时则训》曰："是月命太祝祷祀神位，占龟策，审卦兆，以察吉凶。"①《要略》亦称："八卦可以识吉凶。"② 值得注意的是，《淮南子》认为，《易》卜吉凶是判定万物是否顺应"道"的手段。"不择时日，不占卦兆"，指行事不必用挑选特定时日，不必占卜吉凶。万物与天地相感通，只要顺应天道，与时变化，卜筮自然呈现吉兆。高诱解《本经》篇题时曰："本经造化出于道，治乱之由，得失有常，故曰：'本经'，因以解题。"③ 故造化得失出于"道"，"道"变，《易》卜吉凶乃随之变，故《说林训》曰："卜者操龟，筮者端策，以问于数，安所问之哉！"④ 因此，《泰族训》两次指出《易》之失，一是认为"故《易》之失也卦"⑤；一是认为"故《易》之失鬼"⑥。遇事先用《易》卜，预知事之吉凶，判断是否可行，《淮南子》认为实乃因果颠倒，本末倒置之举。

二、政治观念：援《易》以论无为之治与"圣人在上"

《缪称训》兼采儒、道学说，其中部分文字关涉治国思想的表达，对《易》典的称引也镕铸其间，如曰：

> 主者国之心，心治则百节皆安，心扰则百节皆乱。故其心治者，支体相遗也，其国治者，君臣相忘也。黄帝曰："芒芒昧昧，从天之道，与元同气。"故至德者，言同略，事同指，上下一心，无岐道旁见者遏障之于邪，开道之于善，而民乡方矣。故《易》

---

① 何宁：《淮南子集释》卷五《时则训》，中华书局，1998年版，第423页。
② 何宁：《淮南子集释》卷二十一《要略》，中华书局，1998年版，第1455页。
③ 何宁：《淮南子集释》卷八《本经训》，中华书局，1998年版，第555页。
④ 何宁：《淮南子集释》卷十七《说林训》，中华书局，1998年版，第1178页。
⑤ 何宁：《淮南子集释》卷二十《泰族训》，中华书局，1998年版，第1391页。
⑥ 何宁：《淮南子集释》卷二十《泰族训》，中华书局，1998年版，第1393页。

曰:"同人于野,利涉大川。"①

"同人于野,利涉大川"出自《同人》卦辞:"同人于野,亨。利涉大川,利君子贞。"②《同人》卦上乾下离,《说卦传》称"乾为天""离为日、为火"③。《九家易》注曰:"谓乾舍于离,同而为日。天日同明,以照于下。君子则之,上下同心,故曰'同人'。"④郑玄注曰:"乾为天,离为火,卦体有巽,巽为风。天在上,火炎上而从之,是其性同于天也。火得风然后炎上益炽,是犹人君在上施政教,使天下之人和同而事之,以是为人和同者,君之所为也,故谓之同人。"⑤《九家易》注与郑玄注皆以"象"释"同人",尽管两者对《离》卦释读不同,但"天日同明,以照于下"与"火炎从上"都侧重"顺同""顺上"。《淮南子》这篇《缪称训》在谈治国之术时称引该则《易》典,既注重爻辞所示之"同",也注重对同中之"异"的强调。君臣同心是"同",君臣又相忘乎治世之中,各司其"职",则是"异"。《缪称训》"君臣相忘"显然出于道家,是"无为"思想的体现。"君臣相忘"指君臣各当其所,各守职分,君臣各当其能,即是顺应天理自然,归于无为。君臣"上下一心",并不强调以下顺上的"顺从",而是避免君臣皆有为产生冲突以及皆无为导致混乱。"同人于野"所对应"君臣同心"是同出于"无为之道",君臣异道而共存之"协同"。

《缪称训》曰:

---

① 何宁:《淮南子集释》卷十《缪称训》,中华书局,1998 年版,第 706 页。

② (三国·魏)王弼、(晋)韩康伯注,(唐)孔颖达等正义:《周易正义》卷二《同人》,(清)阮元校刻:《十三经注疏》,中华书局,2009 年影印本,第 29 页。

③ (三国·魏)王弼、(晋)韩康伯注,(唐)孔颖达等正义:《周易正义》卷九《说卦》,(清)阮元校刻:《十三经注疏》,中华书局,2009 年影印本,第 94、95 页。

④ (唐)李鼎祚撰,王丰先点校:《周易集解》卷四,中华书局,2016 年版,第 106 页。

⑤ (唐)李鼎祚撰,王丰先点校:《周易集解》卷四,中华书局,2016 年版,第 105 页。

　　　　君子非仁义无以生，失仁义，则失其所以生；小人非嗜欲无以活，失嗜欲，则失其所以活。故君子惧失仁义，小人惧失利。观其所惧，知各殊矣。《易》曰："即鹿无虞，惟入于林中，君子几，不如舍，往吝。"①

　　此处引《易》出自《屯》卦六三爻辞："既鹿无虞，惟入于林中，君子几不如舍，往吝。"《象传》曰："即鹿无虞，以从禽也。君子舍之，往吝穷也。"唐人孔颖达疏曰："虞谓虞官，如人之田猎，欲从就于鹿，当有虞官助己……'即鹿无虞，以从禽'者，言鹿当有虞官，即有鹿也，若无虞官，以从逐于禽，亦不可得也。"②虞官即掌田猎之官。按孔疏意，人欲猎鹿，应有虞官作为向导，若无虞官，则不能"得鹿"。可知"虞官"是达成目的不可或缺的外在助力。《淮南子》引"即鹿无虞"仍是出于无为之道。"君子非仁义无以生，失仁义，则失其所以生；小人非嗜欲无以活，失嗜欲，则失其所以活。"此是言仁义为君子之本，嗜欲为小人之本，如"火之自热，冰之自寒"一样，仁义、嗜欲为君子、小人本性。比照而观，《淮南子》中认为猎鹿本身需要虞人的引导，也就是"用虞"为"即鹿"之本。君子失仁义无以生，小人失嗜欲无以活，依此推知，"无虞"违反了"即鹿"一事的内在常理，因此不能成功，这显然与后世出现的孔疏将虞官作为外在助力是相对的。此外，帛书本"无虞"作"毋华"③，"毋华"即"无光"④，意为天气阴霾，光线黯淡，猎人迷入林中，放弃对禽兽的追逐，与《淮南子》中"循自然之理"的意义指向亦较为相符。

①　何宁：《淮南子集释》卷十《缪称训》，中华书局，1998年版，第707页。
②　（三国·魏）王弼、（晋）韩康伯注，（唐）孔颖达疏，于天宝点校：《宋本周易注疏》卷二《屯》，中华书局，2018年版，第56页。
③　于豪亮：《马王堆帛书〈周易〉释文校注》，上海古籍出版社，2013年版，第32页。
④　陈居渊撰：《汉魏易注综合研究（上册）》，齐鲁书社，2017年版，第68页。

通过《缪称训》的上述两则语料可以看出，《淮南子》强调无为并非消极不为，而是"循理而举事""推自然之势"，作遵循规律之为。君主无为，臣子有为，以无为制有为，即是顺应天理自然。对于君臣职事的区分，《淮南子·主术训》有详细表述：

> 主道员者，运转而无端，化育如神，虚无因循，常后而不先也。臣道员者运转而无方当，为事先倡，守职分明，以立成功也。是故君臣异道则治，同道则乱，各得其宜，处其当，则上下有以相使也①。

以上出自《文子》："老子曰：'臣道者，论是处当，为事先倡，守职分明，以立成功也。是故君臣异道即治，同道即乱，各得其宜，处有其当，则上下有以相使也。'"②《庄子·天道》亦曰："上无为也，下亦无为也，是下与上同德，下与上同德则不臣；下有为也，上亦有为也，是上与下同道，上与下同道则不主。"③《淮南子》的君臣观正脱胎于此。君之"有为"与臣之"无为"虽然异名，但都是顺应自然天理，是"无为之道"的一体两面。

关于"臣子有为"，《淮南子》中也尚贤的角度予以论及。《泰族训》称引《易》典，有如下文字：

> 三代之法不亡，而世不治者，无三代之智也；六律具存，而莫能听者，无师旷之耳也。故法虽在，必待圣而后治；律虽具，必待耳而后听。故国之所以存者，非以有法也，以有贤人也；其所以亡者，非以无法也，以无贤人也……《易》曰："丰其屋，蔀其

---

① 何宁：《淮南子集释》卷九《主术训》，中华书局，1998 年版，第 635 页。
② 王利器：《文子疏义》，中华书局，2009 年版，第 479～480 页。
③ （清）王先谦撰，沈啸寰点校：《庄子集解》，中华书局，1987 年版，第 115 页。

家，窥其户，阒其无人。"无人者，非无众庶也，言无圣人以统理
之也①。

此处引《易》出自《丰》卦上六爻辞："丰其屋，蔀其家，窥其户，
阒其无人，三岁不见，凶。"《泰族训》释"阒其无人"作无圣人，圣
人，即统理之人，圣人行无为之道；而圣人用贤，贤者行有为之道也。
关于此则《易》典，《新语·思务》亦云："《易》曰：'丰其屋，蔀其
家，窥其户，阒其无人。'无人者，非无人也，言无圣贤以治之耳。"②
《思务》言"圣贤"即《淮南子》"贤者"。

关于择贤，《氾论训》曰：

> 今人君论其臣也，不计其大功，总其略行，而求其小善，则
> 失贤之数也。故人有厚德，无间其小节，而有大誉，无疵其小
> 故……自古及今，五帝三王，未有能全其行者也。故《易》曰：
> "小过，亨，利贞。"言人莫不有过，而不欲其大也③。

言人皆有过失，人君择贤，当观其大德，若一味对小的过失吹毛求
疵，就会失去贤者。"小过，亨，利贞"出自《小过》卦辞："亨，利贞，
可小事，不可大事。飞鸟遗之音，不宜上宜下，大吉。"《彖传》："小过，
小者过而亨也；过以利贞，与时行也。""小过"一般释作"过越"之意。
《淮南子》则释"过"为"过错"，"小过"，即小过错也，和《易传》的
释义略有不同。

《淮南子》中多次提到"圣人在上"一语，彰显的是君主"无为"
政治观念中的尊贤意识。如《本经训》曰："古者圣在上，政教平，仁

---

① 何宁：《淮南子集释》卷二十《泰族训》，中华书局，1998 年版，第 1403～1405 页。

② 王利器：《新语校注》，中华书局，2012 年版，第 171 页。

③ 何宁：《淮南子集释》卷十三《氾论训》，中华书局，1998 年版，第 962～965 页。

爱洽。"《缪称训》亦曰：

> 圣人在上，则民乐其治；在下，则民慕其意。小人在上位，如
> 寝关曝纩，不得须臾宁。故《易》曰："乘马班如，泣血涟如。"
> 言小人处非其位，不可长也①。

此处引《易》出自《屯》卦上六爻辞："乘马班如，泣血涟如。""小
人处非其位，不可长也"实取自于《象传》"泣血涟如，何可长也"。对
小人在上的否定，则反向强调了圣人在上的重要性。

"圣人在上"的前提是圣人要加强自身的修养，"圣人在上"所行的
治理之道则是"无为之道"。《缪称训》曰：

> 心之精者，可以神化，而不可以导人；目之精者，可以消泽，
> 而不可以昭誋。在混冥之中，不可谕于人。故舜不降席而天下治，
> 桀不下陛而天下乱，盖情甚乎叫呼也。无诸己，求诸人，古今未
> 之闻也。同言而民信，信在言前也；同令而民化，诚在令外也。圣
> 人在上，民迁而化，情以先之也。动于上，不应于下者，情与令
> 殊也。故《易》曰："亢龙有悔。"②

"圣人在上，民迁而化，情以先之也"，强调了圣人以"情"感化万
民的作用。此段文字的主体部分当源出《文子》卷二《精诚》篇。"舜
不降席而天下治"者，是圣人行无为之治，故圣人治民，"可以神化，
而不可以导人"。导，教也；神化，感应也。末尾的《易》典出自《周
易·乾》卦上九爻辞。关于《乾》卦，《文言传》称："圣人作而万物

---

① 何宁：《淮南子集释》卷十《缪称训》，中华书局，1998 年版，第 710~711 页。
② 何宁：《淮南子集释》卷十《缪称训》，中华书局，1998 年版，第 716~718 页。

睹：本乎天者亲上，本乎地者亲下，则各从其类也。"《缪称训》此处引《乾》卦上九爻辞"亢龙有悔"，取意亦着眼于指圣人若不能感应百姓之情，则会出现"动于上，而不应于下"的混乱情形。通过对"心之精者，可以神化"的阐述，借助"情"的相感而使得天下大治，同样体现出"圣人在上"而"无为之治"的思想。

《缪称训》曰：

> 圣人在上，化育如神。太上曰："我其性与！"其次曰："微彼其如此乎！"故《诗》曰："执辔如组。"《易》曰："含章可贞。"动于近，成文于远①。

"执辔如组"，段玉裁《说文解字注》称引该诗句时曰："执辔如组，非谓如组之柔，谓如织组之经纬成文，御众缕而不乱，自始至终秩然，能御众者如之也。"②此处《诗经》曰"执辔如组"，当言圣人在上之治，御众自如，秩序井然。紧随其后称引的是一则《易》典，"含章可贞"，言圣人何所以"化育如神"也。"含章可贞"出自《坤》卦六三爻辞："含章可贞；或从王事，无成有终。""从王事"指"臣职"。此处"章"乃圣人（君主）之德，含章，正如前文所言圣人含万物生养之德，通众人之情性，章，即所谓圣人之德义；贞，《师》卦的《象传》云："正也。"可贞，即圣人善治则可得正也。因此"含章可贞"囊括"圣人在上"的完整内涵，圣人自身要有德义修养，顺德义行无为而治，最终能达到"天下大治"的结果。此处也再次证明前文论述卜筮与吉凶之间的关联。吉，在顺道义自然前行之后达到、显示，而并非先通过占卜而得到结果。

---

① 何宁：《淮南子集释》卷十《缪称训》，中华书局，1998 年版，第 722 页。
② （汉）许慎撰，（清）段玉裁注：《说文解字注》卷十三上，上海古籍出版社，1988 年版，第 653 页。

关于圣人修身，《诠言训》也阐述道：

> 故广成子曰："慎守而内，周闭而外亲，多知为败。毋亲毋听，抱神以静，形将自正。"不得之己而能知彼者，未之有也。故《易》曰："括囊，无咎无誉。"①

此处引《易》出自《坤卦》六四爻辞："括囊；无咎，无誉。"《象传》亦曰："括囊无咎，慎不害也。"《诠言训》广成子言"慎守而内""多知为败"与《易传》的解读相契合，后世的解读也多从此方面展开，如孔颖达疏："括，结也。囊所以贮物，以譬心藏知也。闭其知而不用，故曰'括囊'。功不显物，故曰'无誉'。不与物忤，故曰'无咎'。"②孔疏释"括囊"为"束口之囊"，闭其知也，和《易传》及《淮南子》对该《易》典的运用具有一致性。关于此条爻辞，早于《淮南子》的《荀子·非相》篇亦有称引，其曰："鄙夫反是：好其实，不恤其文，是以终身不免埤污佣俗。故《易》曰：'括囊，无咎无誉。'腐儒之谓也。"③荀子引这条《易》典用来鄙薄迂腐守成、无功无过的儒生，如同"束口之囊"一样，埤污佣俗。两者皆以"括囊"为"束口之囊"，含有"封闭"之意。《荀子》释为闭守不前，固步自封之意。《淮南子》则指谨慎地闭守内心，防止外界袭扰，用典相同，但用意取向却相反。

三、余　论

《汉书·艺文志》将《淮南子》列为杂家。何谓杂家，《汉书·艺文

---

① 何宁：《淮南子集释》卷十四《诠言训》，中华书局，1998 年版，第 998 页。

② （三国·魏）王弼、（晋）韩康伯注，（唐）孔颖达疏，于天宝点校：《宋本周易注疏》卷二《坤》，中华书局，2018 年版，第 46 页。

③ （清）王先谦撰，沈啸寰、王星贤点校：《荀子集解》，中华书局，1988 年版，第 84 页。

志》称："杂家者流，盖出于议官。兼儒、墨，合名、法，知国体之有此，见王治之无不贯，此其所长也。"颜师古注曰："治国之体，亦当有此杂家之说。""王者之治，于百家之道无不贯综。"① 故议官者，议政也。杂家之书，君主治国之书。《要略》中也提到著此书的目的在于阐述王者之道，"故著书二十篇，则天地之理究矣，人间之事接矣，帝王之道备矣"②。因武帝初即位，实际掌权者窦太后奉行黄老之道，而武帝好儒学。刘安为了调和这种矛盾，故而其聚集门客所编《淮南子》以道家思想为基础，而又吸纳儒、法等其他学派的思想，意在迎合武帝。结合《艺文志》将其归入杂家以及刘安献书给武帝的举动，故而《淮南子》的生成可视为阐释帝王之道的专书。

刘安为武帝提供的治国之道是无为之治。此处"无为之治"指君臣异道，君主无为，臣子有为。首先，无为之治的主体是君主，无为之道是君主治国所独用之道，如同《淮南子》多次提到"圣人在上"，实际是"尊君"思想。其次，《淮南子》也多次强调"圣人修身"的重要性。圣人之治的最高境界是"化育如神"，而达到这一境界，需要圣人体仁义、修德行，感通百姓之情，如此，则"民乐其治"。其中"仁义道德""以民为本"等思想可见明显儒家烙印。再次，《老子》曰："不尚贤，使民不争。"而《淮南子》引《易》用以强调治国应当用贤，且体虑大德，不拘小过，又具有儒家色彩。《淮南子》所引《易》典有十余则，《泰族训》的"鸣鹤在阴，其子和之"；《人间训》的"潜龙勿用"；《齐俗训》的"履霜，坚冰至"等，引《易》所论和万物的生成与转化之理密切相关，深化了易学的阴阳观念。《缪称训》的"同人于野，利涉大川"；《泰族训》的"丰其屋，蔀其家，窥其户，阒其无人"；《诠言训》的"括囊，无咎无誉"等，引《易》所论则与政治观念紧密扣合。

---

① （汉）班固撰，（唐）颜师古注：《汉书》卷三十《艺文志》，中华书局，1962 年版，第 1742 页。

② 何宁：《淮南子集释》卷二十一《要略》，中华书局，1998 年版，第 1454 页。

从这些引《易》语料来看，《淮南子》的政治观念以道家无为之治思想为主，也有对儒家"尚贤"等思想的吸纳，体现了它兼综儒道的特色。

秦汉交替后民生凋敝，黄老之学本是为了缓和社会矛盾，武帝初年，西汉经过六十余年的清净自守，国力逐渐恢复，正值转变之机，适宜开拓进取。刘安为武帝准备的这部治国之书正体现出儒学的新机。易学广大悉备，天地阴阳之说近乎道，仁义道德之说近乎儒。因此在黄老道家到儒家的过渡之中，《淮南子》选择以易学弥合道儒之学。

作者单位：北京师范大学

试论李过 "《易》即理" 的《易》学观

陈京伟

摘要：李过服膺程颐，其《西溪易说》为晚年仿《程氏易传》而作。由程颐《易》学而捻出的 "《易》即理" 的观点，贯穿《西溪易说》。李过认为，未有天地万物宇宙人生，先有天地万物宇宙人生之理；既有天地万物宇宙人生之后，理行乎天地万物宇宙人生之间，而《易》即是 "理" 的体现者。

关键词：李过 西溪易说 易即理 三坟书 程颐

李过，字季辨，号西溪，福建兴化人（今福建省莆田市），生卒时间及事迹不可考。清《钦定续文献通考》卷一四二称："李过，《西溪易说》十二卷。过，字季辨，号西溪，兴化人，书成于庆元戊午。"① "庆元" 是宋宁宗赵扩年号，"庆元戊午" 即 1198 年。可以推测，李过生活于南宋，与朱熹（1130~1200）大约同时，年龄也应该差不多。就目前所知，《西溪易说》是研究李过《易》学思想的唯一著作，其版本只有《四库全书》本。其书首为 "序说"（《西溪易说》原序），分上下《经》，依文讲解而不及《系辞》以下。董真卿《周易会通》称此书有李过 "自

---

① 《钦定续文献通考》卷一四二《经籍考》，《景印文渊阁四库全书》第 630 册，台湾商务印书馆，1986 年版，第 16 页。

序"①，今佚。在"序说"中，李过响亮地提出了"《易》即理"的观点②，认为未有天地万物宇宙人生，先有天地万物宇宙人生之理，既有天地万物宇宙人生之后，理行乎天地万物宇宙人生之间，而《易》即是"理"的体现者。

一、"未画之先《易》存乎理，
既画之后《易》存乎书"

李过在"序说"中说："未画之先《易》存乎理，既画之后则《易》存乎书，前辈所谓'画前元有《易》'是也。"③在李氏看来，伏羲画卦之前，《易》以"理"的形式存在，伏羲画卦之后，《易》以书的形式存在，因为"《易》即理"，所以《易》书是《易》理的承载者，《易》理是《易》书内涵的本质，《易》书与《易》理是形式与内容的关系。李氏此观点，至少启发于周敦颐、邵雍、程颐三人。

周敦颐（1017~1073），字茂叔，世称濂溪先生，为北宋理学开山鼻祖。周子《通书》有言："文，所以载道也。"④在周敦颐看来，文章是用来说明道理表达思想的，必须言之有物。"道""理"二字意义接近，朱熹晚年得意门生陈淳（1159~1223）曾辨析道：

> "道"与"理"大概只是一件物，然析为二字，亦须有分别。
> "道"是就人所通行上立字。与"理"对说，则"道"字较宽，
> "理"字较实，"理"有确然不易底意。故万古通行者，"道"也；

---

① 《景印文渊阁四库全书》第 26 册，台湾商务印书馆，1986 年版，第 101 页。
② （宋）李过：《西溪易说》，《景印文渊阁四库全书》第 17 册，台湾商务印书馆，1986 年版，第 622 页。
③ （宋）李过：《西溪易说》，《景印文渊阁四库全书》第 17 册，台湾商务印书馆，1986 年版，第 623 页。
④ （宋）周敦颐撰，徐洪兴导读：《周子通书》，上海古籍出版社，2000 年版，第 39 页。

万古不易者，"理"也①。

所以，"道""理"二字可以换用，甚至后来合为"道理"一词。在汉代就有"《易》道"之说，《汉书·艺文志》云："故曰《易》道深矣，人更三圣，世历三古。"②"《易》道"一转即是"《易》理"。"《易》以载道"，"《易》以载理"，一也。

对李氏有影响的第二个人物是邵雍。邵雍（1011～1077），字尧夫，宋哲宗元祐中谥康节。程颢《邵尧夫先生墓志铭》云：

> 先生始学于百原，勤苦刻厉，冬不炉，夏不扇，夜不就席者数年，卫人贤之。先生叹曰："昔人尚友于古，而吾未尝及四方，遽可已乎！"于是走吴适楚，过齐、鲁，客梁、晋。久之而归，曰"道其在是矣"，盖始有定居之意。
>
> 先生少时，自雄其才，慷慨有大志。既学，力慕高远，谓先王之事为可必致。及其学益老，德益劭，玩心高明，观天地之运化，阴阳之消长，以达乎万物之变，然后颓然其顺，浩然而归……
>
> 昔七十子学于仲尼，其传可见者惟曾子所以告子思，而子思所以授孟子者耳，其余门人各以其材之所宜为学，虽同尊圣人，所因而入者，门户则众矣。况后此千余岁，师道不立，学者莫知其从来。独先生之学为有传也。先生得之于李挺之，挺之得于穆伯长。推其源流，远有端绪。今穆、李之言及其行事概可见矣，而先生纯一不杂，汪洋浩大，乃其所自得者多矣……③

---

① （宋）陈淳著，熊国祯、高流水点校：《北溪字义》，中华书局，1983年版，第41～42页。

② （汉）班固撰，（唐）颜师古注：《汉书》卷三十《艺文志》，中华书局，1962年版，第1704页。

③ （宋）邵雍著，郭彧编：《邵雍全集》第5册，上海古籍出版社，2015年版，第5～6页。

在明道先生看来，邵子为学，六字尽之：立志，刻苦，自得。邵雍志向远大，以汉代拟《周易》作《太玄》的扬雄（前53～18）为偶像。扬雄尝言："通天地人曰儒，通天地而不通人曰伎。"① 邵氏亦云："学不际天人，不足以谓之学。"② 邵雍的主要著作是《皇极经世》《伊川击壤集》。《皇极经世》，又名《皇极经世书》，是一部运用《易》理和《易》数推究宇宙起源、自然演化和社会历史变迁的著作。《伊川击壤集》是一部诗集，共收入康节先生3000余首诗作。邵氏诗文，以说理明道为本，以修辞遣句为末，充满通天地人之大智慧。其《观易吟》曰："一物其来有一身，一身还有一乾坤。能知万物备于我，肯把三才别立根。天向一中分体用，人于心上起经纶。天人焉有两般义，道不虚行只在人。"③ 前引李过"画前元有《易》"即出自邵子，但查《伊川击壤集》并无此句。四库馆臣云：

> 《集》为邵子所自编，而杨时《龟山语录》所称"须信画前原（元）有《易》，自从删后更无《诗》"一联，《集》中乃无之。知其随手散佚，不复收拾。真为寄意于诗，而非刻意于诗者矣④。

可见，李过是通过杨时龟山先生（1035～1153）引用邵子诗句的。

程颐是对李过影响最大的学者。对比《程氏易传》《西溪易说》，明显感到是李过服膺程颐，仿《程氏易传》而作《西溪易说》。《程氏易传》只解说卦爻辞、《彖传》《象传》《文言传》而不及《系辞传》《说卦传》《序卦传》《杂卦传》，《西溪易说》也是。程氏将《序卦传》分列于没卦之首，李氏也非常看重《说卦传》。程氏特别看重《系辞传》，并把

---

① （汉）扬雄撰，汪荣宝注疏，陈仲夫点校：《法言义疏》，中华书局，1987年版，第514页。

② （宋）邵雍著，郭彧编：《邵雍全集》第三册，上海古籍出版社，2015年版，第1414页。

③ （宋）邵雍著，郭彧编：《邵雍全集》第四册，上海古籍出版社，2015年版，第290页。

④ （宋）邵雍著，郭彧整理：《邵雍集》，中华书局，2010年版，第570页。

《系辞传》中对十三个爻辞的解说都用于相应卦爻辞的解说下，李氏也是。程颐不满意前人《易》说，他说：

> 《易》，变易也，随时变易以从道也。其为书也广大悉备，将以顺性命之理，通幽明之故，尽事物之情，而示开物成务之道也。圣人之忧患后世，可谓至矣。去古虽远，遗经尚存。然而前儒失意以传言，后学诵言而忘味，自秦而下，盖无传矣。予生千载之后，悼斯文之湮晦，将俾后人沿流而求源，此传所以作也①。

程氏之所以作《易传》，是因为他认为孔子赞《易》之后，孔子《易》学精神失传。李氏所以作《西溪易说》，是因为他认为后人未得文王、孔子之心。两人都有《易》学传承之使命担当。

深入比较，会强烈感到李氏"《易》即理"的观点直接来源于程颐。程氏在《易传序》中说："至微者理也，至著者象也，体用一源，显微无间。"②《系辞下传》云："《易》者象也，象也者像也。"两者放在一起，马上推导出"《易》者理也""《易》即理也"的结论。李氏"理物关系"也是源于程氏"理象关系"。程颐《答张闳中书》说：

> 来书云：《易》之义本起于书。谓"义起于数"则非也。有理而后有象，有象而后有数。《易》因象以明理，由象而知数。得其义，则象数在其中矣。必欲穷象之隐微，尽数之毫忽，乃寻流逐末，术家之所尚，非儒家之所务也。管辂、郭璞之徒是也。理无形也，故因象以明理。理既见乎辞矣，则可由辞以观象。故曰：得其义，则象数在其中矣③。

---

① 梁韦弦：《〈程氏易传〉导读》，齐鲁书社，2003 年版，第 49 页。
② 梁韦弦：《〈程氏易传〉导读》，齐鲁书社，2003 年版，第 49 页。
③ （宋）程颢、程颐，王孝鱼点校：《二程集》上册，中华书局，2004 年版，第 615 页。

程颐认为，理在象先，理寓象中。基于程氏理象关系，李过在"序说"中开宗明义提出了《易》理关系基本见解：

> 易即理也。理在物先，故有是理然后有是物，无是理则无是物。未有天地万物，先有天地万物之理，所谓道在太极之先者是也。于未见气之前，元有此易之理，故《系辞》曰"易有太极"，是太极因易而有也。太极既判，然后有天地，有万物，即得依此理。故未有天地，是理隐于无形。既有天地，是理行乎天地、阴阳、君臣、民物、事理之间，未尝一日废也。是理也，天不能秘，然后河图出；圣人不敢私，然后八卦画。天不能不以此理示人，故寓其数于河图，虽然河图不苟出也。有圣人出，然后《河图》出。圣人之心与天合，得此理于未兆之先，不敢以为己私也，于是因《河图》而画卦。自夫八卦既画，始有言语文字之可传。故未画之先，易存乎理；既画之后，则易存乎书，前辈所谓"画前元有易"是也①。

在伏羲画卦之前，"《易》存乎理"；在伏羲画卦之后，"《易》存乎书"。《易》书并不是一时完成的，因此《易》理的豁现因《易》书而不同。

二、"《易》至文王而备，至夫子而显"

在《易》学史上，伏羲画卦，即"伏羲画八卦"几无争议，分歧之处在于何人重八卦为六十四卦，何人作卦辞爻辞。要明晰何人重卦、何

---

① （宋）李过：《西溪易说》，《景印文渊阁四库全书》第17册，台湾商务印书馆，1986年版，第622~623页。

人作卦爻辞，需先知道伏羲何以画八卦，亦即八卦起源。

（一）八卦起源说

古人有关八卦起源主要有三说，三说全部集中在《系辞传》中。第一种说法是"太极生两仪四象"说，出自《系辞上传》："《易》有太极，是生两仪。两仪生四象，四象生八卦，八卦定吉凶，吉凶生大业。"此种说法颇具宇宙论意义。至今人类最具哲学意义的三个问题是：你是谁？你从哪里来？你要到哪里去？对这些问题的不同回答，显现出东西方文化的差异。西方人认为，世界的源头是"神"。理性来看，神是人造的，"神"是逆推出来的存在。因为宇宙万物包括人来自哪里，至今没有答案，所以西方文化在古希腊理性和希伯来人浓厚宗教氛围下，形成了西方人的宗教信仰。印度文化与西方文化都具有浓厚宗教意味。中国文化区别于西方文化与印度文化。张岱年先生指出：

> 印度哲学及西洋哲学讲本体，更有真实义，以为现象是假是幻，本体是真是实。本体者何？即是唯一的究竟实在。这种观念，在中国本来的哲学中，实在没有。中国哲人讲本根与事物的区别不在于实幻之不同，而在于本末、源流、根支之不同。万有众象同属实在，不惟本根为实而已。以本体为唯一实在的理论，中国哲人实不主持之①。

所以中国文化对宇宙之究竟本根给出的是名词而不是人格神或上帝。在老子之前，中国人都以为万物之父即是天，天是生成一切物的。到老子，乃求天之所由生。老子以为有在天以前而为天之根本的即是道。道生于天地之先，为一切之母。老子说："有物混成，先天地生，

---

① 张岱年：《中国哲学大纲》，中国社会科学出版社，1982 年版，第 9 页。

寂兮廖兮，独立而不改，周行而不殆，可以为天下母，吾不知其名，字之曰道，强为之名曰大。"①

在老子之后，中国文化给出的关于宇宙本根的最经典的说法就是前所引《系辞传》之关于八卦起源的"太极生两仪"说，"两仪"即阴阳，"阴""阳"即《周易》两个代数符号。"阴阳"，对人来说，是男女；对动物来说，是雌雄；对整个世界来说，是构成宇宙万物万象运动变化的两种力量。正是在这种意义上，冯友兰先生称《周易》为"宇宙代数学"②。这位哲学大师在1990年11月26日临终前说的最后一句关于哲学的话是："中国哲学将来一定会大放光彩！要注意《周易》哲学。"③尽管人们对德国哲学家、数学家莱布尼兹（Gottfried Wilhelm Leibniz，1646～1716）启发于《周易》而发明"二进制"有不同看法，但"0""1"两个符号就是数学上的"阴""阳"是没有争议的。没有"二进制"，就不可能有计算机的发明、发展，这是不容置疑的。至少西方人的"二进制"与中国人的"阴阳"论有殊途同归、异曲同工之妙。

《象传》以乾坤即阴阳为宇宙之本根，实为一种二元论。至《系辞传》，乃于阴阳之上统以太极，而成为一元论④。要之，《系辞传》创立"太极"概念，一方面使阴阳、四象、八卦的演进有了源头，形成严密的严谨的无懈可击的递进体系，另一方面为中华文化增加了一宇宙论表述形式。

八卦起源的第二种说法是"观物取象说"。《系辞下传》："古者包牺氏之王天下也，仰则观象于天，俯则观法于地，观鸟兽之文与地之宜，近取诸身，远取诸物，于是始作八卦，以通神明之德，以类万物之

---

① 张岱年：《中国哲学大纲》，中国社会科学出版社，1982年版，第17页。
② 蔡仲德：《冯友兰先生年谱初编》，河南人民出版社，2000年版，第784页。
③ 范鹏：《道通天地·冯友兰》，山东画报出版社，1998年版，第242页。
④ 张岱年：《中国哲学大纲》，中国社会科学出版社，1982年版，第25页。

情。""包牺氏"即伏羲氏①。这一段应该是"伏羲画八卦"的权威出处。观天法地，近取远取，然后画卦，这是最理性、最能容易被接受的"八卦起源说"。我们知道，人类的许多发明启发于大自然。荷兰后裔美国人房龙（Hendrik Willem Van Loon，1882～1944）曾写过《发明的故事》一书，该书讲述了好多人类早期的发明，都是通过观察大自然一草一木一动物而实现的。古希腊智者，一开始认为水是万物的起源，后来认为水火土气是构成世界的四种基本物质。古印度认为地水火风是构成世界的四种物质，中国古代也有金木水火土五行之学问。因此，通过仰观俯察近取远取，将天地雷风水火山泽八种物质现象作为构成世界的最初八种物质，进而上升到以八种符号符示之，是高度理性智慧。

八卦起源的第三种说法是"《河图》《洛书》说"。《系辞上传》："河出图，洛出书，圣人则之。"《礼纬·含文嘉》："伏牺德合上下，天应以鸟兽文章，地应以《河图》《洛书》，伏牺则而象之，乃作八卦。"故孔安国、马融、王肃、姚信等并云：伏牺得《河图》而作《易》②。《尚书》《管子》《论语》等典籍也曾提及《河图》《洛书》。《尚书·顾命》云："越玉五重，陈宝。赤刀、大训、弘璧、琬琰在西序，大玉、夷玉、天球、《河图》在东序。"③《管子·小匡》云："昔人之受命者，龙龟假，河出图，洛出书，地出乘黄。今三祥未见有者，虽曰受命，无乃失诸乎？"④《论语·子罕》："子曰：'凤鸟不至，河不出图，吾已矣夫。'"⑤三书只是提及《河图》《洛书》，但《河图》《洛书》究竟如何，不曾言及。直到宋初陈抟，《河图》《洛书》才成为《易》学研究一时热门。陈抟

---

① 闻一多撰，田兆元导读：《伏羲考》，上海古籍出版社，2006年版，第58～59页。

② 李学勤主编：《周易正义》（十三经注疏标点本），北京大学出版社，1999年版，《卷首》第7页。

③ （汉）孔安国传，（唐）孔颖达正义，黄怀信整理：《尚书正义》，上海古籍出版社，2007年版，第730页。

④ 黎翔凤撰，梁运华整理：《管子校注》上册，中华书局，2004年版，第426页。

⑤ （宋）朱熹撰：《四书章句集注》，中华书局，1983年版，第111页。

（871～989），字图南，五代至宋初著名道士和道教学者，宋代的《河图》《洛书》、太极图、先天图皆传自陈抟。《东部事略·儒学传·李之才传》："初华山陈抟读《易》，以数学授穆修，修授之才，之才授雍，以象学授种放，放授许坚，坚授范谔《易》。"[①] 朱震（1072～1138）《进周易表》记载："陈抟以《先天图》传种放，放传穆修，修传李之才，之才传邵雍。放以《河图》《洛书》传李溉，溉传许坚，坚传范谔昌，谔昌传牧。"[②] 北宋刘牧（1011～1064）著《易数钩隐图》，《河图》《洛书》为世人所知。宋代的学者大多相信八卦就是由《河图》《洛书》推演而来，李过就相信圣人根据《河图》画八卦。

（二）"盖文王重《易》，重《易》六爻也"

关于重卦，孔颖达（574～648）论之颇详，其在《周易正义·卷首·论重卦之人》曰：

> 伏牺初画八卦，万物之象皆在其中，故《系辞》曰"八卦成列，象在其中矣"是也。虽有万物之象，其万物变通之理，犹自未备，故因其八卦而更重之。卦有六爻，遂重为六十四卦也，《系辞》曰"因而重之，爻在其中矣"是也。然重卦之人，诸儒不同，凡有四说。王辅嗣等以为伏牺重卦，郑玄之徒以为神农重卦，孙盛以为夏禹重卦，史迁等以为文王重卦。其言夏禹及文王重卦者，案《系辞》"神农之时已有盖取益与噬嗑"，以此论之，不攻自破。其言神农重卦，亦未为得，今以诸文验之。案《说卦》云："昔者圣人之作易也，幽赞于神明而生蓍。"凡言"作"者，创造之谓也，神农以后便是述修，不可谓之"作"也。则幽赞用蓍，谓伏

---

① （宋）王称：《东都事略》，《景印文渊阁四库全书》第382册，台湾商务印书馆，1986年版，第738页。

② （宋）朱震撰，种方点校：《汉上易传》下册，中华书局，2020年版，第717页。

牺矣。故《乾凿度》云："垂皇策者牺。"《上系》论用著云："四营而成易，十有八变而成卦。"既言圣人作易，十八变成卦，明用著在六爻之后，非三画之时，伏牺用著即伏牺已重卦矣。《说卦》又云："昔者圣人之作易也，将以顺性命之理，是以立天之道曰阴与阳，立地之道曰柔与刚，立人之道曰仁与义，兼三材而两之，故易六画而成卦。"既言圣人作易"兼三材而两之"，又非神农始重卦矣。又《上系》云："易有圣人之道四焉，以言者尚其辞，以动者尚其变，以制器者尚其象，以卜筮者尚其占。"此之四事，皆在六爻之后，何者？三画之时，未有象、繇，不得有"尚其辞"。因而重之，始有变动，三画不动，不得有"尚其变"。揲著布爻，方用之卜筮。著起六爻之后，三画不得有"尚其占"。自然中间以制器者"尚其象"，亦非三画之时。今伏牺结绳而为罔罟，则是制器，明伏牺已重卦矣。又《周礼·外史》"掌三皇五帝之书"，明三皇已有书也。《下系》云："上古结绳而治，后世圣人易之以书契……盖取诸夬。"既象夬卦而造书契，伏牺有书契则有夬卦矣，故孔安国《书·序》云："古者伏牺氏之王天下也，始画八卦，造书契，以代结绳之政。"又曰"伏牺神农黄帝之书，谓之《三坟》"是也。又八卦小成，爻象未备，重三成六，能事毕矣。若言重卦起自神农，其为功也，岂比《系辞》而已哉，何因《易纬》等数所历三圣，但云伏牺、文王、孔子，竟不及神农，明神农但有"盖取诸益"，不重卦矣。故今依王辅嗣以伏牺既画八卦，即自重为六十四卦为得其实。其重卦之意，备在《说卦》，此不具叙。伏牺之时，道尚质素，画卦重爻，足以垂法。后代浇讹，德不如古，爻象不足以为教，故作《系辞》以明之①。

---

① 李学勤主编：《周易正义》（十三经注疏标点本），北京大学出版社，1999年版，第7~8页。

孔颖达经过论证,同意王弼的观点,即:伏羲画八卦,伏羲自重八卦为六十四卦。生当宋代的李过,一定反复阅读过孔颖达此论,并以当时新发现的《三坟》坐实王弼的观点:"今约诸儒之说,当至《三坟》毛渐所得之书而后定,盖伏羲、神农、黄帝各有《易》,其卦已重为六十四,夏、商、周《易》名特循三皇之旧耳。"① 据王兴业先生研究,《三坟》是记载三皇,即天皇伏羲、人皇神农、地皇黄帝的古书,后来失传。唐宋年间,先被唐末隐士发现,流传于民间。后被毛渐发现于民间,得以流传②。《周礼·外史》云:外史"掌三皇五帝之书"。郑玄注云:"楚灵王所谓《三坟》《五典》"。贾公彦疏云:"按昭十二年,楚灵王谓左史倚相能读《三坟》《五典》《八索》《九丘》。彼《三坟》,三皇时书;《五典》,五帝之常典;《八索》,八王之法;《九丘》,九州亡国之戒。"③ 可见,古代确有《三坟》之书。关于《三坟》,李过说:"据本朝元丰中毛渐,奉使京西至唐州,得《三坟》书于民家。"④毛渐(1036~1094)在《三坟序》中说:"元丰七年,予奉使西京,巡按属邑,道无邮亭,因寓食于民舍。有题于户:'《三坟书》某人借去。'亟呼主人而问之,曰:'古之《三坟》也,某家实有是书。'因命取而阅之。《三坟》各有《传》,《坟》乃古文,而《传》乃隶书,观其言简而理畅,疑非后世所能伪也,就借而归录。"⑤ 毛渐抄录后,仍然流传不广,以致宋徽宗时张商英(1043~1121)在泌阳重新见到这类抄本时,误认为是初次发现,而且被晁公武写入《郡斋读书志》,称:"张商英

---

① (宋)李过:《西溪易说》,《景印文渊阁四库全书》第17册,台湾商务印书馆,1986年版,第625页。

② 王兴业著:《三坟易探微》,青岛出版社,1999年版,第1~3页。

③ 李学勤主编:《周礼注疏》(十三经注疏标点本)下册,北京大学出版社,1999年版,第711页。

④ (宋)李过:《西溪易说》,《景印文渊阁四库全书》,台湾商务印书馆,第17册,1986年版,第624页。

⑤ 王兴业著:《三坟易探微》,青岛出版社,1999年版,第1~2页。

天觉得之于必阳（泌阳）民家，《坟》皆古文，而《传》乃隶书。所谓'坟'者，山、气、形也。"①

正因为《三坟书》流传不广，得之不易，所以李过就像今天学者对出土文献一样，如获至宝，以《三坟书》为准，厘正学术上争论不休的问题。李过说：

> 《坟》皆古文，有曰《山坟》《气坟》《形坟》。盖《山坟》为天皇伏羲氏《连山易》，《气坟》为人皇神农氏《归藏易》，《形坟》为地皇黄帝氏《乾坤易》。其经卦皆八，每卦之下皆有七卦，遂为八八六十四。《山坟》爻卦大象曰：崇山君，伏山臣，列山民，兼山物，潜山阴，连山阳，藏山兵，叠山象。八卦其崇山君下则有君臣相、君民官、君物龙之类七卦。《气坟》爻卦大象曰：天气归，地气藏，木气生，风气动，火气长，水气育，山气止，金气杀。八卦其气归下则有归藏定位、归生冤、归动乘舟之类七卦。《形坟》爻卦大象曰：乾形天，坤形地，阳形日，阴形月，王形山，水形川，雨形云，风形气。八卦其乾形天下有地天降气、日天中道、月天夜明之类。七卦如此，则《三坟》者，三皇《易》也。已有《连山》《归藏》《乾坤》之名，卦亦已有六十四，曰君臣民物、阴阳兵象、归藏生动、长育止杀、天地日月、山川云气者，即乾坤震巽坎离艮兑之别名也。其君臣相归藏定位地天降气等卦，即六十四卦之别名也②。

李氏认为，《山坟》《气坟》《形坟》之《三坟》即天皇、人皇、地皇之"三皇《易》"，《天皇易》即伏羲氏《连山易》，《人皇易》即神农

---

① 王兴业著：《三坟易探微》，青岛出版社，1999年版，第3页。

② （宋）李过：《西溪易说》，《景印文渊阁四库全书》，台湾商务印书馆，第17册，1986年版，第624页。

氏《归藏易》,《地皇易》即黄帝氏《乾坤易》。在"三皇易"时代,已有"《连山》《归藏》《乾坤》之名,卦已有六十四",只不过卦名不同而已。既然在"三皇易"时代已有六十四卦,显然在"三皇易"时代已经重卦。以此为准,先儒以谓"伏羲只画八卦,卦未重"之说,不攻自破。李过指出,"今以毛渐所得三坟《易》,质之诸儒所载,皆互相得失"。其一,李过认为:"《山海经》载伏羲、黄帝氏得《河图》,而列山氏似失之赘。"① 据《山海经》,伏羲得《河图》,夏后因之曰《连山》;黄帝得《河图》,商人因之曰《归藏》;列山氏得《河图》,周人因之曰《周易》。李过指出,神农氏制器尚象见于《系辞》甚明,今所载乃遗神农氏而著列山氏,对比《三坟书》,显然《山海经》记载有误。其二,李过不同意郑玄对"周易"之"周"的解释。《周礼·春官》:(太卜)"掌三《易》之法,一曰《连山》,二曰《归藏》,三曰《周易》。"② 郑玄《易赞》及《易论》云:"夏曰《连山》,商曰《归藏》,周曰《周易》。"郑玄又释云:"《连山》者,象山之出云,连连不绝。《归藏》者,万物莫不归藏于地中。《周易》者,言易道周普,无所不备。"郑玄虽有此释,更无所据之文。③ 李过指出:"郑氏所释'三《易》'之义,固可以牵合,然以《三坟》卦名考之,如崇山君、伏山臣,岂有'象山出云、连连不绝'之意。如天气为归、地气为藏,岂有专取归藏于地之意?至于《周易》而称'周',因代以显周而已。文王演《易》,虽在商末,自武王革命之后,周之子孙所世守,以为卜筮之书与'三《易》'并藏,故称'周'以别余代,亦犹《周书》《周礼》之立名耳。其所谓'周普'

---

① (宋)李过:《西溪易说》,《景印文渊阁四库全书》,台湾商务印书馆,第17册,1986年版,第624页。

② 李学勤主编:《周礼注疏》(十三经注疏标点本)下册,北京大学出版社,1999年版,第637页。

③ 李学勤主编:《周易正义》(十三经注疏标点本),北京大学出版社,1999年版,《卷首》第8页。

之义，果安在哉?"① 李氏认为，《周易》之"周"是代名。基于上述，李氏认为，"盖伏羲、神农、黄帝各有《易》，其卦已重为六十四，夏商周《易》名特循三皇之旧耳"。② 也就是说，从画卦、重卦这个角度来讲，夏商周"三《易》"与伏羲、神农、黄帝"三皇《易》"是一样的，没有新的进展，只不过夏商周"三《易》"之名称，即"连山""归藏""周易"三名因循"三皇《易》"之"伏羲氏《连山易》""神农氏《归藏易》""黄帝氏《乾坤易》"而来。

根据毛渐《三坟书》，很容易证明伏羲既是画八卦者又是重卦者，那么司马迁"文王重卦"之说就没有任何意义吗? 李过指出:

> 据文王卦名用商，卦辞亦用商，则文王所以重之《易》，重个甚么? 盖商《易》但有卦辞，而无六爻。如屯卦但曰屯，不言某上某下为《屯》。蒙卦但曰蒙，不言某上某下为《蒙》。此惟文王之心与汤之心吻合，然后能逆推得坎上震下为《屯》，艮上坎下为《蒙》之数。既二卦相重，便有六画，因六画之刚柔以推一卦之变，于是"系辞焉以断其吉凶而谓之爻"。盖文王所重，重《易》六爻也。《易》爻既重，于是合天地阴阳，君臣民物事理之会，前乎千百世之已往。后乎千百世之未来，其无穷之变，尽总括于三百八十四爻而无遗矣。故《易》自伏羲而始，历夏商至文王而大备云③。

李氏认为，《周易》由商《易》而来，商《易》只有卦辞而无爻辞，

---

① （宋）李过:《西溪易说》，《景印文渊阁四库全书》第 17 册，台湾商务印书馆，1986 年版，第 625 页。

② （宋）李过:《西溪易说》，《景印文渊阁四库全书》第 17 册，台湾商务印书馆，1986 年版，第 625 页。

③ （宋）李过:《西溪易说》，《景印文渊阁四库全书》第 17 册，台湾商务印书馆，1986 年版，第 625～626 页。

"文王所重,重《易》六爻也",说白了就是文王作爻辞。商《易》有卦辞,文王作爻辞,卦爻画卦爻辞至文王皆具,"故《易》自伏羲而始,历夏商至文王而大备"。

(三) 文王作爻辞

关于卦爻辞作者,孔颖达给出两个答案:一是"郑玄之徒"主张的卦辞爻辞都是文王所作,一是马融、陆绩等主张的文王作卦辞、周公作爻辞。李过认为,文王以前,比如商《易》已有卦辞,文王不需要作卦辞,文王的贡献是重《易》六爻并作爻辞。李氏不同意"文王重卦,周公作爻辞"的观点,认为"周公无预于《易》"。他说:

> 先儒谓文王重《易》,周公作爻辞,余谓周公无预于《易》。文王在羑里里中重《易》,周公或未生。就使既生,必在稚齿,岂能预文王之《易》?则为子云家之童乌也。圣人不知此圣人者出各自担当一件事,如伏羲画卦,夏禹叙畴,文王重《易》,夫子六经,周公礼乐,各自担当一件事,不曾挽匙乱箸①。

在李氏看来,根据时间年龄,文王之子周公不可能作爻辞,否则就是汉代扬雄的早慧而夭折的儿子扬信了。扬雄的儿子扬信,字子乌,七岁的时候就对扬雄著《太玄》有所助益。扬雄《法言·问神》:"育而不苗者,吾家之童乌乎?九龄而与我《玄》文。"②《太平御览》卷三八五引《刘向别传》:"杨信字子乌,雄第二子,幼而明慧。"③ 扬雄著《太玄》

---

① （宋）李过:《西溪易说》,《景印文渊阁四库全书》第 17 册,台湾商务印书馆,1986 年版,第 627 页。

② （汉）扬雄撰,汪荣宝注疏,陈仲夫点校:《法言义疏》上册,中华书局,1987 年版,第 166 页。

③ 《景印文渊阁四库全书》第 896 册,台湾商务印书馆,1986 年版,第 509 页。

一书，扬信提供了很多帮助。

李过又说："又文王在缧囚中重《易》，周公岂得预爻辞？果尔则周公同在囚也，必不如此。"①

先儒以周公为《易》爻辞，引《左传》韩宣子适鲁，见《易象》《春秋》，曰"吾乃今知周公之德与周之所以王"为周公与爻辞之据。李氏批驳道："不知宣子之叹盖叹鲁也。他国不存《易象》《春秋》，而鲁独存者，鲁，周公后也，故周之典礼在焉。如必以宣子之言为证，则当时所见《易象》与《春秋》并谓周公预《易象》可也，然则亦预《鲁春秋》乎，即此可见。"②

先儒言周公作爻辞者，以爻辞中有"王用亨于西山"，王用亨于岐山，语为文王亨王业事，故不敢谓文王自言，遂以为周公作。李过反驳道：

> 余谓文王事商之心，天地鬼神实临之，岂容有亨王业于岐西之意？若以为周公作尤不可，夫子去文王五百岁，能明文王之心，曰三分天下有其二，以服事殷周之德，可谓至德也已矣。周公为子而不明其父之心，以为文王有亨王业之意尚得为达孝也哉？"王用亨于西山"，自是随卦之王，"王用亨于岐山"自是升卦之王，何关文王？若必以王为文王，则"王用三驱"，"王假有家"，亦文王耶？岐山、西山，固周山也，以普天之下莫非王土言之，则皆商之疆理也，岂容必尽指为周也哉？③

---

① （宋）李过：《西溪易说》，《景印文渊阁四库全书》第17册，台湾商务印书馆，1986年版，第627页。

② （宋）李过：《西溪易说》，《景印文渊阁四库全书》第17册，台湾商务印书馆，1986年版，第627页。

③ （宋）李过：《西溪易说》，《景印文渊阁四库全书》第17册，台湾商务印书馆，1986年版，第627～628页。

总而言之，李过认为，文王重爻作爻辞后，大《易》规模已备，但"其理尚隐"；孔子赞《易》之后，大《易》之理才豁现出来。

三、"《易》至夫子而显，至先儒而晦"

《汉书·艺文志》："《易》道深矣，人更三圣，世历三古。"① "三圣"一般以为就是伏羲、文王、孔子，传统上认为孔子作《易传》。自从欧阳修作《易童子问》，怀疑孔子作《易传》后，学界一般认定《易传》是儒家的作品，是孔子及其后学，非一人一时完成的。

《论语》记载：子曰："加我数年，五十以学《易》，可以无大过矣。"② 有人怀疑孔子五十以前学《易》，认为"夫子五十而后学《易》"，李过指出：

> 不知五十以前，皆潜心文王之日月也。曰"云尔"者，盖五十以后始尽得文王之心，于是始作《彖》《象》《文言》《系辞》等。曰"无大过"者，谓无大过差于文王之心也。圣人不敢自谓尽得文王之心，故曰"无大过"，逊辞也③。

总之，《周易》古经经过孔子脱胎换骨式的解读，点石成铁，李过说：

> 文王之《易》虽备，然其理尚隐也。越五百载，而夫子生，

① （汉）班固撰，（唐）颜师古注：《汉书》卷三十《艺文志》，中华书局，1962 年版，第 1704 页。
② （宋）朱熹撰：《四书章句集注》，中华书局，1983 年版，第 97 页。
③ （宋）李过：《西溪易说》，《景印文渊阁四库全书》第 17 册，台湾商务印书馆，1986 年版，第 629~630 页。

其潜心于文王，非一日也，于是尽得文王之心。于"韦编三绝"之后，始作《彖》《象》《文言》《系辞》等，以明文王之《易》。曰《彖》者所以明文王之卦辞也，曰《大象》者所以明二象之得为此卦也，曰《小象》者所以明爻辞也，曰《文言》者所以明彖辞、爻辞未尽意也，曰《系辞》者所以反复易道无穷之秘也。圣人有功于文王之《易》者非一，使当时无夫子《彖》《象》《文言》等，后世学者欲求文王之《易》，信难矣。文中子曰：成我者，夫子也。通于夫子受罔极之恩，见得圣人有功于后学，与天地相为无穷也。故曰《易》至文王而备，至夫子而显①。

在李氏看来，文王作爻辞后，大《易》虽备，但"其理尚隐"。孔子赞《易》作传后，大易之理才豁现出来，所以说"《易》至夫子而显"。李过认为，夫子解说《周易》古经的《彖传》《象传》《文言传》《系辞传》《说卦传》《序卦传》等"尽得文王之心"，因此李氏解说《周易》古经就是按照孔子《易传》的理路一一诠释。李氏释乾卦卦辞"元亨利贞"，因为乾卦是第一卦，所以李氏根据《系辞传》《说卦传》先解说"三才之道"。他说：

伏羲始画八卦，卦止三画，以三画备三才之道，既重为六十四，则卦有六画，以六画备三才之道，《系辞》所谓"六画而成卦，兼三才而两之"是也。"立天之道曰阴与阳，立地之道曰柔与刚，立人之道曰仁与义"。自立道以来，合下有两，故以六画备三才之道②。

---

① （宋）李过：《西溪易说》，《景印文渊阁四库全书》第 17 册，台湾商务印书馆，1986 年版，第 626 页。

② （宋）李过：《西溪易说》，《景印文渊阁四库全书》第 17 册，台湾商务印书馆，1986 年版，第 633 页。

  "三才"之说是《易传》揭示的。《系辞下传》云："易之为书也，广大悉备，有天道焉，有人道焉，有地道焉，兼三才而两之故六，六者非它也，三才之道也。"三画卦初爻为地道，中爻为人道，上爻为天道。重卦之后六画卦，初二爻为地道，三四爻为人道，五上爻为人道。《系辞下传》给出了天道人道地道之说，《说卦传》揭示了三才之道之内涵："立天之道曰阴与阳，立地之道曰柔与刚，立人之道曰仁与义"。八经卦是组成六十四卦的砖块，每一个砖块都内涵天地人之信息，由八经卦组成的六十四卦可以符示象征宇宙人生万物万象。《易传》所揭示的"文王之心"就是"道"。程颐说："《易》，变易也，随时变易以从道也。"①胡瑗释《系辞上传》"以言乎远则不御"曰："夫大《易》之道至广而至大，极天地之渊蕴，尽人事之终始。推于天下则天下之事无不备，施之万世则万世之事皆可知，穷于四远则四远之处不能以御也。"②四库馆臣曰："《易》之为书，推天道以明人事者也。"③在李氏看来，夫子最契合文王之心，所揭示的正是文王心中之"人道"，文王心中之"人生正道"，而人道的根据是天地之道，简称"天道"。"三才之道"落实处是人道，而人道又根据于天地之道，这正是中国文化"天人合一"的精神。张岱年先生指出："中国哲人的文章与谈论，常常第一句讲宇宙，第二句便讲人生。更不止此，中国思想家多认为人生的准则就是宇宙之本根，宇宙之本根便是道德的标准；关于宇宙的根本原理，也即是关于人生的根本原理。所以常常一句话，既讲宇宙，亦谈人生。"④牟宗三先生认为，西方的哲学本是由知识为中心而发的，不是"生命中心"的，实则真正的生命学问是在中国⑤。在《中国文化特质》一文中，钱穆先生

---

① 梁韦弦：《〈程氏易传〉导读》，齐鲁书社，2003年版，第49页。
② （宋）胡瑗：《周易口义》，《钦定四库全书荟要》，吉林出版集团有限责任公司，2005年版，第313页。
③ （清）永瑢等：《四库全书总目》，中华书局，1965年版，第1页。
④ 张岱年：《中国哲学大纲》，中国社会科学出版社，1982年版，第165页。
⑤ 牟宗三：《生命的学问》，广西师范大学出版社，2005年版，第30~35页。

说："中国文化特质，可以'一天人，合内外'六字尽之。"① 在解说"三才之道"后，李过接着说：

> 《乾》，天之理也。未有天，先有《乾》之理。"《易》有太极"，天地万物在其中。太极既判，天就《易》中禀得"刚健中正纯粹精"之德，故曰乾。伊川云："天，专言之则道也；分而言之，以形体谓之天，以主宰谓之帝，以功用谓之鬼，以妙用谓之神，以性情谓之乾。"性情，以所禀言也。四德所以见性，六爻所以见情②。

《说卦传》云"乾为天"。乾，作为卦之名是模拟天而来。此既象天，何不谓之天而谓之"乾"呢？孔颖达说：

> 天者定体之名，"乾"者体用之称，故《说卦》云"乾，健也"，言天之体，以健为用。圣人作《易》本以教人，欲使人法天之用，不法天之体，故名"乾"不名天也。天以健为用者，运行不息，应化无穷，此天之自然之理，故圣人当法此自然之象而施人事，亦当应物成务，云为不已，终日乾乾，无时懈倦，所以因天象以教人事。于物象言之，则纯阳也，天也。于人事言之，则君也，父也。以其居尊，故在诸卦之首，为《易》理之初③。

孔颖达也是秉承《易传》理念来解说的。天，定体之名，是确定性

---

① （宋）李过：《西溪易说》，《景印文渊阁四库全书》第 17 册，台湾商务印书馆，1986 年版，第 633 页。

② （宋）李过：《西溪易说》，《景印文渊阁四库全书》第 17 册，台湾商务印书馆，1986 年版，第 633 页。

③ 李学勤主编：《周易正义》（十三经注疏标点本），北京大学出版社，1999 年版，第 1 页。

的存在，是固定的存在，而《乾》的内涵要大于"天"。可贵的是，孔颖达指出了《周易》是讲道理的书，乾卦为"《易》理之初"。在《周易正义》的基础上，程颐进一步指出："《乾》，天也。天者天之形体，乾者天之性情。《乾》，健也，健而无息之谓乾。夫天，专言之则道也，天且弗违是也。分而言之，则以形体谓之天，以主宰谓之帝，以功用谓之鬼神，以妙用谓之神，以性情谓之《乾》。"①程氏整合中国文化重要术语"帝""鬼神""神""乾"等，发现它们都是"天"的"用"，都是以"天"为"体"的，并以"天之性情"界定"乾"，给李过很大启发。"性情"一词也不是程颐的发明，《文言传》说"《乾》元者始而亨者也，利贞者性情也"。李氏将"性情"一词分开解说乾卦：元亨利贞"四德"所以见"性"，《乾》之六爻所以见"情"。王弼、孔颖达、程颐是沿着《易传》的路数并以《易传》的观点解说《周易》古经，但并没有挑明，用而不说。李过基于王弼、孔颖达、程颐之识见，直接挑明了他的《易》说所从来：

> "《乾》，元亨利贞"，文王卦辞也，总言一卦之体。《彖》，夫子作，所以明文王之卦辞也。一卦之义尽见于《彖》，旁通于爻。《大象》，夫子作，言二象之所以得为此卦也。《小象》，夫子作，所以明文王之爻辞也。《乾》《坤》二卦，夫子说尽，只缘先儒不明作卦体统，千言万绪，只是私意，学者即看《彖》《象》《文言》《系辞》，义理自见②。

在李过看来，孔子最得文王之心，熟读孔子之《易传》，自可把握文王《周易》古经隐而未显的"理"。基于此，李过《西溪易说》与王

---

① 梁韦弦：《〈程氏易传〉导读》，齐鲁书社，2003年版，第51页。
② （宋）李过：《西溪易说》，《景印文渊阁四库全书》第17册，台湾商务印书馆，1986年版，第633页。

弼《周易注》、程颐《程氏易传》一样，不专门解说《系辞传》《说卦传》《序卦传》《杂卦传》，而是以《系辞传》《说卦传》《序卦传》《杂卦传》解说文王《周易》古经；区别于王弼《周易注》、程颐《程氏易传》之分别解说爻辞与《小象传》，李氏将卦辞与《象传》、爻辞与《小象传》绑在一起解说。李过认为，孔子《系辞传》中对文王《周易》古经十七条爻辞的解读最为经典，所揭示的《易》理最为透彻，所以在解说"十七条爻辞"时，李氏全文引用。

同人卦，五阳一阴，六二为卦主。五阳皆欲同二，但所"同"不同，李过释同人卦卦辞时，说：

> 以六爻言之，初"出门"，遇二而同；三"伏戎"，近二而同；四"乘墉"，望二而同；上"处郊"，远二而同。此非正应而同，终不克同也，故上止无咎，三不敢与，四不敢攻，上志未得终也。五克众阳而遇二，二去其宗而同五，二爻相遇，兰臭交契，诚发乎中，达于面目，先之以泣而继之以喜也。盖其同也，以正而众阳之所同退听也，故《系辞》赞之曰："二人同心，其利断金。同心之言，其臭如兰"天理显矣[①]。

在李氏看来，五阳之与二"同"，只有九五与六二是真"同"，因为二者得位、得时、得应。而九五与六二之同，孔子专门赞之："二人同心，其利断金。同心之言，其臭如兰。"李过以孔子之赞总结同人卦的解说："故《系辞》赞之曰'二人同心，其利断金。同心之言，其臭如兰'，天理显矣。"李氏释同人卦九五爻"同人，先号咷而后笑，大师克相遇"时，再次引用孔子赞语，他说：

---

① （宋）李过：《西溪易说》，《景印文渊阁四库全书》第 17 册，台湾商务印书馆，1986 年版，第 668 页。

五与二同，本正应也，为三四所间，二又与下体同，故必欲用"大师"以"先"下三阳，然后得与二相遇。凡人久阔而会面，未有不垂泣者，其中心之诚，不约而然也，故"先号咷而后笑"，可以见同心之至。诸阳不能同二而终与五同，此君子以理同也，同之正也。《象》曰"以中直也"，中心达于面目而"号咷"。《系辞》曰："君子之道，或出或处，或默或语。二人同心，其利断金，同心之言，其臭如兰。"①

实际上，程颐也是非常欣赏孔子对同人卦的赞语的。他在解说同人卦九五爻辞时说：

九五君位，而爻不取人君同人之义者，盖五专以私昵应于二，而失其中正之德。人君当与天下大同，而独私一人，非君道也。又先隔则"号咷"，后遇则笑，是私昵之情，非大同之体也。二之在下，尚以同于宗为吝，况人君乎？五既于君道无取，故更不言君道，而明二人同心，不可间隔之义。《系辞》云："君子之道，或出或处，或默或语。二人同心，其利断金。"中诚相同，出处语默无不同，天下莫能间也。同者一也，一不可分，分乃二也。一可以通金石，冒水火，无所不能入，故云"其利断金"。其理至微，故圣人赞之曰："同心之言，其臭如兰。"谓其言意味深长也②。

由此可以推断，同孟子"私淑"孔子一样，李过也是"私淑"程颐的。且不说李氏《西溪易说》中有五处引用"程氏"之说，细心比较《西溪易说》《程氏易传》，会发现《系辞传》对文王《周易》古经

① （宋）李过：《西溪易说》，《景印文渊阁四库全书》第17册，台湾商务印书馆，1986年版，第669页。

② 梁韦弦：《〈程氏易传〉导读》，齐鲁书社，2003年版，第115页。

十九条爻辞有解说，除释乾卦上九"亢龙有悔"之文"子曰：'贵而无位，高而无民，贤人在下位而无辅，是以动而有悔也'"与《文言传》有重文，不必单独引用外，《程氏易传》引用十七条，《西溪易说》也引用十七条。唯一的例外是，程颐对《系辞传》对节卦初九爻辞"不出户庭，无咎"的解读有不同看法，没有引用，李过干脆就没提及。节卦初九爻辞是："不出户庭，无咎。"《系辞传》的解读是："子曰：'乱之所生也，则言语以为阶。君不密则失臣，臣不密则失身，几事不密则害成，是以君子慎密而不出也。'"可能程颐不同意这几句话，或者这几句话太泄露天机，程氏在解读节卦初九爻辞时，没有引用原文，只是说："《系辞》所解独以'言'者，在人所节唯言与行，节于言则行可知，言当在先也。"①

李过之所以重视孔子《易传》所揭示的《易》理，也是"时风"使然。众所周知，宋代是中国文化的一座高峰。陈寅恪先生说："华夏民族之文化，历数千载之演进，造极于赵宋之世。"② 文化的最高表现形态是哲学。宋及其以后的哲学思潮，冯友兰先生《中国哲学史新编》称之"道学"，方东美、张君劢等称之"新儒家"，但更多的学者称之"宋明理学"，如蒋维乔《宋明理学纲要》、吕思勉《理学纲要》、钱穆《宋明理学概述》、侯外庐等《宋明理学史》、陈来《宋明理学》，等等。我们认为，称之"理学"更能指明宋明哲学的特色和本质，因为宋人特别重视"理"，宋代学者一般也被称之"理学家"。

"理"之本义与玉相关。今人张舜徽先生《说文解字约注》：

> 惠栋曰："玉有理，故理从玉。"舜徽按：玉篆下云："䚡理自外可以知中"，此即玉之理也。治玉者必顺其理，以因材制器，故

---

① 梁韦弦：《〈程氏易传〉导读》，齐鲁书社，2003年版，第338~339页。
② 陈寅恪：《金明馆丛稿二编》，生活·读书·新知三联书店，2001年版，第277页。

治玉亦谓之理。《广雅·释诂》："理，顺也。"其始必原于治玉①。

可见，理顺、治理的含义都与玉相关。"理"在《论语》中未出现，可以判定孔子未使用这个字。孟子使用"理"字，一是以"条理"出现，一是"理""义"对举。《万章下》：

> 孟子曰："伯夷，圣之清者也；伊尹，圣之任者也；柳下惠，圣之和者也；孔子，圣之时者也。孔子之谓集大成。集大成也者，金声而玉振之也。金声也者，始条理也；玉振之也者，终条理也。始条理者，智之事也；终条理者，圣之事也。智，譬则巧也，圣，譬则力也。由射于百步之外也：其至，尔力也；其中，非尔力也。"②

"条理"，朱熹认为是"脉络"，他说："条理，犹言脉络，指众音而言也……盖乐有八音：金石丝竹匏土革木。若独奏一音，则其一音自为始终，而为一小成。犹三子之所知偏于一，而其所就亦偏于一也。八音之中，金石为重，故特为众音之纲纪。又金始震而玉终诎然也，故并奏八音，则于其未作，而先击镈钟以宣其声；俟其既阕，而后击特磬以收其韵。宣以始之，收以终之。二者之间，脉络通贯，无所不备，则合众小成而为一大成，犹孔子之知无不尽而德无不全也。"③戴震先定义"分理"，以"分理"解释"条理"，他说："理者，察之而几微，必区以别之名也，是故谓之分理。在物之质曰肌理，曰腠理，曰文理。得其分，则有条而不紊，谓之条理。孟子称'孔子之谓集大成'曰：'始条理者，智之事也。终条理者，圣之事也。'圣智至孔子而极其盛，不过举条理

---

① 张舜徽：《说文解字约注》，华中师范大学出版社，2009年版，第一册，第69页。
② （宋）朱熹撰：《四书章句集注》，中华书局，1983年版，第315页。
③ （宋）朱熹撰：《四书章句集注》，中华书局，1983年版，第315页。

193

以言之而已矣。"①不管是朱子还是戴震，对"条理"的理解，我们认为与孟子是契合的。孟子的"条理"也是从与玉相关的理之本义使用。

《孟子·告子上》曰："口之于味也有同耆焉，耳之于声也有同听焉，目之于色也有同美焉。至于心，独无所同然乎？心之所同然者何也？谓理也义也。圣人先得我心之所同然耳。故理义之悦我心，犹刍豢之悦我口。"孟子由口、耳、目之"同"推心亦有同，心之同为"理"为"义"。此处之"理"，赵岐注曰"得道之理"②，即今天"道理"之义。朱熹引用程子之说释"理"："在物为理，处物为义，体用之谓也。"③在朱子看来，"理"即"物理"。

总之，在孟子那里，"理"的内涵已经由"理顺""治理"之本义引申为"道理""物理"。戴震（1724~1777）指出："六经、孔孟之言及传记群籍，理字不多见。今虽至愚之人，悖戾恣睢，其处断一事，责诘一人，莫不辄曰理者，自宋以来始相习成俗。"④唐君毅（1909~1978）指出："在先秦经籍中对理之观念，乃愈至后世而愈加重视。中国思想史之发展，亦似愈至后世而愈对以前不用理之一名所表示之义，亦渐连于理之一名而论之。至宋明儒，而儒学之一切思想观念，皆可连于理之观念以为论。"⑤如果没有隋唐佛学的发展，没有道教思想的影响，是不会出现宋明理学的。为了应对佛道二教的挑战，宋明理学家着重研究的儒家经典，首先是《易》，主要是《易传》。周敦颐、张载、程颐、朱熹都研究《易》。⑥李过就是在这样的"时风"下著述《西溪易说》，提出《易》即理"的命题的。同程朱一样，在李过这里，"理"也是一个预设，是"气"或"物"之所以然。宋人的理气论勉强类似于柏拉图企图

① （清）焦循撰，沈文倬点校：《孟子正义》下册，中华书局，1987年版，第673页。
② （清）焦循撰，沈文倬点校：《孟子正义》下册，中华书局，1987年版，第765页。
③ （宋）朱熹：《四书章句集注》，中华书局，1983年版，第330页。
④ （清）焦循撰，沈文倬点校：《孟子正义》下册，中华书局，1987年版，第767页。
⑤ 唐君毅：《中国哲学原论·导论篇》，中国社会科学出版社，2005年版，第4页。
⑥ 侯外庐等主编：《宋明理学史》上册，人民出版社，1997年版，第11页。

解释现实世界而创设的理念论。亚里士多德在论述柏拉图哲学和早先希腊哲学思想的关系时指出：

> 苏格拉底忙于研究伦理问题而忽略了作为整体的自然界，只在伦理中寻求普遍的东西，开始专心致志寻求定义。柏拉图接受他的教导，但是认为不能将它应用在感性事物上，只能应用于另一类东西。理由是：可感觉的事物总是永远在变动中的，所以共同的普遍的定义不能是任何感性事物的定义。这另一类东西他就叫做"理念"，他说感性事物是依靠它们并以它们命名的，众多的事物是由"分有"和它们同命名的"理念"而存在的①。

可感觉的"现实世界"必有所从来。为了理解认识"现实世界"，柏拉图创设"理念世界"。李过接受时人的理气论，针对《易》学提出自己鲜明的"《易》即理"的观点。李过认为，《周易》是部讲"理"的书："《乾》，天之理也"；"谓'坤元'者，顺承天之理，奉行乎天也"；"《泰》极则《否》，理所必至，城复于隍矣"……大千世界，宇宙人生，气象万千，"圣人"把它凝练为六十四卦、三百八十四爻。针对六十四卦、三百八十四爻所符示的时空境遇，"圣人"对其所然与所以然都给出明示。那么"圣人"之"所然与所以然"之理从何而来？程颐在《答张闳中书》中说："有理而后有象，有象而后有数。"②《易》象是《易》理的表达者，理先象后。李过接受了程颐的观点，进一步阐释道："理在物先，故有是理然后有是物，无是理则无是物。未有天地万物，先有天地万物之理，所谓道在太极之先者是也。"

李过秉持"《易》即理"的观点，因为孔子《易传》豁现了《易》

---

① 转引自姚介厚著：《西方哲学史·古代希腊与罗马哲学》，凤凰出版社，2005 年版，下册，第 578 页。

② （宋）程颢、程颐著，王孝鱼点校：《二程集》上册，中华书局，2004 年版，第 615 页。

理，所以称"《易》至夫子显"。那为什么又称"《易》至先儒而晦"呢？

《韩非子·显学》云：

> 世之显学，儒、墨也。儒之所至，孔丘也。墨之所至，墨翟也。自孔子之死也，有子张之儒，有子思之儒，有颜氏之儒，有孟氏之儒，有漆雕氏之儒，有仲良氏之儒，有孙氏之儒，有乐正乐之儒。自墨子之死也，有相里氏之墨，有相夫氏之墨，有邓陵氏之墨。故孔、墨之后，儒分为八，墨离为三，取舍相反不同，而皆自谓真孔、墨，孔、墨不可复生，将谁使定世之学乎？孔子、墨子俱道尧、舜，而取舍不同，皆自谓真尧、舜，尧、舜不复生，将谁使定儒、墨之诚乎？[①]

为什么孔子死后"儒分为八"，墨子死后"墨离为三"呢？韩非子给出的解释是"取舍不同"。之所以"取舍不同"，我们认为主要是因为每个人的兴趣、视角不同，所谓"横看成岭侧成峰，远近高低各不同"。重要的是，虽然"取舍不同"，但其本质还是"儒"，还是"墨"。同样，孔子对文王上下两篇的解读是孔子的解读，孔门后学对孔子《易传》的解读自是各自的解读。对此，朱熹之说颇有见地，他说：

> 今人读《易》，当分为三等：伏羲自是伏羲之《易》，文王自是文王之《易》，孔子自是孔子之《易》。读伏羲之《易》，如未有许多《彖》《象》《文言》说话，方见得易之本意，只是要作卜筮用。如伏羲画八卦，那里有许多文字言语？只是说八个卦有某象，《乾》有《乾》之象而已。其大要不出于阴阳刚柔、吉凶消长之

---

① （清）王先慎撰，钟哲点校：《韩非子集解》，中华书局，1998 年版，第 456~457 页。

理。然亦尝说破，只是使人知卜得此卦如此者吉，彼卦如此者凶。今人未曾明得《乾》《坤》之象，便先说《乾》《坤》之理，所以说得都无情理。及文王周公分为六十四卦，添入"《乾》，元亨利贞""《坤》，元亨利牝马之贞"，早不是伏羲之意，已是文王周公自说他一般道理了……及孔子系《易》，作《彖》《象》《文言》，则以"元亨利贞"为《乾》之四德，又非文王之《易》矣。到得孔子，尽是说道理。然犹就卜筮上发出许多道理，欲人晓得所以凶，所以吉。卦爻好则吉，卦爻不好则凶。若卦爻大好而己德相当，则吉；卦爻虽吉，而己德不足以胜之，则虽吉亦凶；卦爻虽凶，而己德足以胜之，则虽凶犹吉，反复都就占筮上发明诲人底道理①。

朱子为了说明其"《易》本卜筮"观点，指出虽然"伏羲自是伏羲之《易》，文王自是文王之《易》，孔子自是孔子之《易》"，但伏羲之《易》、文王之《易》、孔子之《易》都是围绕"卜筮"而发。同样，孔子之后大《易》之传承，虽然有"两派六宗"之别，但都是围绕着大《易》而展开的，都是《易》学研究的重要组成部分。李过倾向于挖掘大《易》之理，但研究义理也不能离开象数；汉《易》注重研究义理之所以，重视象数研究，但不能否认汉《易》不重视义理。因此，李过认为"《易》至先儒晦"只是看问题角度不同。

李过服膺程颐，其《西溪易说》为晚年仿《程氏易传》而作，融会贯通，颇有见解，也多被时人董真卿、胡一桂、冯椅等称道引录。李过由程颐《易》学而捻出的"《易》即理"的观点贯穿《西溪易说》，在《易》学史上具有里程碑意义。

作者单位：齐鲁工业大学

---

① （宋）黎靖德编，王星贤点校：《朱子语类》第4册，中华书局，1994年版，第1629页。

宋人易书考（十一）

顾宏义

摘要：《易》作为群经之首，在宋代学术思想史上地位极为重要，宋人对其进行注疏、阐释与发挥的著述文献也蔚为大观，远过前代。但因年代久远，宋人《易》书多有残佚，其传世者也不乏错乱、窜伪者。通过对宋代《易》学文献进行逐人逐书的整体考辨，有助于进一步廓清相关记载的讹缺。

关键词：宋代　易学　易书　文献

太极图说

孙羲撰。

孙羲，南宋中后期人。《（雍正）江西通志》卷六七云其"字伯隆，丰城（今属江西）人。于书无所不读，尤精于历。每谓治历当备三法，曰象、曰器、曰数，因图写古今七十六家法作《大历赋》。又谓知历者不可以不知星，知星者不可以不知历，折衷各家之言作《太极图》及《清室类考》《复古蓍传》"。

《经义考》卷七一著录孙羲《太极图说》一卷，佚。

复古蓍传

孙羲撰。

《万姓统谱》卷二一载："孙义伯，丰城人。于书无所不读，谓治历当备三法，曰象、曰器、曰数，作《六历论》《浑盖同归图》，写古今七十六家法数作《大历赋》《复古著传》，其他著作尤盛。虽瓶无储粟，澹如也。"《明一统志》卷四九所载同。《经义考》卷三七引《姓谱》云孙义伯《复古蓍法》，佚。按：据上《太极图说》条所引《（雍正）江西通志》卷六七，知《万姓统谱》此处"义"当为"羲"字之讹，"伯"下脱一"隆"字，"古著"当作"古蓍"。

易发挥

徐端撰。

徐端，字矩叔，丰城（今属江西）人。《（雍正）江西通志》卷六七云其"弱冠以文学见知，所著有《易发挥》《庄子章句》。晚岁号絜矩病叟，叙平生大略授其子，俟属纩刻石表墓，自作祭文挽歌，超然无所芥蒂。一日，手录忠孝大致数百言，集家人对酒索笔，书曰：'若以为了，多少未了。以为未了，何时而了？题曰了了，道人自赞。'投笔而逝。"又按曰："按《人物志》作'徐端方'。"《经义考》卷三七亦作"徐端方"，云本书佚。

三陈九卦说

胡鼎金撰。

胡鼎金，《万姓统谱》卷十一云其"字贵刚。究心《易》学，尝作

199

《三陈九卦说》。语见新安朱升《周易旁注》"。约为南宋中后期人。《经义考》卷六九云"一卷，未见"。

易　传

张志道撰。

张志道，字潜夫，金坛（今属江苏）人。著《易传》三十卷。《千顷堂书目》卷一。《万姓统谱》卷三九云其"嘉熙间求直言，上封事言建储、迁都之事。宋亡，闭门著书，家贫，衣食不给，处之泰然。所著有《易传》等书"。《经义考》卷三五引《镇江府志》云"景定初，特恩免解，赵葵辟置幕府。宋亡，不仕"。按：本书佚。

易　图

吕中撰。

吕中，字时可，晋江（今属福建）人。《闽中理学渊源考》卷三三云其淳祐七年（1247）进士。历沂靖惠王府诸王宫大小学教授，迁国子监丞兼崇政殿说书等。"寻以兄卒无后，请假归葬。明年，以秘书郎召，丁大全忌其直，徙汀州。在汀期年，演《易》为十图。景定中，复旧官，卒"。著有《论语讲义》《大事记讲义》等。按：本书佚。

周易辑闻

赵汝楳撰。

赵汝楳，鄞（今浙江宁波）人。濮安懿王六世孙，赵善湘季子，宰相史弥远婿。宝庆二年（1226）王会龙榜进士。《宝庆四明志》卷十。景定四年（1263）三月"丁未，诏知宁国府赵汝楳推行经界，不扰而办，职事修举，升直华文阁，依旧任"。九月甲申，"诏赵汝楳为太府少卿、淮东总领财赋"。《宋史》卷四五《理宗纪五》。元袁桷《清容居士集》卷三三云其"卑退自修，精《易》象，有《易叙丛书》可传。官至户部侍郎，晚岁以理财进用，失士誉"。

赵汝楳《周易辑闻序》云："易道函三极而神万化，《易》书立三极而万化神。道主于有，书主于用也。体易君子，处而用身，出而用世，皆于此焉。出以用为动，则静者其体也。动之变无穷，近而显者，百姓与能，远而微者，贤智未易知。夫道，妙于无形，而着于有象，确乎不易，而变动不居。以虚而言，则至于无畔，以固而言，则或有所不通。圣人于是立象倚数，探赜索隐，载之于书，莫非日用常行之实，使人因有象而悟无形之妙，即变易以求不易之方，玩而体之，服而行之，言有据而动有则。措诸事业，自诚意正心以至于齐家治国平天下，随用辄效。此体用兼该之学，伏羲画卦之旨，文、周忧世之情，夫子传《易》之志也。汝楳齿耄学荒，何敢言《易》？独念先君子自始至末，于《易》凡六稿，日进日益，末稿题曰《补过》。汝楳得于口授者居多，外除以来，蹓二十载，因辑所闻于篇，庶不忘先君子之教，且以观吾过云。"《读易举要》卷四有云"赵汝楳撰《大易辑闻》，以'天行健'缀于《乾》'元亨利贞'之下"。清朱彝尊《曝书亭集》卷三四《周易辑闻序》云："《周易辑闻》六卷，宋赵汝楳撰。取《杂卦》反对之义，上、下二篇各一十有八卦，每六卦析为一卷，附《文言》于《乾》《坤》释《彖》之后，而《系辞》《说卦》诸传皆阙焉。余既抄而藏诸笥，序之曰：《易》之为教，本穷理尽性之言。自周官掌之太卜、筮人，而秦以其卜筮之书未燔，迄于汉孟喜、京房、焦赣之徒，多藉以考验灾异而已。郑康成主象数，王辅嗣主名理。言数者或失之巫，言理者或失之凿，往往得其偏曲，而未穷其奥赜焉。考之《隋·经籍志》，说《易》凡六十九部，唐《四库书目》益之，凡八十八部，至宋增至二百一十三部，而是书未与焉，可谓详矣。迨后家守程、朱之书，未暇广究诸家之说，久之《本义》单行，并程氏《传》亦辍不复观，况凡有小异朱子之说、为制举所不取，则见者非仅不观，将唾而远之，惟恐子弟之入于目。此自隋迄宋，诸家之撰述，日至于放失无存也。是书晰理而兼，详夫象数，援据精洽，足以益学者之神智。万历中，周藩宗正灌甫曾雕刻行之，顾流传者寡，惜世无有重刻之者。汝楳为资政殿大学士、天水郡公善湘之子，商恭靖王元份七世孙。善湘以儒生破李全，身历戎马，乃能注意经学，六易稿而授之子。汝楳不以世禄自矜，远游闲服玩之习，惟遗编是辑，又归其善于亲，益以征宋时经术之盛、化俗之厚，而灌甫亟刻其书，虽流传已少，是书实藉以无失，皆宗室之贤，宜附著之，以告后之君子读是书者。"

《文渊阁书目》卷一著录赵汝楳《周易辑闻》一部八册。《天禄琳琅书目》卷四《影宋钞经部》著录赵汝楳《周易辑闻》一函六册，计六卷。《四库全书总目》卷三著录赵汝楳《周易辑闻》六卷，附《易雅》一卷、《筮宗》一卷，云："考《宋史·赵善湘传》，载其说《易》之书，有《约说》八卷、《或问》四卷、《指要》四卷、《续问》八卷、《补过》六卷，盖研究是经用功最久，故汝楳承其家学，以作是编。其说据《汉书·儒林传》，称费直惟以《彖》《象》《系辞》十篇、《文言》解说上下经，疑《说卦》《序卦》《杂卦》皆为汉儒窜入，又以《系辞》多称'子曰'，定为门人所记，非夫子之书，因置此诸传，惟注经文。其以《象传》散附《彖》辞，《小象》散附爻辞，仍用王弼之本。其以《大象》移于卦画之后、《彖》辞之前，以《文言》散附《乾》《坤·彖传》及《小象》后，则又汝楳之新意，割裂颠倒，殊属师心。又王弼本虽移传附经，尚有'《彖》曰'、'《象》曰'、'《文言》曰'字以存识别，汝楳并此而去之，使经传混淆，茫然莫辨，尤为治丝而棼。其每卦之首，皆以卦变立论，亦未免偏主一隅。然其说推阐详明，于比应乘承之理，盈虚消长之机，皆有所发挥，不同穿凿，于宋人《易》说之中，犹为明白笃实。"按：有《四库全书》本等。

又，《读易举要》卷四云赵汝楳"又撰《大易丛书》多有发明"。此书又名《易序丛书》，《文渊阁书目》卷一著录赵汝楳《易序丛书》一部四册。清代《续文献通考》卷一四二引纳兰性德云："《周易辑闻》《易雅》《筮宗》合名之曰《易叙丛书》。"《四库全书总目》卷七著录《易序丛书》十卷，云："旧本题宋赵汝楳撰。汝楳有《周易辑闻》六卷、《易雅》一卷、《筮宗》三卷，总谓之《易序丛书》，已著于录。此本亦分十卷，卷各为目，惟首二卷为《易雅》《筮宗》，自第三卷至七卷则言兵法，所载营陈队伍图法甚备，皆与《易》绝不相涉，惟第八卷《六日七分论》及第九卷、十卷《辨方》《纳甲》二篇，尚颇存汉学之旧，然文字亦多脱误，疑好事者偶得其残本，不知完帙尚存，杂钞他书以足十卷之数也。卷首有董其昌名印，则其来已久，殆明人所杂编欤？"此外，黄震《黄氏日抄》卷三四《晦庵先生文集一·答袁机仲诸书》云朱熹"谓《参同》书本不为明《易》，乃姑借此纳甲之法，以寓其行持进退之候，异时每欲学之而不得其传，无下手处，不敢轻议。先生盖自贬以讥袁之轻议也。愚按近世赵一岩编《易序丛书》，乃直指此为先生欲学《参同》而不能，先生岂欲学《参同》者哉？烛破如此明白，又岂不能者哉？"

易　雅

赵汝楳撰。

赵汝楳《易雅序》云："《尔雅》，训诂之书也，目张而汇聚读之，事义物理，秩然在前，富哉书也，经之翼乎！厥后《广雅》《博雅》《埤雅》虽依放为书，大概于道无所益。《易雅》之作，则异于是。易，变易也，卦殊其义，爻异其旨，万变毕陈，众理丛载，学者如乍入清庙，目炫于尊彝币玉，体烦于升降盥奠，耳乱于钟鼓磬箫。凡礼之文、乐之节，且不暇品名，况能因之以知其实乎？又若泛沧海而罔识乡往之方，游建章而不知出入之会。汝楳尝病焉，乃复熟画辞而为此书，庶几缘是指入易之迷津，求体易之实用。或曰：'子何沈锢辞画，不能融浑希微若是哉？'余曰：'程子论为学之害曰："昔之害，乘其迷暗，今之害，因其高明。"'自谓之穷神知化，实则不足以开物成务；言为无不周徧，实则外于伦理。嗟夫！浅深非二水，体用非二物，精粗无二理也。《易》之为书，言近而指远，不知言，何以知其指通乎？近则远固在是，傀慕远而失诸近，吾知两失之而已尔。世或外辞画以求易，则此书为赘，否则不易吾言矣。程子之论，真为学之大闲欤。"

《文渊阁书目》卷一著录赵汝楳《易雅》一部一册。《四库全书总目》卷三著录赵汝楳《易雅》一卷，云其书"总释名义，略如《尔雅》之释《诗》，故名曰'雅'，其目曰通释、曰书释、曰学释、曰情释、曰位释、曰象释、曰辞释、曰变释、曰占释、曰卦变释、曰爻变释、曰得失释、曰八卦释、曰六爻释、曰阴阳释、曰太极名义释、曰象数体用释、曰图书释，凡十八篇。其论《图》《书》，曰易有衍数，有积数，自五衍而为五十者，衍数也，自一、二、三、四、五积而为五十五者，积数也。《图》《书》二数，皆积数之俦，不可以与于撰著也，故舍《图》《书》之名而论二数，则自有妙理，强二数以《图》《书》之名，则于经无据，可谓善于解纷矣"。按：是书附《汝楳辑闻》行世。

筮 宗

赵汝楳撰。

赵汝楳《筮宗序》云："神哉蓍乎！圣人所以决疑定志，明吉凶以成大业。斯兴治辅化之务，君子所当尽心，非卜史事也。圣人无惑，众人未能免惑，圣人不欲以己意解人之惑，天生神物，以前民用，圣人托之，虽曰神道设教，非无是理而矫诬斯世也。太极既判，气化而凝，寒暑之往来，三光之运烛，动者植者之荣瘁消长，夫孰使然？必有妙于其间者。故祸福之至，有开必先，斯实然之理，若而吉，若而凶，曷去曷就，众人惑焉。圣人洞其几而发其缊，而神著告焉，是以事举而民信，业巨而名巍。若夫进德修业之君子，趋吉避凶之众人，莫不以之。嗟夫！有著道，道生于庖牺。有著用，用著于妫帝，而详于箕畴。筮有职，大宗伯率之；揲有法，《大传》明之；占有验，《左氏传》《国语》可考也。孔圣没，错歇至唐，始有裔孙推明其法，幸经程子、朱子之正订，后学得讲求之。汝楳承先君子训，且俾博考先传，粗得其说，作《筮宗》。宗，聚也，筮之学聚此编也。抑尝谓太极未判，则为阴为阳不可测，判则阴阳著矣。蓍未分，则为九六、为七八未可辨，分则九六、七八定矣；人心未动，则为吉为凶未可必，动则吉凶断矣。方无思无为，寂然不动之时，吾心犹太极也，犹未分之蓍也。一有感焉，图存而亡兆，计安而危伏，固不待驷舌之追。措诸事业，而吉凶祸福已对立于胸中，是知吉凶界限，判于心动之初。君子必恐惧于不闻不睹，而致谨于喜怒哀乐之未发，使此心凝然湛焉，昭乎絜如，常若太极之未判，蓍策之未分，则天理全，人欲尽，念兹释兹，语默出处，皆纯乎道。夫如是有不动，动斯吉；有不筮，筮斯神。此圣人心筮之妙，是为蓍筮之本。"

《四库全书总目》卷三著录赵汝楳《筮宗》一卷，云："朱彝尊《经义考》作三卷。盖是书原本题《明本》第一、《述筮》第二、《先传考》第三，彝尊以一篇为一卷也。其推明大衍之数，颇为明白，于诸家旧说，一一条辨，亦具有考订云。"按：是书附《汝楳辑闻》行世。

周易家说

戴侗撰。

戴侗，字仲达，温州永嘉（今属浙江）人。戴仔弟。《万姓统谱》卷九九云其淳祐年登第，由国子簿守台州。德祐初，召为秘书郎，继迁军器少监，"亦辞疾不起。年踰八十卒。有《易》《书》《四书家说》《六书故内外篇》"。元郑构撰、刘有定注《衍极》卷上云戴侗自号合溪，"列官于朝，出尹台州。其父蒙，从学于武夷。兄仔。盖父子弟第自为师友，以成其书（《六书故》）。凡二十四卷，通二十册，延祐庚申（1320）冬重镂板于学宫。侗之言曰：'予为六书三十年而未卒功'"。

《经义考》卷三五云戴侗著《周易家说》，佚。

易学启蒙小传

税与权撰。

税与权，《四库全书总目》卷三云"与权始末未详，据其《自序》，知为魏了翁门人；据书末史子羣跋，知其字曰巽甫；据《书录解题》载其《周礼折衷》一条，知为临邛人尔"。按《直斋书录解题》卷二著录《鹤山周礼折衷》二卷，云"枢密临邛魏了翁华父之门人税与权所录"。则临邛乃指魏了翁，馆臣云云误。据税与权《鹤山师友雅言序》云："予登鹤山先生之门，盖历二纪……及先生返自南迁，起家镇泸，予执经从之，相携入京，登宥府视事，洎赐环奉藩，以乞梦奠，湖海往来，永日清夜，瞻前忽后。先生非圣之书不读，多发先儒所未言，昉于甲午（1234）夏以浃丁酉（1237）春，随所得录之，反复玩索，如入武库，如游宝藏，如登乔岳以观天下，斯所谓仰弥高而钻弥坚者。呜呼！以予四阅寒暑，凡所逮闻如此其富。"署"有宋嘉熙岁在鹑火辰会大火，门人巴郡税与权掩袂书于武林之孤山"。则税与权乃巴郡（今重庆）人，魏了翁晚年，税与权侍从出入。

税与权《易学启蒙小传序》云："易函万象者也，三《易》经卦皆八，其别皆六十有四。至孔子时，《周易》独存，汉、魏诸儒颇纷错之。朱文公采二吕氏、晁氏所传，著《易本义》，厘正文王、周、孔、上下经与十翼，共十二篇，而各还其旧。又以伏羲先天理数之原，特于《易学启蒙》而抉其秘，图象咸本诸邵氏。间与袁机仲谈后天易，则谓尝以卦画纵横，反复求之，竟不得文王所以安排之意，是以畏惧，勿敢妄为之说。与权曩从先师鹤山魏文靖公讲切邵氏诸书，乃于《观物篇》得《后天易上下经序卦图》反复视之，皆成十有八卦，然后知《乾》《坤》《坎》《离》《颐》《中孚》大小《过》不易之八卦，为上下二篇之干，其互易之五十六卦，为上下二篇之用。自汉扬子云谓文王重易，六爻互用，两卦十二爻，而唐孔颖达亦谓验六十四卦，二二相偶，非覆即变。孔子就上下经名而序其相次之义，非邵氏此图，则后天易之旨，千载不明矣。窃尝因此图而推之，上下经皆为十八卦者，始终不出九数而已。九者，究也，万类盈轫于天地间者，究之象也，是故《易》以十八变而起卦，《玄》以十八策而生日。大抵《易》六十四卦，不越《乾》《坤》奇偶之九画，而《乾》《坤》奇偶之画，又重为二九而穷，穷则变，故《革》在先天当十八二九之究也，在后天当四十九蓍数之极也。四十九而《革》去故，五十而《鼎》取新，开物于寅，帝出乎《震》，而循环无穷矣。盖天地五十有五之数，《河图》《洛书》实互用之，先天则《河图》之九而分左右，皆迭二九而周乎六十四；后天衍《洛书》之九而上下，亦合二九而总乎三十六。邵氏此图，岂非明羲、文之易同中异、异中同也欤？呜呼！孔子《杂卦》一传，专以反对而发后天易互用两卦十二爻之深旨也。学者潜玩《杂卦》，而参以子云、颖达之说，则于邵氏此图，信其为写出天地自然之法象矣。朱文公殆亦留斯义以俟后人邪？辄不自揆，敬述而申之，曰《易学启蒙小传》。"史子翚《跋》云："予质颛蒙，固尝读《易》，实未始有得也。友人税巽甫别十二年而会于京，一日，出所著《易学启蒙小传序》及《图》举似予，曰：'非吾臆说，此邵子奥学精义，前人偶未之思，吾固发明之尔。'予手其书，不能释者累日，盖犁然有会于心也。巽甫谓《先天图》皆两卦相对，合为二九之数，而后天上下经皆为十八卦者，始终不出九数而已。予玩而乐之，因悟《乾》《坤》纳甲之义，《乾》自甲而壬，《坤》自乙而癸，其数皆九也。巽甫谓后天以《震》《兑》为用，故孔子谓：'《归妹》，天地之大义。'予因悟《艮》《巽》者，《震》《兑》之反也，《震》东《兑》西，乃天地生成之方，日月出没之位，实备《乾》《坤》《坎》《离》而为下经之用也。故《泰》之六五亦曰：'帝乙归妹。'亦以互体有《震》《兑》焉尔。然则巽甫有得于邵子者固深，予因巽甫之书而有发焉。虽然，巽甫谓《乾》九能兼《坤》六，《坤》阴不能包《乾》阳。予谓六之中有一、三、五焉，则九数固藏于六也，《乾》《坤》二卦，阴中包阳，阳中包阴，巽甫以为如何？"时淳祐八年（1248）八月二日。

《读易举要》卷四云："淳祐戊申，巴郡税与权作《易学启蒙小传》，备述诸公得失，且曰：'王弼以上经《乾传》至下经《丰传》分为六卷，及韩康伯又以《上》《下系》为七、八卷，而《说卦》为第九，则统《序卦》第十、《杂卦》第十一通谓之《周易》卷第九，复以王弼《略例》足成《周易》十卷，使上、下二篇不成二篇，十翼不成十翼。'"又曰："巴郡税与权巽甫撰《易学启蒙小传》一卷，谓先天卦以对待观图虽列左右，而画皆十八；后天卦以反复观经虽分上下，而卦皆十八。《周易》一书，始终反复，二二相偶者，文王以两卦十二爻互观阴阳之消长，祸福之倚伏，孔子盖于《杂卦》发之。"《四库全书总目》卷三著录税与权《易学启蒙小传》一卷，附《古经传》一卷，云："初，朱子作《易学启蒙》，多发邵氏《先天图》义，至与袁枢论后天易，则谓'尝以卦画纵横反复求之，竟不得文王所以安排之意，是以畏惧，不敢妄为'之说。与权从魏了翁讲明邵氏诸书，以《观物篇》得《后天易上下经序卦图》，证以《杂卦传》及扬雄所称文王重易、六爻互用、两卦十二爻，孔颖达所称六十四卦二二相偶、非覆即变之说，知《乾》《坤》《坎》《离》《颐》《中孚》《大过》《小过》不易之八卦为上下两篇之干，其互易之五十六卦为上下两篇之用，即其图反复观之，上下经皆为十八卦，始终不出九数，以明羲、文之易，似异而同。盖阐邵子之说，以补《启蒙》之未备，所谓持之有故而执之成理者也。史子翚《跋》称：'因是书悟《乾》《坤》纳甲之义，《乾》自甲而壬，《坤》自乙而癸，其数皆九，而疑其《乾》九能兼《坤》六，《坤》阴不能包《乾》阳之说，谓六之中有一、三、五，则九数固藏于六，欲更与与权商之。'盖天下之数不出奇偶，任举一义，皆有说可通，愈推而愈各有理，此类是矣。谓非易之根本则可，谓非易中之一义则又不可也。"按：有通志堂本、《四库全书》本等。

校正周易古经

税与权撰。

税与权《周易古经发题》云："邵子《观物篇》曰：'八卦之象不易者四，反易者二，以六卦成八卦也。重卦之象不易者八，反易者二十八，以三十六变而成六十四卦也。故爻止乎六，卦止乎八，策穷于三十六，而重于三百八十四也。'又曰：'《乾》《坤》《坎》《离》为上篇之用，《兑》《艮》《震》《巽》为下篇之用，《颐》《中孚》大小《过》为二篇之正也，此所谓文王后天之学入用之位。《易启蒙小传》已著之，今复申其义于首云。'"其《后记》云："按吕汲公元丰壬戌昉刻《周易古经》十二篇于成都学官，景迂晁生建中靖国辛巳并为八篇，号《古周易》，缮写而藏于家。巽岩李文简公绍兴辛未谓北学各有师授，经名从吕，篇第从晁，而重刻之。逮淳熙壬寅，新安朱文公表出东莱吕成公《古文周易经传音训》，乃谓编古《易》自晁生始，岂二公或不见汲公蜀本欤？然成公则议晁生并上下经为非，而文公《易本义》则篇第与汲公吻合。与权向侍先师鹤山魏文靖公讨论此经，将以邵子《观物》所言为断，著文王、周公正者八卦，变者二十八卦之《繇辞》于册，题曰《周易古经上下篇》，冠于十翼，以还孔子韦编之旧，使百世之下，学者复见全经，而附数公序辨于末。天不慭遗，先师梦奠，倏踰一纪，慨师友之凋谢，惧异学之支离，不量固陋，推本邵子所述，刊定《周易古经上下篇》如前，以卒先师之志。而羲、文经卦、重卦大义，则于《易学启蒙小传》详之。若夫训诂之真讹，讲解之得失，则有汉、魏以来诸儒之说在，学者其审于决择哉。圣宋淳祐戊申良月初吉。"又《后记》云："邵子《皇极经世》于六经止取经圣人之手者四，然四经中，《易》又经伏羲、文王、周公之手，则此经可谓最古，而卷第最不明。盖汉、魏以来诸儒之罪，而王弼、韩康伯尤其罪之魁者也。按史，费直虽以《彖》《象》《文言》参解《易》爻，初不言分传以附经。魏志谓郑康成始合《彖》《象》于经，厥初犹如今《乾卦》附之于后。至王弼则自《坤》以下各爻联缀之，标题乃以上经《乾传》至下经《丰传》分为六卷，已不知于义何居？及韩康伯又以《上》《下系》为七、八卷，而《说卦》为第九，则统十翼中《序卦》为第十、《杂卦》为第十一，通谓之《周易》第九卷，末复以王弼《略例》足成《周易》为十卷，使文王、周公上下二篇之经不成二篇，而孔子十翼不成十翼，汉、魏迄今几千余年，列于学官，专置博士，无一人能辩其非者，惑世诬民，抑何甚哉！故曰汉、魏以来诸儒之罪，而至王弼、韩康伯尤其罪之魁者也。先师魏文靖公在时，相与叹恨，尝欲刊正之而未果。子既本邵子定著《周易古经》二篇冠于十翼，以酬先师九原之志，而从丞相克斋游公质之。吁！前圣作经以俟后圣，而异学汩乱如此。顾惟晚陋，何敢轻议古人，然不直则道不见，知我罪我者察焉。是岁日南至，与权再题。"再为《后记》云："予既本邵子定著《周易古经上下篇》与十翼如前，而谓眆乱圣经者，汉、魏以来诸儒之罪，而王弼、韩康伯尤其罪之魁者也。或靳之曰：'嘻！其甚矣。《易》非王、韩，何以传至今？子独不见先正尝黜与注疏异说者乎？'予曰：'不然。《易》更三圣，虽暴秦焚书，《易》以卜筮获免，此殆天未丧斯文也。按《西汉·儒林传》，费直始以《彖》《象》《系辞》《文言》十篇解说上下经，岂曾错杂二篇与十翼哉？泊东汉马、郑首乱圣经，王、韩尤而效之，故范宁著论，谓浮虚相扇，儒雅日替，其原起于王弼、何晏，其罪深于桀、纣。桀、纣之罪祸一世，王、何之罪迷历代。予尝考王、何与韩三人之本末，盖王、何同仕正始，而以曹爽兄弟为主；弼尚老、庄，世讥其叙浮义则丽辞溢目，造阴阳则妙赜无间，然坐曹爽党而摈；晏则自以为与夏侯太初、司马子元得《易》之神深者，亦坐曹爽而族。若康伯，虽孔氏颖达言其亲授学于王弼，然诋《序卦》非《易》之缊，已无忌惮，而史载其与袁宏辩谦，亦卑而无甚高论。本朝接南北五代道丧文弊之后，一时名卿姑以注疏不可倍，而矫士习之轻浮，遂使世之父祖诏子孙，师诏其弟子，锢成风疾，牢不可破。不知《易》经数圣人手，而《论语》乃亲传孔门格言，岂彼晏等仕操、懿者可污篇端而擅古注集解之笔哉？夫孔子大圣人，迁、固以为晚而喜《易》，读之韦编三绝，而紫阳翁以《史记·世家》订之，谓孔子反鲁，实哀公十六年丁巳，时年六十八，然定《书》、删《诗》、正《乐》、序《易·彖》《象》《说卦》《文言》，有"假我数年，卒以学《易》"等语，然则紫阳翁盖信迁、固"晚而喜《易》"，而不信何晏《论语集解》"五十以学《易》"云耳。矧弼虽弱冠而废死，康伯踰四十，惑于日者而病死，乃敢干乱文王、周公之经，而轻訾孔子十翼，揆以《春秋》斧钺诛绝不贷，而三圣遗经，奚待若人而传千百年间，仅有范宁声其罪而讨之。子以予言为过，岂是非好恶果易乎我心之所同然哉？'因答或人，而志其说于此。岁己酉正月，与权谨三书之。"

《读易举要》卷四云："税氏有《周易古经》，以六十四卦约为二十六，而爻辞皆系于左，《屯》之辞书向下，《蒙》之辞书向上。"又云其"又编《周易古经》，如《屯》《蒙》《需》《讼》可反者止画一卦，其《彖》辞则系于卦下，爻辞则各系于爻下，如《乾》《坤》《坎》《离》不可反者则迭画两卦，而发爻所系亦如《屯》《蒙》《需》《讼》，极诋王弼、韩康伯分经合传之失。淳祐戊申成书。魏鹤山门人"。俞琰跋云："此书系借陈笑闲写本抄录。其正经二篇并十翼，与晦庵无异，其注十翼，即晦庵本，故不复录。大德丙午九月十六日，石涧俞琰志。"按：《经义考》卷三六云"阙"。《四库全书》收录一卷，附《易学启蒙小传》

行世，其卷末云："右税氏《周易古经》分为二篇，《象上传》一，《象下传》二，《象上传》三，《象下传》四，《系辞上传》五，《系辞下传》六，《文言传》七，《说卦传》八，《序卦传》九，《杂卦传》十。其经卦如《乾》《坤》不可反则画两卦，如《屯》《蒙》可反止画一卦。今录其《乾》《坤》《屯》《蒙》四卦为例，余象不复录。"

易　说

高斯得撰。

高斯得（1201～1277），《宋人生卒行年考》。字不妄，号耻堂，邛州蒲江（今属四川）人。绍定二年（1229）举进士。"辟差四川茶马干办公事，李心传以著作佐郎领史事，即成都修国朝会要，辟为检阅文字。"此后"心传方修《四朝史》，辟为史馆检阅，秩同秘阁校勘，盖创员也。斯得分修光、宁二帝纪。寻迁史馆校勘，又迁军器监主簿兼史馆校勘"。后历官秘书监，擢起居舍人兼国史院编修官、实录院检讨官兼侍讲，兼权工部侍郎，迁工部侍郎，以显文阁待制知建宁府。度宗崩，以权兵部尚书召，擢翰林学士兼侍读，进端明殿学士、签书枢密院事兼参知政事，罢，"于是宋亡矣。所著有《诗肤说》《仪礼合抄》《增损刊正杜佑通典》《徽宗长编》《孝宗系年要录》《耻堂文集》行世"。《宋史》卷四〇九有传。按：《经义考》卷三八引《中兴馆阁续录》云高斯得"咸淳五年除著作佐郎"。然检《南宋馆阁续录》卷八，高斯得于淳祐五年十月以太常博士除秘书郎，十一月除著作佐郎。《经义考》云云有误。

《耻堂存稿》卷首龚王《序》云其与高斯得仲子纯彦韩孺甫居吴中，"同里巷者二十年，窃获窥所著述，《易》《诗》皆有说，诸史有抄，杜佑《通典》有增损，若《孝庙实录》则尝秉笔太史氏，卒就遗编以自靖献者也"。《经义考》卷三八云高斯得著《易肤说》，引周密曰："高耻堂自世变后，极意经史，著述甚多，手抄日以万字。"又曰："姚子敬处有耻堂《易肤说》。"又曰："子昂云高耻堂有《易说》《诗》《书解》。"按：本书佚。

羲易正元

刘半千撰。

《宋史·艺文志·易类》著录刘半千《羲易正元》一卷。刘半千，事迹未详。《淳熙三山志》卷三二载宝祐元年（1253）科文举特奏名有刘半千，或即此人。按：本书佚。

水村易镜

林光世撰。

林光世，字逢圣，兴化军莆田县（今属福建）人。"淳祐十一年（1251）九月以《易》学召赴阙，十二月有旨充秘书省检阅文字，十二年二月敕授常州文学，职事仍旧。宝祐二年（1254）正月补迪功郎，五月有旨俟书毕日与在外合入差遣，九月特添差浙西提举司干办公事。"《南宋馆阁续录》卷九。《宋史》卷四三《理宗纪三》载淳祐十一年八月"辛亥，诏：比览林光世《易范》，明易推星，配象演义，有司其以礼津遣赴阙"。《经义考》卷三五引《闽书林》云其"景定二年赐进士出身。初，淮东漕臣黄汉章上其所著《易镜》，由布衣召为史馆检阅，迁校勘，改京秩，自将作丞知潮州，开庆元年（1259）召为都官郎中，后入为司农少卿兼史馆"。《会稽续志》卷二载其于景定元年（1260）以朝奉大夫、将作监除提举浙东常平仓事，"十月十八日到任，十一月时暂兼权绍兴府、浙东安抚，二年五月除直秘阁依旧，十月勅特赐同进士出身，十一月除司农少卿"。

林光世《自序》略云："古之君子，天地、日月、星辰、阴阳、造化、鸟兽、草木无所不知，不必读繇辞、爻辞，眼前皆自然之易也。世道衰微，易象几废，孔圣惧焉，于是作《大象》《小象》，又作《系辞》，明明以人间耳目所易接者立十二象，令天下后世皆知此象自仰观俯察而得也。曰鸟兽、曰身、曰物，则次之《大象》《小象》者，释《易》也。《系辞》者，又释《大象》《小象》也。十二象者，又释《系辞》也。后世诸儒释《易》，凡天地变化、阴阳消长、君子小人进退之道，言之详矣，不可复加矣，独仰观俯察之学，则置而不言。臣拘拘尘世，磨蚁酰鸡，何能透彻？家有藏书万卷，少年父师律举子业，不许读，晚始窥先大父删定臣霆手校《灵宪图》。时秦师垣为同年，屡诋和戎之非，挂冠归莆，怆然语郑夹漈曰：'吾向在汴，送季父主客郎中臣冲之使北也，至孟津，夜见天床星动，未几国事忍言。今约子夜观星，问何年当太平。'臣读《灵宪图》，虽知天，然未知星与《易》合。岁在丙午(1246)，朝贤喧《易》九之戒，天子恐惧修省，星之逆者皆轨道。臣时居海上，自幸此身不死，可以观星，可以读《易》，从事心目，不顾寒暑。忽一夕观天有所感，纵观天泽火雷风水山地八宫之星，皆自然六十四卦也，遂顿悟圣人画卦初意。臣何修得此于天，隐而不言，咈天也，敢先以《系辞》自《离》至《夬》十三卦，凡十二象，笔之书，愿与通天地人之君子演而伸之，亦以补诸儒之所未言焉。"《经义考》卷三五。清人纳兰性德曰："林氏世多忠节，光世曾祖霆博学深象数，与郑樵为金石交。光世渊源家学，遍览藏书，因《易》十三卦，取法乾象者著为图说，以明圣人仰观之义，名曰《易镜》。理宗览而惊异，以为先儒所未发，手书'水村'二字赐之，因作亭以彰其宠。"《续文献通考》卷一四二。

《千顷堂书目》卷一著录林光世《水村易镜》一卷。《四库全书总目》卷七著录林光世《水村易镜》一卷，云："是书序称丙午，盖成于理宗淳祐六年。大旨据《系辞》之语，谓诸儒诂《易》，独遗仰观俯察之义，因居海上，测验天文，悟天泽火雷风水山地八宫之星，皆自然有六十四卦，遂以星配卦，先取《系辞》所列，自《离》至《夬》十三卦，推阐其旨，以发大凡。所列星图，穿凿附会，自古说《易》之家未有纰缪至此者。夫庖牺仰观天文，亦揆其盈虚消息之运耳，何尝准列宿画卦哉？后永丰陈图作《周易起元》，又以名山大川分配六十四卦，谓之察于地理，充乎其类。殆不至以鸟兽配卦，不止矣。"按：《经义考》卷三五云"存"。

太极图说

徐霖撰。

徐霖（？～1262），字景说，衢州西安（今浙江衢州）人。"年十三，有志圣人之道，取所作文焚之，研精六经之奥，探赜先儒心传之要"。淳祐四年（1244）试礼部第一，授沅州教授，擢秘书省正字，迁校书郎，改宣教郎、主管云台观。十二年迁秘书省著作郎，兼国史编修实录检讨，兼权尚佐郎官兼崇政殿说书，兼权左司，出知抚州，知袁州。开庆元年（1259）差主管崇禧观，景定二年（1261）知汀州。明年卒。《宋史》卷四二五有传，云："霖闲居衢，守游钧筑精舍，聘霖为学者讲道，是日听者三千余人。"

《明一统志》卷四三载徐霖所著有《太极图说》及遗稿五十卷。《雍正浙江通志》卷二四一引《两浙名贤录》称徐霖著《太极图说》一卷。案：佚。

周易会粹

杨明复撰。

杨明复，字复翁，临海（今属浙江）人。《万姓统谱》卷四一云其

"操履纯正，博通经籍。著述有《周易会粹》《尚书畅旨》《诗学发微》
《冠婚丧祭图》。号浦城先生"。《雍正浙江通志》卷一七六云"景定间，
王守华甫聘为郡学正"。按：《经义考》卷三七云本书"未见"。

易象占

李桂老撰。

李桂老，台州黄岩（今属浙江）人。嘉熙二年（1238）戊戌周坦榜
进士。官秘书丞。著有《易象占》二卷。《雍正浙江通志》卷一二八、
卷二四一。按：本书佚。

易注解义

方濯撰。

方濯，莆田（今属福建）人。嘉熙二年（1238）进士，官广州观察
推官。著有《易批注义》一卷。《雍正福建通志》卷三五、卷六八。按：
本书佚。

易　解

卓得庆撰。

卓得庆（1207～1277），字善夫，号乐山，兴化军（今福建莆田）
人。绍定壬辰（1232）甲科进士。景定二年（1261）十一月以太常博士
除秘书郎，三年五月为著作佐郎，四年正月除著作郎，兼权右曹郎官，
兼沂靖惠王府教授，七月差知漳州。《南宋馆阁续录》卷八。召授兵部
郎中。德祐丙子（1276），以大理卿趣行，辞以疾。景炎二年除右文殿
修撰、户部尚书。是年元兵逼城，得庆并二子规、权被杀，年七十二。

《万姓统谱》卷一一四。

宋黄仲元《四如集》卷四《寿藏自志》云"卓乐山以《易解》嘱余叙篇端，未七日而乐山亦以兵死"。按：佚。

易　说

阳岊撰。

阳岊，字存子，号存庵，亦作存斋，原名醇，字东翔，合州巴川（今四川铜梁东南）人。阳枋族侄，与阳枋同师从考亭门人莲荡夏渊。人称"小阳先生"，与阳枋并称"二阳"。

《经义考》卷三五云阳枋著《存斋易说》，阳岊著《字溪易说》，皆佚。按：阳枋号字溪，存斋乃阳岊之号，见《字溪集》卷八《侄曾孙尚字志孟说》、卷十二附录《纪年录》《有宋朝散大夫字溪先生阳公行状》。朱氏云云误。《经义考》又按曰："二阳《易说》，其学本于朱子门人夏氏，黄晋卿所谓'大阳先生枋''小阳先生岊'也。其后裔又有《玉井易说》，而杨用修《志》《全蜀艺文》、曹能始记蜀中著作，均未之及，何与？"

易　故

欧阳守道撰。

欧阳守道（1208～1272），字公权，吉州（今江西吉安）人。初名巽，字迁父，"自以更名应举非是，当祭必称巽"。淳祐元年（1241）举进士，授雩都主簿。江万里"作白鹭洲书院，首致守道为诸生讲说。湖南转运副使吴子良聘守道为岳麓书院副山长。守道初升讲，发明孟氏正人心、承三圣之说，学者悦服"。江万里入为国子祭酒，荐为史馆检，授秘书省正字，迁校书郎兼景宪府教授，迁秘书郎，以言罢。咸淳三年（1267）与祠。因荐添差通判建昌军，迁著作佐郎兼崇政殿说书、兼权都官郎官，迁著作郎。卒。所著有《易故》《巽斋文集》。《宋史》卷四一一有传。据文天祥《文山集》卷十六《祭欧阳巽斋先生》云"维岁次癸酉正月乙卯朔越七日辛酉，学生具位文某谨致祭于故先生殿讲大著刑部巽斋欧阳公棺前"，又云"先生官二著不为小，年六十五不为夭，有子有孙而又何憾于斯"。故推知其卒于咸淳八年壬申，而生于嘉定元年。按：本书佚。

易象本旨

刘定子撰。

刘定子，为欧阳守道友人。余未详。

欧阳守道《巽斋文集》卷二〇《题易象本旨后》云："刘君定子以所著《易象本旨》惠教。予既录而藏之，又欲取其间所疑、概之予心而未尽安者告定子，以折衷一是之论，然而未之敢也，微以言卜定子可否，而定子慨然曰：'予以是书来，岂欲执事谩不加省而称善哉？有先儒之训，予不当辄出臆见，然而恃先儒之训而不及求诸心，则是名尊先儒而实济偷也。故是编之作，虽不敢保其不畔，而幽思穷探以得之，又惟人之常情，思而有得则必喜，喜则见其得而不见其失。此非独予病之，将先儒亦病之，故先儒晚岁之书，比之初本，几于窜易且尽者，盖不肯以一日之见自安也。予实有志于学先儒之学，而幸予精力之方强，子宜有以语我。'噫！甚矣，予何敢疑焉而不告？凡予欲质者数事且如别录，抑学者之于《易》，非徒玩其辞而已也。自强不息，己当自强不息也；厚德载物，己当厚德载物也。充此类，则一象无不为己设，又畅而通之，则岂特一象一义也？穷天下万理，无不在易焉，亦无不在我焉，象固未有尽也。《易》固公天下万世之书，然我辈读之，当见古先圣人如特为己作者。定子于此将终身焉，予之不敏，岂徒愧定子之著书而已哉？他日当见定子以《易》，周旋为《易》，所谓君子使予有所企望而常不及也。《易》曰：'学以聚之，问以辨之，宽以居之，仁以行之。'学聚问辨，而能优游涵养，则有以居之而不失，是之谓宽。既而体之于身，凡天地万物之理皆备于我，而无可违者，所谓仁也。学至此，则易之全体也，而象可以忘矣。定子将别，书其语于卷末而归之。噫！子诚有意，恨予相去之远，而不得日相见也。"按：佚。

易象通义

冯去非撰。

冯去非，字可迁，号深居，南康都昌（今属江西）人。冯椅子。淳祐元年（1241）进士。宝祐四年（1256）为宗学谕，丁大全签书枢密院事，参知政事蔡抗去国，去非亦以言罢。《宋史》卷四二五有传。

《读易举要》卷四云："冯去非撰《深居易象通义》一卷，专解六十四象，自'天行健'至《未济》。"《周易启蒙翼传》中篇云其撰"《易象通义》，其文专解上下经、《大象》"。按：佚。

周易二篇通故图说

冯去非撰。

《读易举要》卷四云冯去非"又有《深居易说》一卷，杂论经传之辞义，淳祐戊申（1248）成书"。据《周易启蒙翼传》中篇，即《周易二篇通故图说》。按：佚。

周易管见

田君右撰。

田君右，字良臣，缙云（今属浙江）人。《雍正浙江通志》卷一八二引《缙云县志》云其"幼习举子业，尝一举不合时文尺度，遂隐居著书，有《太极》《通书说》《易》《春秋管见》《性理七篇》《河图洛书》《太衍揲蓍》《太玄准易说》《参同契辨》《律吕》《天文》《地理精考》《诸史类考》共若干卷"。按：本书佚。

太极说

田君右撰。

《雍正浙江通志》卷一八二引《缙云县志》云田君右著有《太极说》。《经义考》卷七一云一卷。按：佚。

朴山易说

严肃撰。

严肃（1211~1276），字子方，号朴山，吉州太和（今江西泰和）人。著《朴山易说》十四卷。"咸淳中，江丞相万里、马丞相廷鸾皆好其书，献之天子，征为秘书省校勘"，"到官数月，即自免去"。至"宋亡之岁三月二十有五日，亦以疾亡"，年六十六。事迹详见元揭傒斯《文安集》卷一二《严先生碑》，并云："夫易之道深远矣。世之言《易》者至众矣，严氏之书最晚出，致使名宰相献之天子，藏之秘府，固有以得圣人之心乎……先生以四圣人之心，竭四十年之力，其书不与国俱尽，宜哉！先生之被征召也，到官数月，即自免去，曰：'吾岂以六十之年，而不知其所止乎？'《易》曰：'介于石，不终日，贞吉。'言知几矣。"又吴澄《吴文正集》卷八六《从仕郎瑞州路高安县尹严君墓志铭》有云"宋之季有吉太和严氏进《易解》，余及见其书"。刘将孙《养吾斋集》卷十五《朴山书院记》有云朴山严公"为宋咸淳间明经大儒，六经俱有义疏，惟《易传》成书，固上之熙明，藏之东观。当时名相古心江文忠公、碧梧马公咸敬而荐之，不合，各为《易传》序"。按：本书佚。

周易见一

胡仲云撰。

胡仲云（？～1275），字从甫，高安（今属江西）人。"年十三，悉通书史。入太学，率诸生伏阙上书，论罢京尹余晦。蔡适为祭酒，仲云与弟仲霖师之，尽得朱氏之学"。淳祐十年（1250）庚戌方逢辰榜进士。历太学正、国子监主簿、枢密院编修官，摄尚书右司，黜为浙东提刑兼权绍兴安抚。丁母忧去，"岁余闻九江失守，避地南海，携家溯流至庐陵而卒"。所著有《六经蠡测》《周易见一》《四书管窥》《历代遗论》《宋朝政论》及文集三十卷。《雍正江西通志》卷五一、卷七一。据《宋史》卷四七《瀛国公本纪》，元军攻陷江州在德祐元年正月丙戌日。故推知胡仲云当卒于是年。按：本书佚。

系辞解

徐渊撰。

徐渊，兰溪（今属浙江）人。《雍正浙江通志》卷二三八称"宋秘书徐困"。"困""渊"通。则其尝官秘书丞，余不详。

《雍正浙江通志》卷二四一云徐渊著《系辞解》十二卷。按：佚。

读易日抄

黄震撰。

黄震（1213～1281），字东发，庆元府慈溪（今属浙江）人。宝祐四年（1256）进士。累擢史馆检阅，与修宁宗、理宗两朝国史、实录。因直言出判广德军，知抚州，改提点刑狱，皆有惠政。宋亡不仕。及卒，门人私谥曰文洁先生。著有《黄氏日钞》一百卷。《宋史》卷四三二有传。

《读易日抄》一卷，载于《黄氏日抄》卷六，黄震《序》云："《易》，圣人之书也，所以明斯道之变易，无往不在也。王弼间以《老》《庄》虚无之说参之，误矣。我朝理学大明，伊川程先生始作《易传》，以明圣人之道，谓：'《易》有圣人之道四焉，以言者尚其辞，以动者尚其变，以制器者尚其象，以卜筮者尚其占。吉凶消长之理、进退存亡之道备于辞，推辞考卦，可以知变，而象与占在其中。'故其为传，专主于辞，发理精明，如揭日月矣。时则有若康节邵先生，才奇学博，探赜造化，又别求易于辞之外，谓今之《易》，后天之《易》也，而有先天之《易》焉，用以推占事物，无不可以前知。自是二说并兴，言理学者宗伊川，言数学者宗康节，同名为《易》，而莫能相一。至晦庵朱先生作《易本义》，作《易启蒙》，乃兼二说，穷极古始，谓《易》本为卜筮而作，谓康节《先天图》得作《易》之原，谓伊川言理甚备，于象数犹有阙。学之未至于此者，遂亦翕然向往之，揣摩图象，日演日高，以先天为先，以后天为次，而《易经》之上，晚添祖、父矣。愚按《易》诚为卜筮而作也，考之经传无有不合者也；爻者诚为卦之占，吉凶悔吝者诚为占之辞，考之本文亦无有不合者也。且其义精辞核，多足以发伊川之所未及，《易》至晦庵，信乎其复旧而明且备也。然吉者必其合乎理，凶悔吝者必其违乎理，因理为训，使各知所趋避，自文王、孔子已然，不特伊川也。伊川奋自千余载之后，《易》之以卜者，今无其法，以制器者，今无其事，以动者尚变，今具存乎卦之爻，遂于四者之中，专主于辞以明理，亦岂非时之宜而《易》之要也哉？若康节所谓先天之说，则《易》之书本无有也，虽据其援《易》为证者凡二章，亦未见其确然有合者也。其一章援'易有太极，是生两仪，两仪生四象，四象生八卦'，曰'此先天之卦画'，于是尽改《易》中伏羲始作八卦之说与文王演易、重为六十四卦之说，而以六十四卦皆为伏羲先天之卦画。其法自一画而二，二而四，四而八，八而十六，十六而三十二，三十二而六十四。然生两、生四、生八，《易》有之矣。生十六、生三十二，《易》此章有之否耶？其一章援《易》言'天地定位，山泽通气，风雷相薄，水火不相射'，曰'此先天之卦位也'，于是尽变《易》中离南坎北之说与凡震东方卦、兑西方卦之说，以乾南坤北为伏羲先天之卦位。其说以离为东，以坎为西，以兑、巽为东南、西南，以震、艮为东北、西北。然天地定位，安知非指天位乎上、地位乎下？而言南方炎为火、北方寒为水，亦未见离与坎之果属东与西，而可移离、坎之位以位乾、坤也？《易》之此章，果有此位置之意否耶？且《易》之此二章，果谁为之也？谓出于孔子，孔子无先天之说也；谓出于伏羲，伏羲未有《易》之书也，何从而知此二章为先天者耶？图方画于康节，何以明其为伏羲者耶？然闻先天为演数设也，夫《易》于理与数固无所不包，伊川、康节皆本朝大儒，晦庵集诸儒之大成，其同其异，岂后学所能知？顾伊川与康节生同时，居同洛，相与二十年，天下事无不言，伊川独不与言《易》之数，康节每欲以数学传伊川，而伊川终不欲。康节既殁，数学无传，今所存之空图，殆不能调弦者之琴谱。晦庵虽为之训释，他日晦庵答王子合书，亦自有康节说伏羲八卦近于附会穿凿之疑，则学者亦当两酌其说而审所当务矣。伊川言理，而理者，人心之所同，今读其传，犁然即与妙合。康节言数，而数者，康节之所独，今得其图，若何而可推验？此宜审所当务者也。明理者虽不知数，自能避凶而从吉，学数者傥不明理，必至舍人而言天，此宜审所当务者也。伊川之言理，本之文王、孔子，康节之言数，得之李挺之、穆伯长、陈希夷，此宜审所当务者也。穷理而精，则可修己治人，有补当世；言数而精，不过寻流逐末，流为技术，此宜审所当务者也。故学必如康节，而后可创言先天之《易》；学必如晦庵，而后可兼释《先天》之图。《易》虽古以卜筮，而未尝闻以推步，汉世纳甲、飞伏、卦气，凡推步之术，无一不倚《易》为说，而《易》皆实无之。康节大儒，以《易》言数，虽超出汉人之上，然学者亦未易躐等。若以《易》言理，则日用常行，无往非《易》，此宜审所当务者也。"

易纲领

家铉翁撰。

家铉翁（1213～?），眉州（今四川眉山）人。以荫补官，累官大理少卿、枢密都承旨、知建宁府兼福建转运副使，权户部侍郎兼知临安府、浙西安抚使，迁户部侍郎、权侍右侍郎，仍兼枢密都承旨，赐进士出身，拜端明殿学士、签书枢密院事。宋亡，元授其官，不受。铉翁"其学邃于《春秋》，自号则堂，改馆河间，乃以《春秋》教授弟子，数为诸生谈宋故事及宋兴亡之故，或流涕太息"。元成宗即位，放还，赐号处士，锡赉金币，皆辞不受。又数年以寿终。《宋史》卷四二一有传。《元史·成宗纪一》载至元三十一年（1294）六月，"宋使家铉翁安置河间，年踰八十，赐衣服遣还家"。林景熙《霁山文集》卷一《闻家则堂大参归自北寄呈》题注曰："丙子（1276）春，巴延兵至杭州，则堂家铉翁以参知政事与丞相吴坚等充祈请使诣燕，申祈请之议。国亡，守志不仕，贬河中府十九载。至元三十一年甲午，召还，放自便，乃归江南，时年八十有二矣。"

家铉翁《则堂集》卷三《晋斋说》有云"余尝传《易》释卦义"，又言："文王所言者《易》之用也，夫子所言者《易》之学也。即象以明义，初无以大相远。"同卷《勉堂说》有"余所著《纲领》"云云。又《心斋说》略云："余丱角时受学于梁山贾齐乡先生……岁在癸亥（1263），余年半百，始定学问之指归，著《心原》《性原》《春秋》《易纲领》以述其中欲言者，独与子侄讲之……（余）自燕徙瀛，地近中原，士有志于道者不鄙而辱临之，于是记忆旧闻，勉揩病目，手萃成编，相与共学……士希贤，贤希圣，圣希天，希之以其心也，存之而存，正之而正，养之而定，贯之而一，融之而妙，是之谓心学，心之外无他学也。《易》六十四卦，《彖》《象》《系辞》《文言》，圣人心法之见于经者也。《春秋》二百四十二年之行事，圣人心法之见于事者也。后儒以卜筮而求《易》，以史传纪载而求《春秋》，此最说经之大弊。余尝著《春秋传》《系辞文言解义》，务革除二弊，以昭圣人心术之精微。"《四库全书总目》卷一六五《则堂集提要》云家铉翁"平生著书苦不多，可传者见之《春秋》与《周易》，然《春秋详说》至今尚有刊本，已别著录，其说《易》之书与其文集二十卷则已全佚……其说《易》亦惟以先天太极研思于虚杳之中，而《尊教堂记》一篇至援陆九渊之言，以三教归一立说，尤为乖舛"。按：本书佚。

易　解

王义山撰。

王义山（1214～1287），字符高，号稼村，丰城（今属江西）人。生于宋嘉定甲戌八月。"自淳祐己酉（1249）至景定辛酉（1261），与弟义端以赋四上春官"，壬戌（1262）中进士乙科。初筮永州司户，再调南安军司理，升从政郎，后主管尚书刑工部架阁文字，权主管官告院，除国子正，官宣教郎，添差通判瑞安军府事。后授江西按抚司辟参议官，未上。宋亡，归里。辛巳岁（1281）卜居东湖。详见王义山《稼村类稿》卷二九《稼村自墓志铭》。《元诗选》二集卷三云"至元己卯（1279），行中书省俾路学以赍币礼聘于家，辞勿获，遂教授诸生。明年使掌江西学事。辛巳退老于东湖之上，环所居皆莲，名其堂曰君子。又于先庐之旁扁一所曰稼邨，四方学者皆称为稼邨先生。一日，整衣冠端坐而逝，年七十四。所著有《稼邨类稿》"。

王义山《稼村类稿》卷十一载《易爻辞解》一篇。又，同上书卷十七《讲义》载有《九卦十三卦》一篇。

读易管见

孙嵘叟撰。

孙嵘叟，字仁则，余姚（今属浙江）人。《会稽续志》卷六云其淳祐七年（1247）丁未张渊微榜进士。《雍正浙江通志》卷一六○云其"第进士，擢监察御史，论贾似道罪重法轻，当斩以示国法。德祐初（1275），元兵渡江，文天祥起义勤王，而右相陈宜中深结留梦炎，奏勿使入卫，以沮毁之。天祥列上勤王及留屯利害，皆内忌梦炎，莫敢关白。嵘叟取所列，径造御前奏之，复乞倚任天祥，窜宜中、梦炎及黄万石、吕师孟，以作忠义之气。时朝义方倚重师孟，求好于元，不报。嵘叟居官竭忠尽智，排斥奸回，不为身谋。官至礼部侍郎，卒，谥忠敏"。

《周易启蒙翼传》中篇云："孙嵘叟《读易管见》一部，首列《图》《书》、先后天等图及说，仍逐卦爻解说，不著经文。末有《系辞举易》。"注云："会稽人。咸淳丙寅（1266）倅新安，刊于郡斋。"《雍正浙江通志》卷二四一作《读易管见》五卷。按：本书佚。

系辞举易

孙嵘叟撰。

《雍正浙江通志》卷二四一云孙嵘叟著《系辞举易》一卷。按：佚。

易　论

家祖仁撰。

家祖仁，名未详，眉州（今四川眉山）人。家铉翁弟。

家铉翁《则堂集》卷三《志堂说》云："余弟祖仁甫笃学好《诗》，合毛、郑以来诸儒训说而为之折衷……余昔与祖仁俱侍先君周游四方，过庭讲习，一在义理。每见祖仁读书多密察之功，遇事有素定之画，尝期之以前辈事业……自尔以来，沈埋州县，垂四十年，晚岁有位于朝。大厦告倾，栋折榱摧，非一木可支。余以国事见驱而北，祖仁避地入闽，别去八九年，穷困百罹，未尝一日废书也。比闻祖仁更用功于《易》，著论成编。余自燕以来瀛，卒《春秋》旧业，成《集传》三十卷，以为《春秋》者圣人见志之书，《易》为天下事物之準，志之所至，则亦至焉，则之所止，志亦在焉。"时"甲申（1284）正望，某书于古瀛归洁道院"。按：本书佚。

太极图说

程若庸撰。

程若庸，字达原，休宁（今属安徽）人。端明殿学士程珌从侄。从双峰先生饶鲁学，又师事毅斋沈贵珤，"得闻朱子之学"。淳祐丁未（1247）为湖州安定书院山长。"庚戌（1250），冯此山去疾创临汝书院于抚州，聘若庸为山长，置田宅居之"。咸淳四年（1268）登陈文龙榜进士，为福建武夷书院山长。"若庸累主师席，及门之士最盛。在新安号勿斋，学者称勿斋先生，如范奕、金洙、吴锡畴皆其高弟。在抚州号徽庵，以寓不忘桑梓之意，学者称徽庵先生，如吴澄、程巨夫皆其高弟。所著有《性理字训讲义》百篇及《太极图说》《近思录注》行于世。"事迹详见《新安文献志》卷七〇洪焱祖《程山长若庸传》。

《经义考》卷七一云程若庸著《太极图说》一卷，佚。

易象占

周敬孙撰。

周敬孙，台州临海（今属浙江）人。"宋太学生。初，金华王柏以朱熹之学主台之上蔡书院，敬孙与同郡杨珏、陈天瑞、车若水、黄超然、朱致中、薛松年师事之，受性理之旨。敬孙尝著《易象占》《尚书补遗》《春秋类例》"。传附《元史》卷一九〇《周仁荣传》。

《经义考》卷四〇引谢铎曰："《易象占》，临海周敬孙著，今亡。"按：《文渊阁书目》卷三著录《周易象占》一部四册。或即此书。

经进易解

朱知常撰。

朱知常，字久道，号此山，婺州（今浙江金华）人。道士。宋倪守约《赤松山志》云"先生通儒学，明释老，平生茹素，常曰功名不足浼我，慨从赤松子游，为黄冠师。未半世，两住家山，道尊人服。宝祐丙辰（1256），裕斋制置马相公光祖以檄召主茅山玉晨，未几，司徒高士师坦以先生闻于理庙，移镇崇禧。次年，蒙恩召主佑圣观，迁左街鉴义。凡遇雨旸，祈祷屡应，上悦，迁凝神斋高士。开庆间（1259），北兵渡江犯鄂渚，于是上命立坛借阴兵，助战有验，赐左街道录，及象简香合杯盘钱币。至景定四年（1263），适茅山上清经箓嗣教宗师阙员，上特御笔以先生名为四十一代宗师。先生少学《易》于乡先生卢端叔，后得《易说》于池阳周元举，遂以见闻集为一编，进之于上。先生得易之道，知进退之机。咸淳乙丑（1265），浩然有归志，乃于房院之后，筑小庵以自娱"。

《经义考》卷四〇云朱知常著《经进易解》，佚。

邵易略例

朱元升撰。

朱元升（？～1276），字日华，号水檐，平阳（今属浙江）人。《雍正浙江通志》卷一九三云其"嘉定武进士，弃官不仕，入南荡山。尝曰：'贯三才之道者，莫大于《易》。'精研三十年，沛然有得，乃著《三易备遗》十卷行于世"。按："嘉定"当为"嘉熙"或"景定"之讹。《千顷堂书目》卷一著录朱元升《三易备遗》十卷，云："元升字日华，东嘉人。以右榜，咸淳中官承节郎，差处州龙泉、遂昌、庆元县，建宁府松溪、政和县巡（简）[检]。述其自得之学，为《河图洛书》一卷、《连山备遗》三卷、《归藏备遗》三卷、《周易备遗》三卷。咸淳八年（1272）浙东提刑家铉翁奏其书于朝。未几，宋亡，元升亦死，其子士可及次子士立卒成之，元元贞乙未（1295）士立乃为刊行。"其子朱士立《三易备遗跋》云家铉翁奏其书于朝，"越三载，先子没"。则朱元升当卒于德祐二年。

林千之《三易备遗序》略云："水檐朱公……自初年于邵子之书有所悟入，著《邵易略例》若干卷。首明《河图》《洛书》之辨。"按，佚。

三易备遗

朱元升撰。

朱元升《三易备遗序》云："《周礼》春官掌三《易》，一曰《连山》，二曰《归藏》，三曰《周易》。《连山》作于伏羲，用于夏。《归藏》作于黄帝，用于商。《周易》作于文王，用于周。一代之兴，必有一代之《易》，虽不相沿袭，而实相贯通。《连山》首《艮》，《归藏》首

《坤》，《周易》首《乾》，其经卦皆八，其别皆六十有四。是数圣人者，岂各出意见以为斯《易》哉？龙马之所呈、神龟之所授，是皆得之天者也。周公相成王，设官分职，命太卜、命筮人并掌三《易》，不以周用《周易》，而置《连山》《归藏》于无用，是天固将以斯《易》托斯人也。周辙既东，周礼废阙，天之未丧斯文也，复生孔子为天下木铎，黜八索，阐十翼，韦编三绝，而《周易》系矣。之杞，而得夏时焉；之宋，而得《坤》《乾》焉。故天下后世有亡书无亡言，而《连山》《归藏易》传矣。是天又将以斯《易》托斯人也。孔子既没，经秦历汉，《连山》《归藏》寂然无闻，惟《周易》孤行于世。汉儒用心徒勤，著眼不及，或破碎一卦以直六日七分，或牵强四卦以管二至二分，或杂之以谶纬之文，或引之于老、庄之境，如盲摸象，如管窥天，万端臆说，千差并起，是何易道之不幸也。天开我宋，五星奎聚，两曜合璧，异人间生。希夷陈抟以《先天》一图传种放，放传穆修，修传李之才，之才传邵子康节。康节以超诣绝尘之资，加以融会淹贯之学，著《皇极经世书》，包罗万象，该括三《易》，本领正大，规模宏远，是天又将以斯《易》托斯人也。呜呼！《易》固坠也，天固兴之；《易》固晦也，天固彰之。天之心，欲以斯《易》福斯世也昭昭矣。元升结发读书，冥心《易》学，慨皇王之道泯泯没没，其不绝者若一线之系千钧也。元升下无位，上无应，徒以疏贱，抱此勤志，根极理要，铺陈轨范，掎揭沦坠，显发幽眇，尚拟补皇王之绝学于千百世之上，存皇王之良法于千百世之下，辄不自揆，本诸《河图》《洛书》，述《三易备遗》，因世次而冠以'先天''中天''后天'之名，庶几《连山》《归藏》得与《周易》并显于世。后之人或因此知邵子之心，则知孔子、周公之心与文王、黄帝、伏羲之心，知孔子、周公与文王、黄帝、伏羲之心，则知天之心。咸淳庚午（1270）冬至。"

此后二年，家铉翁进其书，状云："窃惟义理之学，托象数而传者也。昔河南程氏倡道于洛，时则邵雍发《经世》不传之妙；新安朱氏讲学武夷，时则蔡元定明《图》《书》未发之旨。今其遗编皆在，而世之学者知读程、朱之书，而不知穷邵、蔡之学，象数之传无传焉。幸而有一人事此为事、学此为学，盖千百而一二者也，而沉滞下僚、埋厄冗役，无以自振拔于当世，适仕于铉翁之部内，是用忘分出位，具以名闻。窃见承节郎、差处州龙泉遂昌庆元县建宁府松溪政和县巡检朱元升，苦心旧学，笃志遗经，独探象数之传，自悟羲、黄之蕴，著《中天归藏书》数万言，为图数十，以述其所自得之学。其说谓伏羲《易》，先天学也；黄帝《易》，中天学也。乾南坤北，离东坎西，震、艮、巽、兑奠于四隅，而为八卦，八其八而为六十四卦者，先天《易》也；十日、十二子纳而为六十甲者，中天《易》也。中天，自先天来者也，其名虽异，其理则一。于是以中天六十甲配先天六十四卦，而六十甲之序与先天六十四卦之序自然吻合，不爽锱铢。以是知黄帝作六十甲，所以发先天六十四卦不尽之义，载阴阳五行之功，用被之天下万世者，《中天归藏易》也。孔子于商道而取坤、乾，所取者，商之《归藏》，而中天之《易》于是乎在。商《易》名《归藏》，而黄帝亦以归藏为氏，商《易》用《归藏》，而商之诸君皆以甲丙辛壬为号，以见《归藏》之书作于黄帝，而六十甲与先天六十四卦并行者，乃《中天归藏易》也。《归藏易》自汉初已亡，元升述其意而为此书，以自然之数纳自然之音符、自然之象，纵施横设，无一不合，皆元升所自悟者也。至于邵氏之《经世》、蔡氏之《图》《书》，与近代诸儒象数之学，皆能洞究其义，为之折衷。其用功甚勤，其探讨甚精，非徒掇拾前人之文字语言为之讲解，漫以学问自见者比。其人早游场屋有声，屡举不第，舍而以右科奋，图窃升斗之禄，以供菽水之养，身堕右弁，官为徼巡，而探赜钩深，卧起不辍，穷壮老坚，贞士之有志于学者，而恬于进取，不求人知，人亦无有能知之者。铉翁将指于粤，始识其人，是用冒犯斧钺之诛，僭以元升所学上彻于朝，仰祈万一之采录。除已具录奏闻，乞特赐甄擢，收之冗散之役，处以校雠之任，使海内学士知以象数为学，不惟陈言旧说之是务，其于兴起文治，作新斯人，实非小补。伏候指挥。咸淳八年六月。"
葛寅炎《序》略云："余尉青田，以王事会水槠朱君于沐鹤溪，公退之
暇，出一编书示余，曰《三易备遗》。其推原《归藏》中天之妙，引之
于先天，不见先天之为先，推之于后天，不见后天之为后。是将合邵、
程为一书，独传有熊氏不传之妙也。"时咸淳癸酉（1273）四月朔日。
《经义考》卷三九。

林千之《序》略曰："水槠朱公博极群书，尚友千载，绝识异辞，
玄感冥契，自初年于邵子之书有所悟入，著《邵易略例》若干卷。首明
《河图》《洛书》之辨，以为：'孔安国、马融、郑康成、关子明诸儒皆
谓自一至十为《河图》，自一至九为《洛书》，惟刘牧反是，牧非无见而
然也。按《春秋纬》："《河图》之篇有九，《洛书》之篇有六，《河》以
通《乾》出《天苞》，《洛》以流《坤》出《地符》。《河图》本于天，宜
得奇数而居先；《洛书》本于地，宜得偶数而居后。"此其所据依以为在
验者也。由是因往顺来逆之八卦，推五行纳音，以明四十五数之为《河
图》；因起震终艮之八卦，推五行生成，以明五十五数之为《洛书》，而
三《易》之大纲定矣。《连山》，夏《易》也，贾公彦谓《连山》作于
伏羲，因于夏后氏，夏后氏之《易》不可见，即伏羲之《易》可见矣。
夏时之行，自汉《太初历》至于今，未之有改。《连山》之《易》不可
见，即春首纯艮之义可见也。《说卦》曰："艮，东北之卦也，万物之所
成终而成始也。"又曰："终万物、始万物者，莫盛乎艮。"邵子虽以此
一节为明文王之卦，要之首艮之秘，固已具于"所成终始""万物"之
两言。是以述《连山象数图》，以备夏后氏之《易》之遗。《大传》曰：
"显诸仁，藏诸用。"《说卦》曰："乾以君之，坤以藏之。"贾公彦《周
官疏》曰："《归藏》以纯坤为首，万物莫不归藏于其中。"按《归藏》，
黄帝《易》也，商人用之。昔黄帝命大桡作甲子，使伶伦造律吕。日
辰有十干、十二支，而其相承之数究于六十；律吕有五声十二律，而
其相承之数亦究于六十。乾老阳之策三十有六，坤老阴之数二十有四，

此六十也；震、坎、艮少阳之策三十二，巽、离、兑少阴之策二十八，亦六十也。稽之以纳音，定之以策数，己亥为阴阳之终，子午为阴阳之始。六甲、纳音遇己亥、子午之间，阴阳终始之际，数必交，音必藏。交则生生之机不息，藏则化化之迹不露。一象一数，莫不与《图》《书》合。是以述《归藏象数图例》，备商《易》之遗。八卦之象，不易者四，反易者二，此以六变而成八也。重卦之象，不易者八，反易者二十有八，此以三十六变而成六十四也。其说尚矣，未有究先天、后天之体用，因象数之合以验义、文之合者，乾、坤之体不互，夬、姤、剥、复具；乾、坤之体不互，既济、未济具；坎、离之体不互，其余互体为卦五十六。其说尚矣，未有悉以繇辞、爻辞、《彖》《象》之辞证之者。是以演《反对互体图例》，备周《易》之遗。'公于三《易》，可谓补苴隙漏，张皇幽渺，寻坠绪之茫茫，独旁搜而远绍者矣。抑公之于《图》《书》，非求与文公先生之说异也。先生释'圣人则之'之义曰：'则《河图》者虚其中，则《洛书》者总其实。虚五与十者太极也，则虚其中者亦太极也。奇偶之数各二十者，皆两仪也。以一、二、三、四为六、七、八、九者，四象也。一、二、三、四而含九、八、七、六，纵横十五而互为七、八、九、六，四象也。析四方之合以为乾、坤、离、坎，补四隅之空以为兑、震、巽、艮者，八卦也。四方之正以为乾、坤、坎、离，四隅之偏以为兑、震、巽、艮，则亦八卦也。'且毕之曰：'又安知《图》之不为《书》，《书》之不为《图》也邪？'由是观之，公之说若与文公异，而未尝不与之合也。《备遗》既脱稿，当路以之传闻，悉上送官，籍记后省，而公老矣，亡禄即世。其子起予在丙子岁（1276）以示千之，时方干戈抢攘，欲考订肯綮，未皇也。明年，起予即世，仲子起潜独抱于泽于风波溟溠中，十有八年于兹，公遗言我书必得能一为序，于是缮写成编，惠而好我，口授手画，亹亹忘倦，其间视旧书，多所补正，犹司马子长成一家言于周南执手之后，而《太玄》可无俟后世之子云。幸哉！有子如此夫。千之少以三《礼》从公之族子元夫先生游，辱公忘年定交，虽不获面受此书，请问论著大指，厥既从起潜尽见其书而读之，窃窥其概。后死不佞序，焉敢辞？起予名仕可，世登右科。起潜名仕立。癸丑腊月朔。"按："癸丑"为元皇庆二年（1313），与朱士立"仲子起潜独抱于泽于风波溟涬中，十有八年于兹"者不合，推知"癸丑"当为"癸巳"之讹。癸巳，至元三十年（1293）。朱士立（朱元升子）《三易备遗跋》云："夫子既没，迄今七百年间，诸以《易》名家者，专于理则简于象数，专于象数则荒于理，因注迷经，因疏迷注，致十翼本旨不白于世，而世之学者果于袭旧，疑于知新，罕研圣人作《易》之根柢。我先君子述《三易备遗》，曰：'"河出《图》，洛出《书》，圣人则之。"此夫子明作《易》之根柢也。'故言理必考象，言象必考数，理象数无抵牾，然后措诸词，写诸图，自谓得圣人之心，于注疏解释之外，有先儒所未发者。视诸家言《易》，理自理，象自象，数自数，三《易》自三《易》，《河图》《洛书》自《河图》《洛书》，判然不相符者不佞矣。噫！此其于《易》也，功不在名世诸儒下。咸淳庚午，《备遗》成（侯）[帙]，部使者则堂家先生一见奇其书，用闻于朝。会国督戎事严，未皇暇也，送中书籍记。越三载，先子没，先兄起予甫继志纂述，时事且别，多所散失，起予甫亦下世矣。士立弗克肖（以）[似]，夙夜罔敢懈，惟父兄之志是酬，补遗直阙，仅完其帙，敬镂诸梓，非敢曰论撰其前人之美，以显扬之后世也。《易》之晦也、明也有时也，人焉得而已诸。时元贞乙未（1295）立春日。"

《文渊阁书目》卷一著录朱元升《三易备遗》一部二册。《四库全书总目》卷三著录《三易备遗》十卷，云："宋朱元升撰，其子士立补葺。元升字日华，里贯未详。惟卷首载咸淳八年两浙提刑家铉翁《进书状》，称承节郎、差处州龙泉遂昌庆元及建宁松溪政和巡检朱元升，卷末士立《跋》称'咸淳庚午《备遗》成帙，则堂家先生用闻于朝，三载，先子殁'云云，疑其即终于是官。庚午为咸淳六年，而状署八年，殆传写误'六'为'八'欤？其书本《河图洛书》一卷、《连山》三卷、《归藏》

三卷、《周易》三卷。元升《自序》亦兼言三《易》，而铉翁《进状》特称其著《中天归藏书》数万言，未详其故，岂以先天、后天皆儒者所传述，而中天之说，元升创之，故标举见异耶？然干宝《周礼注》称伏羲之《易》小成为先天，神农之《易》中成为中天，黄帝之《易》大成为后天，则中天实亦古名，非新义也。元升学本邵子，其言《河图》《洛书》则祖刘牧，其言《连山》以卦位配夏时之气候，其言《归藏》以干支之纳音配卦爻，其言《周易》则阐反对互体之旨，虽未必真合《周官》太卜之旧，而冥心求索，以求一合，亦可谓好学深思者，过而存之，或亦足备说《易》者之参考耳。"清馆臣疑咸淳六年、八年"殆传写误'六'为'八'"，不确。按：有《四库全书》本等。

易 图

程新恩撰。

程新恩，号玉塘，宁国宣城（今属安徽）人。事迹未详。黄震《黄氏日抄》卷九一《题琴溪记咏》云"一日，有寄余以玉塘程君琴溪咏之集者"。又《跋景行录》有"琴溪程氏之族之盛之久甲其乡，见于诸公贵人铭志者甚悉，独其先广平府君奋自中微，植深培厚，反未有为发其潜德之光者，闻孙玉塘君一旦得其遗事于故箧，并哀群从之铭志，远以寄示"云云。又陈起《江湖后集》卷十四云程炎子"字清臣，宣城人。有《玉塘烟水集》。按《宁国府志》载程炎《水西寺》诗云：炎，泾县隐士，有《烟水集》。应即炎子，而志误脱'子'字也"。未详是否此人。

黄震《黄氏日抄》卷九一《宁国程新恩易图》云："易出于《河图》，故学易者往往为之图，然于易未必皆有补。邵子画《先天图》，自震至乾，阳长而三，自巽至坤，阴长而三，圆其外以象天之动；乾始于西北，坤极于东南，方其内以象地之静。于以推测伏羲画卦之本体，与

《说卦》八卦相错之说合，其学始见尊信于天下。然亦未有能整圆转方，棱角为图，以应甲子、节气变，而合文王后天之用者。宣城程君自古庠擢第，将归，别余于官宅，留示其兄玉塘君《爻象承乘之图》，以乾位乎正南，以坤位乎正北，而包六子其内。自坤而东转，一阳为复，二阳为临，至三阳为泰，则位正东；大壮之四阳，夬之五阳，又自东[而南]，极于乾焉。而西转，一阴为姤，二阴为遯，至三阴为否，则位正西；观之四阴，剥之五阴，又自西而北，极于坤焉。坤再为复，生生无穷，伏羲先天之体，遂有合于文王后天之用。易道隐赜，虽非余晚学之所能知，然使玉塘君非真有精深之力，超特之见，亦安能变通先天之妙如此哉！仰闻邵子以图数言《易》，虽二程与之同时，亦未尝过而问，继此兼明其说者，惟一朱子。朱子尝谓《先天图》八卦为一节，不论月气先后，今玉塘君变先天而顺月气，其分其合，果何居耶？异日朱子又谓震一阳，离、兑二阳，乾三阳为图之左，属阳；又以巽一阴，坎、艮二阴，坤三阴为图之右，属阴。夫既以三而分属左右，自三而各重之，即为十有二矣。又谓《先天图》一日有一日道理，一月有一月道理，且以自坤而震，象月之初生，乾以象月之望，坤以象月之晦。夫自日而月，可配之弦望晦朔，则自月而年，亦可配之十二月气矣。玉塘君得无以朱子之学，善学邵子，不泥其论月气之说，则亦不泥其方圆之图耶？先圣作易，以前民用，邵子《先天》，本之华山陈氏，亦以气数占来，使民知吉凶避就之所在。玉塘君之图之辞曰：'以之经世，尚奚难哉？其用心探讨，思济斯世为如何。'然邵子本以经言常，以世言变，常变相生，推演以至元会，而世者三十年一小变云耳。玉塘君将移其说以治世，岂无自得之妙乎？面质未能，姑远贻其说以谂之。"按：佚。

易　解

曹说撰。

曹说，字习之，定海（今浙江镇海）人。《延祐四明志》卷四《曹粹中》称曹粹中"曾孙孝先，李全叛楚州，死之。子说字习之，幼岁痛其父殁，绝荤酒婚宦，刺血书《华严》《法华》以报恩。五经有解。终岁寓僧舍，后学问难，亹亹不倦酬答。从故家借书，辄先请书目，一阅即能言其本末。生平无喜愠，尝戒学子：'绝人我，则天理自著。'无疾以终。《易解》为全书分辞象变占。后为一儒生所窃，炫为己作。贫不自给，复鬻于松江某家。学者尊为泰宇居士，诗文三十卷，精絜可传后"。元袁桷《清容居士集》卷三三《师友渊源录》云"曹说，侍讲粹中曾孙，父为山阳佐，死难。幼绝荤娶，精《易》象数，《论语》《诗》《春秋》皆有解，多折衷旧说，岁一再至。《易说》为里人所窃，今不传，闻在松江儒家"。《万姓统谱》卷三二作"曹悦"。按：本书佚。

太极说

刘黻撰。

刘黻（1217~1276），字声伯，一作升伯，号质翁，学者称蒙川先生，乐清（今属浙江）人。淳祐十年（1250）中试入太学，景定三年（1262）进士。度宗朝累官吏部尚书、端明殿学士，拥二王入海，拜参知政事，行至罗浮病卒，谥忠肃。所著有《蒙川集》。《宋史》卷四〇五有传。

《经义考》卷七一云刘黻著《太极说》一卷，云"载《蒙川集》"。

学易记

周方撰。

周方（1217~?），字义翁，小名介，建昌军南城县（今属江西）人。《登科录》称其中宝祐四年（1256）文天祥榜第二甲第二十二人。

时年四十。

《文渊阁书目》卷一著录周方《学易记》一部三册。《千顷堂书目》卷一著录周方《学易记》三卷。《经义考》卷三五作《学易录》一卷，云"未见"。

周易集解

丘富国撰。

丘富国，字行可，建安（今福建建瓯）人。《闽中理学渊源考》卷三八云其"受学朱子之门人辅氏汉卿。淳祐七年（1247）进士，为端阳金判。宋亡，不仕。著《周易辑解》十卷、《经世补遗》三卷、《易学说约》五篇，发明朱氏宗旨"。

《千顷堂书目》卷一著录丘富国《周易集解》十卷。《经义考》卷三八作《周易辑解》。按：佚。

易学说约

丘富国撰。

《读易举要》卷四："建安丘富国行可撰《易说》。徐进斋门人。其《易说》每卦象下、爻下各有说。又有《总论》《六爻说》。"《千顷堂书目》卷一著录丘富国《易学说约》五篇。《经义考》卷三八作《学易说约》，似不确。按：佚。

易程氏辨

方传，兴化（今福建莆田）人。事迹未详。《雍正福建通志》卷六八云方传著《易程氏辨》《书蔡氏考》《诗朱子本旨》。则其当为南宋后期人。按：本书佚。

易　解

徐直方撰。

徐直方，字立大，号古为，广信（今江西上饶）人。《周易会通·姓氏》云其"补迪功郎。咸淳三年（1267）进《易解》，除正言、江东宪。父元杰，绍定壬辰（1232）状元。尝师董盘涧"。《周易启蒙翼传》中篇云其"初特补迪功郎。咸淳三年进《易解》，后除正言、江东宪。名直方，字立大，号古为先生"。

《周易会通·姓氏》云其著"《易解》六卷，只上、下经"。《周易启蒙翼传》中篇云徐古为著《易解》六卷，"只上、下经，前有进表及图象"。按：《经义考》卷三八云"未见"。

易　解

陈义宏撰。

陈义宏，兴化（今福建莆田）人。著有《易解》《中庸解》等。《雍正福建通志》卷六八。余不详。按：本书佚。

易　释

舒浒撰。

舒浒，字平叟，一作平甫，奉化（今属浙江）人。舒津从弟。《两浙名贤录》云其"景定元年（1260）入太学，讲明正学，虽寒暑弗懈。著《易释》二十卷、《系词说》三卷、《读书随笔》五卷、《心经》六卷"。《雍正浙江通志》卷一七五。陈著《本堂集》卷三七《舒平甫文集序》

云"余内弟舒澕平甫，古之学者也。退然若不能言，而敏悟过人……至于身入太学，以举业为余事，独于经史间与朋旧审问明辨，穷日夜矍矍不倦，虽百里外相从，劳瘁而乐也，然卒以是病而死，止于三十有九……其书有《易说》《系辞释》若干卷、《读史稿》若干卷、《纪拙前后续稿》若干卷，是亦足以观所学矣"。

《万姓统谱》卷八云舒澕著有《易释》二十卷。按：佚。

系辞释

舒澕撰。

《万姓统谱》卷八云舒澕著有《系辞释》三卷。按：佚。

易述古言

林起鳌撰。

《宋史艺文志·易类》著录林起鳌《易述古言》二卷。林起鳌，南宋人。事迹不详。按：《雍正浙江通志》卷一二八云南宋末有林起鳌，平阳（今属浙江）人，宝祐元年（1253）中进士，官兵部郎中。《咸淳临安志》卷五一《县令》云林起鳌曾知临安府仁和县。《宋史纪事本末》卷二八《二王之立》云南宋末，"时黄万石降元，以尝为福建漕使，欲取全闽为己功，汀、建诸州方谋从万石送款，闻二王至，复闭门拒万石。南剑守臣林起鳌遣军逐之，万石败走"。明初宋濂撰《平阳林氏祠学记》曾云祠学内祀宋知南剑州林起鳌。《文宪集》卷二。又《象台首末》卷三《永嘉林起鳌》咏曰："直节盘盘古树平，纲常山重一身轻。历陈高庙神灵语，愿法周公日月更。飞雾堕鸢迁客憾，漏泉疏爵大君明。百年富贵端能几，天壤无穷独令名。"民国《平阳县志》卷三五云林起鳌字孟连，平阳人。宝祐元年进士，咸淳中知仁和县，德祐间知南剑州。然未详其是否即撰本书者。按：本书佚。

易　注

包天麟撰。

包天麟，字仁甫，江阴（今属江苏）人。《万姓统谱》卷三一云其"咸淳间举博学宏词科。尝注《诗》《书》《易》《春秋》。年八十三，手不释卷"。《乾隆江南通志》卷一九〇作《包氏易义》。按：佚。

易外传

方逢辰撰。

方逢辰（1221～1291），字君锡，号蛟峰，淳安（今属浙江）人。"天禀卓绝，自幼刻苦务学，夜诵彻旦，诸子百家之书无所不读，而会归于周、程、朱子之学"。原名梦魁，淳祐九年（1249）己酉乡举预首选，明年中省试第一等，理宗临轩，擢为进士第一，御笔改今名。授平江军节度签判。宝祐元年（1253）召为秘书省正字，二年春除校书郎，三年以上书言事而罢。开庆元年（1259）召为著作郎，景定元年（1260）兼权尚左郎官，又以言事忤贾似道罢。咸淳元年（1265）召为司封郎官兼直舍人院，迁秘书少监、起居舍人。三年出为江东提刑，徙江西转运副使。五年权兵部侍郎，七年迁吏部侍郎。丁母忧去国，自此绝意仕途。生于嘉定辛巳九月，卒于元至元辛卯正月，年七十一。著有《孝经解》《易外传》《尚书传》《中庸大学注释》凡若干卷，"刊于家塾"。事迹详见文及翁《故侍读尚书方公墓志铭》、黄潜《蛟峰先生阡表》《蛟峰文集·外集》卷三。

董真卿《周易会通·因革》云方逢辰著《易外传》五卷，"案其书以上、下经各分一二，作四卷。《乾》《坤》象辞附入《象传》，又附入

《文言传》说《彖》处，继以《大象传》，《爻辞》附入《小象传》，又附入《文言》于《小象》之下，凡传低一字。余六十二卦仿此。外有《周易辨讹》，辨诸本互有不同，《易数图》《易象图》各附论说，共为一卷"。并引录其《自序》略曰："大旨以文王、周公之辞证伏羲之画，以孔子之传求文王、周公之心，非愚己说也。或曰：'子以乾之《彖》《象传》各附经下，不僭乎？'曰：'《古易》经、传各为一书，至汉以上、下经及《十翼》为十二篇，则已合经、传为一矣。'后汉郑氏惧学者未能一贯，遂以《彖》《象传》附各卦经后。魏王氏又以《彖》《象传》各附经下，独《乾》则郑氏之旧尔。《乾》，圣人之事，全体大用，规模宏扩，非切己实下工夫，则羲、文、周、孔之心实未易窥之。予暗室屋漏，自为进德工夫，正欲以文王、周公之辞求伏羲之画，以孔子之传求文王、周公之心，不得不引传各附经下，以便省察，以自求切己实践之益，非为人为之也。至元壬午（1282）五月后学方逢辰序。"又，《读易举要》卷四云："严陵方逢辰号蛟峰，撰《周易外传》，止解六十四卦，盖发明程、朱之说。卷首有《辨讹》原数，定九六七八例考变，占例原象。德祐丙子（1276）后著笔，至元壬午成书刊行。"元黄溍《文献集》卷十下《蛟峰先生阡表》云方逢辰"著有《孝经章句》一卷、《易外传图说》五卷、《尚书释传》四卷、《中庸大学释传》三卷、《格物入门》一卷，行于世"。《经义考》卷三五云"未见"。

易　注

沈愚庵撰。

方回《桐江续集》卷十三《赠沈（复亨）雷阳》注云："其父沈愚庵注《易》。"诗云："乃翁辛苦注《周易》，曾梦神人谈太极……自云今代王辅嗣，憔悴形容人不识。"按：沈氏号愚庵，名里未详。南宋后期人。其子名复亨，字雷阳，"十五早学张道陵，二十已成费长房。篆符咒水逐鬼物，朝游燕齐暮衡湘"。乃方术士。

《经义考》卷四〇云沈氏著《愚庵易注》，佚。

易学启蒙通释

胡方平撰。

胡方平，号玉斋，婺源（今属江西）人。"方平早受《易》于介轩董梦程，继师毅斋沈贵瑶。沈实介轩上客，而介轩乃盘涧从子，得其家传者。盘涧受《易》于朱子之门最久。方平研精《易》旨，沉潜反复二十余年，尝因文公《易本义》及《启蒙》，注《通释》一书。又《外易》四卷，考象求卦，明数推占。又有《易余问记》。"子一桂。事迹详见《新安文献志》卷七〇汪师泰《胡玉斋传》。

胡方平《易学启蒙通释后序》云："《易本义》一书，阐象数理义之原，示开物成务之教，可谓深切著明矣。《启蒙》又何为而作也？朱子尝言《易》最难读，以开卷之初，先有一重象数，必明象数，而后《易》可读。《启蒙》四篇，其殆专明象数，以为读《本义》者设与？象非卦不立，数非蓍不行。象出于《图》《书》而形于卦画，则上足以该太极之理，而《易》非沦于无体；数衍于蓍策而达于变占，则下足以济生人之事，而《易》非荒于无用。且其间又多发造化尊阳贱阴之意，《易》之纲领，孰有大于是者哉？明乎此则《本义》一书如指诸掌矣。然《启蒙》固为读《本义》设，而读《启蒙》者，又未可以易而视之也。"《周易会通·易程子传序》。按：《经义考》卷四〇引胡方平《通释自序》，然其文字实朱熹《易学启蒙序》，而误以为胡方平《通释自序》。《叠山集》卷五载胡一桂《上叠山先生书》，有云："伏读家君《易启蒙通释》，吾《易》门庭既已获入，独谓《本义》提纲振领，而节目未详，于是又取《语录》而附之，纂集诸说，间赘己意，至若卦象之异同，《文言》之疑义，自汉儒以来千有余年，未有能灼知其说者，某一旦豁然贯通，若有阴相而默启之，于是作为《卦象图说》，又作为疑《文言》并而体之未有图也而图之，十翼之未有论也而论之。《启蒙》《本义》有大功于天下后世，而人莫知也，又表而出之。"

胡次焱《启蒙通释序》云："世之为《图》《书》说者何纷纷乎？彼惟于十数中求所谓八卦者，而见其戛不相干，于是创说以强通之，幸有一节偶合，矜以自喜，而于他节不合者，辄变例易辞，牵挽傅会，抑勒之俯就其说，虽穿凿支离，不恤也。余尝以平易之说求之，窃谓《图》者奇偶数而已，天一为奇，地二为偶，三、五、七、九奇之积，四、六、八、十偶之积，故一、二为奇偶之始，五、六为奇偶之中，九、十为奇偶之成。一与二，三与四，以至九与十，奇偶之相得也。一与六，二与七，以至五与十，奇偶之有合也。天下之数，不出乎奇偶两者。圣人于极、仪、象、卦之理默会于心久矣，于是仰观俯察，近取远取，而有见于《图》之奇偶，与吾心极、仪、象、卦之理犁然有合，遂则其天一画奇，是为阳仪，而阳卦奇出焉；则其地二画偶，是为阴仪，而阴卦偶出焉。斯两仪也。于两仪上，各加一奇一偶而为画者四，斯四象也。又于四象上，各加一奇一偶而为画者八，斯八卦也。由是衍之为十六，为三十二，为六十四，以至万有一千五百二十及四千九十六，以至无有终穷，皆自一奇一偶衍之。所谓则《图》画卦者如此而已矣。不特此也，七、八、九、六，《易》所谓四象，内之一、二、三、四者，四象之位，外之六、七、八、九者，四象之数。《图》之外，七南、八东、九西、六北，此成数之四象；《图》之内，一合五为六，居北，三合五为八，居东，二合五为七，居南，四合五为九，居西，此生数之四象。筮用其全，故七、八常多；《易》取其变，故七、八不用。积生数之一、三、五为成数之九，乾用之；积生数之二、四为成数之六，坤用之。所谓则《图》画卦者如此而已矣。何必执泥四方、强配八卦，而规规然曰此属乾、坤、坎、离，彼属震、巽、艮、兑，至其窒碍抵牾，则呕心断肠，巧辞牵合，弃坦途，行荆棘，何乃自苦如此？宗老玉斋先生于众言殽乱中，尊信《启蒙》，为之训释纂注，明白正大，具有渊源，隐然足以折近说之谬。于余盖老友也，余尝举前说质之，玉斋曰：'此所谓言近指远者，而吾注偶未及之，请书为序。'予曰：'玉斋此注，足以阐明朱子之书。次焱此说，足以翼辅玉斋之注。'遂书之不辞。"《梅岩文集》卷三。又《跋胡玉斋启蒙通释》云："宗家耆英有以玉斋自号者，名方平。于予为老友。其子双湖，于予为益友。此书玉斋所著也。岁己丑（1289），双湖携入闽锓梓，留滞踰一年。辛卯（1291）秋再往，明年壬辰夏季回，留滞过一年。冒寒暑疲跋涉，必成父志乃已，允谓孝矣。弛担云初，首惠此本，尝复其书曰：'玉斋平生精力寓于此书，傥非继志述事，不懈益勤，未有不坠于泯灭无闻者，是故贵有子也。'十年前，尝《跋辀轩唱和诗集》，极言有子无子之效，于今益信。嗟夫！谈史以迁显，彪史以固显，故曰贵有子也。然此史学也，非经学也。充礼以哀传，曾书以祉传，故曰贵有子也。然此书礼学也，非《易》学也。乃若梁丘贺之有临，刘昆之有轶，张兴之有鲂，伏曼容之有暅，《易》学传家，父作而子述之，赫乎相映，故曰贵有子也。夫《启蒙》者，入《易》门户也。玉斋既为《通释》，双湖又为《本义附录》，非惟桥梓相映，楂梨兼美，且将突过烟楼，此又贺临以来所无者。嗟夫！箕裘失坠者固不足言矣，其或苟安惮烦，无以张皇先美，为不朽计，虽读父书，亦无取焉。古今嗜学著述如玉斋者，岂谓尽无其人？无双湖为之子，遂使潜德弗耀，抱恨幽宫，虽谓之不孝可也。有是父，有是子，有是子，有是父，或旷百载才一遇尔。吾于双湖此举，敬叹无射。其中大义奥旨，尚迟缔玩，嘉羡之剧，亟题此卷端，庋置几间，俾有目者必观，有识者必羡，非徒赞扬双湖，亦以劝天下之为人子者。并书一本，寄双湖云。七月辛巳。"《梅岩文集》卷七。又熊禾《跋》云："伏羲因《河图》画卦，大禹因《洛书》叙畴，孔安国以来有是言矣。《易大传》曰：'河出《图》，洛出《书》，圣人则之。'且曰：'易有四象，所以示也。'若然，则《河图》《洛书》皆圣人则之以作易者也。及以先、后天八卦方位考之，与《图》《书》之数已有自然之配合，所谓易有四象者，尤昭然可见矣。何则？《洛书》一居北，六居西北，老阴之位也，故坤、艮居之；九居南，四居东南，老阳之位也，故乾、兑居之；三居东，八居东北，少阴之位也，故离、震居之；七居西，二居西南，少阳之位也，故坎、巽居之；五居中，则固虚之为太极也。此非先天之四象乎？《河图》天一地六为水，居北，故坎亦居北；地二天七为火，居南，故离亦居南；天三地八为木，居东，故震亦居东；地四天九为金，居西，故兑亦居西；天五地十为土，居中，分旺于四季，故乾、坤、艮、巽亦居四维之位。此非后天之四象乎？大抵先天方位，言对待之体也，天上地下，日东月西，山镇西北，泽注东南，风起西南，雷动东北，乾、坤定位，六子成列，乃质之一定而不可易者也。后天方位，言流行之用也，春而夏，夏而秋，秋而冬，冬而复春，五气顺布，四时行焉，乃气之相推而不可穷者也。此皆自然吻合，不假安排。天地之间，开眼即见圣人所以则《图》《书》以画卦者，盖非苟焉而作也。汉儒不此之察，毋亦惑于《书》所谓'天乃锡禹洪范九畴'之说乎？不知此亦'天乃锡王勇智'之类，九畴大法非人所能为，则亦天之所与耳。古人之言九数，何莫不出于《洛书》，又岂特九畴为然哉？若夫圣人作《易》，则但当证以吾夫子之言可也。每恨生晚，无从质之文公，徒抱此一大疑而已。己丑（1289）春，余读书武夷山中，有新安胡君庭芳来访，出其父书一编，曰《易学启蒙通释》。其穷象数也精深，其析义理也明白，且其间有言先、后天方位，暗与《图》《书》数合者，不符而同，然后知天下之公理，非但一人之私论也。兹因刻梓告成，辄述所见，以识其后云。壬辰（1292）仲夏望日。"刘泾《跋》云："尝记儿时从家庭授《易》，闻之先君子云：'昔晦庵先生之讲学于云谷也，我先文简、云庄兄弟与西山蔡先生父子游从最久，讲《四书》之余，必及于《易》，与诸生时时凌绝顶登眺，观天地八极之大，察阴阳造化之妙。盖其胸中已有真《易》一部在宇宙，故所论象数义理，自有以见其实而造其微。'

晦庵及云中，皆谷中书室名也。旧藏云庄所抄诸经师说数巨帙，兵烬之余，其存者盖千百之什一耳。一日，约无咎詹君、退斋熊君访云谷遗迹，适值新安胡君庭芳来访，出《易学启蒙通释》一编见示，谓其父玉斋平生精力尽在此书。亟阅谛玩，见其论象说理，允谓明备，而其所援引，则云谷当日及门之士遗言余论多在焉。时熊君以《易》学授儿辈，谓是诚读者不可阙之书，因言庭芳再入闽，惟汲汲焉父书无传是惧，且欲以见属。仰惟一时师友游从之盛，重念先世问学渊源之旧，辄为刊实书堂，以寓惓惓景慕之心，且以成胡君之志焉。噫！《易》之为学，非潜心之深、玩理之熟者，未易言也。学者诚能由《通[释]》以悟四篇之大旨，由四篇以窥四圣之全书，则是编亦非小补云。至元壬辰季夏。”明杨士奇《东里集》续集卷十六《易学启蒙》云："朱子《易学启蒙》，惟胡方平本最善。洪武乙卯（1375），司仓伯罢官归，见余初读《易》，出一编以示，曰：'孺子勉之，《易》精蕴具在此书。即熟程、朱《传》《义》后，宜熟此。吾藏以待汝。'即胡氏《启蒙》也。无几，为人窃取，伯父不乐累日，至形于诟詈。余后出教童蒙，始得此本。"

元董真卿《周易会通·姓氏》云胡方平"著《易学启蒙通释》，至元己丑（1289）《自序》"。《文渊阁书目》卷一著录胡方平《易学启蒙》一部二册。《千顷堂书目》卷一著录胡方平《周易启蒙通释》二卷，注"一作四卷"。《四库全书总目》卷三著录胡方平《易学启蒙通释》二卷，云："据董真卿《周易会通》载是书有方平至元己丑自序，则入元已十四年矣。然考熊禾《跋》称'己丑春，读书武夷山中，有新安胡君庭芳来访，出其父书一编，曰《易学启蒙通释》'。又刘泾《跋》亦称'一日，约退斋熊君访云谷遗迹，适新安胡君庭芳来访，出《易学启蒙通释》一编，谓其父玉斋平生精力尽在此书，辄为刻置书室'云云，则己丑乃禾与泾刊书作跋之年，非方平自序之年，真卿误也。方平之学出于董梦程，梦程之学出于黄榦，榦，朱子壻也，故方平及其子一桂皆笃守朱子之说。此书即发明朱子《易学启蒙》之旨。案朱子《易学启蒙序》曰'近世学者类喜谈《易》，其专于爻义者既支离散漫而无所根据，其涉于象数者又皆牵合附会，而或以为出于圣人心思智虑之所为也，若是者，余窃病焉，因与同志颇辑旧闻，为书四篇，以示初学，使毋疑于其说'云云，盖《易》之为道，理数并存，不可滞于一说。朱子因程《传》专主明理，故兼取邵子之数以补其偏，非脱略易理，惟著此书以言数也。后人置《本义》不道，惟假借此书以转相推衍，至于支离轇轕而不已，是岂朱子之本旨乎？方平此书，虽亦专阐数学，而根据朱子之书，反复诠释，所采诸书，凡黄榦、董铢、刘爚、陈埴、蔡渊、蔡沉六家，皆朱子门人，又蔡模、徐几、翁咏三家，模，蔡渊子，几、咏，皆渊之门人，故所衍说，尚不至如他家之竟离其宗，是亦读《启蒙》者所当考矣。董真卿所称方平《自序》，今本佚之，惟存《后序》一篇。朱彝尊《经义考》乃竟以朱子原序为方平之序，可谓千虑之一失。徐氏通志堂刻本于此序之末题'淳熙丙午暮春既望云台真逸手记'，是显著朱子之别号矣，而其标目乃称《易学启蒙通释序》，淳熙丙午下距至元己丑凡一百一十三年，朱子安知有《通释》乎？今刊正之，俾无滋后来之疑焉。"按：有《四库全书》本等。

外　易

胡方平撰。

《千顷堂书目》卷一著录胡方平《外易》四卷。《经义考》卷四〇云其书名一作《外翼》，"未见"。

易余闲记

胡方平撰。

　　《经义考》卷四〇云胡方平著有《易余闲记》一卷，"未见"。然《新安文献志》卷七〇汪师泰《胡玉斋传》作《易余问记》。待考。

作者单位：华东师范大学

《陆氏易解》版本校读

张万乐

摘要：陆绩为汉末学者，注《易》之作有《陆氏易解》。陆绩学宗孟京，又会通马郑荀虞之《易》，融诸家《易》为一家之学，故其学显扬后世。姚士粦辑有《陆氏易注》一卷，据汉京房《京氏易传注》、唐陆德明《经典释文》、李鼎祚《周易集解》等书辑出，对陆绩《易》注的整理具有重要意义。文渊阁《四库全书》本（后简称"四库本"）《陆氏易解》，在姚氏所辑版本的基础上进一步详校，所录内容架构完整，体例完备，虽有遗漏与误辑之处，但犹可见陆氏《易》注之大略，不失为有价值的辑佚版本，为后世研究陆绩易学思想、探赜汉易之精深，提供了史料依据和文献基础。本文旨在通过对四库本《陆氏易解》进行校勘，为易学、四库学研究的进一步深化和发展提供更充分的文本依据和参考。本文以四库本为底本，以清马国翰辑佚本《陆氏周易述》（下文简称"马本"）和清孙堂辑佚本《陆氏周易述》（下文简称"孙本"）为参校本，对差异部分进行标注与说明。

关键词：《陆氏易解》 四库本 版本校读

《陆氏易解》是汉末学者陆绩的注《易》之作。陆绩，字公纪，吴郡吴人，后汉偏将军，郁林太守。陆绩文韬武略卓著，受当世名流所喜，有王佐之才。《三国志》卷五十七《吴书·虞陆张骆陆吾朱传》曰："绩容貌雄伟，博学多识，星算历数无不该览。虞翻旧齿名盛，庞统荆州令士，年亦差长，皆与绩友善。孙权统事，辟为奏曹掾，以直道见惮，出为郁林太守加偏将军，给兵二千人。"① 然陆绩意在儒雅，虽有军事，著述不废，作《浑天图》《浑天仪说》，注《太玄》《易》及《京氏易传》。《晋书·天文志》曰："论天者虽多，然精于阴阳者张平子陆公纪之徒，咸以为推步七曜之道，度历象昏明之证候，校以四八之气，考以漏刻之分，占晷景之往来，求形验于事情，莫密于浑象者也。"② 《开元占经》曰："陆绩字公纪，于孙权时，又作《浑天仪说》，绩造《浑天图》。曾于土室居，令不觉昼夜，已在内推步度数，击鼓节与外相应，而不失毫厘。"③ 陆绩精于天文历法可见一斑。陆绩之《易》宗孟、京，又会通马、郑、荀、虞之《易》，融诸家《易》为一家之学，故其易学被后世历代学者所推重。其《易》注，《隋书·经籍志》载《周易》十五卷④，《旧唐书·经籍志》载十三卷⑤，《新唐书·艺文志》亦载十三卷⑥，《会通》一卷⑦，陆德明《经典释文·序录》云："陆绩《述》十三卷，《七志》云录一卷。"⑧ 徐芹庭考证后认为，"陆绩《易》注，宋以后书目未录其书，盖亡于南北宋之际"⑨。幸得明朝学者姚士粦始辑陆氏《易》注一百五十条⑩，至清朝被收录至《四库全书·经部》，名为《陆

---

① （晋）陈寿撰，（南朝·宋）裴松之注，陈乃乾点校：《三国志》卷五十七《吴书·虞陆张骆陆吾朱传》，中华书局，1982 年版，第 1328 页。

② （唐）房玄龄等：《晋书》卷十一《天文上》，中华书局，1974 年版，第 281 页。

③ （唐）瞿昙悉达：《大唐开元占经》卷二《论天》，清抄本，第 132 页。

④ （唐）魏徵等：《隋书》卷三十二《经籍一》，中华书局，1973 年版，第 909 页。

⑤ （后晋）刘昫等：《旧唐书》卷四十六《经籍上》，中华书局，1975 年版，第 1967 页。

⑥ （宋）欧阳修、宋祁：《新唐书》卷五十七《艺文一》，中华书局，1975 年版，第 1424 页。

⑦ （清）永瑢等：《四库全书总目》上册，中华书局，1965 年版，第 2 页。

⑧ （唐）陆德明撰，吴承仕疏证，张力伟点校：《经典释文序录疏证》，中华书局，2008 年版，第 41 页。

⑨ 徐芹庭：《两汉京氏陆氏易学研究》，中国书店，2011 年版，第 120 页。

⑩ （清）永瑢等：《四库全书总目》上册，中华书局，1965 年版，第 2 页。

氏易解》，得以留存于世，为清儒所重，为今人所见。

　　姚士粦辑有《陆氏易注》一卷，据汉京房《京氏易传注》、唐陆德明《经典释文》、李鼎祚《周易集解》等书辑出，对陆绩《易》注的整理具有重要意义。《四库全书》本（后简称"四库本"）《陆氏易解》在姚氏所辑版本的基础上进一步详校，所录内容架构完整，体例完备，虽有遗漏与误辑之处，但犹可见陆氏《易》注之大略，不失为有价值的辑佚版本。四库本《陆氏易解》为后世研究陆绩易学思想、探赜汉易之精深，提供了史料依据和文献基础。本文旨在通过对四库本《陆氏易解》进行校勘，为易学、四库学研究的进一步深化和发展提供更好的文本依据和参考。因此，本文选取文渊阁《四库全书》所收《陆氏易解》为底本，取其他辑佚佳本作参校本进行校勘。经对比考证，清朝马国翰辑佚本《陆氏周易述》（下文简称"马本"）和同时期孙堂辑佚本《陆氏周易述》（下文简称"孙本"）在众辑佚版本中较优，故选取这两个版本作为参校本。本文在校勘时，首先说明四库本原文情况，四库本所注内容用括号注明；其次，介绍参校本收录情况，仅在与原文有异处进行标注与说明。其中，就同一字在不同版本中的异体及不同字形的繁体则不再标注；参校本中所标注的辑佚原文出处，本文亦不收录。以下为校勘正文：

一、四库本《陆氏易解》经传正文校勘

　　六三：或从王事，无成有终。

　　孙本：或从王事，无成有终。

　　按：孙本无"六三"。

　　为其嗛（今作"嫌"）于无阳也。

　　马本：为其兼于无阳也。

孙本：为其嗛于阳也。

按：此句为《坤卦·文言》内容，四库本没有注明，四库本在"嗛"后有双列小字"今作'嫌'"为四库馆臣校注。"嗛"，马本作"兼"。孙本未见"无"字。

云雷，屯，君子以经纶。

孙本：云雷，屯，君子以经论。

按：此句为《屯卦·象》内容，四库本未注明。"纶"，孙本作"论"。

天与水违行。

孙本：天与水违行，讼。

按：此句为《讼·象》内容，四库本未注明。孙本多"讼"字。

密云不雨，自我西郊，尚往也。

孙本：密云不雨，尚往也。

按：此句为《小畜·象》内容，四库本未注明。孙本无"自我西郊"。

刚中正，履帝位而不疚，光明也。

马本：刚中正，履帝位而不疾，光明也。

孙本：刚中正，履帝位而不疾，光明也。

按：此句为《履·象》内容，四库本未注明。"疚"，马本、孙本作"疾"。

否终则倾，何可长也。

孙本：否极则倾，何可长也。

按：此句为《否·上九·象》内容，四库本未注明。"终"，孙本作"极"。

九五：先号咷而后笑。

孙本：九五：同人先号咷而后笑。

按：孙本多"同人"二字。

六四：贲如，皤如，白马翰如，匪寇婚媾。

马本：六四：贲如，燔如，白马翰如，匪寇婚媾。

孙本：六四：贲如，蹯如，白马翰如，匪寇婚媾。

按："皤"，马本作"燔"，孙本作"蹯"。

六四：童牛之角（今作"牿"）。

马本：六四：童牛之牿。

孙本：六四：童牛之牿。

按：四库本"角"后有双列小字"今作牿"，为四库馆臣校注。"角"，马本、孙本作"牿"。

坎。

马本：习坎。

孙本：习坎。

按：四库本"坎"，马本、孙本作"习坎"。

明两作离，大人以继明照于四方。

孙本：明两作离，君子以继明照于四方。

按：此句为《离·象》内容，四库本未注明。"大人"，孙本作"君子"。

天下有山，遁。

孙本：《象》曰：天下有山，遁。

按：四库本无"《象》曰"。

君子以非礼弗履。

马本：《象》曰：雷在天上，大壮，君子以非礼弗履。

按：马本多"《象》曰：雷在天上，大壮"。

丧羊于埸（今作"易"）。

孙本：丧洋于埸。

按："羊"，孙本作"洋"。此句为《大壮·六五》内容，四库本没有注明。四库本在"埸"后有双列小字"今作'易'"，为四库馆臣校注。

上九：先张之弧，后说之弧（"说"合作"脱"）。

孙本：上九：先张之弧，后说之壶。

按：四库本在"后说之弧"后有双列小字，"'说'合作'脱'"为四库馆臣校注。"后说之弧"之"弧"，孙本作"壶"。

雷雨作解。

孙本：天地解而雷雨作。

按："雷雨作解"为《解·象》内容，四库本未注明。"天地解而雷雨作"为《解·彖》内容，孙本未注明。

百果草木皆甲宅（今作"拆"）。

马本：雷雨作而百果草木皆甲宅。

孙本：雷雨作而百果草木皆甲宅。

按："宅"后有双列小字"今作'拆'"为四库馆臣校注。"百果草木皆甲宅。"为《解·彖》内容，四库本未注明。四库本脱"雷雨作而"四字。

君子以懲忿窒睿（今作"窒"）欲。

马本：君子以徵忿睿欲。

孙本：君子以徵忿瘠欲。

按："睿"后有双列小字"今作'窒'"为四库馆臣校注。该句为《损·象》内容，四库本未注明。其中，"懲"，马本、孙本作"徵"。"睿"，孙本作"瘠"。

天下有风，姤，后以号令诰四方。

孙本：天下有风，姤，君子以号令告四方。

按：该句为《姤·象》内容，四库本未注明。"后"，孙本作"君子"。"诰"，孙本作"告"。

累（今作"羸"）豕孚蹢躅。

马本：羸豕孚蹢蹂。

孙本：羸豕孚蹢躅。

按："累"后有双列小字"今作'羸'"为四库馆臣校注。该句为《姤·初六》内容，四库本未注明。"累"，马本、孙本作"羸"。"躅"马本作"蹂"。

九五：剬刜。

马本：九五：剬刜。困于赤绂，乃徐有说，利用祭祀。

孙本：九五：麑毼。

按："剬刜"，孙本作"麑毼"。

《象》曰：剬刜，志未得也。

孙本：《象》曰：麑毼，志未得也。

按："剬刜"，孙本作"麑毼"。

井收，勿幕。

马本：上六：井收，勿幕。

按：四库本无"上六"。

六五：鼎黄耳。《象》曰：鼎黄耳，中以为实也。

孙本：六五：鼎黄耳，金铉，利贞。《象》曰：鼎黄耳，中以为实也。

按：在"六五：鼎黄耳"后，孙本多"金铉利贞"四字。

六二：鸿渐于磐，饮食衎衎。

孙本：六二：鸿渐于磐，饮食衎衎，吉。

按：四库本无"吉"。

六四：鸿渐于木，或得其桷。

马本：六四：鸿渐于木，或得其桷，无咎。

按：四库本无"无咎"。

归妹，征凶。

孙本：征凶。

按：四库本衍"归妹"。

归妹以嬬（今作须）。

马本：六三，归妹以嬬，反归以娣。

按："嬬"后有双列小字"今作'须'"，为四库馆臣校注。马本无误，四库本无"六三""反归以娣"。

丰其屋。

孙本：上六：丰其屋。

按：此句四库本无"上六"。

《象》曰：重巽以申命。

孙本：《彖》曰：重巽以申命。

风行水上。

孙本：风行水上，涣。

按：此句四库本无"涣"。

夫乾，其静也颛（今作专）。

马本：夫乾，其静也抟。

按："颛"后有双列小字"今作'专'"，为四库馆臣校注。"颛"马本作"抟"。

以神明其德夫。

马本：圣人以此斋戒，以神明其德夫。

孙本：圣人以此齐戒，以神明其德夫。

按：四库本无"圣人以此齐戒"。

拟诸其形容。

马本：是故夫象圣人有以见天下之赜，而拟诸其形容。

孙本：而拟诸其形容。

按：四库本无"是故夫象圣人有以见天下之赜"。

极天下之赜者存乎卦。

孙本：极天下之啧者存乎卦。

按："赜"，孙本作"啧"。

是以自天祐之，吉无不利。

马本：是以自天右之，吉无不利也。

孙本：是以自天右之，吉无不利。

按："祐"，马本、孙本作"右"。"吉无不利"后，马本多一
"也"字。

既辱且危，死期将至。

马本：既辱且危，死其将至。

孙本：既辱且危，死其将至。

按："期"，马本、孙本作"其"。

为阪生。

马本：其于稼也，为反生。

孙本：为反生。

按："阪"，马本、孙本作"反"，孙本有"为反生"。四库本无"其
于稼也"。

为风。

马本：巽，为木，为风。

按：此句四库本无"巽为木"三字。

为小石。

马本：艮，为山，为径路，为小石。

按：四库本无"艮，为山，为径路"。

二、四库本《陆氏易解》陆绩注校勘

十二辰分六位，升降，以时消息，吉。

孙本：十二时分六位，升降，以时消息，吉凶。

按："辰"，孙本作"时"。"吉"，孙本作"吉凶"。

乾六爻发挥变动。

孙本：乾六爻发挥变通。

按："动"，孙本作"通"。

又曰：戌、亥是乾之位，乾伏本位积阴之地，犹盛故战。

孙本：戌、亥是乾之位，乾伏本位积阴之地，犹盛故战。

按：孙本无"又曰"。

经纶之始，无出于此也。

孙本：经论之始，无出于此也。

按："纶"，孙本作"论"。

蒙，又体艮少。

马本：蒙，又体艮少男。

孙本：又体艮少男。

按：马本、孙本多一"男"字。孙本无"蒙"。

此履非其位，六三。

孙本：此履非其位，六三也。

按："六三后"，孙本多一"也"字。

隔于阳位，不能决胜，先克，故曰"号咷"，后获合方喜，故曰"后笑"。

孙本：隔于阳位，不能决胜，故曰"先号咷"，后获合方喜，故曰"后笑"。

按："号咷"，孙本作"先号咷"。孙本无"先克"。

终得申其刚直，虽获正吉，未为光大也。

马本：终得信其刚直，虽获正吉，未为光大也。

孙本：终得伸其刚直，虽获贞吉，未为光大也。

按："申"，马本作"信"，孙本作"伸"。"正"，孙本作"贞"。

七凡称阳数也。

孙本：七九称阳数也。

按："凡"，孙本作"九"。

坎水，龙深陷于物。

孙本：坎水，能深陷于物。

按："龙"，孙本作"能"。

后不可履于险而不陷没者。

孙本：后可履于险而不陷没者。

按："后"后，孙本无"不"字。

阳处中而为坎主，纯阴得阳为名。

孙本：阳处中而为坎主，纯阴得阳为明。

按："名"，孙本作"明"。

君得一名臣而显其道。

孙本：君得一明臣而显其道。

按："名"，孙本作"明"。

水再至而益通流，不舍昼夜。

马本：水再至而滋通流，不舍昼夜。

按："益"，马本作"滋"。

重习相随以为常。

马本：重重习相随以为常。

孙本：重重习相随以为常。

按："重"，马本、孙本作"重重"。

枕，闲碍为害之貌。

马本：枕，闲碍险害之貌。

孙本：枕，闲碍险害之貌。

按："为"，马本、孙本作"险"。

刚而文明也。

孙本：柔刚而文明也。

按：孙本在此句前多一"柔"字。

随时遁避，其义大矣。

马本：随时遁避，其义大矣哉。

按：马本在此句后多一"哉"字。

避难当在前而在后。

马本：避难当前而在后。

按：此句出现两个"在"字，马本无前一"在"字。

内阳升降，二众俱阳曰"大壮"。

孙本：内阳升降，二象俱阳曰"大壮"。

按："众"，孙本作"象"。

故象以为戒，非礼不履。

孙本：故象以为戒，非礼弗履。

按："不"，马本、孙本作"弗"。

場谓疆場也。

马本：谓疆場也。

按：马本少此句第一个"場"字。

圣人教先从家始，家正则天下化之。

马本：圣人教先从家始，家正而天下化之。

按："则"，马本作"而"。

以天下为家，故曰"王大有家"。

马本：以天下为家，故曰"王假有家"。

按："大"，马本作"假"。

风入于坤皆动也。

孙本：风入于物皆动也。

按："坤"，孙本作"物"。

故知天下有动其物也。

孙本：故知天下有风动其物也。

按："动"，孙本前多一"风"字。

天地相遇，万物亦然，其义大矣。

孙本：天地相遇，万物亦然，故其义大也。

按："矣"，孙本作"也"，"其"前多一"故"。

暇阳为主，成萃之义。

孙本：假阳为主，成萃之义。

按："暇"，孙本作"假"。

二言享祀，此言祭祀。

孙本：二言亨祀，此言祭祀。

按："享"，孙本作"亨"。

收，井干也。

马本：井收，井干也。

按：马本"收"前多一"井"字。

饪熟之义明。

孙本：饪熟之义明矣。

按：孙本此句后多一"矣"字。

木，乾象，阴来荡成巽。

孙本：本，乾象，阴成荡成巽。

按："木"，孙本作"本"。"来"，孙本作"成"。

涣，散也。

孙本：涣者，散也。

按：孙本"涣"后多一"者"字。

坎离分子午，水上火下。

孙本：离坎分子午，水上火下。

按："坎离"，孙本作"离坎"。

敌不相间隔，故曰"既济"也。

孙本：敌不相间隔，是曰"既济"也。

按："故"，孙本作"是"。

凡三才极至之道也。

马本：此三才极至之道也。

孙本：此三才极至之道也。

按："凡"，马本、孙本作"此"。

野言妖野容仪，教诲淫佚也。

马本：言妖野容仪，教诲淫泆也。

孙本：言妖野容仪，教诲淫佚也。

按：马本、孙本均无此句首字"野"。"佚"，马本作"泆"。

今云"三百六十当期"，则入十三月六日也。

孙本：今云"三百六十当期"，则实十二月六日也。

按："入"，孙本作"实"。"十三"，孙本作"十二"。

十三月为一期，故云"当期之日"也。

孙本：十二月为一期，故云"当期之日"也。

按："十三"，孙本作"十二"。

掛一以象三。

孙本：卦一以象三。

按："掛"，孙本作"卦"。

方成易之一爻者也。

孙本：方成之一爻者也。

按：孙本无"易"字。

变为爻之变化，当议之而后动矣。

马本：变谓爻之变化，当议之而后动矣。

孙本：变为爻之变化，当仪之而后动矣。

按："为"，马本作"谓"。"议"，孙本作"仪"。

开物谓庖牺引伸八卦。

马本：开物谓伏羲引信八卦。

孙本：开物谓庖牺引信八卦。

按："庖牺"，马本作"伏羲"。"伸"，马本、孙本作"信"。

触长爻策。

马本：触长爻册。

孙本：触长爻册。

按："策"，马本、孙本作"册"。

受蓍龟龜之报应。

孙本：受蓍龜之报应。

按：孙本无"龟"。

决而退藏之于心也。

马本：决而藏之于心也。

按：马本无"退"。

清潔其身。

马本：清絜其身。

孙本：清絜其身。

按："潔"，马本、孙本作"絜"。

故曰："以此斋戒也"。

孙本：故曰："以此齐戒也"。

按："斋"，孙本作"齐"。

此明说立象尽意。

孙本：此明设立象尽意。

按："说"，孙本作"设"。

设卦尽情伪之意也。

马本：设卦尽伪之意也。

按：马本无"情"。

耜，耒下耓也，广五寸。

孙本：耜，广五寸。

按：孙本无"耒下町也"。

民众兽少，其道穷。

马本：民众食少，其道穷。

按："兽"，马本作"食"。

则神农教布殖以变之。

马本：则神农教播殖以变之。

孙本：则神农教播殖以便之。

按："布"，马本、孙本作"播"。"变"，孙本作"便"。

故无所不利也。

孙本：故无所不利者也。

按：孙本"也"前多一"者"字。

六三从困辱之象。

马本：六三从困辱之家。

孙本：六三从困辱之家。

按："象"，马本、孙本作"家"。

易之大过为棺椁死丧之象。

马本：变之大过为棺椁死丧之象。

孙本：变之大过为棺椁死丧之象。

按："易"，马本、孙本作"变"。

故曰："死期将至，妻不可得见也。"

马本：故曰："死其将至，妻不可得见也。"

孙本：故曰："死其将至，妻不可得见也。"

按："期"，马本、孙本作"其"。

求自免济，建成王业。

马本：木自免济，建成王业。

孙本：本自免济，建成王业。

按："求"，马本作"木"，孙本作"本"。

"九五：其亡其亡，系于苞桑"之属是也。

孙本："九五：其亡其亡，系于包桑"之属是也。

按："苞"，孙本作"包"。

天地之尊，故为君父。

孙本：天地之尊，故曰君爻。

按："为"，孙本作"曰"。"父"，孙本作"爻"。

"阪"当作"反"。

马本："反"当为"坂"。

孙本："反"当为"阪"。

按："阪"，马本、孙本作"反"。"作"，马本、孙本作"为"。"反"，马本作"坂"，孙本作"阪"。

三、马本所辑而未见于四库本内容

六五阴爻在蒙暗，蒙又体艮少，故曰童蒙。

按：此句为陆绩注文，此句后马本有"六二：彪蒙吉。彪，文也"。

师。

按："师"卦名后，马本有"丈人吉。丈人者，圣人也，帅师未必圣人，若汉高祖、光武应此义也"。

师，众也，坤中众者莫过于水。

按：此句为陆绩注文，此句后马本有"不臧凶"。

震，一阳二阴，阳君阴民，得其正也。

按：此句为陆绩注文，此句后马本有"而天下随之"。

观。

按："观"卦名后，马本有"上宾也"。

六四：童牛之角（今作牿）。

按：此句为经传正文，此句后马本有"牿当作角"。

不以刚履柔，不能成坎之道也。

按：此句为陆绩注文，此句后马本有"水流而不盈。水性趋下，不盈溢，崖岸也。月者水精，在天满则亏，不盈溢之义也"。

枕，闲碍为害之貌。

按：此句为陆绩注文，此句后马本有"六四：樽酒，簋二，用缶，纳约自诱"。

蹇当位，贞吉，以正国（今作"邦"）也。

按：此句为经传正文，此句后马本有"《象》曰：山上有水，蹇。水在山上，失流通之性，故曰：'蹇'"。

累（今作"羸"）豕孚蹢躅。

按：此句为经传正文，此句后马本有"'羸'读为'累'"。

谓二困五，三困四，五初困上，斯乃迭困之义也。

按：此句为陆绩注文，此句后马本有"九五：劓刖。不安貌"。

震。

按："震"卦名后，马本有"不丧匕鬯。匕者，棘匕挠之器"。

艮

按："艮"卦名后，马本有"不承其随"。

嬬，妾也。

按：此句为陆绩注文，此句后马本有"九四：归妹愆期，迟归有时。迟，待也"。

敌不相间隔，故曰："既济"也。

按：此句为陆绩注文，此句后马本有"三年克之，惫也。'备'当作'惫'，惫，困劣也"。

各殊阴阳也。

按：此句为陆绩注文，此句后马本有"《周易陆氏述》卷下。《系辞上传》"。

言卦象极尽天下之深情也。

按：此句为陆绩注文，此句后马本有"《系辞下传》"。

民得其用，故无所不利也。

按：此句为陆绩注文，此句后马本有"子曰：非所困而困焉名必辱，非所据而据焉身必危"。

故曰："死期将至，妻不可得见也。"

按：此句为陆绩注文，此句后马本有"易曰：其亡其亡系于包桑。自此以上皆为否，阴减阳之卦，五在否家虽得中正，常自惧以危亡之事者也"。

圣人设爻以效三者之变动，故谓之爻者也。

按：此句为陆绩注文，此句后马本有"易之兴也，其当殷之末世，周之兴也，当文王与纣之时邪。卦辞文王，爻辞周公"。

明夷上六初登于天，后入于地之属是也。

按：此句为陆绩注文，此句后马本有"《说卦传》。雷风相薄。薄相附，薄也"。

坤，为腹，为母。

按：此句为经传正文，此句后马本有"取含养也。水火相逮"。

艮刚卦之小，故为小石者也。

按：此句为陆绩注文，此句后马本有"《杂卦传》"。

四、孙本所辑而未见于四库本内容

乾

按："乾"卦名后，孙本有"乾，元亨利贞。卦辞文王。初九：潜龙勿用。爻辞周公。阳在初称初九，去初之二称九二，则初复七，阴在初称初六，去初之二称六二，则初复八矣"。

十二辰分六位升降，以时消息吉。

按：此句为陆绩注文，此句后孙本有"大人造也"。

六五阴爻在蒙暗，蒙又体艮少，故曰："童蒙。"

按：此句为陆绩注文，此句后孙本有"九二：彪蒙吉。彪，文也"。

师

按："师"卦名后，孙本有"师，贞，丈人吉。丈人者，圣人也，帅师未必圣人，若汉高祖、光武应此义也"。

师，众也，坤中众者莫过于水。

按：此句为陆绩注文，此句后孙本有"师出以律，不臧凶"。

比卦一阳五阴，少者为贵，众之所尊者也。

按：此句为陆绩注文，此句后孙本有"比之初六，有它吉也。变而得正，故吉"。

一阴劣不能固阳，是以往也。

按：此句为陆绩注文，此句后孙本有"九三，舆说輹，夫妻反目。不义之兆"。

当履之时。

按：此句为陆绩注文，此句后孙本有"《象》曰：上天下泽，履，君子以辩上下，定民志。履者礼也"。

离为火，为日，故曰："大有"。

按：此句为陆绩注文，此句后孙本有"《象》曰：匪其彭无咎，明辩逝也"。

坤顺震动。

按：此句为陆绩注文，此句后孙本有"六三：纡豫"。

震一阳二阴，阳君阴民，得其正也。

按：此句为陆绩注文，此句后孙本有"大亨，贞，无咎，而天下随之"。

臣道出于六四爻也。

按：此句为陆绩注文，此句后孙本有"《象》曰：观国之光，上宾也"。

六四：童牛之角（今作"牿"）。

按：此句为经传正文，此句后孙本有"牿当作角"。

不以刚履柔，不能成坎之道也。

按：此句为陆绩注文，此句后孙本有"水流而不盈。水性趋下，不盈溢，崖岸也。月者水精，月在天满则亏，不盈溢之义也"。

枕，闲碍为害之貌。

按：此句为陆绩注文，此句后孙本有"内约自诱"。

遁退也。

按：此句为陆绩注文，此句后孙本有"遁，俟时间也"。

蹇当位，贞吉，以正国（今作"邦"）也。

按：此句为经传正文，此句后孙本有"《象》曰：山上有水，蹇，君子以反身修德。水在山上，失流通之性，故曰：'蹇'。水本应山下，今在山上，终应反下，故曰：'反身'。九五：大蹇朋来。外卦九五变入坤，内见艮，故曰：'得朋'也"。

累（今作"羸"）豕孚蹢躅。

按：此句为经传正文，此句后孙本有"'羸'读为'累'"。

九五：劓刖。

按：此句为经传正文，此句后孙本有"臲卼，不安貌"。

艮

按："艮"卦名后，孙本有"不承其随"。

楠榱也。

按：此句为陆绩注文，此句后孙本有"九五：鸿渐于陵。陆、陵俱是高处，然陵卑于陆也"。

归妹

按："归妹"卦名后，孙本有"归者，嫁也"。

嬬，妾也。

按：此句为陆绩注文，此句后孙本有"九四：归妹愆期，迟归有时。迟，待也"。

敌不相间隔，故曰"既济"也。

按：此句为陆绩注文，此句后孙本有"《象》曰：三年克之，惫也。'备'当为'惫'，惫，困劣也"。

各殊阴阳也。

按：此句为陆绩注文，此句后孙本有"《系辞上》"。

六爻之动。

按：此句为经传正文，此句后孙本有"阴阳失位则变，得位则否，故以阳阳居阴位，阳居阴位，则动"。

吉凶之兆，见乎爻象。

按：此句为陆绩注文，此句后孙本有"生生之谓易。凡卦阴极阳生，阳极阴生，生生之义不绝之貌。系辞焉以断其吉凶，是故谓之爻。爻配阴阳，分人事，吉凶具见矣"。

夫乾其静也颛（今作"专"）。

按：此句为经传正文，此句后孙本有"仪之而后动。爻配阴阳，分人事，吉凶具见矣"。

变为爻之变化，当议之而后动矣。

按：此句为陆绩注文，此句后孙本有"通其变遂成天地之爻"。

决而退藏之于心也。

按：此句为陆绩注文，此句后孙本有"古之聪明睿知神武而不杀者夫"。

言卦象极尽天下之深情也。

按：此句为陆绩注文，此句后孙本有"《系辞下》'因而重之'。凡八卦分为八宫，每宫八卦，八八六十四卦"。

故曰："死期将至，妻不可得见也。"

按：此句为陆绩注文，此句后孙本有"易曰：其亡其亡系于包桑。自此以上皆为否，阴减阳之卦，五在否家虽得中正，常自惧以危亡之事者也。周流六虚。六虚即六爻也"。

明夷上六初登于天，后入于地之属是也。

按：此句为陆绩注文，此句后孙本有"《说卦》。雷风相薄。相薄，相附，薄也"。

安为动主，静为躁君。

按：此句为陆绩注文，此句后孙本有"齐也者，言万物之絜齐也。齐者，整肃万物得其道也。战乎乾，乾西北之卦也，言阴阳相薄也。乾为阳，西北阴，阳入阴，二气盛必战。动万物者莫疾乎雷。震主动也。燥万物者莫熯乎火。离火炎上。润万物者莫润乎水。坎水润下。水火（无'不'字）相逮"。

天行运转不息。

按：此句为陆绩注文，此句后孙本有"艮为手。艮为背手。坤地也，故称乎母。取含养也。震一索而得男，故谓之长男。乾生三男，少长分形，震一阳居初爻，震为长男。巽一索而得女，故谓之长女。坤生三女，巽长女。坎再索而得男，故谓之中男。坎二阳居中，阳居九二称中男。离再索而得安，故谓之中女。离中女。艮三索而得男，故谓之少男。艮三阳处卦之末，阳极为少男。兑三索而得女，故谓之少女。兑少女"。

艮刚卦之小，故为小石者也。

按：此句为陆绩注文，此句后孙本有"《序卦》（阙）。《杂卦》。艮，止也。乾三生男，将至艮极。又云'止'也"。

诛，伤也。

按：此句为陆绩注文，此句后孙本有"大有众也。柔处尊位，以柔履刚，以阴处阳，能柔顺于物，万物归附。归妹，女之终也。兑归魂，配六十四卦之终也"。

作者单位：北京师范大学历史学院

《周易·同人卦·大象传》大义通诠

聂　威

摘要：注解同人卦《大象传》在历史上影响较大者有：虞翻引"君子和而不同"为之解，王弼的君子小人各同其同，朱熹的审异而致同，黄道周、王夫之据天与火之象强调君子之明德。在"天与火，同人"的问题上也有多种解释，荀爽主张天同于火，王弼主张火同于天，孔颖达主张天、火同于人，程颐则主张天与火同是无分主次的同。在同与异的问题上，朱熹审异而致同的观点影响最大，此后元、明、清的学者基本都是在这一话语体系下深入研究。同人卦《大象传》中的君子之德义，体现在张载的正、张浚的至公至明、易祓的同仁、黄道周的明德、王夫之的虚明等注解中。在由易象观德义的视角下，"天与火，同人；君子以类族辨物"应当理解为：天、火的光明之德与人相通相同，君子顺承此德就能明事理、辨异同。

关键词：同人卦　类族辨物　和而不同　审异　致同　明德

同人卦为《周易》第十三卦，卦辞曰："同人：同人[①]于野，亨，利

涉大川，利君子贞。"①《彖传》曰："'同人'，柔得位得中而应乎乾，曰同人。同人，曰'同人于野，亨，利涉大川'，乾行也。文明以健，中正而应，君子正也。唯君子为能通天下之志。"②《大象》曰："天与火，同人；君子以类族辨物。"③《序卦传》曰："物不可以终否，故受之以《同人》。"④《杂卦传》曰："《同人》亲也。"⑤

综上来看，同人卦象征吉利、顺畅、文明，君子的贞正德行宽广深远，无往不利。《彖传》以乾行之健，释君子之德为文明，畅通天下。《大象传》以"天与火"之象引申到"君子以类族辨物"，主要是取天与火都具光明、文明之德，以人具文明而能分类事物，同心协力。《序卦传》表达的是事物之流转规律，天地交感之初，人的文明尚未形成，有泰极则否的过程；天地交通之际，有君子的文明以健，同人而大有，是由起兴到复兴的转变之关键一环。《杂卦传》则表达了人与人之间应当相亲近。

在经与传中，"同人"二字频繁出现，说明同人卦之核心要义在于卦名之义——同人。卦辞以亨、利、贞来表达吉祥之义，多取乾卦之辞。《彖传》引申出"文明与中正"，《大象传》引申出"天火之明""类族辨物"，再结合卦名与卦辞，文明与中正之德落实于人，人能行健、用乾，能类族辨物，人的文明就能远播、光耀万古、无往不利。在历代关于同人卦《大象传》的注解中，一般分为两个部分阐释：一是从天与火之象阐释何谓同人，二是解释类族辨物。由此引申出三个问题：一是

海古籍出版社，2007年版，第85页），本文认为此说有理，从之。因为如果没有两个同人，按体例同人卦卦辞就是"同人：于野，亨，利涉大川，利君子贞"，则与《象》辞不合。历代对这个问题没有相应的重视，可见高亨先生的理解很有意义。

① 黄寿祺、张善文：《周易译注》，上海古籍出版社，2007年版，第85页。
② 黄寿祺、张善文：《周易译注》，上海古籍出版社，2007年版，第85页。
③ 黄寿祺、张善文：《周易译注》，上海古籍出版社，2007年版，第86页。
④ 黄寿祺、张善文：《周易译注》，上海古籍出版社，2007年版，第449页。
⑤ 黄寿祺、张善文：《周易译注》，上海古籍出版社，2007年版，第455页。

释同人还是释同，二是同与异的问题，三是同人的卦德。

一、同与同人

历来对同人的解释都偏重于同之义，容易让人理解为这是同卦而非同人卦，在《大象传》中也有这种情况。这些主要集中在"天与火，同人"这一句的注解中。

汉代经学家荀爽以拟人的方式，说明天与火同是类似于人的同居："乾舍于离，相与同居，故曰同人。"① 清代李道平在疏解荀爽的注之中认为："乾亲上，离炎上，故云：'相与同居'。"② 这是把同归结为乾离都有"上"的共同之处，此并非是荀爽之义，而是取自王弼之注。由于唐代编订的《周易正义》是此时的官方定本，选取的注本是王弼、韩康伯所作之本，对后世有很大的影响，阮元刻十三经也是选取的王弼本，可知李道平受到王弼注的影响。王弼虽然没有对同人之义作细致的阐发，但他的注解对后世产生了很大影响。王弼注解《大象传》中的"天与火，同人"为"天体在上而火炎上，同人之义也"③，说明火炎向上与在上的天有共同之处，这就是同人之义。王弼以火的特性是向上，是火同于在上之天，同人之义就是同天，这样解释似乎只是解释了天与火的共同之处，而天与火同为什么是同人却缺少必要的解释。李道平又引荀爽注《系辞传》中的"中心疑者其辞枝"为离人辞，"诬善之人其辞游"中乾为善人，"乾离皆称人而又同居，故曰同人"④。这是把同人理解为两人同居，荀爽是以乾同居于离，李道平进一步说明乾居离之上，表明是以上同下。这说明李道平既注意到同人《大象传》中的乾离之同是同

---

① （清）李道平撰，潘雨廷点校：《周易集解纂疏》，中华书局，1994年版，第182页。

② （清）李道平撰，潘雨廷点校：《周易集解纂疏》，中华书局，1994年版，第182页。

③ （三国·魏）王弼著，楼宇烈校释：《王弼集校释》，中华书局，1980年版，第284页。

④ （清）李道平撰，潘雨廷点校：《周易集解纂疏》，中华书局，1994年版，第182页。

于上，也有阐释同人之义是人同居、聚集在一起。

孔颖达基本是承续王弼的注解，《周易正义》云："天体在上，火又炎上，取其性同，故云'天与火，同人。'"①孔疏解释同人的意思加入了性之义，说明天性与火性同，"天与火，同人"也可以理解为天性、火性同人性，这是比王弼的注解更进一步的地方。朱熹基本认同《周易正义》的疏解，《周易本义》的注解为："天体在上而火炎上，其性同也。"②

在天与火的性质相同方面，除了有"上"之性同，宋代吕大临认为天与火相同的是"阳"之性③。宋代杨简则综合"上"之性与"阳"之性，以天与火的相同在于"阳"与"上"④。清代任启运认为天与火还有气之同，"先天之乾，后天之离，其气同，其性同也"⑤。

以上的注解，重点都是在解释天与火之同，几乎没有进一步说明天与火之象为什么是同人，只有荀爽解释为了天与火是像人一样同居在一处。程颐对天、火同人的解释比较简单，天与火同就是如同是人与人之间的同。《周易程氏传》的注解是："不云火在天下，天下有火，而云天与火者，天在上，火性炎上，火与天同，故为同人之义。"⑥程颐不以上下的位置来区分天与火，在语言表达上就体现出来了，所以火与天同不仅是有共同之处——上，而且还有天、火地位相同，如人与人之同。

宋代丘建安则从三画卦来解释天、火同人，"以三画卦言之，二五

① （三国·魏）王弼、（晋）韩康伯注，（唐）孔颖达疏，李学勤主编：《周易正义》，北京大学出版社，1999年版，第73页。

② （宋）朱熹：《周易本义》，朱杰人等主编：《朱子全书》第1册，上海古籍出版社、安徽教育出版社，2002年版，第109页。

③ （宋）吕大临等撰，陈俊民辑校：《蓝田吕氏遗著辑校》，中华书局，1993年版，第84页。

④ （宋）杨简撰，张沛导读：《杨氏易传导读》，华龄出版社，2019年版，第115页。

⑤ （清）任启运：《周易洗心》卷二，《景印文渊阁四库全书》第51册，台湾商务印书馆，1986年版，第253页。

⑥ （宋）程颐撰，王鹤鸣、殷子和整理：《周易程氏传》，九州出版社，2010年版，第54页。

皆在人位，相应则相同，故曰同人"①。这说明天与火在人位相应相同，天与火同于人。清代魏荔彤认为，"火即日也，火乃天地之阴也，而用阳天覆，日照无人不同，此同人名卦之本义也"②。这是以天、火照亮人，无所不同，其实就是以天的视角观人，人人皆同。

从以上对"天与火，同人"的注解可知，多数学者以解释同之义为主，以天、火之性同于"上""阳""气"，其中以王弼的天、火同于"上"的解释影响较大。在解释同之义的同时，并且兼顾同人之义的学者，他们是以天与火同居似人与人同居来解，此说以荀爽的影响最大；此外还有程颐以天、火相同，类似于人人相同来解，也有一定的影响；少数学者以卦象来解，说明天同于火、天与火同于人等思想。在所趋同的客体而言，有同于天、有同于火、有同于人。荀爽、李道平等人是主张天同于火，王弼、杨简等人是主张火同于天，孔颖达、丘建安等人是主张天、火同于人，程颐则主张天与火同是无分主次的同。这些也反映出虽然是一句简单的"天与火，同人"，但在历史注解中却有多种理解，这些注解对于当下理解同人之义也有重要的参考价值。

二、同　与　异

结合"君子以类族辨物"来解同人卦《大象传》，同与异的问题也就随之而来。王弼注重的是趋同而非辨异，"君子以类族辨物"是"君子小人，各得所同"③。这说明他只是以君子小人为例，表达各同其同之义，君子与小人不类，因而是各同所同。楼宇烈疏解"各得所同"中

---

① （元）董真卿：《周易会通》卷二，《景印文渊阁四库全书》第26册，台湾商务印书馆，1986年版，第212页。

② （清）魏荔彤：《大易通解》卷四，《景印文渊阁四库全书》第44册，台湾商务印书馆，1986年版，第138页。

③ （三国·魏）王弼著，楼宇烈校释：《王弼集校释》，中华书局，1980年版，第287页。

的同是同类相聚之意①，同人即是人以类聚。孔颖达继承了王弼的思想，《周易正义》曰："族，聚也。君子法此同人，以类而聚也。'辨物'谓分辨事物，各同其党，使自相同，不间杂也。"②君子能够使物物之间同类聚合、互不间杂，注重的是同之义。王注孔疏的影响较大，今人黄寿祺、张善文即接受这个解释，以现代汉语"和同于人"来翻译"同人"之义③。

三国时期虞翻注意到同与不同的问题，曰："'君子'谓乾。《师》坤为'类'，乾为'族'。辩，别也。乾，阳物。坤，阴物。体《姤》，'天地相遇，品物咸章'。以乾照坤，故'以类族辩物'。谓'方以类聚，物以群分'。孔子曰：'君子和而不同'，故于《同人象》，见以'类族辩物'也。"④虞翻根据"方以类聚"，坤为方，乾为族，类族辨物就是乾坤之别；君子以类族辨物就是君子分别各种物，君子取和而不取同，其解重在辨异。李道平疏解为，"故以乾坤类族，辨其阴物阳物……'不同'谓'类族辩物'也。于《同人》家言'类族辩物'，则统同而辨异在其中矣"⑤。此疏进一步说明了同人卦《大象传》强调的是辨异，也可见虞翻引孔子的"君子和而不同"主要是用"不同"来辨物，而非用其"和而不同"之义。《论语》中"君子和而不同"是就人与人之间的相处而言，朱子以"和者，无乖戾之心；同者，有阿比之意"⑥来说明君子与小人的与人相处之道，而在同人卦《大象传》中则是君子的辨物之道。

程颐认为辨同异是君子的处事之道，"君子观同人之象，而以类族辨物，各以其类族辨物之同异也。若君子小人之党，善恶是非之理，

① （三国·魏）王弼著，楼宇烈校释：《王弼集校释》，中华书局，1980年版，第287页。

② （三国·魏）王弼、（晋）韩康伯注，（唐）孔颖达疏，李学勤主编：《周易正义》，北京大学出版社，1999年版，第73页。

③ 黄寿祺、张善文：《周易译注》，上海古籍出版社，2007年版，第86页。

④ （清）李道平撰，潘雨廷点校：《周易集解纂疏》，中华书局，1994年版，第182页。

⑤ （清）李道平撰，潘雨廷点校：《周易集解纂疏》，中华书局，1994年版，第183页。

⑥ （宋）朱熹：《四书章句集注》，中华书局，2011年版，第139页。

物情之离合，事理之异同，凡异同者君子能辨明之，故处物不失其方也"①。程颐之解也是注重君子辨物之同异，所根据的是事物之理各异，此理亦即分殊之性理，明辨各物之理才能做出适当的待人接物方法。

程颐的解释中有"物情"一词，语出《孟子》，宋代李中正据此进一步阐释："类族辨物者，物之性有不同，固不强之使同。君子观天、火之同，于不同之中有至同者……《孟子》曰：'物之不齐，物之情也。'子比而同之是乱天下也，类族辨物乃以不同同之。"②李中正强调物之实情不同，不能强行使之同，而应该尊重不同，否则便会祸乱天下，类族辨物是在看到不同的基础上而同之。李中正反对"比而同之"，认为应当是"比而亲之"，比卦之《大象传》是"地上有水，比；先王以建万国，亲诸侯"③，比而亲之是为先王之德，比而同之则乱天下。当然，李中正的"比而同之是乱天下"中的比也可能是阿比之义，但是考虑到乱天下与治国之间的关系，与比卦结合理解似乎更合理。

苏东坡就是把同人卦与比卦作对比，认为"同人与比相近而不同，不可不察也。比以无所不比为比，而同人以有所不同为同，故君子以类族辨物"④。比是无所不比，是为不分同异；同人则有所不同，是为明辨同中之异。

朱熹认为"类族辨物，所以审异而致同也"⑤。这与程颐强调物之理各异的观点不同，朱熹是以异致同。关于如何致同，朱熹认为类是分类，"类族是就人上说，辨物是就物上说。天下有不可皆同之理，故随他头项去分别……就其异处以致其同，此其所以为同也。伊川之说不可

---

① （宋）程颐撰，王鹤鸣、殷子和整理：《周易程氏传》，九州出版社，2010 年版，第 54 页。

② （宋）李中正：《泰轩易传》卷二，《续修四库全书》第 2 册，上海古籍出版社，2002 年版，第 91 页。

③ 黄寿祺、张善文：《周易译注》，上海古籍出版社，2007 年版，第 58 页。

④ （宋）苏轼著，龙吟注评：《东坡易传》，吉林文史出版社，2002 年版，第 57~58 页。

⑤ （宋）朱熹：《周易本义》，朱杰人等主编：《朱子全书》第 1 册，上海古籍出版社、安徽教育出版社，2002 年版，第 109 页。

晓"①。朱熹认为程颐的说法不可知晓，可能是认为程颐只说到辨同异，而忽视了同人之义，故应当君子要审异而致同，最后要归于同人之旨。

朱熹的观点被历代广泛接受，朱震认为"类簇者，合异为同；辨物者，散同为异"②。朱震的"合异为同"即朱熹所说的致同，"散同为异"即是朱熹所说的审异。元代吴澄也是这样理解的，吴澄说："天之所生，各族殊分。法乾覆之无私者，于殊分之族，而类聚其所同，异中之同也。火之所及，凡物均照。法离明之有别者，于均照之物，而辨析其所异，同中之异也。'族'言人，'物'言动植之属。"③吴澄在朱熹的观点上继续解释，他赞同朱熹类族就人上说、辨物就物上说的分别，丰富了"审异致同"的解释。吴澄以"类族"为异中之同，即朱熹所言之致同；"辨物"为同中之异，即朱熹所言之审异。

到了清代，程廷祚则对程颐和朱熹的解释有所不满，但却认同吴澄的观点，他认为："《程传》谓：'各以其类族辨物之同异。'殊无分晓，且于《大象》之'以'字别生一例，尤为未确也。朱子又尝云：'类族以人言，辨物以物言'，其论复失之泥，吴氏说可从。"④程廷祚认为程颐表达的意思不分明、不易知晓，这应当是受到朱熹所说"伊川之说不可晓"的影响，并且程廷祚认为程颐只解释了"类族辨物"，把"以"字落空，这说明程颐的解释是不确切的。程廷祚认为吴澄解释的比较清晰，分别以"同中之异""异中之同"解释"辨物""类族"，因而吴说可从。程廷祚并不认同朱熹"类族就人上说，辨物就物上说"的观点，他认为朱熹的过失之处是拘泥于文句，他赞同吴澄却未对吴澄引用此观点作出说明，此当是程廷祚之说的矛盾之处。简而言之，程廷祚对

① （宋）黎靖德编：《朱子语类》卷七十，朱杰人等主编：《朱子全书》第16册，上海古籍出版社、安徽教育出版社，2002年版，第2357～2358页。
② （宋）朱震：《汉上易传》，九州出版社，2012年版，第48页。
③ （元）吴澄撰，王新春等导读：《〈易纂言〉导读》，齐鲁书社，2006年版，第377～378页。
④ （清）程廷祚：《大易择言》卷八，《景印文渊阁四库全书》第52册，台湾商务印书馆，1986年版，第591页。

于同人卦《大象传》的理解是类族辨物要分为二说，即审异与致同两个方面。朱熹由审异而致同，其解倾向于卦名之同人义，程廷祚则兼重二者，注重类族与辨物。

如果说朱熹是把致同视为最后目的，审异为过程，他重视的就是结果。明代蔡清则是重过程，"要该得尽致同，全在审异上。若不审其异，则混淆杂乱反，而不同矣"①。清代连斗山则以先后关系来看待审异与致同，"上乾象，当先使人异，如火之无不照；下离象，如善恶邪正，人各有族也，使不知其族，何以与之同？是非得失，物各有分也，使不知其物，何以与之同？君子知之于以类其族，使善恶邪正之不淆，辨其物使是非得失之不爽，夫然后我之所同于人者，不致误于同而人之不为我同者，亦将共勉于同矣。此君子合一世为大同之道也"②。连斗山以辨异为先，知物之分，此即类似于"知在行先"的说法，审异可视为致知，致同也可视为践行。朱熹说过，"论先后，知为先；论轻重，行为重"③。可知在先后关系中，朱熹应当也是认同审异为先。但是朱熹还在轻重关系中，以行为重，说明朱熹并不是为了分先后，而是为了言说方便。

宋代杨简提出透过同与异的表象，注重实质意义上的同。杨简说："'君子以类族辨物'者，异中之同也，使一于混同，族不复类，则婚姻无别，物不复辨，则上下无章，名分大乱。得其道者，虽异而同；失其道者，虽同而异。"④杨简认为物之不同，需要正其名，名实不符、名分混乱是不能得同人之道，同人是明物之异而同之，而非表面同而实际却异。

---

① （明）蔡清著，刘建萍等点校：《易经蒙引》，商务印书馆，2017年版，第161页。

② （清）连斗山：《周易辨画》卷八，《景印文渊阁四库全书》第53册，台湾商务印书馆，1986年版，第80页。

③ （宋）黎靖德编：《朱子语类》卷九，朱杰人等主编：《朱子全书》第14册，上海古籍出版社、安徽教育出版社，2002年版，第298页。

④ （宋）杨简撰，张沛导读：《〈杨氏易传〉导读》，华龄出版社，2019年版，第115页。

　　杨简的观点有一定的道理，从象上看观，天与火其实是不同的二物。元代王申子即持此观点，"有所不同而与之同者，同人之义也。天与火本非同类，天上行，火亦炎上，而与之同，故为同人之象。族者，宗之别，同而异者也；万物不同，而同禀阴阳以生，异而同者也。君子观天与火同之象，于族之同而异者，则类而聚之，使各同其同，而亲其亲；于物之异而同者，则辨而别之，使同其不同，而群以分。如是则天地间人与物同者，固同而不同者亦同矣"①。王申子辨同异之说与吴澄的观点类似，他明确天与火之不同，来说明同人是因异而有同，其观点更进一步的地方在于：不但含有异而同的思想，也含有"同而不同亦同"。吴澄的"同中有异"是审异，"异中有同"是致同，兼重审异与致同；而王申子的"同而异"是审异，"异而同"是致同，"各同其同"是审异以致同，"同而不同者亦同"是从同中辨异、同异之同，也可称为致同审异以致同。在辩证法的视角中，若以同为正，以异为反，吴澄强调的是对立转化，王申子则强调是对立统一。

　　另一有新意的注解是唐代史徵的注解，他认为："天体高，火炎上，即火势上逼以同于天，喻己之同于人也。君子以类族辨物者，族，聚也，辨，分也，物，事也。君子以类而聚，君子小人如有所同，又须分辨事物，各处其道也。"②史徵之注的新意在于以火喻己、以天喻人，火炎向上是火同天，因此同人是以己同人。此说异于大多数以九五同六二之注解，九五同六二之注解意即人君和同众人，而以自己同人更具普遍性的意义。火同于天的观点来自王弼的注解，君子以类而聚，小人也以类而聚，这是君子与小人也有共同之处，亦是循王弼之解而来。

　　明代高僧蕅益智旭也是认可以异求同，"不有其异，安显其同？使

①　（元）王申子：《大易缉说》卷四，《景印文渊阁四库全书》第24册，台湾商务印书馆，1986年版，第114页。

②　（唐）史徵：《周易口诀义》卷二，《景印文渊阁四库全书》第8册，台湾商务印书馆，1986年版，第25页。

异者不失其为异，则同乃得安于大同矣。佛法释者：如天之与火，同而不同，不同而同。十法界各有其族，各为一物，而惟是一心，一心具足十界。十界互具，便有百界千如之异；而百界千如究竟元只一心，此同而不同，不同而同之极致也"①。蕅益智旭以"万法"各不相同，但皆为"一心"之所具，"一心"为万物所共同，这是大同、是同之极致。此类似于程颐所讲辨万物性理之别，程颐主要侧重分殊之理，而蕅益智旭则兼顾佛性与色相之两面。但是程颐注重万物性理之异又不同于蕅益智旭的"百界千如"之异，换言之在蕅益智旭是心体之同与现象之异，而在程颐是天理之同与性理之异，性理与现象能够一齐呈现，性理之异是现象之异的根源。二者的共同点是，都在本体论上论同，是义理上的深化。

由上述可知，历史上对同人卦《大象传》中"类族"与"辨物"思想之间的同异关系意见纷呈。其中以程颐、朱熹的注解影响较大，后人大多根据他们的同与异思想继续进行阐发。在重要性上，或注重致同，或注重审异，或兼重两者；在先后关系上，或以审异先，或以致同先，或不分先后。这表明在同与异的关系中，对同人卦《大象传》的理解多种多样，其中思想有较大张力。而顺着程颐所提出的辨人情事理之途径，把同人卦《大象传》的义理落实于君子之德性，或许是一条比较有意义的解经路径。

三、同人之德义

儒家思想的核心内容，通常是以道德的形式体现。同人卦《大象传》的义理内涵，亦是落实于道德。孔子看《周易》也是主要看它的德义，在帛书《周易》的《要篇》中，第17行上记有孔子之言："《易》

---

① （明）蕅益著，刘俊堂点校：《周易禅解》，崇文书局，2015年版，第67页。

我后亓祝人矣。我观亓德义耳也。幽赞而达乎数，明数而达乎德。又仁□。"① 据此我们可知，孔子学《易》并非仅用其占卜功能，而是注重"德义"，这里所说的"德义"并不是占卜之词义，池田知久认为"德义"大体上是与荀子后学所作《荀子·大略》中"善为易者不占"同一方向上的思想②。

《易传》之《大象传》，几乎都是用君子或先王来说道理，先王是德与位的统一，这表明《大象传》主要是以象传德，即是以易象传达道德。同人卦《大象传》的君子之德性，虞翻结合孔子的"君子和而不同"来理解，就有君子能明辨道理、不盲目趋同、无阿比之心，后世注者多有引用。

李道平疏解为："和，中和也。谓二五。'不同'谓'类族辨物。'"③ 宋代李光结合朱熹的注解，理解为："圣人处大同之世，于君子小人之间，盖有甚不同者，但处得其道无阿比之迹，小人自退听，故人见其同耳。君子观乾离二象，以类族辨物，若黑白之不可乱也。"④ 宋代杨时的观点是，"惟和者能大同于物，小人则同而不和。大同者，合异以为同也。居同人之时，不知类族辨物，则小人之同而已，非大同也。"⑤ 杨时认为君子、小人都有同人之时，但区分二者之同是根据是否知道类族辨物。杨时以大同为和，大同才能包容差异，非大同则不知辨异，是盲目之和同，基本是遵循孔子的"君子和而不同"之义来解。

但其实在《周易》中引"君子和而不同"说理多在睽卦，强调的是

① （日）池田知久著，牛建科译：《马王堆汉墓帛〈周易〉之〈要〉篇释文（下）》，《周易研究》，1997 年第 3 期，第 12 页。

② （日）池田知久著，牛建科译：《马王堆汉墓帛〈周易〉之〈要〉篇释文（下）》，《周易研究》，1997 年第 3 期，第 12 页。

③ （清）李道平撰，潘雨廷点校：《周易集解纂疏》，中华书局，1994 年版，第 183 页。

④ （宋）李光：《读易详说》卷三，《景印文渊阁四库全书》第 10 册，台湾商务印书馆，1986 年版，第 310 页。

⑤ （宋）方闻一编：《大易粹言》卷二，《景印文渊阁四库全书》第 15 册，台湾商务印书馆，1986 年版，第 171~172 页。

睽卦"同而异"的思想①。因此就有学者从天与火具有光明、公正、无私等德性来诠释同人卦《大象传》的义理。张载认为:"不能与人同,未足为正也。天下之心,天下之志,自是一物,天何常有如此间别?"②不能与人同,就说明德性不正,同人就代表有正直之德性。张载认为天下君子的心志是无间别的,无间即是无私曲、无不同,君子正直无私的德性天下相同。君子的明德,宋代易袚认为是"一视同人之道",他引用韩愈的论仁之语来说明。易袚说:"惟不以待禽兽者待人,不以待夷狄者待中国,继之以笃近举远,而后能尽一视同人之道。此君子类族辨物,所以为不同之同者也。"③仁道的践行是由近及远,同人之道也是如此,一视同仁即是一视同人,在德义上此理同。宋代张浚认为同人的德性是至公至明,"不同同之,非有至公至明之德何以克为?……火性炎上,与天同体,同人取天、火立象,君子法象,则法其至公至明之德而已"④。宋代赵彦肃认为同人是同理而非齐物,"乾与离,其卦殊。天与火,其物异。故君子同天下之理,不同天下之物"⑤。清代黄守平认同此观点并继续阐发,"乾与离,其卦殊。天与火,其物异。故君子同天下之理,不同天下之物。类族,体天之兼覆,聚其所同,异中之同也。辨物,法火之烛照,辨析其所异,同中之异也"⑥。同人是理同而物异,他对类族与辨物的解释基本是继承吴澄的观点,天之覆无私,火之照光

① 可参考翟奎凤、田泽人:《理同事异、和而不流:睽卦〈大象〉辞"君子以同而异"诠释》,《周易研究》,2015 年第 6 期。

② (宋) 张载:《横渠易说》,章锡琛点校:《张载集》,中华书局,1978 年版,第 97 页。

③ (宋) 易袚《周易总义》卷五,《景印文渊阁四库全书》第 17 册,台湾商务印书馆,1986 年版,第 427 页。

④ (宋) 张浚:《紫岩易传》卷二,《景印文渊阁四库全书》第 10 册,台湾商务印书馆,1986 年版,第 46 页。

⑤ (宋) 赵彦肃:《复斋易说》卷二,《景印文渊阁四库全书》第 13 册,台湾商务印书馆,1986 年版,第 693 页。

⑥ (清) 黄守平辑:《易象集解》卷二,《续修四库全书》第 35 册,上海古籍出版社,2002 年,第 111 页。

明，君子即法此光明无私之德。

明代郝敬说："天下之理本同，若何而人不同？同者，理也。不同者，物情淆乱，处置乖方，调理失宜，故善同无苟合。万物虽分，各有其族，则聚使同。万族虽同，各异其物，则辨别使异，共适于天理之公，各复其本体之明。合之而其会通，分之而其绪理。此君子乾行无私离明旁烛，所以同人也。"① 天与火之同在于理之同，以此理同则可同天下之人，此共同之理是天理，天理之公、本体之明即是君子乾行离明无私之德行。清代潘思榘同样重视同人之中人的重要性，"天与火者，一天一火，不同也，与之则同矣。火在天之下，而族与物无不见，族以类而同，物以辨其异，于不同之中得其所以同，而天下之志通。同人者，不同以人而同，以天乃所以善用火也。"② 天、火二物本是不同之物，不同以人而同，这是天所以善用火，人与天之理同，这就像是人善用火之明，同人即是说明君子的明德。王夫之的解释为："火在天中，以至虚含大明，明不外发，而昭彻于中……大明函于内，而兼容并包，使各得明发于外。"③ 与一般天下有火的理解不同，王夫之理解为火在天中，以离火之明在内，亦即重视在人之内的明德。在《周易大象解》中，王夫之也是以"火在天中，受明以虚"④ 来解，说明明德是虚灵不昧，故同人卦《大象传》体现的是君子之明德，能明辨事理。

也有学者通过与讼卦的对比，来说明同人卦中的君子之德。宋代俞琰认为："是故天与水相违则为讼，天与火相同则为同人，卦名同人，

---

① （明）郝敬：《周易正解》卷五，《续修四库全书》第 11 册，上海古籍出版社，2002 年版，第 632 页。

② （清）潘思榘：《周易浅释》卷二，《景印文渊阁四库全书》第 51 册，台湾商务印书馆，1986 年版，第 33 页。

③ （明）王夫之：《周易内传》，杨坚总修订：《船山全书》第 1 册，岳麓书社，2011 年版，第 157 页。

④ （明）王夫之：《周易大象解》，杨坚总修订：《船山全书》第 1 册，岳麓书社，2011 年版，第 705 页。

而《象》辞乃云君子以类族辨物，得无异乎?"① 俞琰认为同人的卦名就是为了突出人，与同人卦《大象传》中说君子是一致的。明代黄道周进一步解释，他说："天与水违，违则疑，疑则讼；天与火从，从则辨，辨则同……伊尹曰:'视远惟明，听德惟聪。'又曰:'君罔以辨言乱旧政，臣罔以宠利居成功。'是深于同人之义矣。故同人者，类族辨物之象也。天下有火，宵定乃见日中之明，不见燎爟，世族何常誉髦，是尚其究也，以容民畜众……《诗》曰:'其德克明，克明克类。是子产之同人者矣。"② 天与水相违背，故而会产生怀疑、争讼；而天与火相顺从，因而能够辨别、类同。君子不与天德相违背，而是顺从，因而君子的德性是光明的，黄道周引《尚书》与《诗经》来说明君子之明德。明德之明，含有光明与聪明两义，光明是德性，聪明是说德性的作用，能够辨明事物、使类者同。相对黄道周解释为"天与火从，从则辨，辨则同"，清代包仪解释为:"天与火从，从则顺，顺则同。兹乾，上天也；离，下火也。其天与火之象乎是明，明示人以惟性无殊之为同人也。君子观象而知所以法之矣。"③ 此也说明天与火之象是人顺从、承继天之德，人的天命之性是相同的，因此有共同的基础，法天、火之明则能辨而同，包仪的思想基础是理同物异。

然则睽卦《大象传》"君子以同而异"，这显然是以同求异的思想。虽然同人卦《大象传》中的"以同而异"思想也可由"类族辨物"推出，但是《周易》六十四卦是表达不同的主题，不太可能有两卦表达相同的意思。历史上也有许多注解者以睽卦与同人卦的《大象》辞来对比，说明同人卦《大象传》是强调"以异而同"，睽卦《大象传》是

① (宋)俞琰:《周易集说》卷十一，《景印文渊阁四库全书》第21册，台湾商务印书馆，1986年版，第108页。

② (明)黄道周:《易象正》卷三，《景印文渊阁四库全书》第21册，台湾商务印书馆，1986年版，第213~214页。

③ (清)包仪:《易原就正》卷三，《景印文渊阁四库全书》第43册，台湾商务印书馆，1986年版，第417页。

强调"以同而异"。如宋代赵汝楳认为，"《同人》之类族辨物，别其异所以为同；《睽》之同而异，因其同不可不考其异"①；宋代项安世认为，"《同人》于异之中而见其同，《睽》于同之中而得其异"②；元代吴澄认为，"《同人》于异之中见其同，《睽》于同之中见其异"③；明代吴桂森认为，"《同人》曰辨物，同非苟同，同中有异也；《睽》曰同而异，异非立异，异中有同也"④。

也有学者认为睽卦与同人卦的《大象》辞都是强调异，如明代何楷的《古周易订诂》认为，"《同人》之类族辨物也，因同而贵异；《睽》之以同而异也，因异而贵异"⑤。但是同人卦的卦名明显是取同之义，历代对此多有阐发，虽然对所同之对象是何者并未有清晰的解释，但是天与火有共同之处是历代都认可的注解。因此，"君子以类族辨物"不能说是"因同而贵异"；"君子以同而异"也不是"因异而贵异"，睽卦《大象》辞明确记录为"以同而异"。

儒家自孔子有重德义的传统，历代对同人卦《大象传》的德义诠释有：光明（虚明与聪明）、公正、广大、无私等。关于历代对睽卦《大象传》的德义诠释，翟奎凤的观点是：程传与孔子易学的德教精神最为接近，"程颐所说'人理之常''秉彝'，都很好地诠释了'同'的内涵，但'异'应该说主要还是指君子'和而不流'的特立独行精神"⑥。这说

---

① （宋）赵汝楳：《周易辑闻》卷四，《景印文渊阁四库全书》第19册，台湾商务印书馆，1986年版，第187页。

② （宋）项安世：《周易玩辞》卷八，《景印文渊阁四库全书》第14册，台湾商务印书馆，1986年版，第335页。

③ （元）吴澄撰，王新春等导读：《〈易纂言〉导读》，齐鲁书社，2006年版，第409页。

④ （明）吴桂森：《周易像象述》卷三，《景印文渊阁四库全书》第34册，台湾商务印书馆，1986年版，第516页。

⑤ （明）何楷：《古周易订诂》卷四，《景印文渊阁四库全书》第36册，台湾商务印书馆，1986年版，第180页。

⑥ 翟奎凤、田泽人：《理同事异、和而不流：睽卦〈大象〉辞"君子以同而异"诠释》，《周易研究》，2015年第6期。

明睽卦《大象传》注重德性同而德行异。而同人卦《大象传》注重的君子的德性同，物之间的异，君子之德行就是分辨物之同异。睽卦与同人卦的《大象》辞都注重主体之德性同于大道，睽卦《大象传》偏向于区分自身之德与他人之德异，而同人卦《大象传》偏向于分别物之德各异。

四、结　语

总体而言，同人卦以同人为名自然有一定的道理。对于同人卦《大象传》的前一句："天与火，同人"，多数注者是以天与火之象同或者天与火之性同来解，历代注解几乎都是注重解释同之义，并且是主要说明天与火同，对天、火与人之间的关系解释较少。在有代表性的注解中，其中影响较大的是王弼的"火同于天之性"，是以"火同天"解同人；还有荀爽"天火同居"的拟人之解，是以"天同火"解同人；还有程颐的"天与火同"平等之解，是以"天火互同"解同人。这些解释虽然都对同之义进行了疏解，但对同人之义解释甚少，荀爽之解可视为把同人释为如同人一样，程颐之解则是以人与人相同释同人，而王弼之解是忽视了同人之义。综合来看，如果同人卦《大象传》是"天与火，同"，那么王弼之解是完全没有问题的；而既然是"天与火，同人"，程颐与荀爽的解释显然更符合文本，但又失之对同人义理的诠释过于简略。综历史之所注，丘建安以三画卦乾卦与离卦的九（六）二作为人之位，天与火同就在于乾卦的人位与离卦的人位同，同人卦的主爻又是六二，以此说明同人卦强调人的价值。并且此解也能兼容天与火之性同，不必把天与火作为同居来理解，把天、火之性体现在人之上。这种解释虽然在《大象传》的注解中出现较少，但在解同人卦名、卦辞、《彖传》中有出现，如清代沈绍勋认为"天之卦，乾也；地之卦，坤也；惟人无卦。然人非无卦也，六十四卦无一不为人事言。人在天地之中，苟能德合天地，始成人之道。同人卦体先天之乾，即后天之离，其位同也，故合之人事皆与人同也。与人同者，卦先后天同位，故曰同"①；宋代朱震认为三画卦一为地、二为人、三为天，重卦四即初、五即二、上即三，同人卦的六二与九五都处于三才之人位，故曰同人②；以及孔颖达强调同人卦的六二爻。关于同人卦卦名之义的解释，笔者另有文论述，此处不再赘述。

对于同人卦《大象传》的后一句："君子以类族辨物"，主要是以审异与致同来解，并观天、火之象以示君子光明之德。朱熹对"类族"与"辨物"的解释分别是"致同"与"审异"，历代有关"类族辨物"中同与异的问题都可以归结于"致同"与"审异"的话语体系之中。王弼、孔颖达、朱熹等人偏向于致同，荀爽、程颐等人偏向于审异，当然也有学者兼重致同与审异。这也就说明同人卦《大象传》所言之同是由对比、分辨而得到的同，并非盲目之趋同，以此引出君子之德。天之明，大公无私，湛然虚明；火之明，烛照万物，明辨是非。君子之德为明，因而能公正、广大、无私、顺从，这些德行无疑是"利涉大川""能通天下之志"。

同人卦《大象传》中的"同人""君子""辨物"等核心词语，历代注解者根据这些核心要义，或关联孔子的"君子和而不同"，或关联孟子的"物之不齐，物之情也"，或结合比卦与讼卦，或结合睽卦《大象传》，以求互相融通来诠释同人卦《大象传》。尤其是通过与睽卦《大象传》的"君子以同而异"比较，更能明确同人卦《大象传》的"君子以类族辨物"之义是重在审异致同。吴桂森对天、火之德与人之德同，有较为精准的理解，"故天以日为明，以火为用。是以天与火言同，同而

---

① （清）沈绍勋《周易易解》卷三，《续修四库全书》第 38 册，上海古籍出版社，2002 年，第 495 页。

② （宋）朱震：《汉上易传》，九州出版社，2012 年版，第 47 页。

曰人。这黠天明人之所同，以为人者也"①。因此，"天与火，同人；君子以类族辨物"应当理解为：天、火的光明之德与人相通相同，君子顺承此德就能明事理、辨异同，达到与人和同相处的效果。

作者单位：中央民族大学

---

① （明）吴桂森：《周易像象述》卷二，《景印文渊阁四库全书》第34册，台湾商务印书馆，1986年版，第436页。

《永乐大典》本《温公易说》辑校举要*

张美玲

摘要：《温公易说》是北宋著名学者司马光的易学著作，主要阐发了他的易学、史学和政治思想。《温公易说》原本早已亡佚，现行版本是清朝乾隆年间修《四库全书》时从《永乐大典》中辑出的。《永乐大典》现今虽已散佚不全，但从现存部分对比可知，《永乐大典》本《温公易说》与现行辑本内容仍存在部分出入，因此对《永乐大典》中《温公易说》的辑佚工作有十分重要的学术价值。通过对《永乐大典》本《温公易说》进行辑佚举要，并与四库本进行对比，对差异部分进行说明，有助于推动《永乐大典》易学典籍的研究。

关键词：《永乐大典》本　《温公易说》　司马光　辑校

一、《永乐大典》卷之三千五百七，九真，叶五 **b**，《坤卦·初六》。

《象》曰："履霜坚冰"，阴始凝也。驯致其道，至坚冰也。

大典本：

＊ 本文系国家社科基金冷门绝学研究专项学术团队项目"《永乐大典》易学典籍辑校与研究"（项目批准号：21VJXT010）之阶段性成果。

初六，履霜坚冰至者何？初六者，阴之始也。于律为林钟，于历为建未之月，阳气方盛阴生而物未之知也，是故君子谨之。其曰"履霜坚冰至"，霜者，寒之先也，冰者寒之盛也。君子见微而知彰，原始而知终。攘恶于芽，杜祸于萌。是以身禔而国家人宁也。

四库本：

初六，履霜坚冰至。《象》曰："履霜坚冰"，阴始凝也。驯致其道，至坚冰也。

初六者，阴之始也。于律为林钟，于历为建未之月，阳气方盛阴生而物未之知也，是故君子谨之。其曰"履霜坚冰至"，霜者，寒之先也，冰者寒之盛也。君子见微而知彰，原始而知终。攘恶于未芽，杜祸于未萌。是以身禔而国家人宁也。

按语：初六，履霜坚冰至者何：四库本未见此句，大典本坤卦注文（现存初六至六四）以设问形式提示爻辞，四库本为经注体例，不再抄录设问内容，后不赘述①。攘恶于芽，杜祸于萌：四库本作"攘恶于未芽，杜祸于未萌"。

二、《永乐大典》卷之三千五百七，九真，叶一十七 a，《坤卦·六二》。

　　六二，直方大，不习无不利。
大典本：

坤六二，直方大，不习无不利者何？六二者，于律为南吕，

---

① 赵瑞民：《〈温公易说〉探佚》，《晋阳学刊》，1991 年第 3 期，第 95 页。

于历为建酉之月，草木黄落，暑去而寒至也。其曰"直方大何，直方而大，地之德也"。六二何为擅地之德，坤之主也。六二何为坤之主，夫阴阳虽殊，皆主中正者也。故乾九五，阳之主也。坤六二，阴之主也。地之德其为直方大者何直者言其气，方者言其形也，大者兼形与气而言之也。君子法之，则敬以直内，义以方外，敬义立而德不孤则大也。何谓敬以直内，义以方外，敬则所受不陷于败也，义则所适不失其宜也。直且方者，守诸已而无待于外也。君子居则不蹈于败，动则不爽其宜。施于身而身正，施于国而国治，夫又何习而何不利焉？可以断者无疑矣。

四库本：

六二，直方大，不习无不利。《象》曰：六二之动，直以方也。不习无不利，地道光也。

　　六二者，于律为南吕，于历为建酉之月，草木黄落，暑去而寒至也。其曰"直方大何，直方而大，地之德也"。六二何为擅地之德，坤之主也。六二何为坤之主，夫阴阳虽殊，皆主中正者也。故乾九五，阳之主也。坤六二，阴之主也。地之得其为直方大者何直者言其气，方者言其形也，大者兼形与气而言之也。

按语：地之德其为直方大者何直者言其气：四库本作"地之得"。"君子法之……可以断者无疑矣"：四库本不见此段。

三、《永乐大典》卷之三千五百八，九真，叶五 b，《坤卦·六三》。

　　"或从王事"，知光大也。

大典本：

　　乾坤之爻得位未必吉，失位未必凶，其故何也？曰："阳非阴则不成，阴非阳则不生"。阴阳之道，表里相承。阴胜则消，阳胜则亢，是故乾坤以阴居阳，以阳居阴，不皆为咎也。乾之九三，以阳居阳而不中，故曰"夕惕若，厉无咎"。坤之六四，以阴居阴而不中，故曰"括囊无咎"。无誉，皆刚柔太过，故须畏慎而后免咎也。然未失其正，故不凶也。九五六二，居中履正，其德最美。九二六五，不失其中，德美次之。九三六四，不失其正，虽危无疑。九四六三，虽无中正之德，九四以阳处下，刚克而沉潜者也，故曰在渊无咎。六三以阴处上，柔克而高明者也，故曰"含章可贞"。坤六三，含章可贞，或从王事，无成有终者何？六三者，于律为应钟，于历为建亥之月，百谷敛藏，万物备成，阴功小终，体执乎柔而志存乎刚。故曰"含章"。柔不泥于下，刚不疑乎上，故曰"可贞"。王者，尊之极也，为臣之荣，从王役也，不敢专成，下之职也，承事之终，臣之力也。物以阳生，得阴而成，令由君出，得臣而行，故阳而不阴，则万物伤矣，君而不臣，则百职旷矣。阴阳同功，君臣同体，天之经也，人之纪也。《虞书》曰："予欲左右有民，汝翼，予欲宣力四方，汝为。"此之谓也。

　　四库本：

　　六三：含章可贞，或从王事，无成有终。《象》曰："含章可贞"，以时发也，"或从王事"，知光大也。

　　乾坤之爻得位未必吉，失位未必凶，其故何也？曰："阳非阴则不成，阴非阳则不生"。阴阳之道，表里相承。阴胜则消，阳胜则亢，是故乾坤以阴居阳，以阳居阴，不皆为咎也。乾之九三，以阳居阳而不中，故曰"夕惕若厉无咎"。坤之六四，以阴居阴而不中，故曰"括囊无咎"。无誉，皆刚柔太过，故须畏慎而后免咎也。然未失其正，故不凶也。九五六二，居中履正，其德最美。九二六五，不失其中，德美次之。九三六四，不失其正，虽危无疑。九四六三，虽无中正之德，九四以阳处下，刚克而沈潜者也，故曰"在渊无咎"。六三以阴处上，柔克而高明者也，故曰"含章可贞"。六三者，于律为应钟，于历为建亥之月，百谷敛藏，万物备成，阴功小终，体执乎柔而志存乎刚，故曰"含章"。柔不泥于下，刚不疑乎上，故曰"可贞"。王者，尊之极也，为臣之荣，从王役也，不敢专成，下之职也，承事之终，臣之力也。物以阳生，得阴而成，令由君出，得臣而行，故阳而不阴，则万物伤矣，君而不臣，则百职旷矣。阴阳同功，君臣同体，天之经也，人之纪也。《虞书》曰："予欲左右有民，汝翼。予欲宣力四方，汝为。"此之谓也。

四、《永乐大典》卷之三千五百八，九真，叶一十六 a，《坤卦·六四》。

六四，括囊，无咎无誉。

大典本：

坤六四，括囊，无咎无誉者何？六四者，于律为大吕，于历为建丑之月。日穷于次，月穷于纪，天嗌地闭，万物伏死，阴气大盛，阳将更始，履卑体顺，以阴居阴，处不得中而潜伏乎其深，是以幽晦否塞而不通，虽无咎亦无誉也。

四库本：

六四，括囊，无咎无誉。《象》曰："括囊无咎"，慎不害也。

六四者，于律为大吕，于历为建丑之月。日穷于次，月穷于纪，天唫地闭，万物伏死，阴气大盛，阳将更始，履卑体顺，以阴居阴，处不得中而潜伏乎其深，是以幽晦否塞而不通，虽无咎亦无誉也。

五、《永乐大典》卷之一万四千九百九十九，七泰，叶一十四 a，《泰卦·九三》。

九三，无平不陂，无往不复，艰贞无咎。勿恤其孚，于食有福。

大典本：

泰，九三，无平不陂，无往不复，艰贞无咎。勿恤其孚，于食有福。何也？夫物极则反，天地之常也。是故治者，乱之原也。通者，塞之端也。三居天地之际，刚德将退，柔德将进，故曰"无平不陂，无往不复"，君子于是时也。何为而可哉，必也执节守道，而独行其志乎，故曰"艰贞无咎"，君子之于道也。患志之不笃，不患人之不信。"譬如农夫，是穮是蓘，虽有饥馑，必有丰年"，故曰"勿恤其孚"。君子之干禄也，修其性，俟其命而已矣，然后能永享安荣也，故曰"于食有福"。《诗》云："恺悌君子，求福不回。"此之谓也。

四库本：

九三，无平不陂，无往不复，艰贞无咎。勿恤其孚，于食有福。《象》曰："无往不复"，天地际也。

物极则反，天地之常也。是故治者，乱之原也。通者，塞之端也。三居天地之际，刚德将退，柔德将进，故曰"无平不陂，无往不复"，君子于是时也。何为而可哉，必也执节守道，而独行其志乎，故曰"艰贞无咎"，君子之道也。患志之不笃，不患人之不信。"譬如农夫，是穮是蓘，虽有饥馑，必有丰年"，故"勿恤其孚"。君子之干禄也，修其性，俟其命而已矣，然后能永享安荣也，故曰于食有福。《诗》云："恺悌君子，求福不回。"此之谓也。

按语：泰九三无平不陂无往不复艰贞无咎勿恤其孚于食有福何也：四库本不见此句，具体同前文"坤"卦。夫物极则反：四库本无"夫"字。君子之于道也：四库本无"于"字。是穮是穰：四库本作"是穮是蓘"，应系据《左传》昭公元年"譬如农夫，是穮是蓘"改。故曰勿恤其孚：四库本无"曰"字。

六、《永乐大典》卷之三千八，九真，叶二 b，《同人》。

同人于野，亨，利涉大川，利君子贞。

大典本：

同人者何，同于人之谓也。君子乐于人同，小人乐与人异。与人同者，人亦同之。与人异者，人亦异之。同则相爱，异则相恶。爱则相利，恶则相害。相利则交安，相害则交危。利害安危之端，在于同人，不可不察也。何谓君子乐与人同？请借鲁以言之。夫季、孟异室也，而皆出于桓，君子乐与人同；鲁、卫异国也，而皆出于姬，君子乐与人同；姬、姜异姓也，而皆为中国，君子乐与人同；夷夏异俗也，而皆列于会，君子乐与人同。是以近者悦，远者来。然则同人之利，岂不大哉！何谓小人乐与人异？小人曰："季、孟异室也，吾何与哉？"故乐与人异。又曰："彼此异民也，吾何与哉？"故乐与人异。又曰："尔汝异身也，吾何与哉？"故乐与人异。是以民有灾而君弗恤也，父有疾而子弗忧也，兄有祸而弟弗救也。然则异之为害。岂不大哉？《诗》曰："自西自东自南自北，无思不服"，同之至也。又曰："翕翕訿訿，亦孔之哀"。又曰："噂沓背憎，职竞由人"，异之至也。然则，同而已矣。其曰："同人者何，同之道极于人也"。何谓极于人。草木禽兽不可同也。同人于野，亨，利涉大川，利君子贞，何也？曰："野者，言其远也"。君子同其远，小人同其近。同其远故无不同也，同其近故迭相攻也。迭相攻，非同人之道也。然则，圣人其有私乎。曰："有，圣人之私大，众人之私小"。何谓圣人之私大，圣人者，以天下为私者也。艺谷树蔬而食之，牺牛乘马而畜使之，皆所以役物而养人也，所私不亦大乎。夫惟圣人为能爱其身，爱其身，故爱其亲；爱其亲，故爱其国；爱其国，故爱其道；道者所以保天下而兼利之也。未有危人之亲，而人不危其亲者也。害人之身而人不害其身者也，天下交害之而身不亡者，未之有也。然则，危人者，适所以自危也，害人者，适所以自害也，乌在其能私哉。夫君子小人，其为爱身一也。君子之爱身也远，小人之爱身也近。远故大，近故小。小者非他也，智不及也。是故，识其大者为大人，识其小者为小人，非其志之异也，识之蔽也。君子同于正，故其同大。小人同于邪，故其同小。邪正者，小大之分。孔子曰："惟君子为能通天下之志"。天下之志，无不欲利而恶害，欲安而恶危，欲治而恶乱。君子能安之利之，治之使之，天下犹一人也。此之谓能通天下之志。

四库本：

同人于野，亨。利涉大川，利君子贞。彖曰："同人，柔得位得中，而应乎乾，曰同人。"同人曰："同人于野，亨，利涉大川。"乾，行也。文明以健，中正而应，君子正也。惟君子为能通天下之志。

同人者何，同于人之谓也。君子乐与人同，小人乐与人异。

与人同者，人亦同之。与人异者，人亦异之。同则相爱，异则相恶。爱则相利，恶则相害。相利则交安，相害则交危。利害安危之端，在于同人，不可不察也。何谓君子乐与人同？请借鲁事以言之。夫季、孟异室，而皆出于桓；鲁、卫异国，而皆出于姬，姬、姜异姓，而皆为中国；夷夏异俗，而皆列于会，此君子之乐与人同也。是以近者悦，远者来。同人之利，岂不大哉！何谓小人乐与人异？小人曰："季、孟异室也，吾何与哉？"又曰："彼此异民也，吾何与哉？"又曰："尔汝异身也，吾何与哉？"此乐与人异也。是以民有灾而君弗恤，父有疾而子弗忧，兄有祸而弟弗救也。异之为害，岂不大哉？《诗》曰："自西自东自南自北，无思不服"，同之至也。又曰："翕翕訿訿，亦孔之哀"。又曰："噂沓背憎，职竞由人"，异之至也。然则，同而已矣。其曰："同人者何，同之道极于人也"。草木禽兽不可同也。同人于野，亨，利涉大川，利君子贞。何也。曰："野则言其远也"。君子同其远，小人同其近。远故无不同也，近故迭相攻也。迭相攻，非同人之道也。然则，圣人其有私乎。曰："有，圣人之私大，众人之私小"。圣人者，以天下为私者也。艺谷树蔬而食之，犐牛乘马而畜使之，皆所以役物而养人也，所私不亦大乎。夫惟圣人为能爱其身，爱其身，故爱其亲；爱其亲，故爱其国；爱其国，故爱其道；道者所以保天下而兼利之也。未有危人之亲，而人不危其亲者也。害人之身而人不害其身者也，天下交害之而身不亡者，未之有也。然则，危人适所以自危，害人适所以自害也，乌在其能私哉。夫君子小人，其为爱身一也。君子之爱身也远，小人之爱身也近。远故大，近故小。小者非他也，智不及也。是故，识其大者为大人，识其小者为小人，非其志之异也，识之蔽也。君子同于正，故其同大。小人同于邪，故其同小。邪正者，小大之分也。何谓君子能通天下之志。天下之志，莫不欲利而恶害，欲安而恶危，欲治而恶乱，君子能安之利之，治之使，天下犹一人也。此之谓能通天下之志。

按语：君子乐于人同：根据后一句"于"作"与"，此处之"于"应系误字，且四库本亦作"与"。夫季孟异室也，鲁卫异国也，夷夏异俗也：此三句四库本不见"也"。君子乐与人同：此句大典本本段出现三次，前两次四库本均不见，第三次四库本作"此君子乐与人同也"。然则同人之利：四库本不见"然则"。故乐与人异，此句大典本本段出现三次，前两次四库本均不见，第三次四库本作"此乐与人异也"。是以民有灾而君弗恤也：四库本无"也"。然则异之为害：四库本不见"然则"。何谓极于人：四库本不见此句。野者言其远也：四库本作"野则"。同其远故无不同也：四库本不见"同其"。何谓圣人之私大：四库本不见此句。危人者适所以自危也：四库本作"危人适所以自危"。害人者：四库本无"者"。孔子曰惟君子为能通天下之志：四库作"何谓君子能通天下之志"。无不欲利而恶害：四库本作"莫不欲利而恶害"。治之使之：四库本无第二个"之"。

七、《永乐大典》卷之三千九，九真，叶八 b，《同人·初九》。

初九，同人于门，无咎。

大典本：

同人初九，同人于门，无咎。何也？初者，动之始也。夫向于左者必背于右，附于前者必离于后，是故有所同者必有所异也。初九，出门同人，无咎，言未有系也。

四库本：

初九，同人于门，无咎。《象》曰："出门同人，又谁咎也？"

初者，动之始也。夫向于左者必背于右，附于前者必离于后，故同者必有所异也。初九，出门同人，无咎，言未有系也。

按语：同人初九同人于门无咎何也：四库本未见此句，包括大典本同人卦注文（现存初九、六二、九四），具体同前文"坤"卦。是故有所同者：四库本作"故同者"。

八、《永乐大典》卷之三千一十，九真，叶一 b，《同人・六二》。
六二，同人于宗，吝。
大典本：

六二，同人于宗，吝。何也？宗者，类也。于类之中，又有类焉。是故同其类者，所同狭也，故吝。

四库本：
六二，同人于宗，吝。《象》曰："同人于宗"，吝道也。

宗，类也。类之中，又有类焉。同其类者，所同狭也，故吝。

按语：宗者：四库本无"者"字。于类之中：四库本无"于"字。是故同其类者，四库本无"是故"二字。

九、《永乐大典》卷之三千一十，九真，叶一十九 b，《同人・九四》。
九四，乘其墉，弗克攻，吉。
大典本：

同人九三，伏戎于莽，升其高陵，三岁不兴。九四，乘其墉，弗克攻，吉。何也？三四者，上下之际也，同异之分也，故迭争而交不胜也。伏戎于莽者，下袭上也。乘其墉者，上陵下也。上可以变而下不可变，逆顺之势也。

四库本：

九三，伏戎于莽，升其高陵，三岁不兴。《象》曰："伏戎于莽"，敌刚也。"三岁不兴"，安行也。九四，乘其墉，弗克攻，吉。《象》曰："乘其墉"，义弗克也。其吉，则困而反则也。九三伏戎于莽，九四，乘其墉，弗克攻，吉。何也。

　　三四者，上下之际同异之分也，故迭争而交不胜也。伏戎于莽者，下袭上。乘其墉者，上陵下。上可变下不可变，逆顺之势也。

按语：上下之际也：四库本无"也"字。上可以变而下不可变：四库本作"上可变下不可变"。上陵下也：四库本无"也"字。

十、《永乐大典》卷之一千一百八十八，二支，叶一 a，《系辞下》。
　　是故《易》者，象也；象也者，像也。
大典本：

　　易者，象也。□□……□□

四库本：
是故《易》者，象也；

　　立象以尽义。

象也者，像也。

拟诸其形容。

按语：□□……□□：此句十五字大典本漫漶，四库本作"立象以尽义象也者像也拟诸其形容"。

十一、《永乐大典》卷之一千一百八十八，二支，叶四 a，《系辞下》。
象者，材也。
大典本：

各言其本质。

十二、《永乐大典》卷之一千一百八十八，二支，叶五 b，《系辞下》。
爻也者，效天下之动者也。
大典本：

举措随时。象者，材也□□效也。

效天下之动者也。

何谓材，材者天赋之分也。何谓动，动者感物□□也。

四库本：
爻也者，效天下之动者也。

举措随时。何谓材，材者天赋之分也。何谓动，动者感物之情也。

按语：辞条中"爻也者"："也"字漫漶，据通行本《周易·系辞下》补。象者，材也□□效也：四库本不见此句。

十三、《永乐大典》卷之一千一百八十八，二支，叶六左,《系辞下》。
　　是故吉凶生而悔吝著也。
大典本：

　　吉凶悔吝□□□。

四库本：
是故吉凶生而悔吝著也。

　　吉凶悔吝生乎动。

按语：是故吉凶生而悔吝著也："吝"字大典本漫漶，据通行本《周易·系辞下》补。吉凶悔吝□□□：大典本漫漶三字，四库本作"吉凶悔吝生乎动"。

十四、《永乐大典》卷之一千一百八十八，二支，叶一十八 b,《系辞下》。
　　其故何也？阳卦奇，阴卦耦。
大典本：

　　阳卦□□□□□□耦一耦二奇凡四。

四库本：

阳卦多阴，阴卦多阳，其故何也？阳卦奇，阴卦耦。

阳卦奇一奇二耦凡五，阴卦耦一耦二奇凡四。

按语：□□□□□□□：此处漫漶七字，四库本作"奇一奇二耦凡五，阴卦"。四库本较永乐本多"阳卦多阴，阴卦多阳"此句。

十五、《永乐大典》卷之一千一百八十八，二支，叶二十 a，《系辞下》。

其德行何也？阳一君而二民，君子之道也。阴二君而一民，小人之道也。

大典本：

□□……□□常心。

四库本：

其德行何也？阳一君而二民，君子之道也。阴二君而一民，小人之道也。

阳一君而二民，以寡御众，阴二君而一民，无常心。

按语：阴二君而一民："君"字漫漶，据通行本《周易·系辞下》补。□□……□□：此处漫漶约一十七字，四库本作"阳一君而二民，以寡御众，阴二君而一民，无"。

十六、《永乐大典》卷之一千一百八十八，二支，叶二十六 **a**，《系辞下》。

《易》曰："憧憧往来，朋从尔思。"子曰："天下何思何虑？天下同归而殊途，一致而百虑，天下何思何虑？"

大典本：

憧憧往来，朋从尔思。

憧憧，心动貌。朋，类也。夫德丧往来，物理之常也。苟能居正以待物。则往来不足为之累。傥以往来动其心。则夫物之感人无穷。将惟尔所思。各以其类而至。所谓物至而人化物也。天下何思何虑。皆正夫一。

按语：子曰天下何思："何虑"大典本漫漶，据通行本《周易·系辞下》补。一致而百虑，天下何思何虑：第二个"虑"字大典本漫漶，据通行本《周易·系辞下》校补。憧憧，心动貌：第二个"憧"字大典本漫漶，据文意补。

十七、《永乐大典》卷之一千一百九十一，二支，叶二 **a**，《系辞下》。

子曰："危者，安其位者也；亡者，保其存者也；乱者，有其治者也。是故君子安而不忘危，存而不忘亡，治而不忘乱，是以身安而国家可保也。《易》曰：'其亡其亡，系于苞桑。'"

大典本：

其亡其亡，系于苞桑。桑之为物，深根而难拔，丛生曰苞。

四库本：

子曰："危者，安其位者也；亡者，保其存者也；乱者，有其治者也。是故君子安而不忘危，存而不忘亡，治而不忘乱，是以身安而国家可保也。《易》曰：'其亡其亡，系于苞桑。'"

桑之为物，深根而难拔，丛生曰苞。

按语：此处缺页，原文大典本缺失。"其亡其亡系于苞桑"：四库本未见此句。

十八、《永乐大典》卷之一千一百九十一，二支，叶五 a，《系辞下》。
德薄而位尊，知小而谋大，力小而任重，鲜不及矣！《易》曰："鼎折足，覆公𫗧，其形渥，凶。"言不胜其任也。
大典本：

鼎折足，覆公𫗧，其形渥，凶。承辅非才，覆败美实，其形沾渍，丧国亡家。

四库本：
子曰："德薄而位尊，知小而谋大，力小而任重，鲜不及矣！《易》曰：'鼎折足，覆公𫗧，其形渥，凶。'"言不胜其任也。

承辅非才，覆败美实，其形沾渍，丧国亡家。

按语：四库本多"子曰"二字。鼎折足覆公𫗧其形渥凶：四库本未见此句。

十九、《永乐大典》卷之一千一百九十二，二支，叶一十二 a，《系辞下》。

天地绷缊，万物化醇。男女构精，万物化生。《易》曰："三人行，则损一人；一人行，则得其友。"言致一也。

大典本：

天地绷缊止万物化生。

皆一阴一阳，相匹敌也。

三人行止言致一也。

三人并进，或哲或愚，莫知适从，无以致治。虽志在于益，而不免于损，故圣贤相遇，一人足矣。

四库本：

天地绷缊，万物化醇。男女构精，万物化生。《易》曰："三人行，则损一人；一人行，则得其友。"言致一也。

天地男女皆一阴一阳，相匹敌也。三人并进，或哲或愚，莫知适从，无以致治。虽志在于益，而不免于损，故圣贤相遇，一人足矣。

按语：皆一阴一阳：四库本作"天地男女皆一阴一阳"。

二十、《永乐大典》卷之一千一百九十二，二支，叶二十一 b，《系辞下》。

子曰："君子安其身而后动，易其心而后语，定其交而后求，

君子修此三者，故全也。"

大典本：

子曰：君子安其身而后动。

　　众附身安，乃能兼人。

易其心而后语，

　　彼不我疑言则见信。

定其交而后求。

　　先施恩德，无求不获。

君子修此三者。故全也。

　　无失。

危以动，则民不与也。

　　身不能自安，他人其谁附之。

惧以语，则民不应也，无交而求，则民不与也。

　　审其所以适人。知人之所以求我，无交而求，则民不与也。
交者恩相往来之谓也，己无施于人，而欲望人之施，人谁与之哉。

莫之与，则伤之者至矣。

  怨其贪妄。

立心勿恒，凶。

  戒其立心。勿以贪得为常。

四库本：
子曰：君子安其身而后动。

  众附身安，乃能兼人。

易其心而后语，

  彼不我疑言则见信。

定其交而后求，

  先施恩德，无求不获。

君子修此三者，故全也。

  无失。

危以动，则民不与也。

　　身不能自安，他人其谁附之。

惧以语，则民不应也，无交而求，则民不与也。

　　审其所以适人。知人之所以求我，交者恩相往来之谓也，己无施于人，而欲望人之施，人谁与之哉。

莫之与，则伤之者至矣。

　　忿其贪妄。

《易》曰：莫益之，或击之，立心勿恒，凶。

　　戒其立心，勿以贪得为常。

按语：经传原文大典缺页，据文意补。无交而求则民不与也：四库本不见此句。易曰莫益之或击之：此句见于四库本，大典本无。

二十一、《永乐大典》卷之一千两百，二支，叶一十六 b，《系辞下》。

　　《易》之兴也，其当殷之末世，周之盛德邪？当文王与纣之事邪？是故其辞危。
大典本：
危者使平，易者使倾，其道甚大，百物不废，惧以终始，其要无咎，此之谓易之道也。

　　其辞危，恶直丑正，实繁有徒，易者使倾韩曰易，慢易也，其要无咎，福莫长于无祸。

按语：易者使倾韩曰易："倾"字大典本漫漶不清，据四库本订补。

作者单位：北京师范大学历史学院

宋朝皇帝与《易经》

孙福万

摘要："经筵"是宋代以降帝王教育的主要形式，范祖禹撰写的《帝学》即是其供职经筵的产物。鉴于《易经》在中国传统经典中的重要地位，在经筵上讲解《易经》的篇幅自然是很多的，此由《帝学》一书的记载可见。截取书中宋太祖、宋太宗、宋真宗、宋仁宗和宋英宗等五个宋朝皇帝与《易经》有关的故事，敷衍成篇，并略加点评，以此试图管窥宋代经筵制度的演变，以及儒家思想是如何通过经筵制度试图"教化"皇帝的有趣历史。

关键词：《帝学》 经筵 宋代皇帝 儒家思想

《帝学》八卷，为北宋史学家范祖禹所撰。范祖禹（1041～1098），字淳甫（又作淳父、淳夫），一字梦得，成都华阳（今四川成都）人。宋仁宗嘉祐八年（1063），范祖禹以进士登第，授试校书郎，知资州龙水县（治今四川资中西北）。宋神宗熙宁三年（1070），受司马光推荐，范祖禹被召为《资治通鉴》书局同编修，具体负责唐代部分的长编撰写。在此后的十五年（汴京两年、洛阳十三年）中，范祖禹一直协助司马光修撰《资治通鉴》，直到元丰七年（1084），《资治通鉴》修成上进，其除秘书省正字。次年，宋哲宗继位，司马光为相，主持废除新法，范祖禹被擢为右正言，后避岳父吕公著（时为宰相）之嫌，改任著作佐郎、修《神宗实录》检讨。此后虽历任右谏议大夫、给事中、礼部侍郎、翰林学士兼侍讲等官，其在八年多的时间里一直供职经筵，辅导哲宗学习经史。

这部《帝学》，正是范祖禹供职经筵的产物。所谓"经筵"，是指专为君主服务的御前学术讲座，具体形式是经筵官讲解经史典籍、"祖宗圣政"以及"进故事"，是宋代以降帝王教育的主要形式。由于经筵讲读的目的是要培养合格帝王，在讲解的过程中往往会涉及君德、治道和现实政治等问题，君臣双方交流问答颇多，这实际上成了宋朝大臣参与政治的一种重要形式。鉴于《易经》在中国传统经典中的重要地位，在经筵中讲解《易经》的篇幅自然是很多的，此由《帝学》一书的记载可见。本文即截取书中宋太祖、宋太宗、宋真宗、宋仁宗和宋英宗等五个宋朝皇帝与《易经》有关的故事，敷衍成篇，并略加点评，以此试图管窥宋代经筵制度的演变，以及儒家思想是如何通过经筵制度试图"教化"皇帝的有趣历史。文中粗疏和不当之处，希望方家指正。

一、宋太祖与《易经》

宋太祖赵匡胤虽然是武人出身，但"黄袍加身"之后，出于皇权统治的需要，在"杯酒释兵权"的同时，他逐渐热爱上了读书，并常劝大臣读书。据《帝学》记载，宋太祖"自开宝以后好读书"①，并曾叹曰："宰相须用读书人。"② 赵普为相时，宋太祖就曾"劝以读书"。据史载，当时还曾有两个人给他讲解过《易经》。

首先是北宋建隆三年（962），宋太祖特召时为"宗正丞"（这是掌管皇族事务的宗正寺署的属官）的赵孚来到皇宫后殿，让他讲了一次

①（宋）范祖禹撰，陈晔校释：《帝学校释》，华东师范大学出版社，2015年版，第73页。
②（宋）范祖禹撰，陈晔校释：《帝学校释》，华东师范大学出版社，2015年版，第73页。

《易经》。

赵孚（924～986），字大信，洛阳人，后周显德进士，做过永宁令，太宗时知开封府司禄参军，曾官至殿中侍御史。

赵孚所讲的内容不见记载，但留下了宋太祖的一句评价："孚所说精博，亦可赏也。"① 由此看来，宋太祖对赵孚的讲授还是比较满意的。

其次是开宝元年（968），经"知制诰"李穆推荐，笃学不仕、隐居乡野的王昭素应邀来到皇宫便殿，又讲了一次《易经》。

王昭素（894～982），开封酸枣（今河南延津）人，通九经，尤精《诗》《易》，当时已经七十七岁高龄，但"精爽不衰"。宋太祖赐座于他，请他讲《易经》乾卦，并召宰臣薛居正等观之。

据《帝学》记载，当王昭素讲到"飞龙在天"时，宋太祖说："此书岂可令常人见！"② 王昭素回答："此书非圣人出，不能合其象。"③ 另据李焘《续资治通鉴长编》记载，当王昭素讲到"九五：飞龙在天"时，曾敛容曰："此爻正当陛下今日之事。"并"引援证据，因示风谏微旨"④。

此外，宋太祖还询问了些民间之事，王昭素都一一作答，"帝嘉之"。后来王昭素在京城待了一段时间，就"以衰老辞，求归乡里，拜国子博士致仕"⑤ 了。

王夫之所撰《宋论》，在分析"宋祖受非常之命，而终以一统天下，底于大定，垂及百年，世称盛世"的原因时，曾一言以蔽之曰："唯其惧也！"具体到赵匡胤身上，其"权不重，故不敢以兵威劫远人；望不隆，故不敢以诛夷待勋旧；学不夙，故不敢以智慧轻儒素；恩不洽，故

① （宋）范祖禹撰，陈晔校释：《帝学校释》，华东师范大学出版社，2015 年版，第 72 页。

② （宋）范祖禹撰，陈晔校释：《帝学校释》，华东师范大学出版社，2015 年版，第 73 页。

③ （宋）范祖禹撰，陈晔校释：《帝学校释》，华东师范大学出版社，2015 年版，第 73 页。

④ （宋）李焘撰，上海师范大学古籍整理研究所、华东师范大学古籍整理研究所点校：《续资治通鉴长编》卷十一《太祖·开宝三年》，中华书局，2004 年版，第 244 页。

⑤ （宋）范祖禹撰，陈晔校释：《帝学校释》，华东师范大学出版社，2015 年版，第 73 页。

不敢以苛法督吏民。惧以生慎，慎以生俭，俭以生慈，慈以生和，和以生文。"所以"惧"之一字，非同小可，按照王夫之的话说，此正所谓"天之以可惧惧宋，而日夕迫动其不康之情者，'震惊百里，不丧匕鬯'"也①。我们知道，"震惊百里，不丧匕鬯"出自《周易》震卦卦辞，说的正是家里的长子主持祭祀的事，与获得天命而治理国家者正相类。

宋太祖的"好读书"，包括虚心向人请教《易经》，应该是和他始终抱持这种"戒惧"的心态相一致的。

当然，有宋一代非常尊重知识分子，宋朝的皇帝们也大多喜欢读书，以及中国历史上著名的"经筵制度"至宋才正式固定下来，应该也是和宋太祖的"好读书"分不开的。

二、宋太宗与《易经》

的确，在中国历史上，有宋一代应该是对知识分子最尊重的。比如宋人自己就说："待士大夫有礼，莫如本朝，唐时风俗，尚不美矣。"②而和宋太祖相比，宋太宗基本上算是一个文人，他的"好读书"就尤甚了。这里介绍一个他学习《易经》的著名故事。

据《帝学》记载，宋端拱元年（988）春天，宋太宗驾临国子监拜谒孔子，结束后正要登上辇轿回宫，转头却看见有个人在远处的座位上讲学，左右侍臣告诉他，那是李觉正在聚集门徒讲授经书，宋太宗就召来李觉，让他给自己也讲讲。

李觉说："陛下六飞在御，臣何敢辄升高坐?"宋太宗于是就降下辇车，让官吏张设帐幕，另外给李觉设了座位，然后再请他讲解《易经》中的泰卦，随从的大臣也都依次而坐。李觉于是借着泰卦，讲了番"天

---

① 以上参见（清）王夫之著，舒士彦点校：《宋论》，中华书局，1964年版，第1~3页。

② （宋）孔平仲撰，池洁整理：《珩璜新论》卷一，大象出版社，2019年版，第239页。

地感通，君臣相应"的道理，太宗听了非常高兴，当场赏赐了他百匹布帛。第二天，太宗还就此对身边的大臣感慨地说："昨听泰卦，文理深奥，足为君臣鉴戒，朕与卿等当遵守勿怠。"①

这个李觉（947～993），字仲明，乃青州人，曾任宋国子监博士、水部员外郎、司门员外郎等职。此人精通儒家经典，是当时的著名学者，宋太宗曾下诏让他和孔维等校订孔颖达的《五经正义》。

据说李觉还精通数学，著有《算雉兔首足法》；另撰有《大衍义》，并校《春秋正义》。李觉还曾多次上疏，详述养马、漕运、屯田三事的重要性，都受到宋太宗的重视。

李觉给宋太宗讲《周易》泰卦，究竟具体讲了什么，现在已经不清楚了。但我们知道，泰卦（䷊）下乾上坤，"小往大来"，呈现出"天地交而万物通，上下交而其志同"②的"交通"之象，李觉借此而讲"天地感通，君臣相应"之理，应该是深得泰卦之精髓的。

此外，从宋太宗起意"诏觉讲《易经》之泰卦"③来看，宋太宗应该对《易经》早就感兴趣，而且对泰卦也是有所了解的。

这里还值得一提的是，宋太宗当时"幸国子监谒文宣王④"，在古代被称为"天子视学"，而后来由宋朝开始，绵延至清代结束，还有一个"为研读经史而特设的御前讲习制度"，即上文曾讲到的"经筵制度"。据学者研究，这次宋太宗即兴请李觉讲《易经》泰卦之事，或许就是后来由天子"视学制度"向"制度"转变的源头⑤。

---

① （宋）范祖禹撰，陈晔校释：《帝学校释》，华东师范大学出版社，2015 年版，第 77 页。
② （三国·魏）王弼、（晋）韩康伯注，（唐）孔颖达等正义：《周易正义》卷二《泰卦·象传》，（清）阮元校刻：《十三经注疏》，中华书局，2009 年影印本，第 54 页。
③ （宋）范祖禹撰，陈晔校释：《帝学校释》，华东师范大学出版社，2015 年版，第 77 页。
④ （宋）范祖禹撰，陈晔校释：《帝学校释》，华东师范大学出版社，2015 年版，第 77 页。
⑤ 参见陈东：《中国古代经筵概论》，《齐鲁学刊》，2018 年第 1 期。

三、宋真宗与《易经》

宋真宗继承了其父宋太宗的好学精神，虽然那时还没有形成仁宗朝的"经筵制度"，但已经设置了翰林侍读、侍讲等职位，时常邀请名儒来宫中讲经。

比如大中祥符八年（1015），在殿试进士的时候，真宗就忽然起兴，命当时的崇文院检讨冯元讲了一次《周易》泰卦。我们知道，宋太宗在此前的端拱元年（988），就曾请李觉讲过一次泰卦，这次真宗请冯元讲泰卦，也许是对皇父的一次追忆或纪念吧。

那这个冯元是何许人也？

据《宋史·冯元传》记载，冯元（975～1037），字道宗，广东南海人。据说冯元七岁时，刚开始读《周易》，其母夜里就梦见神人将天青色的莲花（"绀莲华"）交给冯元吞下去，并且说："善读此，后必贵显。"①直到晚年，冯元大约三天读一次《易经》，可见其对《易经》的喜爱程度。

冯元自幼师从崔颐正和孙奭，精研五经大义。进士及第后，适值皇帝选拔通晓经术的人补为学官，冯元自荐通《五经》，后经过考核，补为国子监讲书，升为大理评事，又提升为崇文院检讨兼国子监直讲。

这次冯元讲泰卦，和李觉一样，效果也不错。当时冯元说："地天为泰者，以天地之气交也。君道至尊，臣道至卑，惟上下相与，则可以辅相天地，财成万化。"②真宗闻之甚悦，赏赐了冯元"绯章服"，又称赞推荐冯元讲课的王旦"善择才"③。

① （元）脱脱等：《宋史》卷二百九十四《冯元传》，中华书局，1985年版，第9823页。
② （元）脱脱等：《宋史》卷二百九十四《冯元传》，中华书局，1985年版，第9821页。
③ 参见（宋）范祖禹撰，陈晔校释：《帝学校释》，华东师范大学出版社，2015年版，第77页。

到了第二年（1016），真宗以冯元直龙图阁，次年即天禧元年（1017），又命冯元和查道、李虚己、李行简等人在宣和门北阁系统讲解《周易》，当年九月讲完了六十四卦。

四、宋仁宗与《易经》

如果问宋朝哪位皇帝最喜欢《易经》？答案当然是宋仁宗赵祯了。我们知道，仁宗天性好学，博通古今，从即位时起，就常在迩英殿开设经筵，日进经史，孜孜不倦。在《帝学》一书中，仁宗所占的篇幅不仅最大，有关学习《易经》的条目也最多，而且他还经常很认真地和经筵官们讨论《易经》中的相关内容，这与后来宋英宗的虚应故事截然不同。

比如在皇祐二年（1050）三月的一天，又轮到在迩英阁学《易经》，宋仁宗还没等经筵官上课，就首先问了一个问题："《易》历三古，资九圣（指伏羲、神农、黄帝、尧、舜、禹、文王、周公、孔子——引者注），无有代号，今岂沿近题云'周'也？"[①] 也就是他对《周易》的"周"字表示怀疑，认为是后代才加上去的。经筵官杨安国回答说："伏羲氏始画八卦，历三古九圣，无文以言。惟《周官》'三易'云：一曰《连山》，二曰《归藏》，三曰《周易》。盖文王加'周'字，以别于余代尔。"[②] 按照杨安国的回答，这个"周"字，当是周人将其《易经》区别于其他朝代的一个称呼，但后人多以"周遍"解"周"字，故仁宗之问，实在还有继续探讨之必要。

同月的另一天学习坤卦，又是一上课宋仁宗就提问："上六，龙战于野，何也？"杨安国回答说："譬之权臣擅命，作威作福，蔽君耳目，

---

① （宋）范祖禹撰，陈晔校释：《帝学校释》，华东师范大学出版社，2015 年版，第 113 页。
② （宋）范祖禹撰，陈晔校释：《帝学校释》，华东师范大学出版社，2015 年版，第 113 页。

不得聪明，可移人心，可覆国家，苟辨之不早，必有龙战之患也。"仁宗又接着问："用六，何谓利永正？"（其辞本为"利永贞"，为避赵祯讳，当时改为"利永正"——引者注）杨安国回答说："乾之德大，故能'以美利利天下'；坤之德劣，故惟能以利永正。久而能正，则无一朝一夕之患，故曰'以大终也'。"①

又如在皇祐三年（1051）九月的一天，杨安国讲《易经·系辞传》，在讲到"古之葬者，厚衣之以薪，葬之中野，不封不树"时，宋仁宗说："葬固宜俭。"杨安国回答说："五代周高祖，其葬最俭。"宋仁宗立即接话说："周高祖遗命止用纸衣瓦棺，诚欲矫前代厚葬之失。"②

这里提到的"周高祖"，即郭威（904～954），他是五代后周的建立者，公元951～954年在位，其遗命只用"纸衣瓦棺"来安葬自己，的确在帝王的丧葬中是够俭约的了。《系辞传》中的那段话，本来讲的是远古时代丧葬的情形，那时还没有棺椁之说，人死后只是厚厚地覆盖柴禾，埋在荒野之中，也不立什么标志，但宋仁宗由此却联想到了薄葬的问题，这也算是"仁君"的又一表现吧。

此外，在至和二年（1055）三月，当王洙讲到《周官》中的"典瑞""共含玉"的时候——这指的是，古代天子去世时通常要将一块美玉纳入死者口中，有使之不朽之意——宋仁宗说了这样一句话："若使人用此而骨不朽，岂如功名之不朽哉！"③ 这和他主张"葬固宜俭"的思想也是一致的。

又皇祐三年（1051）四月的一天，宋仁宗在迩英阁又听杨安国讲《易经》。这次讲的是鼎卦（䷰）。宋仁宗问了一个问题："九四之象，施之人事如何？"杨安国回答说："鼎为烹饪成新之器，（九四——引者注）上承至尊，下又应初，上承下施，任重非据，故折足而覆𬇙（鼎中食

---

① （宋）范祖禹撰，陈晔校释：《帝学校释》，华东师范大学出版社，2015年版，第114页。

② （宋）范祖禹撰，陈晔校释：《帝学校释》，华东师范大学出版社，2015年版，第119页。

③ （宋）范祖禹撰，陈晔校释：《帝学校释》，华东师范大学出版社，2015年版，第129页。

物。覆悚，谓倾覆鼎中的珍馔，意指力不胜任而败事——引者注）矣。其犹任得其人，虽重而可胜；非其人，必有颠覆之患。"宋仁宗听了以后感叹地说："任人不可不慎也。"①

在任何朝代，统治者如何选人用人都是一个大问题，宋仁宗能由鼎卦九四爻的"覆悚"而联想到"任人"的重要性，凸显了他的"英明"。我们知道，宋仁宗时期，朝堂内外人才济济，唐宋八大家，生活在仁宗时期的就有六位，我国古代的四大发明，有三项也是在仁宗时期最终成熟和定型的，当时国家相对安定，经济繁荣，科学技术和文化都得到了很大发展——这和宋仁宗的用人制度肯定是有关系的。

据《宋史·杨安国传》，杨安国字君倚，密州安丘人。其以《五经》及第，曾为枝江县尉，后迁大理寺丞。后进天章阁侍讲、直龙图阁，遂为天章阁待制、龙图阁直学士，皆兼侍讲；进翰林侍讲学士，历判尚书刑部、太常寺，累迁给事中。"在经筵二十七年，仁宗称其行义淳质。"②这个经常给仁宗讲课的杨安国，在仁宗皇帝的老师当中，算是个老资格，居然担任经筵官长达27年，所以在皇帝面前讲话也就比较大胆，不过仁宗也的确听得进去，讲课效果是蛮不错的。

像杨安国这样的饱学之士，在仁宗朝还有不少。比如在给仁宗讲解《易经》的人中，就有一个贾昌朝（997～1065），其字子明，真定府获鹿县（今河北石家庄市鹿泉区获鹿镇）人。宋真宗天禧元年（1017），赐同进士出身。在仁宗一朝，曾历任天章阁侍讲、参知政事、枢密使、同平章事等职，累官至左仆射、观文殿大学士，封爵魏国公，已经达到宰相的高位了。治平二年（1065）去世，年六十八，谥号"文元"。宋英宗亲题其墓碑为"大儒元老之碑"。作为训诂学家兼文学家，有著作《群经音辨》《通纪时令》传世。

---

① （宋）范祖禹撰，陈晔校释：《帝学校释》，华东师范大学出版社，2015年版，第117页。
② （元）脱脱等：《宋史》卷二百九十四《杨安国传》，中华书局，1985年版，第9828页。

据《帝学》记载，皇祐四年（1052）九月的一天，宋仁宗又来到迩英阁，命贾昌朝讲《易经》乾卦，在开讲之前，他还对侍臣说："昌朝位将相，执经侍讲，朝廷美事也。"

但那天贾昌朝到底是如何讲解乾卦的，史书上并没有记载，但倒是提到，到了第二天，贾昌朝又手写了一道疏，上奏仁宗，内容是："乾卦大旨，在上一爻，夫爻在亢极，必有凶灾。不即言凶，而言'亢龙有悔'，以悔中有可凶可吉之象，若修德以济世，则免悔而获吉也。"看来宋仁宗对此疏很是满意，曾"面赐手诏嘉奖，以所陈卦义付史馆"。①

《周易》所讲之"悔"，当然和"凶"不同，正如黄宗炎所说，"悔，从心从每。每者，历思其既往之非，每每而生于心，有不言而自讼之意。"而"求于内者，必克己，故自凶而趋吉。"②贾昌朝抓住"悔"字来给仁宗讲乾卦，的确算得上"劝君有道"也。

但《易经》作为一部古经，经过历朝历代的演绎，附着其上的"迷信"成分自然也不少。儒生之中，除了像杨安国、贾昌朝这样的"醇儒"，也有一部分"邪门歪道"之人。比如，在庆历二年（1042）的时候，天章阁有位叫林瑀的侍讲，就曾给宋仁宗推荐了一部书：《易经天人会元纪》，并借此还对仁宗提出了一套奇怪的建议，当时就把仁宗吓了一跳。

据北宋魏泰所著《东轩笔录》，林瑀此人在"治《易》"上有个特点，他喜欢于皇帝即位之初，即以日辰支干来配成一卦，由此预测这个皇帝的所作所为。林瑀当时对仁宗说："陛下即位，于卦得《需》。《象》曰：'云上于天'，是陛下体天而变化也；其下曰：'君子以饮食宴乐'，故臣愿陛下频宴游，务娱乐，穷水陆之奉，极玩好之美，则合卦体，当

---

① （宋）范祖禹撰，陈晔校释：《帝学校释》，华东师范大学出版社，2015年版，第123～124页。

② （清）黄宗炎撰，郑万耕点校：《周易寻门余论》卷上，中华书局，2010年版，第368页。

天心，而天下治矣。"① 你看，他这不是借着《周易》需卦，公开地引诱皇帝吃喝玩乐、荒废朝政吗?!

好在宋仁宗不是宋徽宗，听了这番言论，心下大骇，第二天就去咨询贾昌朝了。贾昌朝明确说："此乃诬经籍，以文奸言，真小人也。"② 并明确表示，林瑀这是以"阴阳、小说（此'小说'非现在的小说，乃妖言、流言之意——引者注）上惑天听"，故"不宜在劝讲之地"。③ 仁宗大以为然，于是就将林瑀赶出了皇宫。

另外，关于《易经》的卜筮功能，从孔子开始就一直主张"不占而已矣"④，但一般人难免有时于此产生困惑。据《帝学》记载，庆历五年（1045），在经筵之上，宋仁宗就有好几次向时为翰林学士知制诰的丁度问"蓍龟占应"之事，表明当时他对卜筮的事还是比较上心的。因为问的次数多了，大概丁度觉得不能不回答了，就斟酌再三，向宋仁宗说了这样一段话："卜筮虽圣人所为，及其成乃一技耳，不若以古之治乱为蓍龟也。"⑤ 也就是说，在丁度看来，卜筮不过是一个小小的技巧，并没有什么了不起，与其宠信那玩意儿，还不如以世代的治乱兴替作为镜子，来好好钻研呢!

你看，像贾昌朝和丁度这样的大臣，那都是当时的名儒，都是尊崇儒家思想的，后来他俩都做到了宰相的高位，他们都毫不迷信，这些人对于宋仁宗的积极影响应该是显著的。

另外需要指出的是，在上课的时候，宋仁宗对待经筵官们是很尊重的，还经常赠送礼品。

比如北宋皇祐三年（1051），宋仁宗再次来到迩英阁听大学士们讲

---

① （宋）魏泰撰，燕永成整理：《东轩笔录》卷三，大象出版社，2019 年版，第 227 页。

② （宋）魏泰撰，燕永成整理：《东轩笔录》卷三，大象出版社，2019 年版，第 227 页。

③ （宋）范祖禹撰，陈晔校释：《帝学校释》，华东师范大学出版社，2015 年版，第 98 页。

④ （清）刘宝楠撰，高流水点校：《论语正义》卷十六《子路》，中华书局，1990 年版，第 544 页。

⑤ （宋）范祖禹撰，陈晔校释：《帝学校释》，华东师范大学出版社，2015 年版，第 103 页。

《易经》。这次讲的是归妹卦，主讲人是杨安国，宋仁宗对每一爻的情况问得都很详细，大概君臣之间讨论的时间比平时长了不少，宋仁宗对杨安国等人说了这样一句话："朕长于深宫，《易》旨微奥，每须详问。卿等敷对时久，得无烦乎？"①

面对这样的询问，大学士们当然很是感动。曾公亮大概离仁宗最近，他首先说："安国以所学备承圣问，岂敢言烦？"杨安国也上前一步，更说："臣寡学浅陋，无以上副圣问。"② 也就是说，他还担心自己的回答不能满足皇帝的提问呢，并专门降身给皇帝拜谢了一下。

宋仁宗则说："赖卿等宿儒博学，多所发明，朕甚悦之，虽盛暑亦未尝倦，但恐卿等劳耳。"③ 当时丁度也在座，他也上前一步，大大地夸奖了一番仁宗："自古帝王临御日久，非内惑声色，则外穷兵黩武。陛下即位三十年，孜孜圣学，虽尧舜之聪明，不是过也。"④ 这干脆就是将仁宗比为尧舜复出了。

而在同一年九月的一天，当上完课后，宋仁宗又特意对经筵官们说："卿等侍对，时久颇倦，可于迩英后亭少憩止。"⑤

还有一次在讲课结束之后，宋仁宗"以翠芳亭橙实赐讲筵官各一枚"⑥！

由以上这些故事，可见宋仁宗对于经学包括《易经》的热爱程度，而且，他自己学习《易经》"虽盛暑亦未尝倦"⑦，却又担心大学士们过于劳累以致生烦，也真称得上是"仁君"了啊。

---

① （宋）范祖禹撰，陈晔校释：《帝学校释》，华东师范大学出版社，2015 年版，第 117 页。
② （宋）范祖禹撰，陈晔校释：《帝学校释》，华东师范大学出版社，2015 年版，第 117 页。
③ （宋）范祖禹撰，陈晔校释：《帝学校释》，华东师范大学出版社，2015 年版，第 117 页。
④ （宋）范祖禹撰，陈晔校释：《帝学校释》，华东师范大学出版社，2015 年版，第 117 页。
⑤ （宋）范祖禹撰，陈晔校释：《帝学校释》，华东师范大学出版社，2015 年版，第 119 页。
⑥ （宋）范祖禹撰，陈晔校释：《帝学校释》，华东师范大学出版社，2015 年版，第 119 页。
⑦ （宋）范祖禹撰，陈晔校释：《帝学校释》，华东师范大学出版社，2015 年版，第 117 页。

五、宋英宗与《易经》

北宋的经筵制度，说白了，就是让那些有学问的大臣给皇帝上课。如果我们对北宋的这些特殊的学生们做个评价的话，那么宋仁宗应该算是最优秀的学生，而宋英宗就该算是差等生了。

我们知道，宋英宗赵曙（1032～1067）的经历是很奇葩的。早年宋仁宗没有儿子，作为皇侄，赵曙三岁时（景祐二年，1035），就被接入宫中抚养，但谁知四年后宋仁宗又生了儿子，于是赵曙不得不出宫回家。不过后来宋仁宗的那个儿子又夭折了，此后宋仁宗也没再生出儿子来，到了嘉祐七年（1062），宋仁宗又不得不将赵曙立为皇子。第二年，宋仁宗去世，赵曙即位。但悲催的是，后来其实赵曙只当了四年的皇帝就去世了，死时（治平四年，1067），才三十五岁。

推想起来，在赵曙接班的曲折过程中，他的心理压力肯定是很大的，所以他一直声称患病，早期或许是装病，后来就真的病了，精神上也不正常，早逝是自然的。

那以这样的心态，宋英宗对待经筵上大臣们的授课，无非是虚应故事，敷衍而已，更不会像仁宗那样主动发问，和儒臣们讨论什么问题了。范祖禹的《帝学》就直接说他，"帝御迩英阁，未尝发言有所询问"①。这样"懒政"的皇帝，经筵官们自然很不高兴、很不喜欢。

直到治平二年（1065），看到皇帝如此消极上课，作为侍讲的司马光就怒了，曾经引经据典地狂怼了这个学生一番。司马光的原话是这样的："臣闻《易》曰：'君子学以聚之，问以辩之。'《论语》曰：'疑思问。'《中庸》曰：'有弗问，问之弗得弗措也；有弗辩，辩之弗明弗措也。'以此言之，学非问辩，无由发明。今陛下若皆默而识之，不加

---

① （宋）范祖禹撰，陈晔校释：《帝学校释》，华东师范大学出版社，2015 年版，第 139 页。

询访，虽为臣等疏浅之幸，窃恐无以宣畅经旨，裨助圣性。望陛下自今讲筵，或有臣等讲解未尽之处，乞赐诘问。或虑一时记忆不能详备者，许令退归讨论，次日别具劄子敷奏。庶几可以辅稽古之志，成日新之益。"①

但对于司马光的这番慷慨陈词，《帝学》上虽说"帝嘉纳之"，但估计宋英宗也就是支吾两声而已，根本不会入脑入心的，甚至他是否明白《周易·文言传》中的"学以聚之，问以辩之"②等语，亦未可知也。由此可见，古代的皇帝到底能否接纳儒臣的忠告，其实也是分人的，这也是没有办法的事情。

作者单位：国家开放大学

① （宋）范祖禹撰，陈晔校释：《帝学校释》，华东师范大学出版社，2015年版，第139页。
② （三国·魏）王弼、（晋）韩康伯注，（唐）孔颖达等正义：《周易正义》卷一《乾卦·文言传》，（清）阮元校刻：《十三经注疏》，中华书局，2009年影印本，第30页。

清初科举的"专经试士"与易学学风

燕文青

摘要：清代初期，在全国各地，选择《易经》作为专经的士子比例都比较高，在当时较为发达的地区选《易》举人比例相对更大，使得习《易》士子竞争更加激烈。官方则以尊崇程朱易学的《御纂周易折中》作为科举考试教材，提倡明体达用，为科举的考查标准定下基调；而在反思八股、推崇实学学风的推动下，以黄宗羲、毛奇龄、胡渭为首的易学家倡导博史通经、考据辨伪，拉开了朴学易发展的序幕。

关键词：清初　科举　专经　易学

一直以来，人们研究清代思想史、学术史的时候，往往是把梁启超、钱穆等大师提出的一批人物筛选出来，把他们按照先后次序排列，清初的顾炎武、黄宗羲、王夫之、乾嘉的惠栋、戴震、阮元、焦循，道光以后的魏源、龚自珍等等，阐述他们的思想和成就，就成了清代学术的历史。历史是一门研究特殊的学问，上述的这些人代表了当时学术思想的前沿、巅峰，这固然是不错。但正如朱熹的思想至于元明才逐步成为主流，后世的研究往往容易把在后世影响甚巨的思想资源，直接当成了当时最广为流传的思想活动。清代普通的士人究竟把何种思想奉为正朔，是否真的一致地倾向理学或考据？他们又在何种程度上受到学术新思潮的影响？在易学这一方面，官方究竟希望士人信奉的是怎样的解读方式？而落实到具体的士子，他们又是如何把握这部经典的？这些宏大却又具体而微的命题，我们可以通过对清代科举考试中易学部分的研究来实现。

经学作为科举考试主要考查的科目和内容，注定此二者之间存在相互影响，相互推进的关系。清代作为历代政治、经济、文化、社会发展成果之集大成者，其对前代的总结值得关注，王国维先生说："国初之学大，乾嘉之学精，道咸以降之学新。"[①] 经学是科举考试的主要内容，《周易》又是群经之首，所以作为经典的《周易》在经学与科举两个方面都具有独特的地位，故而本文选择易学学术发展的进程为研究对象，试图讨论清初科举制度上的变化对于学术走向的影响，与此同时，学术层面的进展对于制度变革的反作用亦值得关注。

清初科举考试在首场考查《五经》经义四道，士子须在考前于《易》《书》《诗》《春秋》《礼记》中确定一经为专经。"分经试士"的历史传统可以上溯至唐代，而"专经试士"则主要继承了元明的制度。由于政府并未对士人选经做出强制规定，士人可以根据自己的条件、能力和兴趣自由选择，故而势必造成选择各经的考生数量有多有寡。清代初期，在全国各地，选择《易经》作为专经的士子比例都比较高，在当时较为发达的地区选《易》举人比例相对更大，使得习《易》士子竞争更加激烈。明鉴在前，清初学术崇尚实学、革除虚浮，这很快就反映在科举考试中。同时，清代官方非常重视经义的传播，陆续颁布了包括《御纂周易折中》在内的多部"御纂"书籍，推崇程朱理学；在民间，敦崇实学的学风掀起了质疑宋学的思潮，注重辨伪、训诂、考证的朴学风气正在兴起。不过，当时影响较大的易学著述仍以大多朱子《本义》为

---

① 谢维扬、房鑫亮主编：《王国维全集》第八卷，浙江教育出版社、广东教育出版社，2009年版，第618页。

宗，朴学易在士人中的影响力比较有限。

一、"专经试士"的历史渊源

"《诗》以理性情，《书》以道政事，《易》以明阴阳，《礼》以谨节文，《春秋》以别是非。"①《五经》作为圣人经验智慧的总结会要寓意深刻，在指导个人修身、政治运作和社会生活发展的不同方面各有千秋，科举考试既要以儒家经典选拔人才，而非督促所有士子都成为经学家，就要在博而浅与专而精之间找到最合适的考查方式，清初科举实行"专经试士"，就是为了让士人能够透彻理解一经中的道理。这一考查方式的历史传统可以上溯至科举制设立之初。

（一）唐宋"分经试士"与经义的考查

自隋唐科举考试正式设立以来，儒家经典就是重要的考查内容和标准，明经科的设立，开启了"分经试士"的传统。唐德宗时，有官员上表强调明经科的地位："伏以取士之科，以明经为首；教人之本，则义理为先。"②明经科录取的士人在整个科举考试中所占的比例举足轻重，每年得中进士的士人大约有二三十人，明经科中试者则有百人左右③。《唐六典》中明确规定："凡教授之经，以《周易》《尚书》《周礼》《仪礼》《礼记》《毛诗》《春秋左氏传》《公羊传》《穀梁传》各为一经，《孝经》《论语》《老子》，学者兼习之。"④各经书都配有要求考生参考借鉴的注本。为了兼顾考生的学习时限、考试难度、评判公平，使研习不同经典的学

---

① （清）张伯行：《濂洛关闽书》卷五《程子》，清正谊堂全书本。

② （宋）王溥：《唐会要》卷七十五《贡举上》，中华书局，1960年版，第1375页。

③ 焦桂美：《唐代明经科人才的经学贡献》，《北方论丛》，2012年第3期，第103~108页。

④ （唐）李林甫等撰，陈仲夫点校：《唐六典》卷二十一《国子监》，中华书局，1992年版，第558页。

子尽可能均衡，以上诸经被分门别类为三个级别，其中《礼记》《左传》因为字数多、难度大被列为大经，《毛诗》《周礼》《仪礼》三经被列为中经，《周易》《尚书》《公羊》《穀梁》四经则为小经。《唐六典》称"通二经已上者，为明经"①，明经科通常需要通二经，即考核时士子可以选择大小经各一或者两篇中经，当然也可以根据自己的能力选择三经（大中小经各选其一）、五经（两大经都要通晓）或者学究一经等不同科目。当此时，由于篇幅较短，在小经中，《周易》《尚书》更受考生青睐，传习人数很多，"盖大经，《左氏》文多于《礼记》，故多习《礼记》，不习《左氏》。中、小经，《周礼》《仪礼》《公羊》《穀梁》难于《易》《书》《诗》，故多习《易》《书》《诗》，不习《周礼》《仪礼》《公羊》《穀梁》。此所以四经殆绝也"②。虽则科举考试的体制决定了考生将更多的精力投入了理解、记诵经文和传注，而非进一步探究，考生习经的目的也在于出仕为官，而非专门研究经学，但此种学风无疑使《易经》在读书人中普及率偏高，使易学成为"百姓日用而不知"的经典，进而带动易学相关思想和理论的发展营造了坚实的基础。

宋代延续了科举制作为选拔官员的手段，这一时期，经义成为考查士人专经的主要内容之一。科举考试的影响力在宋代达到了一个新的高度，王安石变法时，为改变当时考生闭门造车、死记硬背的情况，转变文学高于经术的局面，提出"罢诗赋、帖经、墨义，士各占治《易》《诗》《书》《周礼》《礼记》一经，兼《论语》《孟子》。每试四场，初本经，次兼经，大义凡十道，次论一首，次策三道，礼部试即增二道"③。这就要求考生专力研究一经，确保考生将专研的本经理解透彻再着力于兼经，避免经旨混淆。变法还废除了考查方式局限于背诵的帖经、墨

---

① （唐）李林甫等撰，陈仲夫点校：《唐六典》卷三十《三府督护州县官吏》，中华书局，1992年版，第748页。

② （清）皮锡瑞著，周予同注释：《经学历史》，中华书局，1981年版，第210页。

③ （元）脱脱等：《宋史》卷一百五十五《选举一》，中华书局，1985年版，第3618页。

义，转而考查经义，也就是要求考生通过对儒家经典的研习和理解，展现解决现实问题的能力。也许连王安石都始料未及，这一改革在一定程度上造成了考生急功近利、专研一经、知识面狭窄的结果。叶梦得在他的笔记《石林燕语》中评论道："熙宁以前，以诗赋取士，学者无不先遍读《五经》……自改经术，人之教子者，往往便以一经授之，他经纵读，亦不能精。"① 此后，重视诗赋的文学派复起，与重视经义的经术派之间争斗不休。但无论是诗赋进士还是经义进士，考生都各有专经，必须在规定的儒家经典中选经而治，阐发经义。

（二）元明"专经试士"与程朱理学官方化

"分经试士"的倾向在元代进一步加强为"专经试士"，程朱理学成为科举考试的主要标准。《元史·选举志》称："举人宜以德行为首，试艺则以经术为先，词章次之。"② 宋时实行的经义进士、词赋进士、策论进士诸科目合而为德行明经一科，皇庆十一年颁行的科举考试程式规定：

> 汉人、南人，第一场明经经疑二问，《大学》《论语》《孟子》《中庸》内出题，并用朱氏章句集注，复以己意结之，限三百字以上。经义一道，各治一经，《诗》以朱氏为主，《尚书》以蔡氏为主，《周易》以程氏、朱氏为主，已上三经，兼用古注疏，《春秋》许用《三传》及胡氏《传》《礼记》用古注疏，限五百字以上，不拘格律。第二场古赋诏诰章表内科一道，古赋诏诰用古体，章表四六，参用古体。第三场策一道，经史时务内出题，不矜浮藻，

---

① （宋）叶梦得撰，宇文绍奕考异，侯忠义点校：《石林燕语》卷八，中华书局，1984 年版，第 115 页。
② （明）宋濂等：《元史》卷八十一《选举一·科目》，中华书局，1976 年版，第 2018 页。

惟务直述，限一千字以上成①。

由上可知，虽然古注疏仍未完全退出科考舞台，但朱熹的《周易本义》和程颐的《易传》业已正式成为士人学习《易经》的"课本"，这一标准一直持续到清末废除科举。自此，以程朱思想为核心的理学正式进入政治话语体系，"不仅成了有权利的知识话语，而且成了有知识的权利话语"②。但就经学而言，科举考试阅卷最重《四书》以及考生"各治一经"的现实，使得《五经》的总体地位相比《四书》处于相当的劣势，皮锡瑞就称，"名为明经取士，实为荒经蔑古之最⋯⋯《五经》扫地，至此而极"③。

在明朝与清代初期科举中，科举"专经试士"的形式固定下来。此时，乡试、会试、殿试的三级考试成为定制，"三年大比，以诸生试之直省，曰乡试。中式者为举人。次年，以举人试之京师，曰会试。中式者，天子亲策于廷，曰廷试，亦曰殿试。"④科举考试的范围真正辐射到了全国的一百四十个府以及一千三百余个县，以经学为重要组成部分的儒家经典在官员选拔考试、学校教育中占据了绝对的统治地位，对于社会的影响也扩展到县乡一级。洪武四年（1371）起，乡试和会试的首场都从《四书》《五经》中出题：

> 科目者，沿唐、宋之旧，而稍变其试士之法，专取四子书及《易》《书》《诗》《春秋》《礼记》五经命题试士。盖太祖与刘基所定。其文略仿宋经义，然代古人语气为之，体用排偶，谓之八股，通谓之制义⋯⋯初设科举时，初场试经义二道，《四书》义一道；

① （明）宋濂等：《元史》卷八十一《选举一·科目》，中华书局，1976 年版，第 2019 页。
② 葛兆光：《中国思想史》卷二，复旦大学出版社，2001 年版，第 392 页。
③ （清）皮锡瑞著，周予同注释：《经学历史》，中华书局，1981 年版，第 278 页。
④ （清）张廷玉等：《明史》卷七十《选举二》，中华书局，1974 年版，第 1693 页。

二场，论一道。三场，策一道……后颁科举定式，初场试《四书》义三道，经义四道。《四书》主朱子《集注》，《易》主《程传》、朱子《本义》，《书》主蔡氏《传》及古注疏，《诗》主朱子《集传》，《春秋》主左氏、公羊、穀梁三传及胡安国、张洽《传》，《礼记》主古注疏。永乐间，颁《四书五经大全》，废注疏不用①。

这时起，中古时期以来一直占据重要地位的诗赋科目不再测试，考生"各占一经"成为定式，以宋代理学为根本的永乐时期《四书五经大全》颁布之后，古注疏也废而不用。同时，以《四书》《五经》为范围、仿照宋代经义代圣人立言、以排偶为特点、讲究谋篇布局的八股制义应运而生，此后，所谓"八股取士"成为科举考试一笼统代称，其在科举中至关重要的地位可见一斑。根据明代《登科录》《进士题名碑录》《会试录》《进士等科考》等资料中的记载，总体而言，《五经》之中《诗经》最受士子青睐，以《诗经》中举的考生约占到总数的三分之一，《易经》《书经》紧随其后，各占四分之一，再次为《春秋》《礼记》。当然，在不同时期，考生选经的比例并非一成不变，以《易经》而言，考生占比总体呈现出随时间推移而不断稳定上升的趋势②。

二、清初科举考生习《易》情况

清初继承了元明"专经试士"的制度，选择《易经》作为专经的士人数量一直较多，尤其在当时较为发达的地区，选《易》举人比例相对更大。修习的人愈多，相关书目和教师愈多，学风便愈浓厚，使得《易经》影响广泛，成为"百姓日用而不知"的经典，进而为易学相关思想

---

① （清）张廷玉等：《明史》卷七十《选举二》，中华书局，1974 年版，第 1693～1694 页。
② 吴宣德、王红春：《明代会试试经考略》，《教育学报》，2011 年第 1 期，第 99～112 页。

和理论的发展奠定了坚实的基础。清初士人将明亡部分地归咎于科举考试空疏无用，通经致用成为时人的共识，实学之风掀起了一股质疑宋易的思潮，以此为基础，毛奇龄、胡渭等一批易学家开启了辨伪考证、恢复汉易的朴学易。

清代初期的科举考试主要承袭明代，由于士人可以根据自由选择专经，因而选择各经的士子人数多寡有异，其中，选择《易经》作为专经的士子比例较大，尤其在当时较为发达的地区相对更多，习《易》士子竞争更加激烈。

（一）清初科举士人选《易》情况

清代初期的科举考试主要承袭明代，设置了童试、乡试、会试、殿试的分级考试制度，并以《四书》《五经》为主要考查内容。随着社会逐渐稳定，统治者稳定社会的手段逐渐从武力镇压转向了文化与意识形态的控制。顺治二年（1645），政府举行了第一场乡试，并规定此后每三年一大比，间或行恩科录取士子：

> 嗣后，定以子午卯酉年秋八月举乡试，丑未辰戌年春二月举会试。间奉特旨开科，随时定期更为旷典……顺治初定：乡试，八月九日第一场，试《四书》义三篇、经义四篇；十二日第二场试论一篇、诏诰表内科一道、判五条；十五日第三场，试策五道……前场文字，以明理会心、不愧先程者为合式；后场，以出经入史、条对详明者为合式①。

在这其中，在明代科举考试中占据主导地位的八股文体也同样被重

---

① （清）伊桑阿等：《大清会典》卷五十二《贡举一·科举通例》，文海出版社，1993年版，第1~4页。

视、应用，科举考试"取《四子书》及《易》《书》《诗》《春秋》《礼记》五经命题，谓之制义"①。《四书》题与《五经》题虽然都在第一场中考查，但同样承袭明代的重《四书》而轻《五经》的风气实际并未改观，会试的《四书》题时而由皇帝亲自命题，而《五经》题一例由考官命题。当然，《五经》在科举考试中仍为必答题，顺治二年（1645），朝廷对之后的乡试录取举额规定，"照各直省每额中举人一名，止许取应试生儒三十名。提学考试精通三场者，方准应试"②，即按照规定，在学校的培养中取得了一定成绩，达到"精通三场"这一标准的考生，方有进入乡试选拔的资格，且"临场告改名改经者，不准行"③，这就要求考生必须在考前就定好专经，不能懈怠对自己所选专经的学习。

正是由于政府并未对士人选经做出强制规定，士人可以根据自己的条件、能力和兴趣自由选择，故而《五经》之间选择各经的人数势必会有多寡之异。清代初期科举继承了这一制度，如《称谓录》中的记载："国初乡试，士子必先陈明所习何经，其中额亦即分经取中。"④ 也就是说，考生应试前必须先确定一经作为专经，组织者需要通过事先记录考生的选经情况，在考前就确定分经录取举人的数量。此举便有利于我们对清楚举子习《易》情况进行大致了解。下表根据光绪年间修订的《钦定大清会典事例》记载，列举了顺治二年（1645）各直省乡试（清代第一场科举大考）中，录取举人数量、《易经》专经举人数量及其所占

---

① （清）赵尔巽等：《清史稿》卷一百八《选举三·文科》，中华书局，1977年版，第3147页。
② （清）伊桑阿等：《大清会典》卷五十二《贡举一·科举通例》，文海出版社，1993年版，第2页。
③ （清）伊桑阿等：《大清会典》卷五十二《贡举一·科举通例》，文海出版社，1993年版，第2页。
④ （清）梁章钜撰，冯惠民、李肇翔、杨梦东点校：《称谓录》卷二十四《经魁》，中华书局，1996年版，第372页。

比例。

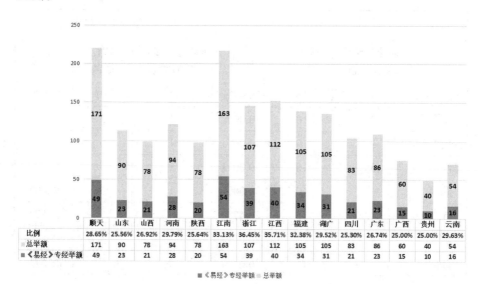

	顺天	山东	山西	河南	陕西	江南	浙江	江西	福建	湖广	四川	广东	广西	贵州	云南
比例	28.65%	25.56%	26.92%	29.79%	25.64%	33.13%	36.45%	35.71%	32.38%	29.52%	25.30%	26.74%	25.00%	25.00%	29.63%
总举额	171	90	78	94	78	163	107	112	105	105	83	86	60	40	54
■《易经》专经举额	49	23	21	28	20	54	39	40	34	31	21	23	15	10	16

■《易经》专经举额 ■总举额

表1　顺治二年（1645）乡试各直省习《易》举人录取情况表[①]

　　事实上，清代初期，专经士子数量大体按照《诗经》《易经》《书经》《春秋》《礼记》这个顺序排列，选择《易》《诗》《书》三大经的士人总比例占到了85%以上，朝廷甚至规定，"此内，《春秋》《礼记》二孤经人数若少，或不足额，仍仿往例，看某经卷多，则加某经"[②]。由表1可见，清代初期，选择《易经》作为专经的士子比例在各直省虽有差别，但大体浮动在25%～37%这个区间里，超过了均值的20%。此后，每隔一段时间，各省乡试举额都会做出一定调整，大多数是增加。这些增加的举额也是按照一定的比例分经录取，如顺治八年（1651）、顺治十一年（1654），各直省增加的举额如表2所示：

---

① （清）昆冈等：《钦定大清会典事例》卷三百四十八《贡举·乡试中额》，清光绪内府抄本，第3页。

② （清）昆冈等：《钦定大清会典事例》卷三百四十八《贡举·乡试中额》，清光绪内府抄本，第4页。

表2　顺治八年（1651）、顺治十一年（1654）各直省增加举额情况①

	顺治八年			顺治十一年		
	《易经》专经增加举额	总增加举额	比例	《易经》专经增加举额	总增加举额	比例
顺天	4	15	26.67%	3	10	30.00%
山东	3	10	30.00%	1	5	20.00%
山西	3	10	30.00%	1	5	20.00%
河南	3	10	30.00%	1	5	20.00%
陕西	3	10	30.00%	1	5	20.00%
江南	4	15	26.67%	2	7	28.57%
浙江	4	15	26.67%	2	7	28.57%
江西	4	15	26.67%	2	7	28.57%
福建	4	15	26.67%	2	7	28.57%
湖广	4	15	26.67%	2	7	28.57%
四川	3	10	30.00%	1	5	20.00%
广东	3	10	30.00%	1	5	20.00%
广西	1	5	20.00%	0		
贵州	0			0		
云南	0			0		
合计	43	155	27.74%	19	75	25.33%

此外，顺治十一年（1654）后又多次增加举额，但各经录取比例大致与这两次情况相仿。由表可知，清初在第一次确定各直省举额之后，再行增加的举额对习《易》士子录取的比例大体呈现下降的趋势，但仍维持在四分之一以上。

---

① （清）昆冈等：《钦定大清会典事例》卷三百四十八《贡举·乡试中额》，清光绪内府抄本，第3~10页。

（二）士人选《易》缘由试析

那么，习《易》士子何以占据如此大的比例呢？艾尔曼在《中华帝国晚期的科举文化史》一书中尝试对此作出解释，他认为，《易经》和《书经》自从明代以来就受到士子长期的欢迎，是因为这两部经最短。根据宫崎市定和艾尔曼的统计，《五经》字数情况如表 3 所示：

表 3　清代科举考试要求《五经》字数表①

		字数
《易经》		24107
《诗经》		39234
《尚书》		25700
《春秋》	本经	11705
	《左传》	196845
	《公羊传》	44075
	《穀梁传》	41512
《礼记》（包括《大学》《中庸》）		99010

由上，《易经》仅不到两万五千字，经传字数为《五经》中最少。《春秋》本经虽仅有一万余字，但明清的科举考试不再像唐代那样将《左传》《公羊传》《穀梁传》三传分开考查，同时在这种情况下，其传注的体量也相当可观。

考生的选择倾向一定程度上影响了经文体量的大小，但其他的影响因素也需要考虑在内。习《易》士子数量之多，与《易经》在儒家文化中的重要地位也有千丝万缕的联系。《四库全书总目提要》概括了易学所包含的内容："易道广大，无所不包，旁及天文、地理、乐律、兵法、韵学、算术，以逮方外之炉火，皆可援易以为说，而好易者又援以入

---

① ［日］宫崎市定著，宋宇航译：《科举》，浙江大学出版社，2018 年版，第 294～297 页。
　　［美］Benjamin A. Elman, *A Cultural History of Civil Examinations in Late Imperial China.* University of California Press, 2000: 283.

易，故易说至繁。"①《易经》作为在所有目录用书中都被置于最前的儒家经典，既包含了古人维护统治、治理国家、安定社会的智慧，又与其他各种学问之间触类旁通，学《易》尤为仁者见仁，学者从中获取的信息各异，又各自为用。《易经》行文古奥，内容和道理却又与生活最为贴近，不仅可以被统治者援引，普通士人在生活中也很容易从中获得哲思和启发。此书同时集权威与亲和为一体，自然受到士子的热衷。

除此之外，士人选经与地域关系密切。在当时文化、教育较为发达的地区，如江南、浙江、江西、福建等地，《易经》举额占总举额的比例都在 30% 以上，浙江甚至超过了 36%，在这些地方，选《易》的士人比例相当之大。在江南、浙江、江西三省中，习《易》举人的录取数都超过了习《诗》举人。与习《书》举人相比，习《易》举人数仅在广西一省落入下风。仅从数据来看，经济的发达与士人习《易》的趋势呈现正相关。士人习《易》、解《易》的书籍尤为浩繁，越是在印刷出版、商品流通的发达的地区，在正统教材之外，士人能观览到不同种类的易学著作就越多，但这种流通又不是全国性的，于是，这种尤为壮观的习《易》热潮便出现在了江浙等地。

士人选经还受到家族、师承的影响。如乾隆十三年（1748）戊辰科会试习《易》考生毛绍睿，其族曾叔伯祖即为著名易学家毛奇龄，其曾祖毛际可为顺治戊戌科进士，有《易经》文稿流传于时，可谓出身习《易》世家②。修习的人愈多，相关书目和教师愈多，学风便愈浓厚。可以推测，如果不加任何控制，科举考场势必几乎完全为《易》《诗》《书》三经所占据（科举考试考查的经书由唐代的《十三经》缩减为《五经》，或就与此有关）。在这种可能的趋势下，统治者为了不荒废《春秋》《礼记》的传播和传承，对此二经略颁了一些"优惠性政策"，如乡会试的

① （清）永瑢等：《四库全书总目》卷一《经部一·易类一》，中华书局，1965 年版，第 1 页。
② 顾廷龙主编：《清代朱卷集成》第三册，成文出版社，1992 年版，第 202 页。

前五名必定由《五经》分摊，称为"五经魁"①，其用意就在于鼓励士人不废学习《春秋》《礼记》。

（三）经房阅卷之弊端

考试过程中，考场的官吏会将试卷分发到对应的考生手中，按照不同的专经分别出题、收卷，再由同考官分经房阅卷。顺治十五年（1658），朝廷对会试同考官分房规定："会试同考官十有八人，内《易经》《诗经》各五房，《书经》四房，《春秋》《礼记》各二房。"②乡试与会试规定相仿，不过，因为考生数量的多寡、专经比例不同，安排的经房数量有所不同，并且会随时调整。乾隆三年（1738）确定的各直省同考官数量、专门批阅习《易》士子试卷的同考官数量如表4所示：

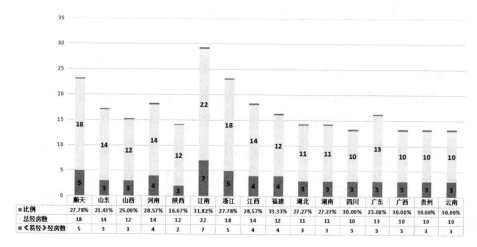

	顺天	山东	山西	河南	陕西	江南	浙江	江西	福建	湖北	湖南	四川	广东	广西	贵州	云南
比例	27.78%	21.43%	25.00%	28.57%	16.67%	31.82%	27.78%	28.57%	33.33%	27.27%	27.27%	30.00%	23.08%	30.00%	30.00%	30.00%
总经房数	18	14	12	14	12	22	18	14	12	11	11	10	13	10	10	10
《易经》经房数	5	3	3	4	2	7	5	4	4	3	3	3	3	3	3	3

■《易经》经房数 ■ 总经房数

表4　乾隆三年（1738）乡试各直省《易经》经房情况表③

---

① （清）梁章钜撰，冯惠民、李肇翔、杨梦东点校：《称谓录》卷二十四《经魁》，中华书局，1996年版，第372页。

② （清）张廷玉等纂修：《钦定大清会典则例》卷六十六《礼部·贡举上》，清乾隆内府刻本，第21页。

③ （清）张廷玉等纂修：《钦定大清会典则例》卷六十六《礼部·贡举上》，清乾隆内府刻本，第22页。

比起各直省举额，经房数目较小，比例误差较大，与考生选经比例不完全匹配。如广西、贵州、云南因考生数量少，经房划分相当粗放。而在浙江、江西等习《易》之风较为兴盛的地区，《易经》经房所占比例反而不高。总体而言，当年乡试《易经》经房数为 58 房，占全体经房的 27.49%，略低于选《易》士子比例。在阅卷时，《易》经经房比例与选《易》士人比例乍看相差不大，但"各经卷多者，一房阅至数百卷，甚且多至千卷，其卷少者，一房止阅一二百卷，校阅多寡，亦太觉悬殊，办理未为尽善"①。掣签分经校阅考卷，本是为了防止舞弊，但如此一来，每房同考官要阅卷数百上千份，《春秋》《礼记》等经一房或仅一二百卷。这样一来，《易》《诗》等经的考官面临的阅卷压力更大，考官批阅容易草率，且时而因为本房录取举额已满，即便仍有人才也加以黜落②，使得习《易》士子竞争更加激烈。

乾隆年间，为尽量保证使科举考试的公平性，朝廷对分经阅卷一再加以规定和限制。如乾隆十五年（1750）规定："一经之内，房考有籍系同省者，令主考官临时酌量对调，阅看他经，亦或厘剔弊端之一道。"③乾隆三十三年（1768）又规定了同考官"一体掣签"④，避免某房考官提前确定，滋生舞弊。乾隆四十二年（1777）规定，自当年起，"乡会同考试官，俱不必拘泥《五经》分房，如房考官十人，卷五千本，则每房各阅五百本，均匀分派，其每经分中卷数，仍照原额。如此各房通看，即欲呈送关节，势不能遍送多人，于防范更为周密，而各房考均

---

① 《高宗纯皇帝实录》卷一千三十，乾隆四十二年四月，《清实录》，中华书局，1985 年版，第 16 页。

② 《世宗宪皇帝实录》卷八十七，雍正七年十月，《清实录》，中华书局，1985 年版，第 34～35 页。

③ （清）托津等奉敕纂：《钦定大清会典事例》卷二百六十八，文海出版社，1992 年版，第 10～11 页。

④ 《高宗纯皇帝实录》卷八百一十五，乾隆三十三年七月，中华书局，1985 年版，第 16 页。

匀派阅，亦不虑多寡相悬，致滋草率之弊"①。分经房阅卷至此取消，其主要目的在于防范科举考试中的舞弊，使考生无法判断阅卷考官的身份，从而防范其买通考官求取功名。这一规定的前提条件是"房考官同系科甲出身，谅无不能阅看他经之理"②，对考官通览《五经》提出了较高要求，这已经在意识、舆论上为十年后的"《五经》并试"开启了先路。

三、清初科举敦崇实学与朴学易的兴起

在清初分经取士时期，习《易经》的士子数量虽多，从客观上促进了易学的传播和普及，但是从质量和引导趋势上来看，其对易学本身的发展起到何种影响尚待考量。

（一）科举与易学的传布和发展

根据《四库全书总目提要》所载，清代易见的明代有确定作者的易类书目作者共计150人，作品被收入《四库全书》的有23人，包括进士15人、举人3人、国子监生1人、贡生1人③；被收入易类存目的作品作者127人，包括进士66人、举人23人、贡生6人④。即在这些作者中，进入科举考试体系，参与相关教育培训的共有115人，占到了全部作者的76%。而其余人中，还有相当一部分因身处明清之际的大乱局而选择不入仕，或可以认为，太平年代这一比例还会更高。《四库全书》收录清前中期易类著作作者参加科举的情况如表5所示：

---

① 《高宗纯皇帝实录》卷一千三十，乾隆四十二年四月，中华书局，1985年版，第52页。
② 《高宗纯皇帝实录》卷一千三十，乾隆四十二年四月，中华书局，1985年版，第52页。
③ （清）永瑢等：《四库全书总目》卷六《经部五·易类五》，中华书局，1965年版，第24～33页。
④ （清）永瑢等：《四库全书总目》卷六《经部六·易类六》，中华书局，1965年版，第50～70页。

表5　清代前期收入《四库全书》易类著作及作者参加科举情况表①

《读易大旨》	孙奇逢	明万历庚子举人
《周易稗疏》	王夫之	明崇祯壬午举人
《易酌》	刁包	明天启辛卯举人
《田间易学》	钱澄之	
《易学象数论》	黄宗羲	
《周易象辞》	黄宗炎	
《周易筮述》	王宏	康熙己未举荐博学鸿词
《仲氏易》《推易始末》《春秋占筮书》《易小帖》	毛奇龄	康熙己未举荐博学鸿词
《乔氏易俟》	乔莱	康熙己未举荐博学鸿词
《读易日钞》	张烈	康熙庚戌进士
《周易通论》《周易观象》	李光地	康熙庚戌进士
《周易浅述》	陈梦雷	顺治己丑进士
《易原就正》	包仪	拔贡生
《大易通解》	魏荔彤	
《易经衷论》	张英	康熙丁未进士
《易图明辨》	胡渭	
《合订删补大易集义粹言》	纳兰性德编	康熙丙辰进士
《周易传注》	李塨	康熙庚午举人
《周易札记》	杨名时	康熙辛未进士
《周易传义合订》	朱轼	康熙甲戌进士
《周易玩辞集解》	查慎行	康熙癸未进士
《易说》	惠士奇	康熙己丑进士
《周易函书约存、约注、别集》	胡煦	康熙壬辰进士
《易笺》	陈法	康熙癸巳进士
《楚蒙山房易经解》	晏斯盛	康熙辛丑进士

---

① （清）永瑢等：《四库全书总目》卷六《经部六·易类六》，中华书局，1965年版，第35～43页。

续表

《周易孔义集说》	沈起元	康熙辛丑进士
《易翼述信》	王又朴	雍正癸卯进士
《周易浅释》	潘思渠	雍正甲辰进士
《周易洗心》	任启运	雍正癸丑进士

由此可见，完成于清代前中期、流传广泛、影响较大、质量较佳的易学著作，其作者大多数都参加过科举考试，并且从中脱颖而出，基本都获得了进士身份。一方面，通过科举考试选拔进入仕途的士子，尤其进士，大多能进入国家行政体系的核心层次，在家乡乃至全国的声望和影响力大大提高，他们的作文水平、儒学造诣总体而言也处于较高水平，著述更容易广泛流传并保存至后世，从而将自己对《易经》的领悟和解读传布给更多士子。另一方面，科举考试《五经》义的出题和判卷都遵照规定，《易》以朱子《本义》和《程传》为标准，经过这样的教育和培养，尤其这些高中的士人对八股文的写作和官方标准经义的理解格外纯熟，他们很难真正完全跳出种种框架，审视自己的所学。按照这种趋势，学风的固化在所难免。

但是，既有"仲尼厄而作春秋"，明清易代，兵戈凌乱、政治崩溃，社会极度动荡之际，思想界亦经历了一次革故鼎新。明代科举定制近三百年，其目的实在于选拔能维护统治、写作行政公文的政治人才，而非精心学术的经学家。正因如此，士子习经的终极目标也就在于能够胜任官吏的职责，而非仅仅精通经传注疏。理想的八股文写作对士子的要求相当之高，"第一要识得道理透彻，第二要识得经文本旨分晓，第三要识得古今治乱安危之大体"[1]。但是在实践中，真正能达到此等要求的士子显然是少数，于是，相当部分的考生致力于猜题，投机取巧而应

---

① （清）永瑢等：《四库全书总目》卷一百九十六《诗文评类二·〈作义要诀〉一卷》，中华书局，1965年版，第1791页。

试，结果造成士子"不务实学"。结果导致学风越来越僵硬、空疏。士人既然将儒家经典供为指导生产生活、政治运作的不易之典，"政教之原"，思想文化界自然就将明政府的失败崩溃归咎于经典解释与运用的疏漏错误，于是，明末流行的王学被打翻在地、一夕倾覆，八股取士也一再被反思。在这样的环境下，无论是以皇帝为首的统治者，还是以诸前明遗老为代表的在野士人，都开始寻求《易》义新的规范。

（二）明清鼎革与实学之风

明鉴在前，清初文化界的主流是崇尚实学之用、革除虚浮之气，这很快就反映在科举考试中。康熙年中叶起，敦教化、务学术开始成为皇帝和朝廷关心的问题，殿试制策题反复就此问题展开讨论：

> 康熙二十七年（1688）：教化之不兴，以凡为士者，从事虚名，而未敦实学也[①]。
>
> 康熙三十年（1691）：念经术所系，涵养德性，兴起事功，必讲贯淹通，始可措诸实用。汉唐之笺疏，宋儒之训诂，繁简得失，义蕴精微，可得而悉指欤？[②]
>
> 康熙四十八年（1709）：国家养士，期于实用，文词非所重也……欲令士皆穷理达物，以收明体达用之效，何道而可？[③]

国家尚文教、崇经术、养士人，用意在于"实用"，也即"穷理达物""明体达用"，明养德行、见诸行事，在实践生活中践行道德，有功

---

① 语出清康熙二十七年（1688）戊辰科殿试策问，收录于邓洪波、龚抗云编著：《中国状元殿试卷大全》（下册），上海教育出版社，2006年版，第1424页。

② 语出清康熙三十年（1691）辛未科殿试策问，收录于邓洪波、龚抗云编著：《中国状元殿试卷大全》（下册），上海教育出版社，2006年版，第1430页。

③ 语出清康熙四十八年（1709）己丑科殿试策问，收录于邓洪波、龚抗云编著：《中国状元殿试卷大全》（下册），上海教育出版社，2006年版，第1469页。

于社会安定和发展。要做到这一点，就必须要首先贯通经史，至于浮于文词、讲求虚名，则有害于教化实学。因此，满清政府非常重视经义的传播，顺治年间康熙年间后期，朝廷陆续颁布了多部由儒臣选择编纂、皇帝亲自裁定的"御纂"书籍，代表着思想文化的官方规范。其中就包括了《御纂四经》，即《御纂周易折中》《钦定诗经传说汇纂》《钦定书经传说汇纂》《钦定春秋传说汇纂》，意在"颁行儒宫，以为士子仿模规范"①。朝廷还对学校和各书院教授的内容作出规定："其资质强者，且令先工八股，穷究专经，然后徐及余经，以及史学、治术、对偶声律。"②要求士子把最多的精力放在攻学专经上。在明代，《易经》的科举"教科书"是永乐年间编纂而成的《易经大全》，此书"止就前儒之成编，一加抄录，而去其名……《易》则天台鄱阳二董氏、双湖云峰二胡氏。于诸书外全未寓目，所谓'大全'，乃至不全之书也"③。风评驳杂，被认为成书草率。有此前作，《御纂周易折中》应运而生。《折中》是康熙御纂经书中的第一部，其编纂工作由李光地主持。此书能够问世，与康熙帝对《周易》的热衷息息相关。康熙亲自撰写了《折中》一书的《序言》《凡例》，书中还收录了皇帝对朱熹《易学启蒙》一书的读后感，即《〈启蒙〉符论》，他在《凡例》中言道：

> 今案易学当以朱子为主，故列《本义》于先，而经传次第，则亦悉依《本义》原本，庶学者由是以复见古经，不至习近而忘本也……列《朱义》于前者，易之本义，朱子独得也。《程传》次之者，易之义理，程子为详也……今经传之说，先以《本义》为主，

---

① （清）昭梿撰，何英芳点校：《啸亭续录》卷一《本朝钦定诸书》，中华书局，1980年版，第400页。

② （清）昆冈等：《钦定大清会典事例》卷三百九十五《学校·各省书院》，清光绪内府抄本，第5页。

③ （清）朱彝尊：《经义考》卷四十九《易》，中华书局，1998年版，第272页。

> 其与《程传》不合者，则稍为折中其异同之致……况《易》则程以
> 为圣人说理之书，而朱以为圣人卜筮之教，其指趣已自不同矣①。

可见，此书所"折中"的其实是程、朱的易学思想，也就是"说理之书"和"卜筮之教"的分歧。《御纂周易折中》一经颁发，毫无疑问马上成为官学的教材，并且为官方反复敦促多行印刷，供士子抄送，以广流传②。其所推崇的程朱易学进而成为全国士人易学智识的主流。不过《折中》一书虽然以宋易作为蓝本，倒也并未全然摒弃汉唐易学家的易说，为此后官方易学稍变留下了转圜的余地。

而在民间，这股敦崇实学、提倡通经博史的学风进一步掀起了质疑宋学的思潮。如上表所示，前明遗老如孙奇逢、王夫之等人所取得的功名仅是举人，这是因为他们通过乡试之后没有等到参加明政府举办的会试的机会，而黄宗羲、黄宗炎兄弟则因为父亲黄尊素遇害等种种原因没有参加科举考试，可以推测，他们所接受的教育都使他们为科考出仕做足了准备。然而，天崩地解、国破家亡的现实打乱了他们原本也许顺遂的科举入仕的计划，转而走向精研经义、著书立说。黄宗炎记录下了黄宗羲在这一时期的心路历程："先生归，益肆力于学，经史百家，无所不窥，愤科举之学锢人思所以变之。"③ 黄宗羲、顾炎武等人俱是通经史的大家，影响力遍及整个文化界。清代学者评价这股思潮称："有明一代，囿于性理，汩于制义，无一人知读古经注疏者，自梨洲起而振起颓波，亭林继之，于是承学之士知习古经义。"④ 在易学方面，这一变的结

---

① （清）李光地著，刘大钧整理：《康熙御纂周易折中·御制周易折中凡例》，巴蜀书社，2013年版，第1~2页。
② （清）素尔纳等纂修，沈云龙主编：《钦定学政全书》卷四《颁发书籍》，《近代中国史料丛刊》第三十辑，文海出版社，1968年版，第11~12页。
③ （清）黄炳垕撰，王政尧点校：《黄宗羲年谱》附录《黄梨洲先生事略》，中华书局，1993年版，第126页。
④ （清）江藩著，钟哲整理：《国朝汉学师承记》卷八《顾炎武》，中华书局，1983年版，第132页。

果就是以考据辨伪见长、倡导复古尊经的朴学易的肇兴。黄宗羲作《易学象数论》，根据经传原文，将河图和洛书与《周易》剥离开来，他认为此二者既不见于经传，应当是穿凿附会之说①。黄宗炎重视训诂，他的《周易象辞》等著作进一步对宋儒的太极图、先天图等图书易学进行了打击，归之为道家的养生之术，与易道无关②。黄氏兄弟的研究开创了辨伪的风气，客观上动摇了兼采义理、相数的朱熹易学的权威。相比之下，在还原经传原文原义这方面，顾炎武似乎没有黄氏走得那样远，虽然他也反对图书易学，却又对朱熹在《周易本义》中订正《周易》版本、厘正经传的举措评价颇高③。毛奇龄援引以《春秋》为主的诸经以证《易》解《易》，他"申明汉儒之经，使儒者不敢以空言说经"④。清初易学的考证辨伪思潮在胡渭手中进行得最为彻底，《易图明辨》一书"专为辨定图书而作"⑤，再次确认了"伏羲八卦方位图"等宋易赖以为本的图书原出自于道家，"以《易》还诸羲、文、周、孔，以《图》还诸陈、邵，并不为过情之抨击，而宋学已受'致命伤'"⑥，彻底破坏了朱熹《周易本义》经传前的九图立足于《易经》的根基，甚而破坏了宋儒讨论的"无极""太极"、理气心性这些核心内容。

清代初期科举制度继承元明实行"专经试士"，选《易》的士子相对较多，为易学的传播和发展提供了较好的士人基础。在反思明末科举与经学浮于文词、讲求虚名的浪潮下，清初易学展开为追求义理的宋易和重视考据辨伪的朴学易两个方向。清初的朴学易开启了引经据典的辨

① （清）黄宗羲撰，郑万耕点校：《易学象数论》（外二种），中华书局，2013 年版，第 11 页。

② （清）黄宗炎撰，郑万耕点校：《易学辨惑》，《易学象数论》（外二种），中华书局，2013 年版，第 428 页。

③ 林忠军：《论顾炎武易学思想与清代易学转向》，《东岳论丛》，2012 年第 6 期，第 5～9 页。

④ （清）永瑢等：《四库全书总目》卷六《经部六·易类六》，中华书局，1965 年版，第 38 页。

⑤ （清）永瑢等：《四库全书总目》卷六《经部六·易类六》，中华书局，1965 年版，第 39 页。

⑥ 梁启超：《清代学术概论》，上海古籍出版社，1998 年版，第 15 页。

伪、训诂、考证的先河，但必须看到的是，以上这些易学家，除了毛奇龄应召博学鸿词科入馆修《明史》，其他人都完全放弃了科举入仕。而其他科举出身的作者，包括遗老孙奇逢、王夫之，后学则以胡煦为代表，他们的著述则仍以大多朱子《本义》为宗，或观象读图，或进一步阐发义理。比起程朱易学，此时朴学易在普通士人中的影响力仍比较有限。

四、结　语

科举制度自隋唐始建，至 1905 年最终废止，一千三百余年间，《易经》始终是其重要的考查内容，科举制度也就成了统治者引导士人习《易》的手段之一，在清代，二者联系更加密切，清代易学学术的发展动向与科举制变革在一定程度上互相牵动、互相影响。

通过梳理清代科举制度变革与易学学术发展的关系，可以发现，一方面，《易经》"为普通中国读书人所熟知，经学得以不断传承和繁衍，很大程度上得力于科举制的倡导利诱"[1]，清代易学在总结和反思前人成果的基础上提升和发展，一方面受惠于官方的推广，科举制度的变革也使得其影响更加广泛，同时，学术的发展也在一定程度上受到官方思想的限制。另一方面，"地方精英与朝廷不断地向主管部门反馈，以促进其检视和调整传统经学课程，并乐于为改进科举系统提出新的方法以考选文官"[2]，易学学术的发展状况也在科举考试中体现，影响着整个经学的发展，并进一步推动了科举的考试制度、标准、命题判卷等种种方面的变革。

作者单位：天津人民出版社

---

[1] 刘海峰：《科举制与儒学的传承和繁衍》，《中国地质大学学报》（社科版），2009 年第 1 期，第 7 页。

[2] ［美］本杰明·艾尔曼：《中华帝国后期的科举制度》，《厦门大学学报》（哲学社会科学版），2005 年第 6 期，第 5 页。

中国古代文论教材中的《周易》研究*

胡　辉

摘要：《周易》是中国文化之源、美学之根、文艺理论之源，也是在先秦典籍中对文艺理论影响最大的作品之一。通过系统梳理自 20 世纪 80 年代以来，中国古代文论教材中论述《周易》的内容可知，《周易》的天人合一思想、阴阳观念、通变至久、修辞立诚等在教材中得到重点呈现，而《周易》的"文""文辞""观""神""感"的文论思想也有不同程度的论述，由此可以见出《周易》不仅是中国文论的哲学基础，也是中国古代文论教材编纂的重要内容，更为重要的是《周易》在中国古代文论教学中对于形成学生健全人格，培养和提升学生审美鉴赏力、语言建构能力，以及改变中国文论面对西方文论时的"失语"状态，均有不可估量的价值。

关键词：中国文论　教材　《周易》

中国古代文论（亦称"中国文学批评史"或"中国文论"）学科的建设迄今刚刚走完一个多世纪的历程，是 1840 年"鸦片战争"以来，在"西学东渐"的浪潮中，学习西方现代化教育制度背景下产生的，已有 180 余年的历史。中国古代文论学科的创建以及完成由古典形态向现代形态的转变，与近代学制密不可分。这一课程最初的萌芽来源于清政府于 1898 年创办京师大学堂，并在 1904 年颁布《奏定大学堂章程》中明确规定"文学科"里专设"中国文学门"，需修"主课"七类文学研究法，包括：说文学、音韵学、历代文章流别、历代名家论文要言、周秦至今文章名家、周秦传记杂史、周秦诸子①。1927 年陈钟凡先生的《中国文学批评史》问世，成为中国文学批评史这一学科确立的标志和起点，由此中国古代文论作为一门课程、一种著述体例以及一种知识体系，便在中国学界落地生根了。

中国古代文论作为一个学术领域，从成为独立学科以来，教材建设是重要组成部分，一向为学者所重视。值得关注的是，《周易》作为中国古代文论的主要哲学基础②，在众多中国古代文论教材中有不少论述《周易》的章节，这些都是《周易》研究的重要成果。在这些教材中，对《周易》的介绍虽详略不同，但都比较全面系统。令人遗憾的是有关中国古代文论教材中的《周易》研究却鲜有人论及，因此，本文以若干套影响力比较大的中国古代文论教材中的《周易》书写为研究对象，考察教材如何认识、书写《周易》的文论思想，以期对中国古代文论与《周易》的交叉研究有所开拓。

一、中国古代文论教材演进略说

大学历来是学科建设的重镇，"最早在大学课堂讲授文学批评史的是陈钟凡、郭绍虞、罗根泽、朱东润，他们的讲义经过修改、传播与阅读逐渐成为经典著作，并奠定了他们在学科史上的重要地位"③。由此可见，古代文论学科体系的建设从起步伊始，就以大学教学为基地。

---

① 舒新城编：《中国近代教育史资料》（中），人民教育出版社，1981 年版，第 589～590 页。
② 详参孙老虎：《易道：中国古代文论的哲学基础》，《周易研究》，2003 年第 6 期。
③ 王波：《课程与讲义：中国文学批评史学科之建立》，《汉语言文学研究》，2016 年第 2 期，第 33 页。

因中国古代文论进入大学课程，出于教学需要，一批学者开始编写讲义，其中一些重要的讲义经修改、刊印成为著作，但前身大都为著者大学课程的讲稿。有研究者指出："这一学科的发生、著作的出版并不是静止的时间点而是一个动态的过程。"① 中国古代文论的教材建设就恰恰体现了这个"动态的过程"，一方面是经过一大批勤奋而又精进的学者在此领域的深耕，已然硕果累累，另一方面是大学本科教学对中国古代文论教材的"催生"作用②。至2008年就有研究者指出改革开放以来"中国古代文论教材建设成果丰硕，截至目前，已出版的各类教材总计达59部（包括配套教材）。这59部教材，除郭绍虞的《中国文学批评史》，王运熙、顾易生的《中国文学批评史》上册，黄海章的《中国文学批评简史》（增订本）是前一时期曾经出版，而在这一时期重新出版，以及敏泽的《中国文学批评史》撰著于前一时期，在这一时期出版以外，其余的都是这一时期新撰著新出版的。这59部教材，当然也有在本时期出版又在本时期修订再版的，但不管怎么说，59部的成

① 王波：《课程与讲义：中国文学批评史学科之建立》，《汉语言文学研究》，2016年第2期，第40页。

② 徐正英、徐翠先曾撰文指出，自1927年陈钟凡的《中国文学批评史》问世、现代中国文学批评史学科正式形成以来，国内陆续出版了几百种中国文学批评史著作，表明了本学科的繁荣。其中较重要的通史性著作两卷本《中国文学批评史》（1934、1947）、罗根泽《中国文学批评史》前三册，1934、1947、1962）、方孝岳《中国文学批评》（1934）、朱东润《中国文学批评史大纲》（1944）、黄海章《中国文学批评简史》（1962）、刘大杰主编《中国文学批评史》（1964）、王运熙主编三卷本《中国文学批评史》（1979、1981、1985）、敏泽两卷本《中国文学理论批评史》（1981）、周勋初《中国文学批评小史》（1981）、蔡钟翔等五卷本《中国文学理论史》（1987）、王运熙等七卷本《中国文学批评通史》（1989~1996）、张少康两卷本《中国文学理论批评发展史》（1995）等。值得注意的是，除七卷本外其余无一不是大学本科教学催生的教材。其中王运熙先生主编的三卷本《中国文学批评史》二十多年来一直被教育部列为全国通用教材和郭绍虞先生主编的四卷本《中国历代文论选》配套使用。到目前为止，这两部配套教材无疑仍是现行教材中最权威的。可详参徐正英、徐翠先：《中国文学批评史课堂教学及统编教材修订问题琐议》，《忻州师范学院学报》，2001年第5期。

绩，应该说成果是非常丰硕的"①。2013 年有研究表明："'中国文学批评史'在高校开设80余年来，取得了累累硕果，先后涌现出各种教材60余种。各种学术专著更如雨后春笋，各高校纷纷设置博士点（或方向）。随着文论课程体系的改革，古代文学批评成为强化学生基础知识、弥补完善文论之'古代'版块的主干课程之一。"②李建中先生对中国古代文论著作的百年荏苒及繁荣景象的精彩勾勒，平理若衡，值得关注③。

二、中国古代文论教材涉及《周易》内容览说

"《周易》不仅是中国文化之源，同时也被视为中国美学之根和中国文艺理论之源。"④并且"在先秦古籍中，除了儒、道两家著作之外，对文艺理论影响最大的就是《周易》"⑤。20 世纪80 年代以来，中国古代文论教材中无论是"侧重讲解古代文论作品"，还是"系统地讲解古代文论理论"⑥，《周易》都是绕不过去的高峰，下文就以表格形式，呈现自20 世纪80 年代以来中国古代文论教材中论述《周易》的大致样貌。

---

① 黄毅：《新时期古代文论教材的编写与出版》，《昆明学院学报》，2008 年第3 期，第140 页。
② 邓心强：《中国文学批评史教学漫议·教师与课堂篇》，《中国大学教学》，2013 年第9 期，第65 页。
③ 详参李建中总主编：《中国文学批评史》，武汉大学出版社，2015 年版，总序第1 页。
④ 陈丽丽：《〈周易〉对中国古代审美意识的影响》，《中国文学批评》，2017 年第1 期，第61 页。
⑤ 成复旺：《新编中国文学理论史》，中国人民大学出版社，2010 年版，第40 页。
⑥ 邓心强：《中国文学批评史教学漫议·教师与课堂篇》，《中国大学教学》，2013 年第9 期，第65 页。

（一）中国古代文论教材论《周易》相关内容①：

序号	著作名称	作者/编者	出版社出版时间版次	《周易》相关章节	主要内容	页码起止
1	《中国古代文学理论名著探索》	赵盛德主编	广西师范大学出版社/1989年版	第一编先秦时期的文学理论/文论概说/4.立象尽意，以小见大——《周易》中形象与典型思想试探	文学的形象与典型。	37~47
2	《中国文学理论批评史》（上）	敏泽著	吉林教育出版社/1993年版	先秦时期/第一章孔子、孟子及荀子等/第二节孟子、荀子及《易传》的文学观/三、《易传》	文的产生、象与辞、意与象。	68~73
3	《中国古代文论教程》	蒋凡，郁沅主编	中国书籍出版社/1994年版	第一章　先秦两汉文学理论/第二节《周易》	1.阴阳之道；2.观物取象；3.通变入神；4.中和之美；5.观生观民；6.情见乎辞；7.言意之辨；8.言语枢机；9.称名取类；10.贲饰尚素。	34~43
4	《中国文论要略》	吴枝培著	南京大学出版社/1994年版	思潮篇/第一章先秦：古代文论的萌芽期/四　文学思想之借鉴/（四）《易传》论言辞	《易传》中关于言辞的意见。	26~28
5	《中国文学理论批评发展史》（上卷）	张少康，刘三富著	北京大学出版社/1995年版	第一编　先秦时期/第四章　先秦百家争鸣中的其他重要文学思想流派/第三节《易传》文学观的特色	1."象"与"物"的关系；2.阳刚与阴柔；3.发展变化的观念；4."修辞立其诚"。	91~96

---

① 这里笔者需要说明的是本文选录的标准问题：第一，文中只录入标明用作教材，或在书的前言、后记中有说明用作教材的著作（另外，敏泽的《中国文学批评史》由于曾被广泛用作教材，故一并收录）；第二，只录入对《周易》单独成节进行研究的教材；第三，个别单独出版、用作中国古代文论辅助教材作品选，其中选录了《周易》内容，也一并列入，末尾加了星号，以示区别；第四，这里录入教材以第1版为主，少数重要教亦录入第2版或新1版；第五，排列以出版时间为序。

续表

序号	著作名称	作者/编者	出版社出版时间版次	《周易》相关章节	主要内容	页码起止
6	《中国历代文论精品》*	张少康主编	时代文艺出版社/1995年版	先秦/《周易》选录	《乾·文言》《系辞上》《系辞下》。	49～52
7	《中国古代文学批评史》	蔡镇楚著	岳麓书社/1999年版	第二章 大辂椎轮：先秦文学思想与文学批评/第八节 《周易》与中国文学批评	1.阴阳之道；2.刚柔关系；3.尚"变"；4.意象；5.文言；6.《周易》的生命哲学与中国古代文论的生命意识。	82～93
8	《中国文学批评史新编》（上册）	王运熙、顾易生主编	复旦大学出版社/2001年版	第一章 先秦的文学批评/第二节 孔子（附《易传》）	1.言与辞；2.言与意；3.《易传》哲学观点对后世文学批评的影响。	18～21
9	《中国文学批评史》（上册）	王运熙、顾易生主编	上海古籍出版社/2002年版	第一编 先秦两汉/第一章 先秦的文学批评/第二节 孔子/《易传》所表现的文学观	1.言辞的作用及社会影响；2.文字的起源问题。	20～21
10	《中国古代文论》	李建中主编	华中师范大学出版社/2002年版	先秦文论/《易传》儒道兼综的文论思想	1.象与意；2.阳刚与阴柔；3.神与通其变。	45～49
11	《中国文学理论史简编》	成复旺著	中国人民大学出版社/2004年版	第一章 中国文学理论的萌芽与典籍——先秦两汉/第四节 其他先秦诸子与《周易》	1.《周易》的构成与思想；2.《周易》与文学有关的几个问题："文""感""言·象·意及其他"。	52～57
12	《中国古代文论教程》	蒋凡，郁源主编	中华书局/2005年版	第一章 先秦两汉文学理论/第二节 《周易》	1.阴阳之道；2.观物取象；3.通变入神；4.中和之美；5.观生观民；6.情见乎辞；7.言意之辨；8.言语枢机；9.称名取类；10.贲饰尚素。	16～22

序号	著作名称	作者/编者	出版社出版时间版次	《周易》相关章节	主要内容	页码起止
13	《中国文学理论批评史》（上）	张少康著	北京大学出版社/2005年版	第一编 中国文学理论批评的萌芽和产生/第四章 先秦百家争鸣中的其他重要文学思想流派/第三节 《易传》文学观的特色	1."象"与"物"的关系；2.阳刚与阴柔；3.发展变化的观念；4."修辞立其诚"。	76~80
14	《中国文学批评史》	邹然主编	北京大学出版社/2006年版	第一章 先秦文学批评/第二节 孔子的《诗》说《易》论/四 孔门《易传》对文论的启迪	1.揭示"慎以终始"的忧患意识；2.倡导"自强不息"的进取精神；3.创建"意象""刚柔"等文论范畴。	28~31
15	《新编中国文学批评发展史》	袁济喜著	中国人民大学出版社/2006年版	第四节 《周易》与文论	1.论阴阳之和与艺术辩证法；2.论意蕴与形象；3.论"神感"。	28~36
16	《中国古代文论概要》[一]	秦德行，王安庭著	大众文艺出版社/2006年版	第一章 先秦的文学理论/第一节 孔子及先秦其他儒家的文学理论/四、《易传》所含的文论思想	1.本末之理；2.观物取象；3.言意之辨；4.《易传》发展观对文论的贡献。	33~39
17	《中国历代文论选新编》：精选本*	黄霖，蒋凡主编	上海教育出版社/2008年版	周易（选录）	1.乾·文言；2.贲；3.豫；4.象；5.艮；6.涣；7.系辞上；8.系辞下。	1~4
18	《中国文学批评史》	李建中主编	北京大学出版社/2009年版	第一章 先秦文学批评/第四节《老子》《庄子》和《周易》中的文学批评思想	1.意、象、言；2.通变。	60~62

序号	著作名称	作者/编者	出版社出版时间版次	《周易》相关章节	主要内容	页码起止
19	《新编中国文学理论史》	成复旺著	中国人民大学出版社/2010年版	第一章 中国文学理论的萌芽与奠基/第四节 其他先秦诸子与《周易》/三、《周易》	1."文"；2."感"；3."言"·"象"·"意"；4."阴阳"、"刚柔"与"通变"。	40~45
20	《中国古代文论史》	曹顺庆，李凯主编	重庆大学出版社/2015年版	第二章 先秦/易传（选录）	1.辩证思想；2.立象尽意；3.修辞立诚。	43~47
21	《中国文学批评史》	李建中主编	武汉大学出版社/2015年版	第一章先秦文学批评/第四节 其他各家文学批评/三、《易传》	1.立象尽意；2.阴阳刚柔；3.通变入神。	47~50
22	《中国文学理论批评史》	黄霖主编	高等教育出版社/2016年版	第一章 先秦两汉文学理论批评/第二节 诗言志/二、修辞立诚 第二章 魏晋南北朝文学理论批评/第五节 通变与时序/一、"通变则久"	1.修辞立诚；2.通变。	43~44；158~159
23	《中国古代文论》	汪涌豪主编	北京师范大学出版社/2021年版	第一章 先秦文论的初起/第四节 《易传》的文学思想	1.阴阳之谓道；2.意、象、言的关系；3.通变以成文。	43~48

由上表可以见出，自20世纪80年代以来，中国古代文论教材的建设有了长足的进展，李建中先生说："21世纪的读者，有幸能够读到各种体例、各种风格乃至各种学术观念的《中国文学评史》，这其中既有学科草创期郭绍虞、罗根泽、朱东润等先生的开山之作，亦有学科成熟期侯敏泽、张少康、蔡钟翔等先生的扛鼎之作，更有自20世纪末至21世纪初兼具专著和教材双重性质的厚重之作。从1989年第一卷开始问世，到1996年全部出齐，王运熙、顾易生主编的七卷本《中国文学批评通史》（上海古籍出版社），全面清理各历史阶段文学批评发展过程，

科学评价了历朝历代经典理论家及批评经典，努力发掘新的材料，整体展示了中国学理论批评的丰富多彩和灿烂成就。"①

《周易》是中国文论史上独一无二的经典，更是中国传统文化的一道独特风景；李建中先生在梳理百年中国文学批评史当中所论及的大部分著作均设专门章节讨论《周易》，抽绎中国文学批评史中论析《周易》的内容，以表格的形式呈现，虽然这样的概括还是非常简单的，无论名称的表述、章节的归属、内容的搜集以及图表设计等，均存在种种不当之处，挂一漏万也在所难免，但列入本表的相关内容均一一地做了核实。这无疑是一个新的尝试。最重要的是，它将非常直观而简洁地展现中国古代文论教材中研究《周易》的面貌。

（二）中国古代文论教材论述《周易》疏解

《易经》作为现存最古老的典籍之一、六经之首，具有朴素的唯物主义和比较丰富的辩证法思想，是我国思想文化的一个源头，先秦诸子百家的集大成者，包含了我国上古时代很珍贵的哲学、历史、文学、文论等方面的资料。其中《系辞》包含的文艺和美学思想最为丰富，而先秦时期亦是我国文学理论的萌芽阶段，尽管《系辞》当中关于文论的论述是片断的、零散的，但它对我国古代文论思想的影响却是较深远的，对后世的文论具有启迪意义。结合"中国古代文论教材论《周易》相关内容一览表"笔者认为，中国古代文论教材中的《周易》研究主要集中在以下几个方面②。

---

① 李建中主编：《中国文学批评史》，武汉大学出版社，2015年版，第1页。

② 笔者按：《文心雕龙·序志》篇说："铨叙一文为易，弥纶群言为难"，又说："有同乎旧谈者，非雷同也，势自不可异也；有异乎前论者，非苟异也。"（南朝·梁刘勰著，王志彬译注：《文心雕龙》，中华书局，2012年版，第578页。）有鉴于此，加之本文写作主旨在于呈现中国古代文论教材中《周易》相关内容，抛砖引玉，期待学界同仁对《周易》与中国古代文论教材的研究投入更多的热情，故此本部分内容仅对前文表格提及教材中所述《周易》相关文论思想做简单总结，不再一一展开，以避雷同。

有研究者指出："《周易》为古代文论提供了丰富的理论依据：其一'天人合一'的哲学精神是文学思维方式的根柢，它所展现的自然本身运动变化规律性为文学和文论所借鉴。其二是阴阳互动的理念，运用于文论领域则使阴阳二气在文学中由最初的气势，转化为气质、才性，最后表现为创作主体之风格。其三是通变则久的观念，它显示出生生不息的生命力，《周易》'通变致久'的发展论，为文学的发展指引了一条必然的规律，也成为了文学发展的内在动力。"① 由此，结合笔者对中国古代文论教材中《周易》的呈现，可以见出，《周易》"天人合一"思想以及由此生发出的生命哲学，以及"阴阳观念"下蕴涵的阴柔与阳刚等文论范畴，"通变致久"中的文学"通变观"，是众多中国古代文论教材中重点论述的内容。但由于教材编著者的创作主旨、学术背景、阐释重点、教材编纂时代背景的不同，《周易》中的其他文论思想也有或详或略的呈现，现择其要者，略加阐述。

"文""文辞"。《周易》谈"文"，虽然不是专门谈论文学的，但和文学也是有直接关系的，常常被后代的文学批评所引用。另外《易传》认为言辞是人们感情的表现，非常重视言辞的作用及其社会影响，这就涉及了"文"与"辞"的关系问题。

"修辞立诚"。《易传》中有一些地方论及言辞，常被后人所引用和阐发。比如，正由于文、辞能产生巨大的社会影响，这就要求君子"修辞立其诚"，明确指出文辞和人的内心思想性格有直接关系，从而使古代文论中，重视创作主体人格品质、道德修养、人品与文品的统一，这不仅涉及作家的思想个性、人格与文章的语言风格之间的关系问题，对后代古文家的文论有很大的影响，更重要的是修辞过程，体现了某种审美选择，也就开启了后代对语法修辞诸功能的分析探讨。

---

① 马洁：《〈周易〉关键词"观"对中国古代文论范畴的影响研究》，《语文学刊》，2011 年第6 期，第 49 页。

"观""感"。观卦是《周易》的第二十卦，当中蕴涵的观察民风以正君道的思想启发了后代文学家，提出了"观风"和"风化"的艺术规范，鼓励文学创作反映现实人生，也促进古典批判现实主义优良传统的形成。因此有研究者指出："'观'既是《周易》的关键词，也是中国古代文论的关键词。《周易》'观'论，即观之对象、内容、价值、意义以及观者的审美能力和感知方式，对中国古代文论众多理论命题及范畴的产生、发展有着广泛和深刻的影响。"[①]

"感"是中国古代文论中的一个重要概念，其含义在《周易》中有充分的展示。其中讲"感"最多的是"感卦"，"《周易》的观者之心与天地万物的相通相化中，也正是文论'物感说'的理论基础"[②]。

"言""意""象"。《周易》有一个很大的特点，就是观象系辞，辞是对卦象进行解释的，这虽然是哲学意义上的表达论，但却具有审美表达的特征，尤其符合文学创作之理，而"意象"的观念，在中国渊源甚古，明确形成亦不晚于《易传》。文学若无形象，就不称其为文学，以形象达意，从而弥补语言文字在表达上的许多不足，更能唤起人们的想象，使作品更富有艺术感染力，这是《周易》对后世文学的重要启示。

三、中国古代文论教材阐析《周易》的反思

中国古代文论是中华优秀传统文化的重要组成部分，中国古代文论课程是传承和弘扬中华优秀传统文化的主阵地，《周易》是中国古代文论的"哲学基础"[③]，《周易》在古代文论教材、教学中是一种客观存在，

① 马洁：《〈周易〉关键词"观"对中国古代文论范畴的影响研究》，《语文学刊》，2011 年第 6 期，第 49 页。

② 马洁：《〈周易〉关键词"观"对中国古代文论范畴的影响研究》，《语文学刊》，2011 年第 6 期，第 50 页。

③ 详参孙老虎：《易道：中国古代文论的哲学基础》，《周易研究》，2003 年第 6 期。

是培养、考查学生文学解读能力及文化素养积累的重要手段。笔者在高校主讲中国古代文论课程已有十年，现就《周易》在中国古代文论教材中若干问题，结合前文图表所列举教材，稍作反思。

第一，《周易》在中国古代文论教材中的存在形态。《周易》在各个版本的中国古代文论教材中均有所涉及，尤其是《周易》中的几个重要命题、范畴、概念，如阴柔、阳刚、通变、修辞立诚等，只是限于编著者的写作主旨，详略有所不同。另外，在一些古代文论名篇选读部分也收录《周易》相关篇目，但碎片化特征明显，亦有个别教材突出《周易》文论思想的应用价值。笔者认为这是《周易》作为文学批评方法的形态存在，以期提高学生的文学批评写作能力，《周易》作为文学批评方法的应用问题，应该在今后的文论教材中编撰和教学中予以强化。

第二，《周易》在中国古代文论教学中对师生的影响。中国古代文论教学视阈下的《周易》，对学生、教师能力的提升均具有重要价值。首先帮助学生培养审美鉴赏与创造能力，比如《周易》中的"意象""中和"观念就蕴涵着丰富的审美理念，学习这些内容有利于中华民族审美观念的传承，使学生认同中华民族自己的审美理念。其次，《周易》中"文""文辞"等内容，可帮助学生提高语言建构与创造能力。再次，《周易》中的"修辞立诚""自强不息"可帮助学生形成健全的人格。

第三，《周易》在中国古代文论教学中对教师的影响。李建中先生说："1919 年五四运动以后，中国没有自己的文论，虽然这话说得有些严重，但实际上，1919 年以后中国文论全盘学西方的，什么'内容''形式'、什么'典型人物''典型环境'、什么'浪漫主义''现实主义'等等，都是西方文论的术语和概念。以至有学者说，整个 20 世纪，一直到现在的 21 世纪，中国的文学理论家如果没有西方文论的术语，就不会开口说话。"① 笔者认为，《周易》能够帮助教师避免中国文学理论家面对西方文论时的"失语"状态，避免以西方文学理论架空中国文学经典的文学解读行为，突出中国古代文论对文学作品的支撑作用。

《周易》对中国古代文论的价值，对中国古代文论的学科建设、教材编纂、教学的影响是全方位的。以二十世纪八十年代以来若干中国古代文论教材中的《周易》书写为例，呈现当中《周易》相关的内容，是从具体而微的角度研究中国古代文论与《周易》之间的关系，但如何呈现《周易》在中国古代文论中的全貌，显然不是一篇短文可以做到的，挂一漏万之余，可以说本文的研究是非常简单的，远未成熟，其中不妥之处尚多，还需进行多方面的论证和进一步调整、补充，以便使其更趋完善。故此，小文聊做抛砖引玉，以期引起学界同仁、时贤对《周易》中蕴涵的文论思想的重视，继续深耕这片良田，如此也算"文果载心，余心有寄"了。

作者单位：滇西科技师范学院

---

① 李建中：《中国文化与文论经典讲演录》，广西师范大学出版社，2007年版，第1~2页。

传统传承与时代创新：读林忠军教授的《周易象数学史》

高海波

林忠军教授的《周易象数学史》一书是近四十年来象数易学研究最全面、最系统、最深入的理论成果，是象数易学研究的集大成，堪比朱伯崑先生《易学哲学史》在哲学义理研究方面的贡献。

根据林忠军教授对于象数易学史的定义：

> 象数易学史以《周易》象数符号和图式为研究对象，通过解读传世与出土的象数易学文献，探讨不同时代的象数易学思想内涵、与自然科学的关系、解经方法、学派形成及在易学发展史上的价值等问题，考辨历史上留下来的疑难问题。进而阐明象数易学发展的轨迹及其与义理之学的关系，力求还原不同时代象数易学和同一时代不同易学家象数思想之真实面貌，以此出发，以现代话语深刻地检讨易学史上不同形态的象数易学，重新诠释象数在新时代语境下的易学研究中的意义，思考和探索其哲学意蕴，运用新的话语系统重构其思想体系，展望其未来发展的大趋势[1]。

除了对象数易学史研究的对象、内容、方法进行了阐述之外，这一

---

[1]　林忠军：《周易象数学史》第一册，上海古籍出版社，2022年版，绪论第7页。

定义还特别强调象数易学史必须兼顾"易学家象数思想之真实面貌"以及"象数在新时代语境下易学研究中的意义"，乃至在未来时代发展的意义。

据此，可以看出，该书的一个特点是兼顾象数易学的历史传统以及象数易学的当代发展。这也可以从其对伽达默尔诠释学方法的引用看出，即："一方面基于传统，从传统象数易学发展而来，与传统象数之学有着千丝万缕的联系；另一方面又在传统基础上，总是按照时代语境解释和理解传统象数易学，形成一种新的象数学说。"①"伽达默尔指出：'每一时代都必须按照它自己的方式来理解历史留传下来的本文，因为这本文是属于整个传统的一部分，而每一时代则是对这整个传统有一种实际的兴趣，并不试图在这传统中理解自身。当某个本文对解释者产生兴趣时，该本文的真实意义并不依赖于作者及其最初的读者所表现的偶然性。至少这种意义不是完全从这里得到的。因为这种意义总是同时由解释者的历史处境所规定的，因而也是由整个客观的历史进程所规定的。'"②

也就是说，研究象数易学史必须兼顾两个方面，即一方面必须兼顾象数易学发展的整体传统，在理解每一个象数易学家的系统的时候，需要重视其与之前的学术传统的联系。此即"基于传统"，也就是伽达默尔所说的"这本文是属于整个传统的一部分"所要表达的意思。因此，要理解每一个部分，需要将其置于整个传统中来进行。另一方面，每一时代、每一个象数易学家的象数易学系统，都与其"时代语境"有密切的联系，这就是伽达默尔所说的"每一时代则是对这个传统有一种实际的兴趣，并不试图在这传统中理解自身"。这也是象数易学发展的动力，也使得象数易学史并不会成为同一系统在历史中的重复，而是不断"形

---

① 林忠军：《周易象数学史》第一册，上海古籍出版社，2022年版，"绪论"第13页。

② 林忠军：《周易象数学史》第一册，上海古籍出版社，2022年版，"绪论"第13~14页。

成新的象数学说"。林忠军教授说："由是观之，不管象数易学所讨论的问题多么古老，使用的方法多么传统，绝不可能脱离当时的历史境遇与学术话语，皆是基于当时社会的政治、经济、文化和学术状况所作出的抉择，由此形成的象数学说和理论皆与当时历史发展过程息息相关。"①

从上述两个方面说，林忠军教授此书可以说贯彻了上述两个原则。例如，他将中国古代的象数易学史分为六个阶段，而从这六个阶段的划分，皆可以看出象数易学基于共同的传统所展现的继承性，更加凸显了其时代性与系统的独特性。例如，同样是汉代的象数易学，林教授指出，西汉与东汉的特点也不同，西汉更加受"今文经学"影响，而东汉更倾向于"古文经学"的风格。而宋代的象数易学又与汉代不同，则表现为图书之学的兴起，以及宋代的象数易学服从于新儒学发展之经学重建的目标。总之，"象数易学的发展和演变，除了其自身理论需要不断完善外，只能从历史发展过程中去寻找原因"②。

基于上述思想，在我看来，林忠军教授的《周易象数学史》一书有以下特点：

1. 每一个部分皆有对社会历史思想背景的概述。

2. 每一部分及每一家的象数易学皆注意揭示其对传统的继承。

3. 重视每一部分及每一家派的创新之特点。

4. 议论持平，不因其不合于传统而斥其谬误，重视其创新及对哲学思维发展的意义。

5. 强调象数与义理的结合。

这里仅以作者比较熟悉的宋代思想家为例，来看看林忠军教授的研究，是如何体现了上述特点的。例如，在论述到朱子易学对象数与义理的融合时，林忠军教授说：

---

① 林忠军：《周易象数学史》第一册，上海古籍出版社，2022年版，"绪论"第14页。

② 林忠军：《周易象数学史》第一册，上海古籍出版社，2022年版，"绪论"第15页。

按照伽达默尔的说法，解释者必须从历史出发，必须将文本置于当时历史语境中，进行历史解释……"在历史理解的范围内，我们也喜欢讲到视域，尤其是当我们认为历史意识的要求应当是从每一过去的自身存在去观看每一过去时，也就是，不从我们现在的标准和成见出发，而是在过去自身的历史视域中来看过去"①。朱子将《周易》文本重新定为卜筮之书，是基于历史解释的考量。在朱子看来，《周易》成书于殷末周初，圣人为何而作《周易》，其成书原因、过程及实践意义关乎易学解释是否真正符合《周易》文本原义或圣人本义。因此，重新强调易学文本卜筮性完全是解释文本固有意义所必要的，唯如此，才能还原《周易》的真实面目。

按照伽达默尔解释学，任何文本及其解释既是传统的，又是现实的，是传统与现实的融合。如前所言，易学文本形成于殷周之际，反映历史内容，是历史的、传统的。同时，随着历史发展，后人的解释将隐藏其中的意义展现出来，在这个意义上说，《周易》文本又是灵动的、开放的"活水"，不是固定不变的，故它又是"现实"的、"当下"的。朱子之见，《周易》文本是象数与义理的统一。《周易》本为卜筮之书，有卜筮话语，有卜筮之用。同时，隐藏在卜筮话语之中的客观世界阴阳变化之道，是其客观依据。换言之，《易》为圣人作品，本为卜筮之书，而在卜筮话语下内涵着圣人之道。《周易》文本的卜筮话语是历史的，是本义。而内涵于卜筮话语中、通过历代易学家解释阐发出来的义理，是现实的，是哲学。卜筮话语本之于哲学话语，哲学话语隐含在卜筮话语之中。这是《易》本身所固有的，非后人强加给《易》的。如果脱

---

① [德] 伽达默尔著，洪汉鼎译：《真理与方法》，上海译文出版社，2002年版，第388~389页。

离卜筮话语的解释，而作哲学解释，那是随意的杜撰。朱熹一方面承认了《周易》起源于卜筮，是卜筮之书，反对王弼、程颐等人割断历史，无视《易》的卜筮内容。另一方面，不固守历史，而是着眼于易学文本意义的开放性，以历代易学家的象数为工具，取王弼、程颐等人易学解释之长，以解释"圣人之道"为目标。这实质上承认了王弼、程颐等人在各自历史情境下所作出的符合"现实"或"当下"的接近易道的"合理偏见"，为易学哲学解释提出了清晰、完整的路径，即以历史发展为视域，由卜筮符号入手，用形象的符号解释抽象的"阴阳之道"，从而建构了以太极或道为核心的义理之学。因此，朱熹重新将易学定为卜筮之书，不仅未降低《周易》的哲学性，相反，为哲学解释《周易》提供了坚实的基础①。

可以看出，林忠军教授在诠释朱子易学时，采取了历史与现实的双重视角。朱子的易学一方面重视象数，其《周易本义》认为"易本卜筮之书"，这体现出朱子的历史意识。"朱子将《周易》文本重新定为卜筮之书，是基于历史解释的考量。"林忠军教授揭示出朱子作为一个实事求是的儒家学者对《周易》本来面目的追求。而在朱子的思想体系中，《周易》又是阐发其理学思想的重要文本依据，而且朱子思想的根本目的是追求如何成为圣人，因此从义理的角度来阐释《周易》又在其著作中屡见不鲜。这往往引起现代学者对朱子易学思想这种两端不一致性的困惑。林忠军教授从历史与现实的角度，对朱子易学思想的两面都给出了合理的解释，其结论是令人信服的。如果说朱子对《周易》本义的追求是出于尊重历史的求真的目标的话，那么通过对于《周易》思想的哲学阐发就是发展其理学、回应现实问题的需要。这样就很好地解释了，

---

① 林忠军：《周易象数学史》第二册，上海古籍出版社，2022 年版，第 1034~1036 页。

朱子一方面重视象数易学，批评王弼、程颐的义理易学对象数有所忽略，另一方面又从哲学的角度肯定了二人在义理解释方面的优长，肯定了其思想中存在"合理的偏见"。也就是说，朱子的易学思想重视象数，又不废义理，二者结合得很好。这也是朱子易学对于象数与义理所进行的"综合创新"，体现了朱子扎根于两个传统，同时又能推陈出新，实现了创造性转化与创新性发展。

关于邵雍易学，林忠军教授特别揭示了其数学与宋代算学的关系："至于其数的计算方法，当与宋代重算学之气氛有关。"① 林教授指出，邵雍的易学宇宙发展周期理论与宋代的自然科学有密切的关系。"而从易学看，邵氏的宇宙发展周期理论是易学与自然科学相结合的产物，其基本框架是《周易》先天图，并以数学知识为工具，按照历法形式编织出这一套理论体系。从其指归而言，这套理论是含有易学特色的宇宙历史发展年表。从其来源而言，它出自易学的先天图，是对先天图的诠释和阐发，是一种富有科学特色的易学理论。"② 同时也指出了他的易学与两汉至宋代以来的易数理论存在明显的继承关系："总之，邵子先天数学继承了宋以前诸家易数理论，尤其是继承了孟京易学、《易纬》和宋初道家有关易数的理论，从这个意义上说，邵氏先天数学是对两汉以来易数理论的发展。"③ 在此基础上，林忠军教授肯定了其数学系统所具有的符合时代精神的独特性及深刻性，"邵氏以卦象和数相结合，创立了一个宇宙发展的周期图式，视宇宙发展每一个环节皆为一个定数。从哲学上进，这是一种中国人独有的宿命论的循环论。虽然如此，它仍具有重要的价值，如他对宇宙发展进行深入探索的精神，所使用的那种整体性、连续性的方法及高度抽象的数学运算，具有深刻的哲学意味"④。

---

① 林忠军：《周易象数学史》第二册，上海古籍出版社，2022 年版，第 879 页。
② 林忠军：《周易象数学史》第二册，上海古籍出版社，2022 年版，第 866 页。
③ 林忠军：《周易象数学史》第二册，上海古籍出版社，2022 年版，第 879 页。
④ 林忠军：《周易象数学史》第二册，上海古籍出版社，2022 年版，第 865 页。

林忠军教授同时肯定了邵雍数学系统所具有的博大性、包容性，以及其"一分为二"思维所具有的方法论意义，及其对莱布尼兹发明二进制的影响。"从易学发展看，邵氏不拘泥传统的注疏体例，转而以数的推演作为基本的方法，建立了一套贯天地人三才的全新思想体系，并试图以此作为工具，认识和把握瞬息万变、复杂多样的世界。其思想之深邃博大，符号系统之化繁为简，思维方法之别开生面，在当时及以后很长一段时间，是任何思想家无法比拟的。站在这个角度讲，邵氏易是中国古代思想史和易学史上的一个里程碑。尤其是他的'一分为二'的方法，清新、精湛、至简，具有现代科学的意味。当他的这些符号和图式在 17 世纪传到德国时，大哲学家和数学家莱布尼兹为它与二进制惊人的相似而折服。这就是它的价值之所在。"① 当然，林忠军教授也指出邵雍的数学系统的确有很多牵强附会、主观臆断的成分，但是林忠军教授对其思想却更能给予同情的理解，肯定其理论中包含的创新性及其对此后象数易学发展所带来的启发性，承认其体系包含很多合理的"偏见"。"这种汉宋象数易学之融合，虽然如'百衲袄'般不够严密，还有许多牵强之处，却不能不说是南宋易学中一种具有合理'偏见'的创新。正是这种创新，引领了后世汉宋象数易学最终趋向统一。其所倡导的汉学易，为清代汉学易的复兴奠定了基础。这是南宋易学家为易学发展所做的又一贡献。"② "其实，何止伏羲八卦方位说，其生卦说及与生卦说相关的理论恐怕大部分皆出自邵子主观的解说，皆不符合伏羲画卦史实。考察现有资料，在宋以前皆未见关于伏羲画卦具体过程的记载，由陈抟传下来的伏羲先天图及其他图则更无书可考。在没有文献和考古发现佐证的前提下，关于伏羲画卦的理论不足以信。而从易学发展看，先天之学是否符合史实并不重要，重要的是它对以往易学理论的超越及其为易

---

① 林忠军：《周易象数学史》第二册，上海古籍出版社，2022 年版，第 884 页。

② 林忠军：《周易象数学史》第二册，上海古籍出版社，2022 年版，第 894~895 页。

学发展所带来的契机。"①

从邵雍的例子也可以看出林忠军教授对于其易学的理解和定位，同样兼顾了上述特点，即重视社会历史和时代思潮对易学家体系的影响，重视揭示易学家对历史传统的继承，同时特别重视其体系对当下现实的关注，并重点揭示其创新的特点，能够兼顾历史与现实的评价双重视角，不是采取简单肯定和否定态度，而是坚持辩证地看问题。

由此，林忠军教授在研究象数易学史时，从方法上强调，首先是客观的研究、诠释、评价。如他在《绪论》中说："易学史是易学形成、发展和演变的历史，这种历史是一种易学学术活动的真实存在，是客观的，确定的，不以人的意志而转移的。而易学史研究则是将研究者自身置于易学历史境遇之中，凭借传世的和出土易学文献，运用历史、哲学及易学等方法，对于易学发展做出客观的描述与诠释，力求恢复和再现易学发展的原貌，然后对此进行深层次的思考与解释，并就易学学术活动的意义和价值作出判断。"②"回归和展现易学传统是易学研究的第一步，也是最为关键的一步。"③也就是说，易学史是研究易学的发展历史，必须首先运用多种方法，对易学发展的历史做出客观的描述和诠释，这是易学史最根本、最重要的一步。当然，如何做到这一点，从中国易学诠释的特点而言，"应该是训诂、象数、史学、义理四者并重……只有将这四者结合起来，才能较完整、准确地把握《周易》之大义"④。林忠军教授主张将中国传统易学的这四种方法融合为一，我认为其《周易象数学史》的写作也贯彻了这一点。

其次，在客观研究、诠释、评价的基础上，林忠军教授强调要结合当下的语境，对易学做出创新性的理解。这种对创新性的强调，既体现

---

① 林忠军：《周易象数学史》第二册，上海古籍出版社，2022年版，第1064页。
② 林忠军：《周易象数学史》第一册，上海古籍出版社，2022年版，"绪论"第5页。
③ 林忠军：《周易象数学史》第一册，上海古籍出版社，2022年版，"绪论"第6页。
④ 林忠军：《周易象数学史》第一册，上海古籍出版社，2022年版，"绪论"第19页。

在他对历史上易学家的诠释、评价中，也体现在他的现实关怀中。他说："最终目标应是指向活生生的易学现实。"①"更应在当下文化语境下对传统易学作出新的理解与解释，赋予易学全新的内涵，回应时代提出的新挑战，使易学由传统指向现实，从现实走向未来。"②

与此相应，林忠军教授在研究、诠释历史上易学家的思想时，一个突出的特点是，他特别重视揭示易学家的系统与当时科学的关系。这也是象数易学本身的特点决定的。"以理论形态言之，象数易多与古代自然科学相结合，即吸收了天文学、历法学、数学等自然科学的成果，建立了具有实证意义的偏于天道的易学体系……以影响言之，象数易学援引古代科技入易学，反过来又推动了中国古代科技发展。"③这一评价就将象数易学从烦琐的术数乃至迷信当中解放出来，相反突出了其科学性。

对于未来象数易学乃至整个易学的发展，林忠军教授也认为，必须结合当代科学与哲学的发展，对时代问题做出回应，参与国际对话。"如何利用当下哲学、文化与科技成果发展易学，实现范式转移，建立贯通古今、融合中西的新易学文化体系，接受当下科学和哲学的检验和挑战，积极参与国际性的对话。"④除此之外，还要借鉴西方的诠释学、符号学理论，推进对于易学的诠释及逻辑建构。"尤其在当下西方符号学和解释学盛行之时，重新倡导象数易学研究，分析其符号逻辑体系，揭示其诠释学和符号学的意义，对推动中国哲学史和易学史研究、提高整个民族思维水平有莫大之功。"⑤林忠军教授在《周易象数学史》中，也自觉运用了上述理论。

---

① 林忠军：《周易象数学史》第一册，上海古籍出版社，2022 年版，"绪论"第 6 页。
② 林忠军：《周易象数学史》第一册，上海古籍出版社，2022 年版，"绪论"第 6 页。
③ 林忠军：《周易象数学史》第一册，上海古籍出版社，2022 年版，"绪论"第 16 页。
④ 林忠军：《周易象数学史》第一册，上海古籍出版社，2022 年版，"绪论"第 17 页。
⑤ 林忠军：《周易象数学史》第一册，上海古籍出版社，2022 年版，"绪论"第 21 页。

　　总的来说，历史与现实，传统与当代，继承与创新，象数与义理，哲学与科学，中国与西方等两端的统一构成了林忠军教授《周易象数学史》一书自觉的方法意识，且完美地贯穿在全书的写作中，这也构成了其易学思想乃至中国哲学史研究的方法论意识。这一方法论意识对于我们今天实现传统文化的创造性转化、创新性发展也具有重要的示范作用。

作者单位：清华大学

专精与博通的典范之作

——张涛教授《易学思想诠释与历史文化探微》读后

周雷杰

北京师范大学中国易学文化研究院院长张涛教授的新作《易学思想诠释与历史文化探微》已由东方出版社于 2022 年 9 月出版，拜读之后，不由心生敬仰，也深受启发。

《易学思想诠释与历史文化探微》一书的正文部分由八个章节构成，内容依次是易学思想的新诠释、易学发展的新认识、子学典籍与思想文化、灾害治理与社会保障、地方史志与地域文化、历史文化认同与中外文化交流、古代历史评议和传统文化散论。可以看到，该书不仅包括张涛教授最为擅长、屡有创获的易学研究成果，而且还论及中国历史文化的其他重要方面如子学典籍、灾害治理、地方史志和历史文化认同等，从多元化的视角对中国易学发展和历史文化演进展开了深度思考和精准解读，集中呈现了张涛教授多年来从事专业教学和学术研究的部分心得和经验总结，客观反映出张涛教授始终秉持的治学特色和长期积累的研究优势，有效推动了易学、史学、哲学和文献学等领域的进一步深化和拓展，推动了相关学科建设和学术繁荣。从兼跨多领域又新见迭出的角度来看，《易学思想诠释与历史文化探微》完全可以说是专精与博通的典范之作。

《周易》作为我国最古老的经典之一，对传统社会、传统文化产生了广泛而深远的影响，易学思想也成为中华文化的重要源头。张涛教授长期深耕于易学研究，在攻读博士期间便对先秦秦汉易学展开了系统全面的研究，并对《周易》的学派归属提出自己的看法，认为在先秦时期，易学并没有固定的学派属性，《周易》也不是专属于儒家的经典，《易传》的形成更是综合百家、超越百家的产物。该观点引发了学术界的广泛关注和热切讨论，余敦康先生便高度评价道："张涛教授的这个观点可以说是一次学术思想的解放，对秦汉易学乃至整个易学研究都是一种突破性的进展。"① 此后，张涛教授不断对该观点进行严谨论证和深入阐发，进而成为其治《易》弘《易》数十载的代表性观点之一。本书依然延续了这一学术主张，并精炼概括道"《易传》呈现出儒道互补、以儒为主、综合百家、超越百家的思想倾向"②，对于我们准确把握易学在中国思想文化史上的地位和影响提供了新的思路和新的认识。

同时，张涛教授还将易学置于中国整个文化思想的大格局下进行全方位的审视，对易学的研究对象重新作了界定，把许多并非以易学著称但确与易学有关的人物思想也囊括进来，有效拓宽了易学的研究范围。比如本书第二章"易学发展的新认识"中《明代政治与易学》《刘沅易道会通思想研究》《宗白华易学思想探微》对明朝张居正、清朝刘沅以及今人宗白华等古今贤达的易学思想的关注和探究，便是前人鲜有涉及的领域。张涛教授总是能够凭借敏锐的眼光、宏观的视野，注意到长期被忽略但却具有典型意义的人物，并在对相关材料进行精审考证和详备诠释的基础上，有条不紊地辨析他们的易学思想特征，阐述自己的宏论和卓见，发前人所未发之覆，显示出扎实的文献功底和出色的思辨能力，展现出易学研究的全新理念和独特视域，对于全面认识易学的发展历程和深远影响助益良多，创新性突出。这也是张涛教授长期秉持的独

① 张涛：《秦汉易学思想研究》，中华书局，2005年版，"序言"第2页。
② 张涛：《易学思想诠释与历史文化探微》，东方出版社，2022年版，第51页。

具特色的治《易》理路，对于易学领域的研究和易学文化的传承做出了积极贡献。

关于《周易》经传文本的研究，以往的探讨或偏重传世典籍，或专注出土文献，张涛教授则将域外汉籍和重要简帛资料以及汉唐石经、敦煌卷子等出土文献相结合，重新对《周易》经传文本进行整理并提出新解，同时关注到现代科学技术对于整理保存传统典籍所具备的重要意义，展现出深刻的时代意识和深远的战略眼光，《新时代的易学古籍数据库建设》正是相关思考的结晶，相信对于我们认识和发掘现代科技的用途具有积极的指导意义。《永乐大典》和《四库全书》收录了大量易学典籍，具有较高的学术价值。张涛教授近年来致力于对其中的易类典籍进行系统整理和全面研究，旨在为学术界提供一系列相对完整、可靠的文本，并从历史学、文献学特别是校勘学以及数字人文等维度，为今后易学文献的整理研究提供有益借鉴和重要启示。本书中《关于〈永乐大典〉易学典籍整理研究的思考》等文章便集中体现了张涛教授在该领域的最新思考。

除了易学领域外，子学典籍、灾害治理和地方史志等方面也是本书的重要组成部分。受到先秦诸子出于六经尤其是《易经》的传统观念影响，张涛教授在研究易学的同时，也对子学典籍和诸子思想多有探索。比如《关于〈孔子家语〉的新认识》结合出土材料和传世文献，对《孔子家语》的真伪问题提出了自己的看法，认为"今本《孔子家语》是有来历的，早在西汉时就已有原型存在并流传，不能简单地说成是伪书"①。再如《略论〈墨子〉"节葬"思想对汉代社会的影响》辨析了墨子"节葬"思想对汉代薄葬观念的影响，探讨了墨子"节葬"思想的价值。又如《〈管子〉的治国理政思想》条缕分析地阐述了《管子》的法治、经济、生态等思想，并予以凝练概括和高度评价，认为"《管子》

---

① 张涛：《易学思想诠释与历史文化探微》，东方出版社，2022 年版，第 136 页。

的思想内涵专而不偏，博而不杂，充实而系统，显示了一代名相管仲的高屋建瓴的政治眼光和海纳百川的思想气魄"①。凡此种种，都彰显出张涛教授在子学领域的慧眼卓识，尤其关于诸子思想特征及其历史价值的独特见解，更是令人受益匪浅。

受到世纪之交国内抗洪救灾精神的感召，张涛教授也曾对中国传统救灾思想和救灾体制多有关注，并发表了相关论著，得到了学术界的认可和肯定。本书收录的《中国古代灾害治理的历史经验》更是张涛教授对多年来救灾研究心得的凝练和总结，提出"中国古代灾害治理的得失成败也就成为衡量当时国家治理能力和水平的重要标尺"的经典论断②，探讨了中国古代灾害治理的发展历程和规律，研究了中央各部门之间、中央与地方政府之间、政府与社会力量之间在灾害治理过程中的互动关系，认为中国古代形成了多方共同构建而由政府主导的多元化灾害治理格局和体系，各方力量职责明确、统筹协作、运转有序，各级各地相关机构不断健全和完善，而古代救灾思想也在其中发挥了重要作用。张涛教授殷切期望关于中国古代灾害治理体系和思想的研究，能够为当今国家灾害治理体系提供经典案例、历史镜鉴和理论支撑，隐含着张涛教授胸怀天下的热忱和经世致用的苦心，宏大而悲悯，令人钦服。

此外，地方史志和地域文化也是本书关注的一个领域。十余年前，张涛教授曾带领学术团队为北京市昌平区流村镇编纂镇志，秉持以史为鉴、数往思来的编纂宗旨，系统梳理了流村古镇的历史变迁，全面展示了改革开放以来流村镇的经济社会发展成就，其性质实质上就是一部地域性的当代文化史志，这些在本书收录的《〈流村镇志〉编纂说明与凡例》当中清晰可见，张涛教授高屋建瓴的学术见识和服务社会的实践魄力，确实令人敬佩。近年来，张涛教授主持承担了北京市社会科学基金

---

① 张涛：《易学思想诠释与历史文化探微》，东方出版社，2022 年版，第 177 页。

② 张涛：《易学思想诠释与历史文化探微》，东方出版社，2022 年版，第 217 页。

重点项目"《永乐大典》北京方志辑注"，依然延续了张涛教授对地方史志一以贯之的学术热情。本书收录的《略论〈永乐大典〉本〈析津志〉及其史学价值》梳理了《永乐大典》本《析津志》的辑录整理情况，探讨了该志张涛教授、成书年代、编纂体例及其在交通、民俗等方面的史学价值，以《析津志》为个案"充分证明了《永乐大典》在史学史、文献学、方志学等方面具有不可估量的重要价值和特殊意义"①，成为张涛教授近年在地方史志领域的代表性成果。

数十年来，张涛教授孜孜不倦地专注于易学研究，在诸多问题上都形成了自己的独特认识，所发表的论文也有多篇被《新华文摘》《中国社会科学文摘》等全文转载或论点摘编，形成了自己的学术特色与研究优势，在学术界积累了一定的知名度和影响力，成为国内外屈指可数的易学大家。本书集中呈现了张涛教授多年来的体悟与心得，立意宏远，新见迭出，可谓是高质量的专精之作。与此同时，张涛教授还将《易传》综合超越的精神引入到了自己的治学理念和学术实践，贯彻到了该书的写作之中，并未局限于易学领域，而是兼跨子学典籍、灾害治理和地方史志等数个方面，并均有建树，拓宽了本书的格局，充实了本书的内容，走出了一条成功的博通之路。

自古以来，专精和博通就是各有侧重的两种学术取向。"五经博士"之学、师法家法所习之业，均可视为专精的典范；司马迁"厥协《六经》异传，整齐百家殊语"②、郑玄以会通为旨而遍注群经，则无疑是博通的楷模。不同的学术取向各有所长，也各有所弊，专精之道更利于对某一问题形成独到的看法、深邃的见解，但却容易"析之者愈精，而逃之者愈巧"③，博通之学视野开阔，对诸多领域的学术问题均有涉猎，但

---

① 张涛：《易学思想诠释与历史文化探微》，东方出版社，2022年版，第277页。
② （汉）司马迁撰，（南朝·宋）裴骃集解，（唐）司马贞索隐，（唐）张守节正义：《史记》卷一百三十《太史公自序》，中华书局，2013年版，第3319~3320页。
③ （明）黄宗羲：《留别海昌同学序》，沈善洪主编：《黄宗羲全集》第十册《南雷诗文集》

也容易落入识见空泛的窘境。当然，从做学问的初心和旨归而论，两者实际上并不矛盾，而是相互依存、紧密相连。如果有学者能够兼而顾之，各取其长，无疑会成为值得学林称赞和效仿的学术典范，用张舜徽先生的话说，便是"在今日而有志于文史之学，固须专精一业，有所归宿，而尤贵能博观通人之论，以开拓其心胸，推廓其器识，庶不致蔽于一曲，暗于大理，而有以极乎高明广大之域也"①。拜读张涛教授的新作《易学思想诠释与历史文化探微》，最大的感触便是其中既有专精之识、又有博通之见，可以说是专精与博通的典范之作。掩卷而思之，对于张涛教授的钦佩之情不禁油然而生，其严谨的治学态度、科学的研究方法和渊博的学识修养，无不值得我们后辈认真学习、努力效仿。

作者单位：兰州大学敦煌学研究所

（上），浙江古籍出版社，1985 年版，第 627 页。

① 张舜徽：《广校雠略》卷五"专精与博通之辨"条，《广校雠略·汉书艺文志通释》，华中师范大学出版社，2004 年版，第 107 页。

读章伟文教授《宋元道教易学初探》

王　楠

道教易学是由朱伯崑先生早先在其《易学哲学史》中提出的一个关涉道教和易学两个领域的学术概念。他说："从易学史的角度看，此书以《周易》中的阴阳说，特别是汉易中的卦气说，解释炼丹术，标志着汉易发展的另一倾向，成为后来道教易学的先驱。"① 后来，不断有学者基于各自的专业和学术背景提出对道教易学的理解。例如，章伟文教授认为："所谓道教易学，主要指的是道教中的易学，即以《周易》卦爻象、卦数及历代易学中围绕着《周易》经、传本身及对其阐释中出现的种种概念、命题来对道教的信仰尤其是教义思想进行解说的一种学术形式。"② 由此，与儒家易学偏重政治和社会伦理问题的探讨有所不同，道教易学重在对自然天道及人与自然天道的合一等问题进行研究，旨在弥补道家哲学偏重形而上学的弱点，开辟道教从人事通向天道的理论和实践路径。基于此，章伟文教授所作的《宋元道教易学初探》（中国社会科学出版社，2020 年版）确定了道教易学的基本概念，分析了道教易学产生的理与势，论证了道教易学形成的理论标志——《周易参同契》，划定了道教易学的历史分期和基本特征，在此基础上，进一步明确了宋

① 朱伯崑：《易学哲学史》第一册，昆仑出版社，2005 年版，第 246 页。
② 章伟文：《道教易学综论》，《中国哲学史》，2004 年第 4 期。

元道教易学研究的目标和方法，探讨了宋元道教易学的内容和特点，梳理了宋元道教易学的发展脉络和历史线索，总结了宋元道教易学的基本精神和主要任务，展望了宋元道教易学研究对当代文化建设的价值和意义。

一、学术研究领域交叉，视角独特，填补了学术空白。单就道教易学而言，这一概念本身即涉及了道教和易学两个领域，因此可谓同时拓展、丰富和深化了道教与易学两个领域的研究思路和方法。而宋元时期又是道教易学最为繁荣和重要的时期，在这一时期内，道教易学与内丹学的结合形成了三种主要的学术形式。《宋元道教易学初探》重点关注和探讨了宋元时期的道教易学发展，视角独特，填补了长期以来道教易学领域特别是宋元以来道教易学的空白，学术价值突出。

二、立足文献，资料翔实，论从史出，史论结合，建立了独特的学术体系。《宋元道教易学初探》选取了宋元时期有重要影响力道教学者，通过追溯他们的生平事迹和学术渊源，考证和分析他们的研究著作和理论特色，提出和建立了宋元道教易学的三种主要理论形式，即以陈显微、储华谷、俞琰、陈致虚为代表的道教易学内丹学，以陈抟、郝大通、雷思齐、张理为代表的道教易图学，以及以李道纯为代表的道教易老学。具体来说，易学内丹学主要以个体为本位，对天道之理进行切身体悟，以求得个体与天道相通、相融的具体方法和路径；道教图书易学主要以易图的形式对天道之理进行探讨，以为道教内丹修炼提供理论的指导；道教易老学则是对上述这种天人之学的结合，以体用的方式来贯通天与人、道体与器用，沟通形上与形下。上述三种理论形式虽然侧重点各不相同，但共同构成了以道教内丹修炼为主旨的、完整的、具有时代特征的道教易学思想体系。概言之，整体结构布局合理，层次分明，论证充分，有理有据。

三、思路清晰，富有新意，实现了历史线索与逻辑线索的统一。宋元时期，道教援引易学天人之学旨在实现自身学术理论形态的转型与蜕变。章伟文教授指出，"宋元道教易学的基本精神是对重玄之学和外丹学进行批判性的理论反思"①。一方面，随着外丹的失败，人们开始关注内丹，内丹学的理论基础是修丹与天地造化同途，即人以天地运行之理指导丹道的修炼。而《周易》"推天道以明人事"的特点对于沟通天道与人道有着天然的优势。另一方面，重玄学以绝对否定的方式试图建立起单一的形上道体世界，而这样的形上道体世界存在着与现实世界脱节的潜在理论风险。有鉴于此，宋元道教易学的主要任务就是要在理论上实现本体论与生成论的合一，从而指导现实完成与本体的结合。因此，宋元道教易学要同时完成对道体存在的合理性依据和方式的探讨，其实质是对道教教义的批判和重建。实际上，宋元道教援引易学正是为了借助易学天人之学的特点，来解决道教发展至宋元时期面对重玄学双重否定带来的体用或道器分离的理论困境，以建构和完善新兴的内丹学理论框架。在此意义上，宋元道教易学的内在逻辑理论即符合于道教发展的现实必然，可谓实现了历史与逻辑的统一。

四、观照现实，古为今用。相比于西方近代资产阶级革命以来，强调的以科技征服和宰制自然的观点不同，《宋元道教易学初探》认为，宋元道教易学在人与自然的关系问题上，强调人与自然皆秉承道性，是和谐一体的，因而每个人都是一个小宇宙，是大宇宙的缩影或折射，可以通过自身的修养和调整实现与宇宙大道的契合与感通，从而克服后天世界被物欲所障蔽的心性，还复至先天湛然清澈的心性，最终实现体用或道器的合一。或许可以这样说，宋元道教易学更为关注和强调的是如何实现人的道德精神和生命价值的挺立和复显。在此意义上，宋元道教易学这一理论形态可谓是一种生命哲学。而生命哲学的价值之一即在于为人类提供一种审视宇宙人生的不同视角，从而改变心物关系，实现内在生命的超越，而这种超越在外部世界无法改变的情况下又是那般的

---

① 章伟文：《宋元道教易学初探》，中国社会科学出版社，2020年版，第44页。

珍贵。

陈寅恪先生在《邓广铭〈宋史职官志考正〉序》中曾说："华夏民族之文化，历数千载之演进，造极于赵宋之世。"[1] 在此意义上，受到这一时期大的政治历史文化环境濡染和沾溉的宋元道教易学也必然会在一定程度上启发当代的学术发展。随着近年来，道教易学逐渐成为学术界的研究热点，我们更加有理由相信，章伟文教授《宋元道教易学初探》的出版必将引发学者对道教易学研究的反思，同时也会进一步拓宽道教和易学的研究视域。不仅如此，"它对我们探讨与理解不同学术流派之间的交融互摄的现象必将产生诸多有益的启发；对于我们当前正在进行的关于传统文化的现代转换，也即赋予传统文化以新的时代内容，从而建构起适应时代发展的新的文化体系，也是具有重要价值和意义的"[2]。

作者单位：北京师范大学历史学院

---

[1] 陈寅恪：《陈寅恪集·金明馆丛稿二编》，生活·读书·新知三联书店，2001年版，第277页。

[2] 章伟文：《宋元道教易学初探》，中国社会科学出版社，2020年版，第46~47页。

《续修四库全书总目提要·经部·易类》三十一则

编者按：本编委会自成立伊始，便高度重视易学古籍文献的整理、出版工作，前期整理、校点的《四库全书总目·经部·易类》文献更是获得了读者的一致好评。鉴于四库易学研究的需要，编委会决定继续选载《续修四库全书总目·经部·易类》文献。此次整理，以中华书局1993年出版的《续修四库全书总目提要》为底本，并改为横排简体字，以方便读者阅读使用。一般不出校记，有明显的讹误、衍脱之处一律径改。（执笔：任小叶、王楠）

《河图录运法》（纬攟本）

清乔松年辑。载《纬攟》中，共三则。曰："黄帝坐玄扈阁上，与大司马容光、左右辅将周昌等百二十人，观凤凰衔书。"又云"废昌帝，立公孙"。又云"舜以太尉受号为天子，五年二月冬巡狩，至于中州，与三公诸侯临观五龙五采，负图出置舜前也"。按此所言皆五帝之事。其曰"废昌帝立公孙，公孙者黄帝姓。言炎帝废，公孙兴，仍黄帝也"。而公孙述因此文，竟据蜀称帝，可谓妄矣。又唐虞时，焉有太尉官名？而《纬书》屡言"舜为太尉"，以秦汉官名加之于五帝之世，甚为不伦。亦《纬书》出于汉人之证也。

（尚秉和）

《河图说征》（纬攟本）

清乔松年辑。载《纬攟》中，共三则。曰："苍帝起，天雨粟。"又曰："青云扶日。"又曰："黄帝起，大蝘见。"按"苍"应作"仓"。《雒书说禾》亦有此文，作"仓帝起，雨粟"。仍谓仓颉作字。天雨粟，鬼夜泣也。若作苍帝，则指太皞。太皞以木德王，故曰苍帝，炎帝以火德王，故曰赤帝，黄帝以土德王，故曰黄帝，少昊金天氏，以金德王，故曰白帝，具见各《纬书》中。兹既曰"天雨粟"，则确指作字之仓帝，而非以木德王之苍帝也。"蝘"，《集韵》云"蚓"也。《字汇》补云："神蚓也，大五六围，长十余丈。则非寻常之物。"兹云"黄帝起，大蝘见"，视为祥瑞，必长十余丈之大物也。故特纪之。

（尚秉和）

《河图说征祥》（纬攟本）

清乔松年辑。载《纬攟》中。只一则，曰："鸟一足曰独立，见则主勇强也。"见《天中记》及《御览》九百二十八、四百三十三。按《家语》："齐有一足之鸟，飞集公朝，景公怪之，使使聘鲁问孔子。孔子曰：'此鸟名商羊，水祥也。'"昔童儿屈一脚，振肩而跳，且谣曰："天将大雨，商羊起舞，其应至矣。"兹亦一足，而曰独立，其应与商羊不同。则别一独足鸟也。

（尚秉和）

《河图考钩》（纬攟本）

清乔松年辑。只五字，曰："有壤者可穿。"载《纬攟》中，注见

《陶征士诔》。按颜延年《陶征士诔》曰："遭壤以穿，旋葬而窆。"李善注："《河图考钩》曰'有壤者可穿'。"《考钩》是否言葬，只五字不能测知。李注举以释"穿壤"之义，则已恰合，故更不多举。管窥一斑，无如何也。

（尚秉和）

《河图揆命篇》（纬攟本）

清乔松年辑。载《纬攟》中，共二则。曰："仓、羲、农、黄、三阳翊天德圣明。"又："孔子年七十，知图书，作《春秋》。"按羲者伏羲，农者神农，黄者黄帝，惟仓帝，说颇不一。《春秋元命苞》云："仓帝史皇氏，名颉，姓侯，生而能书。及受《河图绿字》，于是仰观奎星圆屈之形，俯察龟文鸟羽、山川指掌而创文字，天为雨粟，鬼为夜哭，龙乃潜藏。"《治百》有一十载："都阳武，卒葬卫之利乡亭。"又《河图玉版》："仓颉为帝。南巡登阳虚之山，临于玄扈洛汭之水。灵龟负图，丹甲青文以授之。"又《世本》云："史皇作书。"又《淮南子》亦云："史皇生而能书。"又马氏《绎史》引《外纪》曰："仓帝名颉，创文字，在伏羲以前。"或云黄帝命仓颉为左史，制文字。然以为黄帝臣者，征之古籍甚少。故《史记》于黄帝制文字事，缺而不纪。诚以文字谓至黄帝而大备则可，谓至黄帝始创有文字。则为情势所必无，何则？戏皇能画八卦，文明发达，至于如是，岂无文字者所能为？又戏皇始名百物，炎帝尝百草，又岂无文字者所能记？盖至伏羲、神农时，文字久有，而仓颉之为皇帝，在伏羲前。征之《外纪》《世本》《淮南子》，既彰彰可考，而《春秋元命苞》且著其为帝之年岁，及都处葬处，尤为详悉。则此云仓、羲、农、黄，以仓颉为帝，次三皇前，固与诸古籍所言合若符契。太史公作《黄帝纪》，以制文字大事，竟缺而不书，诚以文字不始于黄帝，且仓颉非黄帝臣也，非灭其功也。此以见古书虽一二语，亦可珍也。

（尚秉和）

《围纬绛象》（纬攟本）

清乔松年辑。载《纬攟》中，只一则，曰："太行附路之精。"附路，义颇未详。或者是星名，其分野直太行山。然太行南北千余里，枕燕、赵、晋、卫四国之地，星之分野无如是巨者。而《天官书》《天文志》，皆未见此星名，似又非也。

（尚秉和）

《河图天灵》（纬攟本）

清乔松年辑。载《纬攟》中，曰："赵王政以白璧沉河，有黑头公从河出，谓政曰，祖龙来，天宝开，中有尺二玉椟。"只此一则。按赵王，《说郛》作秦王。然秦与赵同祖，纬文又往往秘其辞，"赵"字未必定讹。惟此文《说郛》《初学记》《天中记》《唐类函》，皆作《河图考灵曜》。只《御览》作《天灵》。疑"天"字为"考"之讹，《御览》或误也。

（尚秉和）

《河图皇参待》（纬攟本）

清乔松年辑。载《纬攟》中，只一则。曰："皇辟出，承元讫道无为，治率被；燧炬，戏作术；开皇色，握神日；投辅提，象不绝；立皇后，翼不格；道终始，德优劣；帝任政，河曲出；叶辅嬉，烂可述。"按此语出《隋书·王劭[1]传》。劭释云："皇辟出者，皇，大也；辟，君也。言大君出为天子也。承元讫者，言承周天元终讫之运也。道无为治率者，治下脱一字，言大道无为，治定天下率从。被遂矩，戏作术者，矩，法也。昔遂皇握机矩，伏戏作八卦之术，言大隋被服三皇之法术也。遂皇机矩，语见《易纬》。开皇色，言开皇年，易服色也。握神日者，言握持群神，明照如日也。又开皇以来，日渐长，亦其义。投辅提者，言投授政事于辅佐，使之提携也。象不绝者，法象不废绝也。立皇后，翼不格者，格，至也。言本立太子，以为皇家后嗣，而其辅翼之人不能至于善也。道终始，德优劣者，言前东宫道终而德劣，今皇太子道始而德优也。帝任政，河曲出者，言皇帝亲任政事，而邵州河滨得石图也。协[2]辅嬉，烂可述者，协，合也；嬉，兴也。言群臣合心辅佐，以兴政治，烂然可纪述也。"按劭所释首二句是也。"道无为治率"，谓"治"下脱一字，从率字断句，非也。"道无为，治率被"，无为者寓文帝文字，治率被言天下率被文德也。"被"与"为"协，应从"被"字断句，治下无脱文也。"遂矩戏作术"，此五字中必有脱文。"遂"，劭释作"遂皇"，"戏"释作"宓戏"，以遂皇握矩，伏戏作八卦之术当之，谓隋德似之，似穿凿无理。又乔松年"遂矩"作"燧炬"，不知松年所据何本。颇疑"燧炬"寓"炀"字，言炀帝嬉戏无道也。下所释皆勉强。而"帝任政，河曲出"二句，释尤不安。疑"帝任政"谓炀帝任政也，"河曲出"谓河东李氏兴也。"道终始，德优劣"，谓隋运之终始。全由于德之优劣，优指文帝，劣指炀帝。岂谓前后太子乎？然《纬书》多引之。自汉至隋唐，鲜有释其义者，独王劭释之，其可珍为何如？乃《纬攟》脱而不载，甚矣其疏也。

（尚秉和）

---

① 劭，原作"邵"，今据《隋书》改。下"劭"同。
② 协，原作"叶"，今据《隋书》改。下"协"同。

《河图帝视萌》（纬攟本）

清乔松年辑。载《纬攟》中。注云："《帝王世纪》有此篇名，而无其辞。"按《河图闿苞受》《抃光篇》《河图龙文》《河图考钩》及《图纬绛象》等篇，虽得其文，只一二语。其书之大旨，仍无从窥测。备录其名以备考，与此同也。

（尚秉和）

《洛书灵准听》（古微书本）

明孙瑴辑。共二十六条，千余言。其书首言："洛水居中，与河合际，得地理阴精，故王道和洽，帝王明圣，龟书出文，天以与命，地以授瑞。于是天皇、地皇、人皇，相继兴起。天皇颀嬴三舌，骧首鳞身，碧卢秃揭；地皇十一君，皆女面龙颡，马踶蛇身；人皇龙身九头，骧首达腋，有九子以长九州，己居中州，以制八辅。"按《始学篇》云："人皇九头。"而《三坟》云："有巢氏俾人居巢，积鸟兽之肉，聚草木之实，天下九头，咸归有巢。"然则人皇九头者，因人皇有九子，以为九州酋长，故曰"九头"，非人皇身具九头也。从至有巢，因功德大，九头皆来归服，是其明证。而各书以讹传讹。若人皇实生有九头者，可谓好怪矣。又云："皇道缺，帝者兴。尧龙颜日角，八采三眸；舜长九尺，龙颜日衡，方庭甚口；禹两耳三漏，足文履己；汤连珠庭，臂有四肘；文王日角鸟鼻，而皆都于河、洛之间。故汤在洛有黄鱼、黑乌、黑龟、赤文之瑞。武王渡孟津致白鱼、赤乌之祥。"其书之大旨如此。惟书末又有云物之占，星辰之应，以及帝王法天象地、盛德感应之征兆，与前者所言，义又不相属。然皆从各书掇拾之零辞断句，其本义所在，亦难测知也。

（尚秉和）

《洛书录运法》（古微书本）

　　明孙瑴辑。凡四条。首曰："黄帝坐玄扈阁上，与大司马容光、左右辅将周昌二十二人，临观凤图。临观凤皇之至。"次曰："舜以太尉受号为天子，五年二月东巡狩至于中州，与三公诸侯，临观黄龙五采负图出置舜前也。"三曰："逢氏抱小女妹嬉，孔甲悦之，以为太子履癸妃。"四曰："有人卯金握天镜。"按此书首条引见《路史后纪》及《太平御览》二百九，次条引见《唐类函》，然均作《河图录运法》。而孙氏纳之《洛书录运法》中，不谛何据。又三条之文引见《御览》一百三十七，然《绎史》亦引此文则作《河图始开图》；四条之文《昭明文选·广绝交论》李善注且引作《春秋孔录法》。是二条皆两书互见，不知果当谁属。又按此书篇首有孙氏自注谓："此其书亦必有关运位，盖隐谶存焉，而世不闻耳云云。"令以"有人卯金握天镜之言"考之，盖仍影射刘氏而言，似亦汉世之杂谶也。又第三条孙氏尚录有："孔子曰，昔逢氏抱小妹喜观帝，为履癸妃。"下又引一本云云兹从其又一本之文，以此文甚顺，且与《绎史》引同。孙氏不见《释史》，而文与之同，可见此文可信，故从之。

　　　　　　　　　　　　　　　　　　　　　　　　　　（尚秉和）

《洛书录运期谶》（古微书本）

　　明孙瑴辑。全书仅"九侯七杰争民命，炊骸道路，籍籍履人头，谁使主者，玄且来"一则（句读依考正《古微书》）。只二十有三字。孙氏注云："谓刘玄德。"按孙氏以"玄且来"为指刘玄德，若然，则所谓九侯七杰者盖指汉末群雄如袁绍、袁术、吕布、马起等是也。"惟争民命"《蜀书》引作"命民"，其句读似较顺适。又按《蜀书》引书名只作《洛书录运期》，无"谶"字。则此"谶"字当为孙氏所增无疑也。

（尚秉和）

《孔子河洛谶》（古微书本）

明孙瑴辑。全书仅一条。文为："二口建戈不能方，两金相刻发神锋，空穴无主奇入中，女子独立又为双。"二十八字。注云："二口建戈，刘字也。晋金行，刘姓又金，故曰'两金'。空穴奇入，为'寄'字。女加又，'奴'字。"按此文隐寓刘寄奴三字，其语明甚。而其词甚俚，当为晋宋之间人所造，而假名于孔子。不然，《河洛谶纬》从无以孔子名者，兹独曰《孔子河洛谶》，即可知矣。

（尚秉和）

《洛书甄曜度谶》（古微书本）

明孙瑴辑。凡二条。首曰："赤三德，昌九世，会修符，合帝际，勉刻封。"次曰："沙流出不言，小人起，擅百川，乱不言，小人执政。"（句读依考正《古微书》）首条孙氏自注云："指刘备也。"考《蜀书·先主传》引此文，作"赤三日德昌九世，会备合为帝际"。"三"下多"日"字，"修"作"备"，"备"下无"符"字，"际"下又无"勉刻封"三字。按光武曾封禅刻石，见《后汉·祭祀志》，末句曰"勉刻封"，疑指光武。然有"备"字，故《蜀书》引之，而不引"勉刻封"三字，诚以此三字，与"备"不类也。又按《蜀书》所引只作《洛书甄曜度》，孙氏增一"谶"字，未知果何所据也。

（尚秉和）

《洛书》（汉学堂丛书本）

　　清甘泉黄奭辑。共七十三条，二千余言。从《太平御览》辑得者四条，《初学记》六条，《水经注》一条，《艺文类聚》二条，《文选注》二条，《南齐书·天文志》一条，《路史》二条，余五十五条尽辑自《开元占经》。除《乾凿度》外，以此为最多。按郑玄"河出图，洛出书"《易注》云："《河图》九篇，《雒书》六篇。"兹皆从各书掇拾，不知当几篇。要其概略，可得窥寻。又王充《论衡》云："《河图》《雒书》，言兴衰存亡，帝王际会，皆妖祥之气，吉凶之端。而孔安国谓即《九畴》《尚书》《洪范》《箕子》所陈者是。"班书《五行志》引刘歆说，并谓："《洪范》'初一曰五行'，至'畏用六极'六十五字，为《雒书》本文。"由此书证之，郑氏谓《洛书》六篇，所言不误。又书内言"地皇、人皇九头之制，及苍帝、赤帝、黄帝、白帝之兴起各有云瑞。苍帝者伏羲，赤帝者神农，黄帝者轩辕，白帝者少昊"。又云"禹出石夷，掘地代，戴成钤，怀玉斗；汤长八尺一寸，珠庭"。皆帝王际会兴衰存亡之事，与《论衡》合。又云"某星犯某星，主何吉凶；日蚀月蚀，或主用兵破敌，或主国亡"，更与《论衡》所言妖祥之气，吉凶之端合。疑王充所见者即此也，孔安国、刘歆谓"《雒书》即《洪范》之《九畴》者"皆误也。惟其中所言，亦杂见于他纬。如谓"人皇兄弟九男，别长九州，己居中州，以制八辅；苍帝起青云扶日"。"黄帝起黄云扶日"等文，皆见于《灵准听》。以及五星占验等事，互见于他纬者尤多。亦不无少疑也。

（尚秉和）

《洛书甄曜度》（汉学堂本）

　　清甘泉黄奭辑。据郑注，度者，限度也；曜，周天列宿也，故名

《甄曜度》。初辑者为明孙瑴，载《古微书》中。只周天三百六十五度四分度之一，一度为二千九百三十二里。则天地相去十七万八千五百里一条；及推广九道，百七十一岁一条。兹辑校孙本多三十余条，并及郑注。孙盖未见《开元占经》，其所辑数条虽为《占经》所有，大概从他书所引而得，其余皆不见也。兹《辑本》之《占经》者二十六条，本之《清河郡本》者五条，本之《后汉书·王符传》者一条。据郑注所释，是书所言，皆周天列宿之事。故首言周天度数，及每度若千里，以算天地相距之里数；后言某星犯某星，于人事有某应。而以岁星、荧惑、太白、辰星、填星为之主。岁星者木星，荧惑者火星，太白者金星，辰星者水星，填星者土星。五星以外，则二十八宿之杂占。大致与《汉书·天文志》之占验略同。而中忽云："四星聚见于牛女之次，而晋元因以王吴；四星聚见于参觜之次，而齐主因以王魏；景星见于箕尾之次，而慕容德因以复燕；弧星突入东井，而苻坚遂以亡秦。按齐主王魏，谓北齐高洋篡魏也。是直隋唐人之占，而以篡入《古纬书》，可乎？虽代秦者卯金刀，刘秀为天子，代汉者当涂高，事前皆见于谶纬，事后皆应，然文与此异。此皆事后之占验，可断言其非也。"又云："某山上应某星，皇道阙，故帝者兴。"其文亦往往杂见于他纬，与本书义不相属，亦不无可疑也。

（尚秉和）

《洛书摘六辟》（汉学堂本）

清黄奭辑。共十五条。从《占经》辑得者十一条，余或本之《初学记》。先是，明孙瑴《古微书》只辑得"孔子曰，及次是民没六皇出"一条，"辰放大头四乳"一条。瑴未见《占经》，故《占经》所引者《古微书》皆无，无足怪也。六辟者，六皇。据宋均注："首辰放，次民没民始。民没民始，穴居之世终也。辰放名次屈，出地邶，驾六飞麟，从日月，治二百五十岁，余辟悉不见。"又云："人皇兄弟九人，别长九州。"又云："姬昌有命在河，圣孔表雄德，庶人受命，握麟征易。不知人皇、姬昌、圣孔，在六辟之数否？然民没民始，当穴居之最终，似六辟皆在上古。周之文王，春秋之孔子，虽皆云"受命，必不在其数。文阙不全，故六辟之名，亦不能悉见。至于日有赤黑珥，主夷人起兵；有两珥，主自伐；日四背，天下骇扰；日晕明，主有阴谋；晕而两珥，主国有大疾；月晕生芒，主后党害主；以及太白守心，后九年大饥；填星逆守黄帝座，主亡地各占"，与《汉书》《五行志》《天文志》所载机祥占验略同。与《六辟》之义，似不相属。抑《占经》所引皆断章取义，故不能窥见其主旨所在欤？

（尚秉和）

《洛书宝号命》（纬攟本）

清乔松年辑。载《纬攟》中，只一则，见《蜀志·先主传》。曰："天统地道备称皇，以统握契，百成不败。"因有备称皇语，故谯周、许靖等，以为符命与谶纬相应，于劝进表中举以为证。惜乎只此一则也。

（尚秉和）

《洛书说禾》（纬攟本）

清乔松年辑。载《纬攟》中，只一则，曰："仓帝起，天雨粟，青青扶日。"按此十字，曾见《河图说征》。但"仓"作"苍"，"说征"传写讹也。仓帝者仓颉，因其创作文字，故"天雨粟，鬼夜哭"。若夫苍帝，则《纬文》中皆指伏羲，因其以木德王。水东方色苍。犹之神农以火德王，称赤帝；黄帝以土德王，称黄帝；少昊以金德王，称白帝也。

释详《河图说征》篇中。

（尚秉和）

《泛引洛书》（纬攟本）

清乔松年辑。载《纬攟》中，共十一条。此名甚不当。《洛书》而已，徒以各书所引只称曰《洛书》，便名曰《泛引雒书》，若古有此书名者。其不当与其《泛引河图》同也。其实"秦失金镜"条，已见《考灵曜》；"沙流出"条，已见《甄曜度》；"苍帝起青云扶日"条，"太白守心"条，"皇道缺"条，"人皇氏驾六提羽"条，"相厥山川"条，"王者不藏金玉"条，"鳀鳀鱼状"条，皆见于《灵准听》，而皆详于《古微书》中。又何必别立此名哉？后甘泉黄奭辑《通纬》，直名曰《雒书》，而其多约十倍于乔辑，则甚当也。盖所谓《灵准听》《甄曜度》等，皆《洛书》篇名。而古书往往省下三字，只引曰《洛书》，疑仍为一书也。

（尚秉和）

《易纬略义》三卷（茗柯全书本）

清张惠言撰。《易》"八纬"曰《乾坤凿度》，曰《周易乾凿度》，曰《易纬稽览图》，曰《易纬辨终备》，曰《易纬通卦验》，曰《易纬乾元序制记》，曰《易纬是类谋》，曰《易纬坤灵图》，前提要俱著录。惠言以为《乾坤凿度》伪书不足论。《乾元序制记》，宋人抄撮为之。《坤灵图》《是类谋》《辨终备》，亡佚既多，不可指说其近完存者。《稽览图》《乾凿度》《通卦验》三书，《稽览图》讲六日七分，《通卦验》讲八卦晷气，此孟京氏阴阳之学。《乾凿度》讲"阴阳消息，统于一元，正于六位"，盖"《易》之大，义存焉"。其为田、杨以来先师所传习者，较然无疑，故就三书而求其醇者。《通卦验》十三，《稽览图》十五，《乾凿

度》十八，条而次之，以类相从。通其可知者，而阙其不可知者，存为
"《义略》云"。按《乾凿度》阐消息之精义，郑君注尤为详尽，可与其
《易注》相表里。《稽览图》《通卦验》，虽阴阳占候之学，然亦传义所有，
不可废也。惠言《删订三书》，实有功于《易》学。是书惠言子成孙依
江承之钞本，复以聚珍《四库本》校之，审别异同，注于下方。尤为精
覈，不愧其家学也。

（柯劭忞）

《河图洛书考》无卷数（乐山堂说纬附刊本）

清王菘撰。菘字伯高，号乐山。云南浪穹人，原名藩，字酉山。嘉
庆己未进士，官山西武乡县知县。读书淹博，尤长于考据，深为阮元所
器重，延总纂《云南通志》。年八十有六而卒。著有《滇南志略》十六
卷，《说纬》二卷。此书附刊于《说纬》之末。大意谓："自汉至唐，言
易之家于《河图》《洛书》但悬空立说，而未亲见其状。"五代宋初，乃
有流传二式，曰《河图》，曰《洛书》，并以白点、黑点，分奇偶之数：
一为五十五点，其数自一至十；一为四十五点，其数自一至九。《朱子
本义》首载入经，而未言传自何人。因据《东都事略·儒学传》《宋
史·隐逸传》《道学传》《儒林传》《汉上易传》《晁氏读书志》《直斋书
录解题》诸书，首考定二式并传自陈抟；次又据《左传》《大戴礼》《乾
凿度》《太玄》《汉书·五行志》《律历志》《周易郑注》《论语》《孔传》
及《参同契》《孔氏正义》诸书，推定唐以上言"卦畴图书"者，皆与
陈、邵所传不合，而其所言五行生成数位。及太乙下行九宫之法，则其
合陈、邵二式之义，因断言陈、邵二图之所从来，固有所在，以驳清儒
钱澄之、黄宗羲、宗炎、毛奇龄、胡渭、沈起元、惠栋诸儒。动以陈、
邵所传，出于伪造之非。引据博洽，立论亦无所偏倚。惟末段断定此图
既非陈、邵伪造，亦非《易传》所称之图书，乃黄帝时之《河图》。以

凡阴阳历算、纳甲飞符、太乙壬遁、占候相地、兵法方脉、神仙修养、龙虎丹灶，一切方技术数无不本于图书，即无不祖夫黄帝，其以之说《易》，而亦可通。黄帝之学，后世流为道家，故辗转而至于陈抟云云。按《古图书》，只闻其名，至其形状究若何？从无确征。夫其形状尚不能明，而欲以陈、邵之图属之伏羲，属之黄帝，其无当等耳，存之以备参考可也。

（尚秉和）

《太极问辨》二卷（奎章阁藏刊本）

朝鲜郑逑撰。逑字道可，号寒冈，清州人，复斋六世孙。中宗癸卯生，宣宗癸酉以学行荐，除参奉官至大司宪。逑初从德溪吴建游及受业于退溪李滉之门，遂废举业，专治经学。退溪之学，一以朱子为宗，于朝鲜号称"大儒"。是编所录，首周濂溪《太极图说》，次朱子与陆象山梭山《论太极书》，次李晦斋书孙曹《无极太极说》后，次晦斋《答曹忘机堂书》。按"无极太极"之名，本非儒家之所宜有，其原出于汉季道家之言。自宋周濂溪为《太极图说》之后，而后遂为儒家之所专。夫所谓"无极而太极者"，非无极之中含有太极也。亦非太极之外别有无极也，由斯理之概念言之，是为"太极"，推斯理之极至言之，则曰"无极"，不可曰"无极即太极"也，亦不可曰"无极非太极"也，此理惟朱子能明之。陆氏本为一元论者，唯认"心即是理"，与朱子之"理气二元论"根本不同。故于周子"无极而太极"之说，讥为床上叠床，屋上架屋，此朱陆对于太极无极之辨也。朝鲜曹汉辅无极太极辨，其说本于陆象山，不免有过高之弊。故晦斋推本朱子之旨，数为书以究明之，颇能发挥朱子之学。逑以其书颇有功于道学，因取《太极图说》。及朱、陆《辨论之书》刻为上卷，而取晦斋之书附之。意者以晦斋是书，与朱子之答二陆者，可以互相发明。俾后人汇而观之，了然知所趣向，不啻初学之指南也。

（孙海波）

《启蒙传疑》一卷（奎章阁藏刊本）

朝鲜李滉撰。滉字景浩，号退溪，又号陶叟。中宗戊子进士，官至赞成。是书所录，皆图象数术之事。起自《河图》《洛书》，终于《纳甲》，而名曰《启蒙传疑》者。盖以《启蒙》之书，阐发幽赜，昭如日月。而诸儒辩释之文，皆精密该畅，无有遗憾。惟以理数之书，广博微妙，盘错肯綮，未易研究，滉于是书。或因思有所契，或考古有证，不免随手札记，累自成帙。又观韩邦奇《启蒙意见》，叹其有功于启蒙，为世所难得之书。而以其为图太碎，又无甚发明，为说太深而好立异议。因择其要义若干条而辑为是编。按朱子之撰《启蒙》，以古人卜筮之法失传已久，今人童而习之，至皓首尚未能尽究。于是布挂扐过揲之法，排八卦相生之序，与夫重卦之所由生，以及重卦变卦旁通之情。所以启发乎蒙童，使人皆由是而知乎占卜之要，用意至为美善。而是书所录，若《河图洛书》《六十纳甲》《五运六气》《卜筮元龟》《浑天六位》《飞伏纳甲》，多阴阳方士之言，与朱子启蒙之旨，相去已远。而皆尽行收采，未免失之于滥耳。盖《易》之为书，本为占卜而作。故朱子既为集注以发明义，复详卜法于启蒙。至滉之书，收采诸家图数之说，本与启蒙之体例毫不相因。而题以今名，是其命名之意，与本书不应，殊为可议者也。

（孙海波）

《周易质疑》（奎章阁藏写本）

朝鲜李德弘撰。德弘，字宏仲，号艮斋，永川人。宣祖戊寅，以名儒荐，少时游学于退溪先生李滉之门，此书所存，乃德弘所问。滉所解惑答难之言凡三十余条。天启丙午，德弘外曾孙金万杰所编次也，其所论皆宋人说《易》之作，如《后天先天之辨》《圆图乾南坤北方图》《坤南乾北之异》，此皆术数家附会之辞，本无足论。惟卷首论"形而上者谓之道，形而下者谓之器"，注释颇为透彻，其言曰："凡有貌形气而盈于六合之内者，皆器也；而其所具之理，即道也；道不离器，以其无形影可指，故谓之形而上也；器不离道，以其有形象可言，故谓之形而下也；太极在阴阳中而不杂乎阴阳，故云上耳，非谓其在上也；阴阳不外乎太极，而依旧是形气，故云下耳，非谓其在下也。"就造化看，太极为形而上，阴阳为形而下；就彝伦看，父子君臣为形而上，其仁义道德为形而下，其于道器之分若判墨白。由是言之，是书之篇题。虽出于德弘所问，而解释则出自滉手，应题为"李滉所著"较为近实。书中附有《范数横图》《方图》《皇极实数图》及《夫妇有别图》，皆与德弘所问无涉，不知何以列此，盖出诸后人之所附益云。

（孙海波）

《易学图说》九卷（奎章阁藏刊本）

朝鲜张显光撰。张显光，字德晦，号旅轩，仁同人。宣祖时，以才学荐，除参奉。历官参赞大司宪。常从寒冈郑逑受学，而学日进，遂为名儒。是书专集《易》之图数而作，卷一卷二《序例》；卷三《河图洛书》；卷四《画卦》；卷五《蓍策变占》；卷六《书契》《教学》《礼仪律吕》《历纪》《兵阵》《筹数》；卷七《皇极经世书》；卷八《医家》《术家》《日家》《风水家》《修养家》；卷九《图书余义》《反吉篇》。盖《易》之为书，其始也为卜筮而作。其书亦因卜筮而成，卜筮所以断吉凶，而象生焉。迨两汉之世，经生喜用阴阳五行家言以相皮传，如京房、焦赣之流多以象数说《易》，宋代邵康节专主于数，《程子易传》《朱子本义》专主于说理，以理说《易》，其言较象数平易而近实。此书所辑，自宋以后说《易》之图，采录甚富。每图之后，附以己意，以为疏释，颇足以供考究之资，唯其书既以《图说》命名。凡图式之作皆应收采，何以汉人之《六至七分图》《七十二候图》《纳甲》诸图，俱不采收。是未免为汉宋门户之见所拘，且若《医家》《风水家》《修养家》《律吕》《历纪》《兵阵》《算数》本与《易学》无关，此存其所不当存，是其书可议之处颇多，瑕瑜不能相掩也。

（孙海波）

《易学绪言》十二卷（奎章阁藏写本）

朝鲜丁若镛撰。若庸字美庸，著有《尚书古训》《尚书知远录》《梅氏尚书评》《诗经讲义》《孟子要义》《乐书孤存》，已并著录。盖《易经》一书，自汉以来，说者多家，见解各异，其中或偏于言数，或偏于言象，或主乎说理，以其人学力有浅深，故其书亦纯驳互见。若庸之于《易》，则推本于汉学，是编博采诸家立目二十一，曰《李鼎祚集解论》《郑康成易注论》《班固艺文志论》《汉魏遗议论》《王辅嗣易注论》《韩康伯玄谈考》《孔疏百一评》《唐书卦气解》《朱子本义发微》《邵子先天论》《沙随古占驳》《草庐纂言论》《来氏易注驳》《李氏折衷钞》《陆氏释文钞》《郭氏举正考》《王蔡胡李评》《卜筮通义》《答客难》《兹山易柬》《茶山问答》，大意在发明两汉《易》家之学，而于王弼《易注》，颇为非难。谓王弼以私意小智扫荡百家，塞众妙之宝，开纯浊之源。以阴售其玄虚冲漠之学，不知《易》之起源。虽由于占卜、观象焉以定吉凶，而后之圣人则由天象以究人事来复消长之理。故因象以言理亦圣人之所不废。若庸之生当有清乾嘉之世，正值中土汉学昌炽之际，耳濡目染皆汉学家术数爻象之言，故于王弼颇有毁辞。其余诸家则各详其源流，别其长短，肆击之处颇少。至所采收，颇为富繁，足供治《易》者参考焉。

（孙海波）

《易经疾书》六卷（奎章阁藏写本）

朝鲜李瀷撰。瀷字子新，号星湖，肃宗时人。著有《星湖文集》，已著录。是书取《易经》之文，分类比互以求其义。自《上下经》至乎《杂卦》，每立一字以为纲领，而专玩辞意，以研究之。其大意谓："《易》最难读，其理奥，故其言深。非如诗书之取诸人情也，语脉有古今之别。下字有通用之例非后人之所习也，不独于此，秦灭六籍，惟《易》不毁，而错误偏多，其故何也？自汉以后，壁藏稍出，断烂不完，犹是古简。《易》付于阴阳，贱工任其焚乱，此郑樵所以罪儒不罪政也。"又谓"《易》文多上下钩连，彼此互足，吾于此有得。圣人使后学因文见道，舍文而求之者误矣，牵文而舍之者非矣，《易》不可尽解。古人亦有遗憾，圣人之志或将泯灭。余之说不惮胡说，比如沙中藏钩，东捞西抹，众觅而不休，冀或一得，使愚夫孺子偶然而有中，此果有功于圣人也"。是瀷之学，出自宋儒。故此编专主说理，而讥汉儒术数之言为贱工，其推论易理多本之于人事，而罕及天道。于人伦彝常之间多有发明。然亦有信宋儒之说太过者，如谓"卦序出于先天，爻义出于后天，邵子之论主在大体，故谓之'先天'"。若夫《程传》《朱义》，后天为详，此则失之。荒诞附会，不可采用者矣。

（孙海波）

《启蒙图说》六卷（奎章阁藏写本）

朝鲜徐命膺撰。命膺字君受，号保晚斋，大丘人。是书分为四类：一曰《本图书》，二曰《原卦画》，三曰《明蓍策》，四曰《考变占》。每类之下复分子目。盖集宋、元诸家《易》图之书，而间以己意分释于下。大意诸《易》有先天后天，伏羲之《易》以其涵造化之体而谓之先天，文王之《易》以其入人事之用而谓之后天，至孔子集其大成，著之于《系辞》，以垂示万世。比夫子没，后天之《易》传于商瞿、桥庇以及田何，遂盛行于世。而先天之《易》则流传于方外，千五百年之后，华山隐士陈抟图南得之，魏真人伯阳，阐发幽微。然后濂溪得其理，康成得其数，于是乎先天之《易》大明于世。朱子以濂溪之嫡传兼康节之邃学，既为本义解释后天之《易》，而谓"后天本于先天"复著《启蒙》。津筏先天，是命膺以数归之于先天，而世之谈理者，则谓为后天之《易》。此书所载，即其所谓先天易者，而其数术之所本则曰"心法之中"。篇篇皆以心法之中为经，以寓"皇极不言数"之义。然所为之图，如《河图旋毛真体图》《洛书坼文真体图》，牵强附会，毫无足取。而徒巧立先后天之目，以相比敷，《易经》之义荒矣。命膺又著有《易学启蒙集解笺》，盖集诸家注本而为之折衷，亦《易》家术数之流。其下附其考异以供参考。英祖四十八年，芸阁新活字版印行云。

（孙海波）

《周易条问讲义》（奎章阁藏写本）

朝鲜正祖撰。是编所录，起于《乾》卦，迄乎《系辞传》，凡一百七十条。于六十四卦之义，反覆详言，以求其解。其有不能得其确解者，则仅录其疑义。如《乾》卦云"五爻皆称龙，而九三独不称龙，何也"？云峰胡氏曰："三四人位，故不称龙，而称君子。"苟如其说，则四何以言"或跃"也？《象》言"六位"，又称"六龙"。说者曰：泛指六虚曰六位，专指六画曰六龙，其果然乎。内卦以德学言，外卦以时位言者，何谓也？如何而为工夫之条件？如何而为功夫之功程？如何而诚生于《乾》之一画？如何而数生于《坤》之一画？凡此数说，愿闻其详。《无妄》云"六二不耕获，不菑畲"之文注说虽多，终欠明白。岂不耕而获、不菑而畲之谓耶？将不为获而耕、不为畲而菑之谓耶？抑亦不方耕而即望其有获，不方菑而即望其有畲之谓耶？《本义》所谓"无所为于前，无所冀于后"，及《程传》所谓"不首造而因事理之当然者"，果何意也？是皆综合诸家之说，较其何说之可信、何说之可疑而为之折衷。至若经义深晦，诸家皆不能明者，则设问辞以俟之，虽无发明之功，然犹愈于不知而作者矣。

（孙海波）

《周易考文补遗》十卷（七经孟子考文补遗本）

日本东都讲官物观纂修。先是，西条掌书记山井鼎撰《周易考文》。鼎字君彝，纪人，有好古癖，闻邪下毛之野，有野参议遗址，为数百年弦诵之地，乃偕州人根逊志往探之，获足利学宋板《正义》、古写本《周易三通》及足利本《周易》。以与明正德嘉靖万历汲古各本，校其经文、注疏，文字异同。留足利三年，成《七经孟子考文》。西条侯闻之，俾录上其所校，共三十有二卷。享保十三年，政府复命东都讲官物观平直清及诸生校其书。以前书颇有遗漏，又掇拾补缀，以补其阙，题曰"补遗"。阮元《十三经注疏》校勘记皆采入记中。惟阮只校其异同，未论其是非。今观其本，宋本固可贵，古本尤可贵。凡其所异之字，常优于各本。略举数则，以例其余。《正义序》云："业资凡圣，时历三古。"古写本"凡"作"九"，并有旁注云："伏羲、神农、黄帝、尧、舜、禹、汤、文王、孔子。"按九圣与三古对文，必历九圣，方足三古，凡为"九"之形讹字无疑。再证以北宋端拱本《正义》，正与之同。又，"欲取改新之义"，"新"写本作"辛"。"考察其事"，写本"察"作"案"，今证以端拱本悉与之同。又第一"论《易》之三名"，"崔觐、刘贞简等并用此义"，古写本"简"上有"周"字，今证以端拱本，"简"

上虽无"周"字，然空一格，"贞""简"不连文，可见"简"上实有字。端拱本虽佚其字，然尚不作"刘贞简"也。况下文有"周简子云云"，则此为"周简"，似无疑义。以此例之，其古本尤可珍贵，足广异文。虽"或跃在渊"，"或"作"惑"，"草木蕃"下多"茂"字，不尽可从，要其善者亦多，山井书记之功，为不可没也。

（尚秉和）